谈判与推销技巧

第4版

张照禄　曾国安　编著

西南财经大学出版社

图书在版编目(CIP)数据

谈判与推销技巧/张照禄编著 . — 4 版 . —成都:西南财经大学出版社,
2013. 8(2017. 12 重印)
ISBN 978 - 7 - 5504 - 1165 - 4

Ⅰ.①谈⋯　Ⅱ.①张⋯②曾⋯　Ⅲ.①贸易谈判②推销　Ⅳ.①F715.4
②F713.3

中国版本图书馆 CIP 数据核字(2013)第 182409 号

谈判与推销技巧(第 4 版)
张照禄　曾国安　编著

责任编辑:何智勇　汪涌波
助理编辑:江　石
封面设计:杨红鹰
责任印制:封俊川

出版发行	西南财经大学出版社(四川省成都市光华村街 55 号)
网　　址	http://www. bookcj. com
电子邮件	bookcj@ foxmail. com
邮政编码	610074
电　　话	028 - 87353785　87352368
照　　排	四川胜翔数码印务设计有限公司
印　　刷	郫县犀浦印刷厂
成品尺寸	170mm×240mm
印　　张	20
字　　数	405 千字
版　　次	2013 年 8 月第 4 版
印　　次	2017 年 12 月第 2 次印刷
印　　数	2001— 3000 册
书　　号	ISBN 978 - 7 - 5504 - 1165 - 4
定　　价	38. 00 元

序 言

　　西南财经大学张照禄、曾国安主编，张照禄副教授主要执笔的《谈判与推销技巧》，我有幸领先拜读，初步的体会是：生动地、深入浅出地刻画了市场经济条件下的商业文化，较为系统全面地阐述了商品推销方面的知识，收集了大量的实际事例，并建立了"模拟推销模型"。可以说，它还是一部消费经济学。

　　这本书还用了大量的篇幅来论述商业推销战略、策略及商业谈判技巧，可以说，它也是一部心理学与行为学相结合的行为心理学。

　　这本书还提出了不少富有哲理的见解。作者引用了不少理论家的著名论断、企业家的经验之谈，发人深省，它又可以说是一本通俗的哲学。

　　这本书还提出了一些需要由经济学或技术经济学去研究的课题，如"零和原理"、"商品市场寿命周期"等，限于篇幅，作者没有展开，但它向我们揭示：实用经济学需要理论经济学的指导，它的建立和发展需要相关的经济学的配套。

　　这本书的适用性还在于它的案例，不仅介绍了当代的案例，而且介绍了历史上的案例。从商代市场上的击鼓、吹箫、敲锣，到评介国外较早的"可口可乐"招牌，到评介国内第一幅电影明星打的广告，案例来源之广，取材之精，反映出作者知识面之广，用心之良苦。从国家来说，涉及美国、日本、德国、意大利、墨西哥、印度、巴西、秘鲁、英国、新加坡、伊朗；从城市和地区来说，涉及北京、天津、上海、大连、青岛、厦门、深圳以及中国台湾地区。作者取材着眼于现实生活，让你读来顿觉妙趣横生，轻松愉快。

　　要从浩瀚的知识海洋中取其精华为我所用，自然包含着无数的艰辛和丰富的社会经历与生活经验。在这本书中，作者运用贴近生活的语言、饶有趣味的事例来表达要论述的主题。它不仅适合于商业推销人员学习，而且企业家也需要从中吸取营养；它不仅适合于实际工作者学习，而且理论工作者也可从中领略其精华。在我国建立社会主义市场经济体制的今天，这样一本寓理论、实际和操作技巧于一体的著作问世，应当说是对我国经济体制改革的贡献。

曾康霖

1993 年 11 月

于西南财经大学

第四版修订说明

《谈判与推销技巧》自 1994 年出版发行以来，发行量持续上升，已经三次修订再版。本书被多所大专院校选为教材，也是社会培训在职营销和推销人员的主要读物。本书受到学术界和读者好评，普遍认为它选题针对性强，理论分析具有深度和广度，具有较强的实用性、案例性和对策性。

受出版社之约，现由我审读修订第四版。本次修订概况：

（1）由于照禄老师知识面广，基本理论扎实，对谈判理论、谈判实务和谈判技巧的阐述，对推销人员素质和推销基本方法的探讨等，既立足于工商企业，又扩展到中外文化沟通的高度，阐明相关理论和修养要求，因而能指导工商企业营销实务，实用性强。为此，修订中尽量保持原有面貌，只做了一些文字的订正。

（2）《谈判与推销技巧》还有一个鲜明特点：广泛采用了案例佐证。谈判与推销是一项建立在理论基础上的艺术，在照禄老师的妙笔下，案例内容针对性强，读者认真阅读后可开阔眼界，启发思维，灵感顿生，常读常新。为此，我们把它的姊妹篇《案例评析》，择其要者归并于本书中，以便读者对照阅读，提高读者相关知识修养水平和处理复杂商战问题的能力。

（3）我国实行改革开放，建立社会主义市场经济，已经 30 多年。工商企业的市场营销和谈判与推销工作也进入了新的发展阶段，尤其是推销的组织与管理更是受到广泛关注。为此，我执笔增补了第九章的内容。

我与照禄老师共事多年，他的执著的求知精神，他的博学多闻，值得我们学习和发扬。由于多种条件的限制，修订中有不当不妥之处，敬请读者提出宝贵意见。

编者、修订者　曾国安
2013 年 7 月

第三版修订说明

　　《谈判与推销技巧》一书，从 20 世纪 90 年代中期出版以来，经多次印刷，再经 2000 年修订后，共发行了数万册。该书被多所大学选为教材，也被指定为成人自考教材和企业界营销培训的主要教材。

　　在实际使用中，读者普遍认为：该书具有较强的实用性、案例性和对策性，在运用与理论分析方面也具有一定深度和广度，对培养现代市场经济条件下，经营管理、市场营销的大学生和实际部门的推销人员都具有可取性和有效性。同时，使用单位也提出了很多宝贵意见，特别是企业界根据当前我国的具体情况，提出了在深化改革和我国加入世贸组织以后所面临的深层次问题，值得我们认真思考和进一步研究。

　　跨入 21 世纪以来，人类进入了信息时代，经济生活全面知识化，知识经济全方位在社会生活中发展与成熟起来。经济领域中无形商品所占的比重越来越大，商务活动中的谈判与推销也面临着一系列新的变革。除传统地通过人员进行的谈判与推销外，又出现了快速、跨地区、跨国界的电子商务活动。随着我国社会主义市场经济进一步的深化发展，中国加入了世贸经济组织后，要适应世界经济一体化发展趋势，改革开放也必将进一步全面推进，企业将面对竞争更加激烈的世界市场。作为社会经济细胞的企业，不再是政府的附属，也不是相对独立的经济实体，而是全方位面向市场的独立经济单元。各种体制、各种形式的企业，都将接受市场的检验和公正的评判。企业要适应 21 世纪这种快速、全面变化的新趋势，就不能只是进行硬件建设，更应全面系统地进行软件建设，塑造出具有自身特色的个性化企业形象，全面推行符合自身特色的"CIS"战略，才能赢得市场，才能在竞争中生存和发展。为适应国际市场竞争需要，企业还应研究分析各地区和国家的文化特色，才能创立出自身的企业文化，才有利于从世界角度去探讨商业谈判与推销的技能。

在这次修订中，我们尽可能增加 21 世纪知识经济条件下商务活动的内容，以适应培养现代新型谈判推销人员的需要。限于我们的水平，修订后仍会存在不少错误和不妥之处，盼读者和使用单位多提宝贵意见，并对以往采用该书的学校、企业和广大读者深表谢意。

编著者

2005 年 11 月

第二版修订说明

　　《谈判与推销技巧》一书，从1994年出版以来，历时五年多，经多次印刷，已发行数万册。该书被多所大学选为教材，也被指定为成人自考教材和企业界营销培训的主要材料。

　　在数年的实际使用中，读者普遍认为，该书具有较强的实用性、案例性，在运用理性分析方面有一定深度和广度，对培养现代市场经济条件下，经营管理、市场营销的大学生和实际部门企业经销的在职人员都具有可取性。但是，使用单位也提出了很多具体的宝贵的意见，特别是企业界根据本身实际情况，提出了在深化改革中面临的深层次问题，不仅值得我们认真思考，也应作为进一步研究的课题。

　　随着我国社会主义市场经济的深化发展，改革开放进一步全面推进，企业将面临竞争更加激烈的市场。作为社会经济细胞的企业，不再是政府的附属，而是全方位面向市场的独立经济单元。无论什么经济体制的企业，都将接受市场的检验和评判。企业要适应这种趋势，就不能只是进行硬件建设，更应全面系统地进行软件建设，塑造出自身独立的企业文化。只有进行个性化的"CIS"战略，才能赢得市场，才能使企业生存和发展。在修订中，我们根据企业界的意见，增补了这方面的内容。

　　限于我们的水平，修改后仍会存在不少错误和不妥之处，盼继续提出宝贵意见；并对以往采用该书的学校和企业深表谢意。

编著者

2000年1月

目　录

目　录

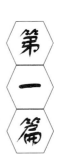

第一篇

商业谈判

商业谈判属于经济谈判中的一部分，或者说是其主要部分。商业谈判也称为商务谈判、贸易谈判或商业洽谈。这种谈判是随商品经济、商业信用和银行信贷的发展而发展起来的。它一般是指经济实体间在各自的经济活动中，为寻求和达到自身的利益目标，所采取的调节经济关系的经济行为过程。这个过程的核心是买卖活动，围绕着购销目的而展开。尽管实际经济生活中，商业谈判是多种多样的，但就商品生产与销售而言，可分为销售性谈判和引进性谈判；从规模看，可分为大型商业谈判、中型商业谈判和小型商业谈判。从广义角度讲，推销人员与顾客间的对话，也可看成是一种微型的商业谈判。跨入 21 世纪，人类进入了一个崭新时期——信息时代。从经济角度看，人类的经济生活已逐步发展为全面知识化。在这种知识经济时期，谈判从具体形式上划分，又可分为通过人员面对面的直接谈判和运用现代科学技术进行的计算机网络谈判。

第一章 谈判概述

第一节 谈判概念

一、一般性概念

对于什么叫"谈判",人们很难下一个准确而统一的定义。如果把"谈判"作为人类的一种协调活动来考察,从古就有,内容极其广泛,涉及政治、军事、外交、经济等各个方面。我国古代的"纵横家"就是谈判专家的别称。从一定角度讲,人类的历史,就是充满着谈判活动的历史。从法律角度去考察,"谈"是指"要约"和"承诺"。"要约"是指一方提出签订某种协议的建议;"承诺"是指另一方对所提出的建议或条件表示同意。因此,谈判的实质就是签订协议。谈判的过程就是订立协议的过程。协议一旦形成,就是参与谈判各方共同意志的体现。任何一方违约,都必须承担法律责任,其协议就成为追究法律责任的依据。因此,谈判协议不是一般行为,而是一种法律行为,它建立的是参与各方的法律关系。另外,从需求角度考察,谈判总是参与者为满足某一种或几种需求的互动行为,谈判各方都要求获得某些满足,在各自的需求驱动下才会出现谈判。因此,从不同研究角度,就得出不同的谈判含义:

从协调角度讲,谈判是指参与各方在一定时空条件下,为改变和建立新的社会关系,并使各方达到某种利益目标所采取的协调行为过程。

从法律角度讲,谈判是指参与各方根据规定的法律、政策和道德,论证自己的观点,说服对方,最终形成统一意志体现的协议,协议是对各方都具有平等约束力的法律行为。

从需求角度讲,谈判是人类为满足各自需要而进行的交易。

谈判从其他的研究角度,还有很多提法。无论怎样下定义,谈判已是当今世界协调、处理社会各种关系的重要手段。从它的内涵分析:谈判必须有两个以上的参与者,最小的谈判也应在两人之间进行。当今最大的谈判,大概要算联合国的大会辩论,有 190 多个国家或地区参加,代表全世界几十亿人的利益进行谈判。参与者很注意选择谈判的时间和地点,这其中的含义十分微妙,特别是企业与企业之间、团体与团体之间、国家与国家之间的谈判,是很注意时间和空间的,谈判总是围绕着建立新的社会关系,总是以某种利益的需要和满足为目标,谈判是一种协调行为的过程。

与其他行为过程比较，谈判具有的特点是：首先，它是互动过程，谈判各方都有其自身的内在驱动力，都想通过谈判获得某种满足，单方面的施舍或承受都不算谈判。其次，它是"合作"与"对抗"同时并存的，谈判各方不具有一定的合作性，谈判就不能进行，但是各方为追求自己的利益，就必然出现利益的对抗，只是不同条件下其合作程度与对抗程度有所差异而已。再次，它是"互惠"而"公平"的。所谓"互惠"是指谈判各方均要获得一定的利益，即都要承担一定的权利和义务，如果不是互惠的，谈判就无从说起；所谓"公平"是指参与谈判的各方都具有否决权，任何一方都不能强迫对方。最后，谈判又是"不平等"的，因为谈判各方所拥有的地位、实力与技巧总存在差异，故谈判的结果不可能是利益的平均分配。这里所谓的"不平等"是针对谈判结果而言的。

在人类社会生活的各个方面，谈判是普遍存在的，它是沟通的基本形式之一，但它又不同于一般的交谈、询问和答复，它是双方或多方为改变相互关系的磋商行为过程。谈判结果，即达成协议后，就具有法律约束力。

二、商业谈判的概念

商业谈判是人类社会生活谈判中经济谈判的重要组成部分。它也符合谈判的一般性概念，但它又是人类经济生活中的一种谈判，具有自身的特色。其核心是围绕着商品买卖活动而展开，因此，商业谈判是以购销为中心及相关的商务关系进行协调磋商的活动过程。更具体地讲商业谈判，它主要是以买卖为目的，双方或多方对一项或数项涉及双方或多方利益的标的物在一起进行磋商协调的行为过程。所谓标的物（或简称标的），是指协议各方当事人权利、义务所指向的对象。比如，双方协商买卖一种电视机，这种电视机就是双方谈判的标的物，因为它产生双方所有的权利和义务。英国谈判专家马什给商业谈判这样下的定义："所谓谈判（或称交易磋商）是指有关贸易双方为了各自的目的，就一项涉及双方利益的标的物在一起进行洽商，通过调整各自提出的条件，最终达成一项双方满意的协议，这样一个不断协调的过程。"

商业谈判的参与者，一般都是国内外各种形式的工商企业或经营者。在国内商业谈判中，谈判主体是企业的法人代表（厂长、经理等），也可以是法人代表授权的业务人员、推销人员或采购人员。在社会主义市场经济条件下，私营企业及个体经营者也可作为当事人参加谈判。在国际商业谈判中，目前则主要是国家或地区间的外贸专业公司、进出口经销商或代理商。随着改革开放的向前推进，企业直接与国外商人进行商业谈判会越来越频繁。下面对商业谈判的意义、原则及内容进行讨论。

（一）商业谈判的意义

总的讲，商业谈判具有沟通协调各种商务关系的意义。具体讲，商业谈判的意义是：

（1）商业谈判是保证参与各方经济利益平等互利的重要形式。

（2）商业谈判可提高经营决策的科学性。当达成协议后，对双方或多方的经济行为都具有约束力，又具有对各方的导向功能，而且受到法律保护。

（3）商业谈判是搜集经济信息的重要渠道。在谈判中各自表明立场、观点、意图和要求等，进行着信息的双向沟通。

（4）商业谈判是横向经济联系的一种方式。

（5）商业谈判是满足经济需求的常用手段。通过商业谈判，达成协议后，参与方的经济利益总能得到一定程度的实现。

（二）商业谈判的原则

所谓原则是指应遵循的行为规范。商业谈判的一般原则有：

1. 合法原则

合法原则是指所达成的协议必须严格遵守国家法律和有关政策的规定。

2. 互利原则

商业谈判是互动行为，任何一方都不能把意志强加给对方。无论地位和实力有多大的差距，在谈判中都最忌讳提过高的要求和苛刻的条件。

3. 时效原则

时效原则是指在谈判中要注意效率与效益相统一的原则，不能搞"马拉松式"的谈判。

4. 最低目标原则

目标是行动的方向，如果太高，往往很难实现。商业谈判涉及参与者的经济利益，任何一方谈判目标太高，必然以损害另一方的利益为代价，因此，遵循最低目标原则，往往是商业谈判获得成功的基础。

5. 信誉原则

在现代市场经济条件下，商业谈判也是一种竞争手段，讲技巧，也讲策略，但是技巧和策略都必须建立在诚实和信任的基础上，任何欺骗行为都有损企业的信誉，信誉是企业的生命。俗语说："经商信为本，诚招天下客。"

（三）商业谈判的主要内容

商业谈判的内容很广泛，不同的商业谈判，其具体内容就有所差异。下面对商业谈判中涉及最多的购销谈判进行分析，其主要内容有：

1. 价格

这是购销谈判中最主要、最敏感的内容。因为销售价格高低直接涉及购销双方的经济利益。谈判中，卖方总希望以高价出售，买方总想以低价购进，都会围绕价格考虑与其相关的成本、竞争、销售条件、付款条件、物价变动以及双方信任与合作等多种因素，价格是冲突的焦点。当达成协议时，货款和支付又是这种谈判协议必须具备的基本条款。协议中必须明确规定标的价款、劳务报酬的计算标准和支付方式。如果是国际商务谈判，还应根据履约期限，明确规定结算方式和结算货币，同时在谈判前就应搞清国际贸易中的价格术语及其表示的含义，否则会遭到巨大损失。比如，我国曾与某国签订出口搪瓷口杯，按到岸价成交总价为 1300 万美元，结果运费就花了 4000 多万美元，货物白送还倒贴 2700 万美元，如协议签订按"离岸价"成交，则不会造成如此巨大的损失。

2. 数量

数量是商业谈判的出发点，它指购销商品的数量。在谈判中必须明确、清楚，不能含糊。首先是商品名称，要尽量规范化，规定有统一名称的，一定要用统一名称；如果没有，在谈判中双方应统一名称，必要时应留存样品。因为商品名称，一般是这种谈判的标的，如果出现问题，会在履约中引起一系列争议。其次是数量，不仅要按统一的度量衡标准写准确，而且要考虑具体商品的自然属性，因为某些商品在运输过程中，会出现自然的数量差，比如鲜活商品、吸湿性商品、易风化脱水商品等都有这种现象。在谈判中须明确是发货数量还是收货数量，是毛重还是净重。只有这样，在履约时才不会出现争议或减少争议。

3. 质量

这是对商品使用价值方面的规定，是这类谈判中很重要的内容。商品质量标准有国际标准、国家标准、行业标准和企业标准，这些均可作为谈判认可的依据。如是尚未颁布和建立质量标准的商品，在谈判中一定要讨论出双方认可的明确的质量规定，以便于建立一系列接收或拒收的准则。由于商业谈判和履约中，有关商品质量方面的争议极为普遍，《中华人民共和国经济合同法》对此作出了明文规定。

质量是经济谈判协议应具备的主要条款。双方在签约时，必须充分协商，明确具体地规定产品质量标准。有国家标准的，按国家标准执行；没有国家标准而有专业（部）标准的，按专业（部）标准执行；没有国家标准、专业（部）标准的，按企业标准执行。在协议中必须写明执行的标准代号、编号和标准名称。没有上述标准，或有上述标准，但需方有特殊要求的，按供需双方在协议中商定的技术条件、样品或补充的技术要求执行。这样不仅便于明确协议当事人相互间的权利和义务，而且在发生了纠纷后，也便于执法机关及时查明事实，分清责任。产品的外观、品种、型号、规格、花色等质量指标如不符合协议规定，属供方送货或代运的，双方当事人事先又未作特殊规定的，需方应在货到后 10 天内提出书面异议。需方自提货的，应在提货时或者双方约定的期限内提出异议。产品内在质量不符合协议规定的，不论供方送货、代运或需方自提，需方应在协议中规定由供方对质量负责的条款。某些产品，国家规定有检验或试验期限的，按国家规定的办理。对某些必须安装运转后才能发现内在质量缺陷的产品，除另有规定或当事人另行商定提出异议的期限外，一般从运转之日起 6 个月以内提出异议。供方在接到需方书面异议后，除协议另有规定者外，应在 10 天内负责处理。

否则，视为默认需方提出的异议和处理意见。如需方未按规定期限提出书面异议，即视为所交产品的质量符合协议规定。

4. 服务

这是指卖方应提供的系列服务，也是谈判的重要内容。它包括：交货时间、地点和方式，包装、运输条件，指导使用、安装、维修、保养等期限与条件，提供零配件、工具，等等。谈判和协议都必须具体、准确，双方认可，不能含混马虎；否则，有争议后无法仲裁。比如，上海某厂与东北某厂，签订了"款到后交货"的协议，结果款到上海后，一拖数年才发货，东北方面吃了大亏。"后"并不是明确的期限，拖多长的时间也不算违约。

5. 保证

这是指对一系列保证性条款进行讨论，这是谈判中不能忽视的内容。保证是双向的，卖方对售出的商品承担某种义务以保证买方的利益，这种卖方的义务与责任称为担保，对这种担保必须有具体的保证性条款。买方对卖方也承担着按期结算与支付的责任，在支付方式上有现款支付与银行转账支付，在交款时间上有当期一次支付、延期一次支付和延期多次付清等。特别是对延期支付，如何保证，也应有对应条款进行规定。

6. 验收

验收包括数量和质量两个方面，在谈判中还应明确规定验收方式和验收后提出异议的期限。数量验收一般在交货时进行，如无异议，即认为合格。质量验收应规定验收方式和抽样比例，并根据协议确定的标准进行考察，如有异议应按协议规定期限提出。

7. 责任

这是指任何一方取消合同和违约应承担的法律责任。因为，这类谈判协议是一种法律行为，任何违约都会引起法律后果。双方都会对履约与违约的权利、义务进行谈判，并在协议中明确商定，以免引起不必要的争议。

第二节 谈判理论

所谓谈判理论，是指人们从长期的谈判实践活动中，总结、归纳、抽象、升华出来的，带有一般规律性的认识。这种认识对现实的谈判活动又具有重要的指导作用。翻开人类的谈判史，可谓源远流长。在原始社会，人们为了获得生存资料，在部落之间或家庭之间，就出现了简单的原始谈判；在奴隶社会有各种部落之间的联盟谈判；后来又出现以宗教、迷信活动为仪式的各种形式的谈判；随着商品经济的产生和发展，又出现了以商品交换为主要内容的各种各样的谈判。但是在很长的历史时期，人们研究谈判，多是从方法、技巧角度进行探讨，比如

《三国演义》中描述的诸葛亮过东吴"舌战群儒"：先与张昭为首的众多东吴谋士进行了一场大论战，诸葛亮采用正面攻击的谈判策略，说得降曹派一个个哑口无言；后来与吴侯孙权面对面谈判时，又采用了"欲擒故纵"的策略，故意先把曹操说得特别强大，"劝"孙权要权衡利弊，认真考虑，待激怒吴侯后，鲁肃请他去再议时，才分析了抗曹的可行性，一举说服了孙权；再后与周瑜的谈判中，诸葛亮又采用了激将法策略，假意不知道小乔是周的夫人，借用曹操的《铜雀台赋》，说东吴只要送大乔、小乔两女子过江，则可不战而退曹兵，结果达到了与东吴联合抗曹的目的。这是对古代谈判的一段精辟描述，也表明诸葛亮将东周列国时代的"完璧归赵"式的纯"立场"谈判方式，大大向前推进了一步，创造了因人、因事采取不同技巧和方法的谈判策略。但这仍属于古典谈判模式，即以坚持自己立场为基点，说服甚至采取一定胁迫手段使对方让步，谈判只有在一方出现妥协和让步时，才能成功，否则谈判就会破裂，其结果是不输就赢。这种传统的谈判方式，在现代军事、政治和外交谈判中也在采用。最典型的例子，就是 1967 年中东"六五战争"后的"埃以谈判"，埃及坚持要收回被以色列占领的西奈半岛的土地，维护主权和领土完整；以色列坚持认为，只有占领它才能确保安全，才能消除来自西奈半岛的攻击。双方坚持各自立场谈判，结果断断续续经历了 11 年的漫长岁月，谈判也没有成功。

谈判作为人类的一种协调行为，沟通的基本形式，充满着整个人类历史。但是在很长的历史时期，人们将谈判只作为人类的一种活动过程去研究，着重研究其方法、技巧和策略，侧重于谈判经验的总结。对人们为什么需要谈判，谈判的基本内驱力是什么，谈判中应遵循哪些不以人们意志为转移的客观规律，这种更深入地理论分析和探讨，则是近几十年的事情。第一次世界大战以后，出现了世界性的科学技术和经济的大发展，人们追求更多的合作，回避激烈的军事冲突，理论界出现了一种较普遍的认识，现代是从战场走向市场，从冲突走向合作的时代。在这样历史背景下，促使人们对谈判的基本动因作深入的分析和研究。长期实践证明，任何谈判都是合作与冲突并存的行为过程，如何在谈判中使冲突向合作转化，是谈判成功的基本前提。这种转化有什么规律可循，是现代谈判理论研究的出发点。从世界范围看，谈判正在形成一门新兴的学科——谈判学，各国都在进行广泛地研究。要深刻认识现代谈判学的基本理论，必须从历史的进程和世界各国研究的成果进行考察。

一、传统谈判观念与模式

传统谈判观念也可称为古典谈判观念。任何观念的形成，都产生于特定的社会环境。翻开人类历史，在很长的历史时期，政治和军事冲突占着主导地位。谈判尽管是涉及人类生活各个方面的协调行为，但在较长的历史进程中，则主要是用于解决政治和军事矛盾。由于政治、军事冲突的强烈对抗性，就形成了谈判者往往完全以坚持自身立场为基本出发点，以诱逼或采用各种策略促使对方让步或妥协为根本目的。我国古代著名纵横家苏秦，在游说六国合纵抗秦时，创立了以理服人，细致分析的"理性游说法"，这可以说是古典谈判成功的典范，其具体做法是：充分搜集资料，细致分析，以理服人。这很值得现代商业谈判研究和借鉴，但苏秦的谈判观念仍然是传统的，以坚持自身立场为核心。因此，传统谈判观念的实质是立场观念。

（一）传统谈判模式及其剖析

模式一般是指模型，是主观对某种客观现象的模拟，希望去仿真，希望被研究对象客观地再现。但是，任何模式都是人们对客观认识的主观反映，受着诸多条件的约束，不可能绝对准确。模拟或说仿真，却是近代控制论研究客体运动的重要方法和手段。通过建立模式，可以分析探索客观事物的规律性。

传统谈判模式，是根据现有资料对古代谈判实际状态的一种模拟，一般如图1-1所示：

图1-1 传统谈判模式

根据这种模式剖析：谈判参与方都是以确立或明确自身立场为基本出发点，谈判进程中，以坚持和维护自身立场为基础，一切谈判策略、方法和手段均围绕着这个核心而设计，并具有保密性，其具体采用的谈判策略和方法，总是尽可能不让对方了解，甚至采用阴谋手段，目的都是围绕着促使对方让步或妥协，一旦都不退让，谈判就出现僵局或破裂。这种传统谈判模式，可概括为不成功就失败，或者说是不输就赢的"输赢式"模型。

（二）传统谈判的主要特点

1. 具有较大的人为冲突性

任何谈判都具有合作性和冲突性两方面，或者说是合作与冲突并存的过程。谈判中合作与冲突是一种客观存在。客观地去分析，影响谈判中合作性和冲突性的主要因素有：谈判涉及的利益或成果越固定，冲突性可能就越大，单项议题比多项议题冲突性大。至于谈判人员的性格，一般是斤斤计较型人员间冲突性大，豁达大度、温和型人员间合作性大。至于谈判时间，一般是谈判时间较长，合作性可能大一些；反之，则冲突性可能大一些。谈判各方的实力大小，势均力敌，合作性可能大一些；实力悬殊，则冲突性可能大一些。

谈判总是希望去扩大合作面，使冲突向合作转化。但传统的谈判方式往往由于过多地强调自身立场，很少去探索和理解对方的需要，更没有意识到，成功的谈判是要寻求出参与方的需求结合点。传统谈判观念就造成了谈判者间的较大心理障碍，从而引起人为的冲突。

2. 谈判策略的主体性和隐蔽性

谈判总是要讲策略、技巧和方法。但是把它将谈判置于什么地位，是主导地位还是从属地位，是公开还是隐蔽，是技能还是阴谋，这却是传统谈判与现代谈判学的本质差异。

"项庄舞剑，意在沛公"，充分体现了古典谈判把策略放在主导地位，而又具有很强的隐蔽性的特点。传统谈判总是以胁迫对方让步或妥协为基本出发点，故往往把目的的实现寄托在策略上，而这种策略又建立在隐蔽的谋划基础上，因此，一旦谈判意图和策略被对方识破以后，谈判就很难继续下去，甚至出现严重的后果。我国宋代的"宋辽金沙滩"谈判，就是很具体的实例。现代谈判学却认为，谈判应遵循某种客观价值，应追求不以任何一方的主观愿望为基点的客观标准。谈判策略和技巧只是谈判技能的体现，应从属于谈判的总目标。"哈佛的原则谈判法"认为，只要是追求客观的标准，策略越公开化，谈判越容易进行。

二、现代谈判理论与模式

尽管谈判作为一种协调行为，充满着整个人类历史，但是从理论角度去探讨和分析，则是近几十年的事情，实践证明，任何谈判都是合作与冲突并存的行为过程，如何在谈判中使冲突向合作转化，这是谈判成功的前提。这种转化有什么规律可循，正是现代谈判理论研究的出发点。从世界范围考察，谈判正在形成一门新兴的学科——谈判学。各国都在进行研究，有影响的谈判理论主要有下述几种：

（一）谈判需求理论

谈判需求理论由美国谈判学会会长、著名律师杰勒德·I. 尼尔伦伯格于20世纪60年代首先提出。这是他运用行为科学、心理学知识，总结了他自己长期从事谈判的经验后，提出的一种与传统谈判观念完全不同的谈判理论。他认为："任何谈判都是在人与人之间发生的，他们之所以要进行谈判，都是为了满足人的某一种或几种'需要'。这些'需要'决定了谈判的发生、进展和结局。"

尼尔伦伯格把人的需要、人的动机和人的主观作用，作为谈判理论的核心。需要和对需要的满足是谈判的共同基础。他认为谈判的前提是："谈判双方都要求得到某些东西，否则，他们就会彼此对另一方的要求充耳不闻，双方也就不会有什么讨价还价发生了。即使是一个只求维持现状的需要，亦当如此。双方都是为各自的'需要'所策动，才会进行一场谈判。"他的这种谈判需求理论，反作用于谈判实践，引导人们在谈判中，重视驱动双方的各种需求，寻求联系双方的"需要"，然后对症下药，选择出最佳谈判模式，从而使古典谈判观念出现了质的飞跃，将传统的从立场出发的"不输就赢"的谈判模式，发展为现代的"双方都是胜利者"的"双赢式"的谈判理论，即从自身的需要出发，去探寻对方的需要，然后设想出解决双方需要的途径之后再去争取谈判成功。国外谈判专家对这种模式有一个形象化的比喻：父亲为两个孩子分一个苹果，无论父亲将苹果分得如何准确，后拿者总认为吃了亏。而如果改为让一个孩子来切苹果，另一个孩子有权先选，则都成了胜利者——一个认为是我先选的，不会吃亏；另一个认为是我切的，也不会吃亏。结果双方都很满足。

尼尔伦伯格根据自己的需求谈判理论，于1968年写成《谈判的艺术》一书，影响很大，畅销世界，1985年也被译成中文发行。尼尔伦伯格因此被誉为"谈判学"的开拓者。谈判需求理论适用于各类谈判，基辛格也曾说："一次成功的谈判要求所有各方都得到某种满足"。比如，1978年美国总统卡特把埃、以双方领导人请到美国戴维营去谈判，采用这种现代谈判模式，从两国需要出发寻找解决途径，结果统一了认识。埃及的需要在于领土和主权的完整，而不是对以色列的威胁；以色列的需要在于确保安全，而不是领土扩张。最后达成如下协议：以色列把西奈半岛归还埃及，埃及把西奈半岛大部分作为"非军事区"，两国的需要都得到了满足，11年都没有解决的问题，在12天内就解决了。

尼尔伦伯格在《谈判的艺术》中，引用了布朗戴斯大学教授阿伯拉罕·H.马斯洛在从事行为科学研究中提出的"需求层次理论"。马斯洛早在1943年《如何调动人的积极性》一书中，提出了人的需求层次，在世界范围内引起了广泛的反映，在不断完善和继续研究中，马斯洛又提出了人类行为基本要素的七种需要：生理的需要；安全和寻求保障的需要；爱与归属的需要；获得尊重的需要；自我实现的需要；认识和理解的需要；美的需要。尼尔伦伯格以这七种需要为基础，把各种谈判归纳成三个层次，即：个人间——个人与个人的谈判；组织间——组织与组织的谈判；国家间——国家与国家的谈判。每个层次的谈判，都有这七种需要的驱动。每个层次的每一种需要都可通过六种谈判方法实现，即：

——谈判者顺从对方的需要；

——谈判者使对方服从其自身的需要；

——谈判者同时服从对方和自己的需要；

——谈判者违背自己的需要；

——谈判者损害对方的需要；

——谈判者同时损害对方和自己的需要。

因此，尼尔伦伯格在《谈判的艺术》一书中，归纳出了"7×3×6"共126种谈判策略，并都举出具体实例。故他的谈判需求理论，对各种类型的谈判，都具有一般性的指导作用。

（二）"原则谈判法"

这是近年来，哈佛大学通过"哈佛谈判研究方案"，并与一些知名学者和谈判专家一齐研讨中提出的一种新的谈判理论。它通过"建立理论"、"教育训练"、"出版刊物"、"冲突缓解" 四项工作，不仅在谈判理论方面提出了新的认识，而且把谈判作为一种产业进行开发。

这种谈判理论的核心，不是通过谈判双方讨价还价的过程来做最后决定，而是根据价值来达成协议，寻求双方各有所获的方案。当发生利益冲突时，坚持根据公平的准则来做决定。不采取诡计，也不故作姿态。"原则谈判法" 强调的是价值，故也可称为 "价值" 谈判理论。这种谈判理论的特点是：使你一方面能得到想要的，另一方面又不失风度。不像一般谈判，如果策略被对方识破，就很难继续下去，而原则谈判法却恰恰相反，如果对方了解这种方法，则更容易进行谈判。因此，原则谈判法适用性很广，适用于政治、军事、外交、经济等各种内容的谈判，也能适用于从国际到个人之间各种规模的谈判。在经济谈判中，日本较普遍采用的一种 "成本谈判法"，对最终卖价涉及的各种成本要素进行一一磋商，寻求出合理的卖价。这与原则谈判法提出的准则，极为相似。专家们预测成本谈判法，是当今很有前途的谈判方式，有改变买卖双方关系的潜在趋势。

原则谈判法可归纳为四个基本要点：把人与问题分开；在决定如何做之前，先构思各种可能有的选择；重点放在利益上，而不是立场上；坚持最后结果要根据某些客观标准。这四个要点构成了几乎可以在任何情况下加以运用的直截谈判方法，四个要点应贯穿于谈判过程的始终。

（三）谈判 "三方针" 理论

这是英国谈判专家比尔·斯科特，在总结了不同国家、不同企业的400多名从事贸易谈判人员的亲身经历和经验，总结了他自己在国际商业谈判中的经验之后，形成的谈判理论，并于1981年写出《贸易洽谈技巧》一书，在世界范围颇有影响。他提出了 "谋求一致"、"皆大欢喜"、"以战取胜" 的 "三方针" 谈判理论。

所谓谋求一致，是一种谋求双方共同利益，争取最大可能一致性的谈判方针。有如共同做蛋糕，蛋糕做得越大，分享得就越多。

所谓皆大欢喜，是一种保持积极关系，各得其所的谈判方针。这种方针不是把蛋糕做得尽可能大，而是根据各自的需要和不同的价值观去分割一个既定的蛋糕，争取分得合理，分得大家满意。

所谓以战取胜，斯科特认为，这是一种把谈判看成一场尖锐冲突的陈旧谈判方针，应当避免。谈判中各施手腕和诡计，争个你死我活，结果往往两败俱伤。采用 "以战取胜" 方针的目的是打败对方，其实质是损害他人的利益。其危害性是 "失去友谊；失去今后与对方合作的机会；会遭到对方抵抗和反击，冒可能失败的风险；即使对方屈从也不会积极履行协议；在社会上失去信誉等"。斯科特认为，当今的谈判高手，极少采用这种谈判方针。在实力相差很大或一次性谈判中，可能有的谈判人员会采用这种方针。但他极力主张在友好、和谐气氛下 "谋求一致" 的谈判方针，也积极主张在谋得己方利益的前提下给对方以适当满足的"皆大欢喜"的谈判方针，他主张尽力避免种种冲突型的"以战取胜"的谈判方针。

新兴的谈判理论与观念在不断形成与发展，各种学派、各种新的观点雨后春笋般的出现。但有一个共同基本出发点：谈判不是满足某一单方面的需要，而是参与方都要获得某些需求的满足。要想使谈判成功，只有不断使冲突向合作转化，只有寻求出参与方的最佳需求结合点，才能形成牢固的合作关系。任何只看见自己而看不见别人，任何以势压人、以诡计取胜的谈判策略都是与现代谈判理论相违背的。现代谈判理论的发展，就促使形成新的谈判模式。这种现代谈判模式，不是首先确定自身的立场，而是认清自身的需要，然后去寻求和探索对方需要，谈判的根本目的是共同努力去找出达到需求结合点的途径。这样就可使谈判过程的合作性大大增加。由于谈判结果都获得某种满足，故这种模式又称为"双赢式"谈判。其流程如图 1-2 所示：

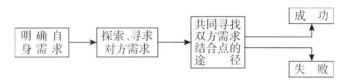

图 1-2　现代谈判模式

这种现代谈判模式的最大特点，是可回避人为的冲突性，增加或提高合作性。强调谈判是从各自的需求出发，去寻求达到需求结合点的途径，强调任何谈判都应追求符合某种客观的价值，从这样一个基点出发，谈判策略和技巧只是一种应用技能，无须保密，让对方了解更有利于谈判的进行，更不应把策略与技巧看成是主宰谈判的主导手段。

随着历史的前进，社会的发展，作为协调人类生活的谈判行为，会越来越广泛，人们从理性上去认识谈判，会越来越深化，新的谈判理论会层出不穷。随着我国改革开放的向前推进和加入 WTO，我们不仅需要一批精通国内事务的谈判人才，而且更需要一批精通国际事务，了解各种谈判理论，熟悉各种谈判技巧的国际型的谈判人才。必须深刻认识到 WTO 并不保证缔约方能自动从总协定中得到好处，而只是给缔约方一个机会，正因为如此，总协定被人称为"讨价还价的总协定"，如果一个缔约方没有高水平的谈判人才，往往会吃大亏。因此，在谈判理论方面，一定要大胆借鉴，勇于创新，一定要"勤求苦询，群采众方"。

第三节　网络谈判探讨

20世纪是科学成果累累的世纪，其科学技术发明的数量远远超过了人类以往发明的总和，其中特别具有深远影响的四大发明——"三论一机"，即系统论、控制论、信息论和电子计算机，对人类生活，特别是对人类经济生活起着巨大而深远的影响。它不仅促使人类生活方式和行为的变革，更促使着人类思维、价值观及文化体系的变革。

20世纪80年代，人们突破了每台计算机独自进行工作的局面，出现了网络。在计算机网络中，不同类型的计算机，可以互相联系、交流和双向沟通，只要按照一定的规则和约定进行信息交换，通过公共语言就可快速、轻松地达到资源共享、团队合作等沟通目的。

现在，无论你从事什么工作，对信息的依赖性越来越大，对团队合作精神要求越来越强烈。商务活动更是如此，自古以来，经商就有抓住时机就是成功的一半的格言。要抓住时机与快速、准确地获取信息密切相关，要及时获取信息，运用网络沟通是极为重要的手段。这也是现代商务谈判推销人员的基本功。

电子计算机网络从20世纪80年代问世以来，以极快的速度向前推进和发展起来。从局域网到城域网再到广域网，突破了地区和国家的界限，将五大洲每一个角落都联系起来，人与人之间的交流更直接，信息传递更快捷。当今世界上最大的广域网——因特网，它连接着世界各地上百万的局域网，容纳着数以千万计的各种计算机，成为了取之不尽的信息资源和极为重要的知识库。21世纪已进入网络时代，它深入到人类生活的各个方面，当然其中也蕴藏着巨大的商业价值。一个现代经营管理者，不能充分运用网络沟通技能，就不可能在当前激烈竞争的市场中求生存、求发展。

一、网络谈判的概念与特征

泛讲网络谈判，它仍属于人类的一种沟通协调行为过程。参与方都是以自身的需求为内驱力，追求获得某些满足为目的。参与方同样应根据一定时空所规定的法律、政策、道德规范和网络规则去表达自己的观点，说服对方，去追求参与方的需求结合点。网络谈判的结果，仍需形成体现统一意志的协议，协议对各方都应具有平等的法律约束力。网络谈判与人员间的面对面谈判都属于人类沟通的基本行为，只是网络谈判是以现代电子计算机网络作为手段。无论这种手段如何先进，网络谈判仍然是合作与对抗并存的互动行为，必须是"互惠"而"公平"的。与人员间的谈判比较，网络谈判又具有下述特征：

（一）广域性

这是电子计算机网络谈判的重要特征之一。所谓广域性是指网络谈判可以跨地区、跨世界地进行"要约"和"承诺"的网上交谈，最终在网上直接达成共识的协议。这种特性把人类的空间距离大大地缩小了，这也是网络技术发展的重要成果，所以人们现在常说"地球变小了"。

（二）快速性

这是网络谈判的又一重要特征，它无须派出人员，就能直接从网上快速进行实现目标系列的谈判沟通活动，这既省人力，又省时间。

（三）规范性

这是网络技术的要求。随着科学技术和经济的高速发展，世界经济一体化发展趋势越来越增强，不同地区、不同国家的信息交流越来越频繁，在这种条件下产生了电子计算机网络，广域网就是连接若干局域网而成，它容纳着众多的形形色色的计算机。要在这种条件下实现快速有效地信息交流，就必须建立起共同遵守的相同协议和交流的公共语言。因此，在进行网络谈判时，就必须遵守它的协议和公共语言，这就是它的规范性。

（四）隐蔽性

这是网络谈判与人员间面对面谈判相比较的特征。它无须选择谈判地点和谈判人员的挑选、配备工作，只要掌握所需资料，在任何时间都可发出"要约"进行网上谈判。当前，在一些领域甚至采取匿名方式进行网上谈判沟通活动。例如，现在一些文化体育活动、棋类网上邀约以及私人生活中的网上聊天都常有匿名进行的情况。这种隐蔽性对保护个人隐私和重要机密具有一定作用。但事物总是具有多维性，从心理学角度分析，在人际交往中，隐蔽性与信任度总是成反比关系，特别是在商务谈判推销活动中，"诚信为本"自古至今都是经商的格言。在日本有一条推销成功的重要经验，就是直述自身产品的缺点，反而能取得消费者的信任。如果利用这种隐蔽性进行"传销"活动，那就更是非法的。因此，采用匿名进行网上谈判沟通活动，一定要把握好法律界限。

二、网络谈判中应注意的问题

网络技术从产生到现在，尽管只有短短20多年，但其发展速度之快、其内容扩展之宽是其他事物无法相比的。可以说网络是包罗万象、无所不有，人们可以通过计算机网络获得丰富多彩的服务。从商务角度考察，网络不仅具有电视、广播等媒体宣传商品的广告活动功能，同时具有双向及时反馈功能，可以直接进行商务谈判推销活动，一直到交易成功后的支付、结算等均可在网上进行。但是，任何事物都有一个产生、发展和逐步完善的过程。网络技术无论它如何先进，总会有漏洞，随着它的不断发展，还会出现新的漏洞。如何有效地进行自我保护，如何防止"黑客"攻击，如何防止"病毒"，如何防止"电子邮件炸弹"、"信息炸弹"攻击，以及人为因素等造成的安全隐患，这都是从技术角度研究的重要课题。下面我们从网络谈判，特别是商务谈判中应注意的问题进行探讨：

（一）加强法律意识

网络谈判仍属于人类谈判范畴，是协调、处理各种社会关系的手段。如果是商务谈判，则仍然是以商品购销活动为核心，以协调购销双方或多方经济利益为目的的。谈判结果同样必须达成体现双方或多方共识的协议，协议体现着参与方的经济利益，承担着经济法律责任。如何保证履约是极重要的问题，因此协议的鉴证或公证是必不可少的手续，千万别因为是老朋友、老关系而忽略了这一重要的法律保障手段。由于网上商务谈判是人员间的非直接接触，特别是网上初次交往，对谈判对手的充分了解就显得更为重要。一般来讲，可通过网上查询谈判对手所代表经济实体的状况，特别是当前该实体的社会形象，来进行谈判前的准备和把握谈判是否进行和怎样进行。如果是投资性商务谈判，更需派出人员或专家组前往进行投资环境实地考察，作出预测分析后再进行。总之，现代网络商务谈判人员，谨慎是必要的心理素质之一，"诸葛平生唯谨慎"，"害人之心不可有，防人之心不可无"这是网络商务谈判人员的重要行为准则之一。另外，由于网络商务谈判的广域性，可以跨地区、跨国家地进行"要约"和"承诺"，因此掌握和了解不同地区和不同国家的立法差异性，使所签协议符合其法律规范，也是保证履约的另一重要条件。

（二）注意网络谈判的局限性

任何事物都有一个逐步完善的过程，无论怎样完善，都不可能十全十美，真理也是一定历史范畴的产物，具有相对性，绝对权威永远不存在。网络技术发展到今天，已扩展到人类政治、经济、金融、教育、科研、体育、娱乐、生活等各个方面，其中也蕴藏着重要商机和商业价值。如何充分去把握和运用网络，已成为现代各种人员的基本技能。但是，作为人类信息交流和沟通的手段，它仍有一定的局限性，它也不是"万能"的。特别是网络谈判，目前仍无法承担重大政治、军事以及大、中型商务谈判的全过程，还需人机配合，以人员接触沟通为主体，以网络交流为辅助手段。某些协议条款也无法在网上直接实施，如大宗长期的商业交易合同中的验收、定期抽样检查等都需人员直接进行。即使像网上购销的微型商业谈判，可以及时支付、及时结算全过程完成，但从人际关系中情感交流去分析，仍存在缺陷。心理学认为：人际交往包含着认知、情感和行为相互联系与相互制约的成分，其中以感情相悦和价值观相似为核心。无数事实证明，人际交往中具有很强的情感导向。当然在商务谈判中也不例外，所以有人这样说，商场是"战场"，但也是"情场"。从世界范围考察，凡是经商成功者，总是"合情"、"合理"、"合法"三者并重，而且非常重视人际交往中的情感交流，他们不仅有较高的"智商"，同时也有较高的"情商"。

人际关系学认为：人际情感，是指关系双方在情感上满意的程度和亲疏关系，这是人际关系的基础。美国卡内基工业大学对1万人进行调查分析发现："智慧"、"专门技术"和"经验"只占成功因素的15%，其余85%都决定于良好的人际关系。美国哈佛大学就业指导小组对数千名被解雇人员进行综合调查发现，因人际关系不好而无法施展其所长的占90%以上。人际关系学调查研究证明，人际关系中情感交流、语言交流因素只占一部分，甚至是一小部分，其他大部分是由人际间的行为交往去完成，其中包括动作、体态和眼光等多种因素，眼神交流占有相当比重，"眼睛是心灵的窗户"，从眼神可观察出一个人的内心世界。这些都说明网上谈判，仅通过网络语言很难达到快速、全面、充分的情感交流。

（三）注意网络谈判条款的表述

网络谈判尽管具有快速性和跨区域性，但除及时完成的小型沟通谈判外，都必须形成体现参与方需求结合点的协议，协议条款一定要尽可能完善而周密。从网络商业谈判分析：首先是成交商品的名称，或者说标的名称在协议条款中一定要标准化。由于某些商品在不同地区或不同国家会出现称谓差异性，还可能出现网络公共语言与参与者所在地区语言的差别，因此在协议中除按网络公共语言标准化表述外，还应将参与方的各地方语言称谓，在条款中进行补充说明。其次是对涉及参与方经济利益和责任的条款，如成交价格、数量、质量以及支付方式、结算方式、交货期限、售前售后服务及违约责任等表述都必须准确而清晰。如果是涉及数量、金额较大的谈判，还应办理正式签约手续和必要的公证。

小　　结

谈判概述从总体角度与历史进程对人类的主要协调沟通行为——谈判进行了较全面剖析，是学习现代谈判学的理论基础。教学中应把握下述要点：

1. 泛讲谈判是一个多层次、多角度的概念，没有绝对统一的定义。

从人类协调活动看，谈判是自古就有，涉及内容极广的一种重要协调沟通行为。

从法律角度看，是通过"要约"和"承诺"，经协商以达到签订协议为实质。协议体现参与方的共同意志，对各方具有同等法律约束力，谈判协议是法律行为。

从人类需求角度看，"谈判是人类为满足各自需要而进行的交易"。

2. 谈判的特征是互动过程；合作与冲突并存；是互惠而"公平"的，又是"不平等"的。

3. 商业谈判是人类经济谈判的重要组成部分，主要以买卖为目的，参与方对涉及利益的"标的物"在一起进行磋商协调的行为过程。

4. 商业谈判的意义：保证参与方经济利益平等互利的重要形式；可提高经营决策的科学性；是搜集经济信息的重要渠道；是横向经济联系的一种方式；是

满足经济需求的常用手法。

5. 商业谈判应把握的一般原则：合法原则；互利原则；时效原则；最低目标原则；信誉原则。

6. 商业谈判的主要内容（或说条件）有：价格、数量、质量、服务、保证、验收、责任。

7. 深刻认识谈判在人类历史长河中，有一个从实践到理性的循环发展过程。从历史进程考察，大体可分为传统谈判（或说古典谈判）和现代谈判两个阶段。

8. 充分了解传统谈判与现代谈判产生的历史社会环境、一般模式和特征：

传统谈判，也称为立场谈判法，主要产生于人类长期的政治军事对抗的历史社会条件下。其一般模式是以确定或明确自身立场为基本出发点；以坚持和维护自身立场为基础；以胁迫对方让步或妥协为手段；其结果是不输就赢，故也称为"输赢式"谈判模型。其特征：具有较大的人为冲突性；谈判策略的主体性和隐蔽性。

现代谈判，也称为需求谈判法。这是现代谈判学形成以后的谈判方法。它产生于20世纪第二次世界大战以后，人们对战争的反思，普遍认为人类应从战场走向市场，从冲突走向合作。人类对自身的需求不仅有所了解，而且发展为理性的"需求层次理论"。多数人认为现代谈判学是由尼尔伦伯格于20世纪60年代所创立的。其一般模式：以明确自身需求为出发点；以探索寻求对方需求为基础；以寻求参与方的需求结合点为途径；以参与方各有所得为谈判目的。其结果是参与方各有所得，都是胜利者，所以，称为"双赢式"模型。其主要特征：可回避人为冲突性，提高合作性；谈判主要追求符合一定时期的客观价值；策略和技巧只是应用技能，并无隐蔽性。

9. 充分理解传统谈判与现代谈判的主要差异性：一是基本出发点不同；二是追求目的不同；三是谈判基础不同；四是对待谈判策略的认识和运用不同。

10. 深刻认识，任何学科都处于不断变化发展之中。现代谈判理论层出不穷，较有影响的有："需求谈判理论"、"原则谈判法（或价值谈判法）"、"谈判三方针理论"以及"成本谈判法"等。有人预测，21世纪在商业谈判中将是成本谈判的世纪。随着我国加入WTO，我国企业的经营者和管理者，将面临更多的机会和更大的挑战，国际贸易交往与谈判将更加频繁，了解现代谈判学和现代谈判理论及其发展趋势就更为重要。

11. 充分认识到21世纪人类已全面进入知识经济时期，计算机网络已深入到各个领域。网络沟通技能已经是现代人应具备的基本技能之一，它具有广域性、快速性、规范性和隐蔽性等多种特征。但它还处于发展和完善过程之中，虽很先进，但不是万能的，还存在着各种漏洞和局限性。

12. 进行网络谈判与沟通，应树立起强烈的法律意识和自我保护意识，特别是对网上初次交往者，要谨慎，要有必要的相关准备。

第 二 章　商业谈判实务

实务一般是指具体事务或具体业务。商业谈判实务，是剖析现实商业谈判中，我们应注意什么问题，应怎样进行谈判准备和了解一般商业谈判程序。认识和熟悉这些具体问题，才有利于提高商业谈判的实际操作能力。

商业谈判是以商品贸易为核心的一类经济谈判，从规模讲，有大型的、中型的和小型的；从范围讲，有国际的也有国内的；从谈判场地讲，有主场谈判（本企业所在地进行谈判）、客场谈判（到对方所在地进行谈判）和中间地谈判（即不在任何参与方所在地的其他地方进行谈判）。同时由于商品种类繁多，性质各异，不同类型的具体商业谈判，其具体要求就出现较大差异性。因此，要具体问题具体分析，下面的讨论，是从一般性角度进行概括。

第一节　商业谈判中应注意的基本问题

在前面的谈判概述中，对现代谈判发展趋势及其理论进行了讨论。商业谈判从社会总体角度讲，也是人类的一种协调行为，具体讲，是在市场经济条件下，协调以买卖关系为主体的一种经济行为。从现代谈判理论角度分析，任何成功的商业谈判，参与方都应获得一定经济利益的满足，任何一方都不能只考虑自己，而不考虑对方的经济利益需求。只有寻求到各方经济利益的结合点，才能形成牢固的经济合作关系。但是，综观现时经济状况，人们对谈判的理解存在着各种差异性，随着市场竞争日益激烈，市场行情瞬息万变，从世界范围考察，利用谈判和签约，作为不正当竞争手段，甚至是一种欺骗行为也不乏其例。另外，由于缺乏商业谈判应用操作技能，而使谈判破裂的情况也时有发生。正如有一位作家讲的"赤橙黄绿青蓝紫"的故事，现时经济现象，也不是单一色彩。从主观要求，参与任何类型的商业谈判，诚信是基础，为对方着想，是应有的品质。"诚招天下客"是我国自古经商的谚语。但在具体谈判中，缺乏应有的警惕，缺乏必要的经济法律知识，缺乏对谈判实务的操作能力，也不是一个合格的谈判人员。

一、对谈判主体必须有清楚的了解

从法律角度讲谈判，就是指"要约"和"承诺"。商业谈判当然也不例外，所签协议，是双方都承担着经济法律责任的法律行为。任何商业谈判总要有谈判对象，协议要由各参与方当事人签订。如果谈判对象或说协议的主体有问题，其后果是严重的。所谓清楚了解谈判主体，就是了解对方是否有资格参加这场谈判，签这个协议。事物是复杂而变化的，一些经济实体，随着时间的推移，过去有这方面的经营能力和权利，现在怎样呢？是否还具有，就不能仅凭一张营业执照来认定。应通过多种方式了解其现实能力，否则，签约后不能履行，就必然出现经济纠纷，使本企业遭受损失。对谈判主体的了解，一般有下述几种做法：

（一）直接对话了解

这是相互了解的常用方法。通过相互交谈，了解对方的现实情况，要注意面广而细，首先应了解对方的组织情况，谁是法人代表，机构及人员组成情况，这可防止冒名顶替；其次应了解对方的经济实力、现实经营情况和目前的市场形象，这有利于判断对方是否具有现实的履约能力；再次是围绕以后谈判涉及的"标的"展开，对方是否合法？来路正不正？怎样证明？其依据是什么？

直接对话了解，要尽可能面面俱到，多多益善。但是也要注意方式方法，因为这毕竟不是正式谈判，而是事前的交往，是了解而不是审查，要把握分寸，注意语言和语气，注意有理有节，要更多地采用"闲谈"方式，关键在"用心"两字上下工夫，在交谈后应对对方的回答作必要的记录和应有的核实。要让对方多谈，不要怕对方说大话、说假话，不要听到不实的回答就火冒三丈，可以"打破砂锅问到底"，但不要有失自身的气度，其实对方不实的话往往更有利于你了解对方。

（二）通过有关资料进行了解

"承诺"前应尽可能搜集对方的有关资料，一般包括各种文件、证件、委托书、说明书，以及其广告宣传和报章杂志的有关报道，还可从网络中查询其过去和现在的市场形象和社会形象等方面的资料。某些资料在法律上可以作为书证，往往比语言表达更清楚。对资料不仅要广为搜集，还应认真研究和分析，辨别真伪虚实，如有疑问，一定要作进一步核实。对某些能作为证据的资料，应复印留底。证据是证明事件真实情况的客观材料，在商业谈判中始终是一个极其重要的问题。因为，在谈判签约后，在执行中可能由于多种原因而发生各种纠纷，对纠纷协商不好，就要通过法律手段解决。国家处理纠纷的原则是"以事实为依据，以法律为准绳"。往往仅凭一张协议，不能完全反映这项商务经济活动的全部情况，何况双方在履约过程中，还会发生一系列与协议有关的行为，在法律面前是凭证据说话，证据愈充分，愈能说明问题。中国民间有句谚语："空口无凭，立字为据。"在各种商务活动及其谈判过程中，千万不要因为是老朋友、老同学，而忽略留据的重要性。事先应把各种不好的情况都估计到。诚信是现代经商之本，但轻信却是失误行为。俗语说："害人之心不可有，防人之心不可无。"充分搜集资料，尽可能多地留下凭据，是现代商务谈判中争取法律保护的重要手段。

（三）通过他人进行了解

通过他人对对方谈判主体进行了解，往往可获得较客观的判断。到对方的主管部门、兄弟单位及左邻右舍去了解情况，很有必要。特别是到曾经与其打过交道的经济实体和个人那里去了解情况，可掌握对方以往的履约情况和市场形象及其经济能力。

在商业谈判中，除对谈判主体进行了解外，对对方所找的代理人和担保人，也应进行较全面的了解和考察。对代理人主要应了解其代理权限，他的活动是否与委托书相符，如果与代理人签订了超过其委托权限的协议，在法律上就很难获得保证。对担保人主要应了解其是否有担保能力，其担保责任应签订书面的协议，千万不能只凭口头承诺，否则无法解决以后的任何争议。

二、商业谈判中应把握的最基本原则

从法律角度讲，任何商业谈判都是由要约和承诺构成的行为过程。即使是购买一件小商品，当卖方说"卖！"时，这就是一次要约和承诺，就是一次简单的贸易谈判，一次最简单的协议，只不过是口头协议，需即时清结而已。在普遍的商业活动中，要约和承诺，可以是口头的，也可以是书面的。但凡是正式商业谈判，都要求以书面形式进行。我国《经济合同法》第三条就明确规定："除即时清结者外，应当采用书面形式。"凡是中型以上商业谈判，都应把协议文本做得更规范一些，要双方代表签字，双方单位盖章，才能生效。一个合格的商业谈判者，必须搞清楚要约与承诺的法律含义，或者说法律特征。

要约。要约是单方意思的表示，一般是向特定对象提出，可指向某一具体当事人，也可向公众提出，如附有确切条件的广告或悬赏广告，就可看成是向公众发出的一种要约。要约人要受要约内容约束，在要约中必须说明约束期限，超出时间期限，要约人就不再受要约条件约束。要约是一种法律行为，内容要具体，期限要明确，违背要约条件会引起一定的法律后果。譬如，某企业向你发出购买100台彩电的要约，要求五天之内答复，你在第三天就答复要购买，对方说已经卖出去了。这时，严格地讲，对方就要承担一定的法律责任，你有权索赔。因为，你接到对方要约后，要进行准备，也可能要先回绝其他方的要约。现在在对方发出要约期限内，对方又卖了出去，这就会影响你的需求，造成一定损失，所以，你有权要求赔偿。

承诺。承诺就是向要约人表示同意接受要约的行为过程。在商业贸易中，承诺亦称为接受或收盘。承诺必须向要约人提出，否则，承诺是无效的。承诺发错对象，要约人在约束期满，可改向其他方提出要约，而不负法律责任。承诺需在有效期限内提出；超过期限，除非要约人同意，否则其承诺是无效的。承诺需要与要约内容相一致，协议才能成立。如果双方意见不一致，就不能达成协议。如果承诺内容和要约不同，则认为是反要约，也就是新的要约。这在商业贸易中称为回盘或还盘。任何商业谈判过程，都是一系列要约和承诺的过程。

在商业谈判中，除应搞清要约与承诺的意义和法律特征外，还应把握好下述两项基本原则：

（一）遵守国家相应法律规定的原则

遵守国家经济法律规定，是国内商业谈判活动应遵循的最基本原则；否则，所签协议得不到国家认可，也不具有法律效力，参与当事人的权益也得不到国家法律的保护，有时还会产生极其严重的后果。在国际商业谈判中，一定要遵循国际公法所规定的行为规范和有关惯例，同时考虑对方国家的有关法律规定。总之，在现代商业谈判中，始终应遵循的最基本的行为规范，就是合法性。

（二）互利协商、等价有偿原则

商业谈判是以商品贸易为核心的一种经济协调行为，其目的是寻求各参与方经济需求的结合点。无论是大企业还是小企业，其经济实力的差异性有多大，在法律面前一律平等。所签协议，是参与方共同意见的体现。从法律角度剖析，任何协议，都不允许一方把意志强加给对方，凡通过欺诈、胁迫等不正当手段，把意志强加给对方所签的协议，是无效的协议。如利用某种优势要挟对方，利用急于购进或卖出的心理，强迫接受不合理的附加条件，所签协议应是无效的。协议中的权利与义务是对等的，任何"不平等条约"都不符合法律规范。

三、商业谈判协议的鉴证或公证

鉴证和公证，是证明协议真实性与合法性的一种制度，也可以说是使商业谈判协议更加合法化和获得保证的手段。

（一）协议的鉴证

鉴证，是我国管理经济协议的一种手段，由各级工商行政管理局办理。其办理程序是：在协议签订后，如该协议不属于国家规定必须鉴定的，当事人又愿意鉴证，可在协议履行地或签订地选定某一工商行政管理局，由当事人共同提出申请。在提出申请的同时，应提供协议的正副本、营业执照或副本，签订协议的法人或委托代理人资格证明及其他证明材料。工商行政部门，根据申请和有关材料，依照国家法律、行政法规和政策的规定，对协议内容进行审查。着重审查：协议主体是否合格？是否有权利能力和行为能力？协议当事人的意思表示是否真实，有无欺诈？代理人是否超越了代理权限？代理人是否和被代理人签订了协议？协议内容是否符合国家的法律、政策要求？协议的主要条款是否完备？文字是否准确？签订是否符合法定程序？在审查过程中，如果材料不完备，当事人应予以补齐。对不合法的协议，鉴证人员应向当事人说明不予鉴证的理由，并在协议文本上注明。如经审查符合鉴证条件，则对协议进行鉴证，鉴证人员在协议文本上签名，并加盖工商行政管理局的鉴证章。鉴证时，当事人双方各按 1/2 的比例交纳规定标准的鉴证费。通过鉴证，对保证协议的合法签订，保护当事人的合法权益，均有积极作用。鉴证坚持自愿原则，没有经过鉴证的协议，发生了纠纷，不影响当事人向工商局或法院提出诉讼。

（二）协议的公证

公证与鉴证在很多方面都类似，其作用也是促进协议的履行，防止无效协议，保护当事人的合法利益，维护社会经济秩序等。所不同的是，公证不是经济协议的一种管理手段，而是国家公证机关，依法对协议进行审查，看其是否具有真实性、合法性，并赋予其法律上证据效力的一种司法监督制度。

办理公证的程序是：先由当事人向企业所在地或户籍所在地，或协议签订地的公证处，提出口头或书面申请，并同时提供有关证明文件及资料。经公证处审查，协议符合公证条件，则由公证处出具公证文书。公证文书可作为诉讼时的证据，应妥善保存。公证时，一般应按协议金额的3‰交纳公证费。

四、商业谈判协议的变动

商业谈判一经订立协议后，就具有法律约束力。签订协议是一件严肃的事情，双方都必须严格执行，为了保持协议的稳定性和严肃性，不允许任何一方擅自变动。但客观环境是不断发展变化的，在某些特定情况下，不允许变动，也不切合实际。从实际情况考察，商业谈判协议变动的形式，一般有协议的转让、变更、解除和终止等。

（一）协议的转让

协议转让的实质是变换协议主体。它是一方当事人在不变动协议内容的条件下，把依约应尽的义务和所享有的权利转让给第三者。协议转让与签约一样，也需经过要约和承诺两个阶段，但其主要区别是，转让要先征得原协议对方当事人的同意，待对方正式表态后，才能向第三者发出要约，否则转让无效。某些特殊协议的转让，不仅要征求协议对方当事人的同意，还应征求有关业务主管部门的同意，转让才能有效。转让同样必须符合国家政策、法令、法律要求，否则属于非法转让。转让给国家利益和社会公益带来损害者，要承担法律责任。

（二）协议的变更

协议变更是指改变原协议的内容或条款。在某些特殊情况下，在不损害国家和公共利益的前提下，经原协议当事人共同同意，是允许变更原协议内容和条款的。协议变更所造成的损失，一般应由提出变更方承担。由于政策性原因引起的变更，其后果应由上级主管部门处理，其损失也应由上级主管部门承担。由于不可抗力（如地震、战争等）致使协议必须变更时，应由有关部门出具证明。任何一方擅自变更协议都是无效的，都是违约行为，另一方可起诉，请求法律的保护。协议变更，一般不涉及第三者，如果在转让的同时，又要变更原协议内容，则需经三方协商同意。

（三）协议的解除

协议解除就是原协议作废。任何一方擅自无原因地解除协议，都是违约行为，不能成立。在某些特定情况下，法律上也允许协议解除。通常在原协议转让后、一方倒闭了、某些政策性原因和不可抗力因素等情况下，协议可解除。其后果与责任，不同情况有不同的处理办法。

因转让而引起原协议解除，这种情况一般不存在后果与责任的处理问题。因为在转让协商中，已经考虑到了。

一方倒闭而引起的协议解除，如倒闭后发生了合并或分立的，应由合并或分立后的新实体出面协商，承担责任；没有合并或分立的，则应由原当事人出面，认真协商，妥善解决。

因某些政策性原因而引起协议解除的，上级主管部门应承担责任。

因不可抗力导致的协议解除，在有关单位证明下，可不承担责任。

（四）协议的终止

协议终止，指协议所规定的权利与义务不再执行。终止有多种情况，应分别对待，妥善处理。第一种情况，协议已圆满履行，原协议自然终止，不再具有法律约束力。第二种情况，协议已经转让，各涉及方当事人已经签订转让协议，原协议当然终止执行。第三种情况，违约性协议终止。这是指某方当事人，在协议还未履行或履行过程中，擅自终止协议，终止方应按原协议规定的违约条款，承担一切法律责任，应按规定赔偿给对方造成的损失。第四种情况，非当事人责任的协议终止，如因宏观政策变更，不可抗力因素发生，以及双方当事人所代表的企业合并或经双方协商，在不影响国家和公共利益前提下，同意协议终止或部分终止。这些情况下，其处理方式与前面所述协议变更、解除基本相同。

第二节　商业谈判准备

准备，是做好任何一件事的前提和条件。准备越充分，做好事情的把握就越大。何况大中型商业谈判是一项复杂的推销业务工作，它受着主客观、可控与不可控等多种因素的影响。谈判桌上往往风云变幻，使人眼花缭乱。要适应这种错综复杂的局面，没有充分的准备，绝不可能有效地去实现谈判的预期目的。那么，怎样进行准备呢？现根据企业界进行商业谈判的一般情况加以介绍。

一、拟订尽可能周密的谈判方案

谈判方案也可称为谈判计划，是事先对谈判进行的一种谋划。谈判方案的形式可多种多样，但最好拟订为书面形式的方案，才有利于谈判过程中参阅和谈判后进行总结。拟订谈判方案之前，首先应尽可能较充分地了解对方，搜集有关对方的资料。除原存储的资料外，对现时对方发行的资料，如商品目录、报价单等更应重点搜集，报刊、广播、电视有关对方的介绍以及与其他企业交往的情况也不能忽视。必要时还可通过有关的咨询部门去获取信息资料。其次是整理本身的资料和明确谈判目标，然后进行对比分析，寻找出我方在谈判中的有利因素和不利因素。从大中型商业谈判角度分析，拟订谈判方案，一般应包括下述内容：

（一）谈判目标

目标是行动的方向。谈判目标是指通过谈判过程要达到的目的。由于谈判是双向或多向的互动过程，需要对方的合作与谅解，才可能实现。因此，谈判目标应分为若干级别：首先应明确规定出必须达到的最基本目标，也称为一级目标，这是指谈判中不能放弃的预期目的。如能用数据表示，在方案中一定要用具体数字体现出来。譬如，商业谈判中的最低成交价格、分期付款的次数和期限、交货期限、保证期等等。其次是规定出谈判中应争取达到的目标，也称为二级目标，这是要求谈判人员在谈判中去争取达到的方向，具有一定的弹性，在必要时也可放弃。正确地选择和制定二级目标，会给企业带来良好的经济效益。谈判水平和技巧的高低，也往往体现在这类目标的实现程度上。再次是方案中应提出可交换的目标，所谓可交换的目标，是指在谈判中可以降低或放弃，但必须以换取对方的某些让步为前提，或者换取更主要目标的实现。这类目标不是随意提出的，需要精心的设计和塑造，具有很大的灵活性，运用中也涉及谈判人员的技巧和水平。

（二）确定谈判原则与主要策略

从企业间的商业谈判讲谈判原则，一般是指企业最高决策层的意图，应明确、简洁、清晰地反映在方案之中，主要策略指实现各级目标的对策，这是根据我方的具体目标，在充分分析对方情况下而制定的措施。关于商业谈判的常用策略，将在第八章加以讨论。

（三）确定成交的最低接受条件

商业谈判是以参与方的经济需求为前提的，追求各自经济利益的满足。实现"公平交易"，是任何商业谈判的内驱力。所谓公平交易，并不是经济利益的平均分配，而是指谈判结果使参与方都得到某种满足。满足与否又取决于各自对事物的评价方式，因此，商业谈判既充满着经济利益的合作又充满着对抗。谈判方案中明确规定成交的最低接受条件是很有必要的，它是保证企业获得某种经济需求的最低限度，也是谈判人员在谈判中的重要依据。一般地讲，常有最低成交价格、数量和质量的基本要求、货款支付方式、交货时间、交货地点和方式、验收检验的起码要求、运输、贮存、保险维修等条件。

（四）规划谈判地点和谈判期限

从甲乙两家企业进行谈判剖析，谈判地点可在甲企业所在地，也可在乙企业所在地，还可选择不在两企业所在地的其他地方。如果在某企业所在地谈判，对该企业来讲，就称为主场谈判，承担着接待与谈判场地布置的责任。对前来的一方讲，称为客场谈判。在中间地谈判，对双方来讲都处于客场谈判地位。处于不同地位，所承担的责任和费用开支有一定的差异性。因此，规范谈判地点也应是谈判方案的一项内容。

谈判期限指谈判人员从直接开始准备起到有效期结束为止的一段时间。如果日期过长，对企业的人力、物力和财力都会带来一定的损失。因此，谈判方案应对谈判期限作出概略的规定。

（五）确定谈判人员

谈判方案中应对谈判负责人及其成员作出明确规定，职务、职责以及兼任、兼管的工作范围，也应——明确列出，才便于在谈判中，分清楚责任，明确工作内容。

在大中型商业谈判中，特别是远距离的客场谈判或国际商务谈判，还应在方案中明确规定通信联络方式和汇报制度。总之，周密的谈判方案，是谈判成功的基础。一定要多几种设想，多站在对方的立场进行反复思考，使谈判方案更具有针对性。在可能和必要的条件下，在制订谈判方案后，可安排进行模拟谈判，这样不仅可发现方案的不足，也为谈判人员提供了实战练习的机会。国外一些谈判专家认为：模拟谈判一定要安排得与正式谈判一样，甚至可用录像机把场面录下来，以便谈判人员从中发现和改善自己的不足之处。国外有经验的谈判人员，在长期商业谈判实践中，总结出的原则是：准备不足就避免谈判；在方案未制定前能拖延谈判就拖下去；如在充分准备前必须进入谈判，那就先定小合同，大项目以后再谈。

二、谈判人员的选择与配备

谈判人员是谈判方案的具体执行者，也是企业形象的代表者，如何选择优秀的谈判人员，并组成优化的谈判班子，是谈判成功的重要保证。

（一）谈判人员的选择

商业谈判的谈判人员总是代表某一企业或集团，为其经济利益而相对独立地"作战"。谈判又是谈判人员知识、智力、勇气、耐心和商务技巧等综合才能的较量，是一种高度知识化、智能化的活动过程。参与方都会派出其单位的优秀人员参加谈判，因此，现代商业谈判，从一定角度讲是人才的对抗。下面对谈判人员应具备的主要条件进行剖析，供企业选择与培训人员时参考。

1. 良好的品德

谈判人员的工作具有很强的独立性和自由度。热爱祖国，热爱企业，热爱所从事的工作，具有较强的自我约束力，能自觉遵守党纪国法和工作纪律，抵制各种不正之风。这些优良品质是比能力更重要的条件。同时，谈判人员的优良品德还体现在谈判人员能深刻理解本企业独特的"理念"，并将企业理念贯彻在整个谈判行为过程之中。

2. 具有"T"型结构知识

所谓 T 型结构知识是指知识面要宽、专业知识要深。作为现代商业谈判人员，知识面越宽，应变能力就越强，一般地讲，应从心理学、人际关系学、文艺、体育等多方面来扩展知识。所谓专业知识要深，系指对涉及标的物的有关生产、原材料、工艺、市场状况、金融及法律等知识，要有较全面而准确的了解，因为商业谈判的核心，总是围绕标的物而展开的，这方面的专业知识不深，就很难适应谈判的需要。

3. 表达能力要强

表达能力包括语言和文字两个方面，简洁、准确的表述能力，是谈判人员的基本功。含混其词，词不达意，前后矛盾，是谈判的大忌。所会语种越多，表达的效果也越好。

4. 优良的性格

性格是人的态度和行为方面的比较稳定的心理特征。所谓谈判人员的优良性格，是指他所表现出的稳定心理特征与商业谈判的客观需要的适应性。适应性越高，性格就越优良。商业谈判是一种短兵相接、为各自利益需求的激烈角逐。不仅是谈判人员知识、智能、技巧的较量，也是其耐性、韧性和敏锐性的较量。要在错综复杂的谈判局面下，做到从容不迫、思维周密、灵机应变和敢于决策，这就与谈判人员的性格磨炼密切相关。国外谈判界认为，一个优秀而高效率的谈判人员，其优良性格是：风度优雅适度；思维有条理而具有创造性；善于听取他人意见；有决断力；经得起挫折的考验；不受感情支配；具有幽默感等。

除上述四方面的条件外，还应考虑其身体状况与年龄。商业谈判往往需要长途跋涉、夜以继日的进行工作，没有健康的身体条件很难保持充沛的精力。年龄与一个人的经验、精力和成熟度有一定关系，一般认为，33~50 岁之间是最佳年龄区。总之，商业谈判人员是企业的"尖兵"，企业经济利益的维护者，如何培养和造就优秀的谈判队伍，是关系到企业成败的一项大事。弗雷德·查尔斯·艾克尔在他所著的《国家如何进行谈判》中，有一段对谈判人员的描述，可作为当今企业培养和选择谈判人员的借鉴："一个完美无缺的谈判家，应该心智机敏，而且具有无限的耐性；能巧言掩饰，但不欺诈行骗；能取信于人，而不轻信他人；能谦恭节制，但又刚毅果敢；能施展魅力，而不为他人所惑……而不为钱财和女色所动。"

(二) 谈判人员的配备

所谓谈判人员的配备，是指根据谈判的需要和规模，如何组织一个优化的谈判班子。从现代国内外的商业谈判规模看，通常有一对一谈判、小组谈判、代表团谈判等。组织谈判班子，首先应根据双方或多方事前协商的规模进行。但是，如何使谈判班子优化却是一门组织艺术。人多力量大，可集思广益，似乎人多就好。但又存在着内部协调和某些内在冲突，俗话说"三个和尚没水吃"，就是内部不协调的恶果。那么，人少又怎样呢？俗话讲："一个委员会的最佳规模是一个人"，这样可避免相互合作、信息交流、性格冲突、不同角色间的矛盾，但又可能出现"智者千虑，必有一失"，遇突发事件没有替手的情况。事物总是相对的、多维的。绝对的数字化，往往并不能说明质的问题。因此，谈判班子的优化，关键是质的配合，使整个班子形成一个群体优化的整体。通常应考虑：

1. 层次清楚，分工明确

班子中领导与被领导、主谈判与辅谈判等，一定要层次清楚，不能含混，否则会造成责任不清。各成员所承担的工作一定要明确，特别是大型商业谈判，不仅有团长、副团长、正式谈判代表，还设有顾问、观察员和第二线工作班子。谈判过程中的具体工作也较多。一般有：提出我方意见并观察对方反应；倾听对方意见并作记录；思考、分析对方意见并答复；考虑对方的论点、条件所涉及的相关后果，并研究出相应对策；明确各项交易条件及签约的具体手续；负责通信联络与本部汇报；记录并追踪谈判的结果等等。每项工作都要有专人负责，根据谈判人员的水平，也可一人负责若干项的具体工作。

2. 知识结构的良好配合

商业谈判中不仅需要围绕标的物的有关专业知识，还需要谈判人员具有会计、财务、金融、法律等知识，因此，在人员配备中，要考虑知识专长的配合。这种配合不能仅仅从受教育的程度和文凭角度考虑，谈判是对知识运用能力的检验。从知识到应用能力，有一个转化过程，一位长期从事供销工作和具有丰富谈判实践的人，往往比虽有学历、职称，而从未参加过谈判的人员有更强的知识应用能力。

3. 性格配合

人的性格千差万别，不同性格的人，在处事上有很大的差异性。一般讲，每个人都有各自的优缺点，在商业谈判班子中，各人的性格要能形成互补状态，是使谈判班子优化的一种条件。从一致对外角度讲，商业谈判进程中，某些时候需要"红脸"，某些时候又需要"白脸"；有时需要针锋相对，有时又需要迂回婉转；有时需要敏锐反应及时作出决策，有时又需要深思熟虑的提出方案。因此，谈判人员性格上的配合，在组成谈判班子时，也是应考虑的因素。

4. 从实际出发尽可能使谈判班子精干而有效率

从实际出发有两方面的含义：一方面是正确估计对方谈判人员的实力来配备我方谈判班子，最少应势均力敌；另一方面应根据谈判的具体项目而定。重大项目，必须组织训练有素的最强有力的谈判班子；一般项目，也可配备一定的新手进行锻炼。精干而有效率也有两层含义：一是应培养和选择出一专多能，并精通现代商业谈判技巧的谈判人员，使谈判班子"少而精"。这方面我们与国外企业相比还有很大差距，以往，我们与外商谈判，常是5∶1，即我方有领导干部、翻译、专业人员、法律人员、经济人员，而外商往往只有一人。外商来华谈判，最多3人，即负责决策的经理、经济人员和法律人员。二是必须杜绝照顾某种关系，以免使谈判班子不必要地扩大。

三、充分搜集、整理有关的信息资料

"运筹帷幄"才能"决胜千里"。运筹是指在广泛搜集信息的基础上，通过思维、分析对信息进行去伪存真、由表及里的推理、判断、决策的过程。运筹的基础是广泛搜集、掌握大量的信息。对商业谈判来讲，不仅在制定谈判方案时需要信息资料，在确定谈判人员后，谈判班子在拟定实现方案的具体措施时，也需要掌握充分的信息，在谈判进程中，还需要不断摸底、了解对方的真实意图，在整理分析的基础上，作出反应。因此，充分搜集、整理、分析有关的信息资料，是谈判成功的基础。

搜集信息的渠道很多，具体方法也多种多样。关键是从实际出发，使搜集的信息适用而有针对性。对商业谈判人员来讲，在谈判前除应充分掌握与标的物有关的市场、金融、法律等资料外，还应尽可能地了解：对方的主要目的和需求程度；对方的经济实力和现实经营状况及发展趋势；对方参会者有哪些，各是什么地位和身份；对方谁是决策者，他们的职位、权限、能力、个性、嗜好、弱点等；对方参会者之间的关系如何，是否存在矛盾；对方参会者中，谁是争取的对象，谁是最强对手；对方参会者与其企业的最高决策层的关系如何；会谈中谁主持会议，他的能力和影响力怎样……掌握得越充分，心中越有数，谈判成功的把握也就越大。

第三节　商业谈判程序

商业谈判是一个渐进过程，其具体程序又因规模、层次和项目的不同而有一定差异。商业谈判的核心是推销谈判，现根据商品推销谈判的一般情况进行讨论：

一、接触阶段

接触阶段是指谈判人员间，从见面、介绍、交谈到话题转入实质性问题以前的阶段，是任何商业谈判首先的程序，主要是培育洽谈气氛、初步交换意见和开场陈述，当然也包含着双方的摸底试探。

（一）培育良好的洽谈气氛

良好的气氛影响着整个谈判的前途。有经验的谈判人员都十分重视。影响谈判气氛的因素很多，谈判环境、用具、人数多少、言谈举止以及贯穿谈判全过程的各种沟通方式等，但最初的接触印象起着重要作用。因此，建立良好的接触印象是极其重要的一个环节。首先给对方看见的是外表形象，庄重、大方、和蔼可亲，易使对方产生可信感。其次是热情的寒暄，寒暄是人际关系的第一步，寒暄

是向对方关心的一种行为，优秀的谈判人员总是抢先寒暄，显示主动积极地关心对方，这对形成良好洽谈气氛是至关重要的。再次是见面最初的交谈，应该是轻松的、中性的。所谓中性的，是指非业务性的见闻、爱好等等闲谈，这有利于情感的沟通。有经验的谈判人员不会一见面就谈业务，更不会去询问谈判中的实质性问题。还有谈判人员的目光交流对洽谈气氛也很重要。"眼睛是心灵的窗户"，微小的心理变化都会通过目光表示出来。心理学家认为，谈判双方第一次目光交流意义最大，对手是诚实还是狡猾，是活泼还是严肃，一眼就可以看出来，有经验的谈判人员，总是真诚而又恰到好处地注视新见面的谈判对手，不会用左顾右盼、游移不定的眼光与对方开始接触。另外，要注意对方的风俗习惯，采取配合的方式进行接待或见面，通常包括问候、致意、握手、寒暄等，以便创造出融洽的气氛。

（二）怎样开谈

当通过见面、介绍、问候和寒暄以后，在一定气氛下入座开始谈判。商业谈判中将从见面到开谈这段时间，称为开局阶段或"破冰"阶段。一般认为控制在总谈判时间的 5% 左右为宜。如果是大型谈判，需要进行很多轮，持续若干天，"破冰"期也可相应延长，通过聊天或参加一些娱乐活动，以增进双方的了解和友谊。总之，入座开始谈判的时机，一定要把握在和谐的气氛中进行。开谈之初，主场谈判方的负责人，应以主人身份将参与谈判的人员一一向对方介绍，进一步增进合作，创造诚挚和轻松的洽谈气氛。然后，作开场陈述和初步交换意见，主场方应主动陈述这次谈判的目标、安排及人员情况，尽管这些问题在谈判前双方可能早就有所联系，也需在正式谈判之初再一次明确，进一步沟通和互表诚意。接着进行初步交换意见，多数情况下，其内容有：双方对这次谈判涉及的主要问题的理解；各自所期望的利益目标；谈判中的主要原则及可变通的措施等。这时双方都有摸底试探的意图，都想摸清对方的主要原则和真实态度。

接触阶段的目的不仅仅是为以后的谈判创造良好气氛，而且对整个谈判具有举足轻重的影响。"良好的开端是成功的一半"，因此，怎样开谈是很重要的一环，也是现代谈判人员水平、技巧的重要体现。除注意接待技巧、语言举止恰如其分外，还应注意下述问题：

第一，在接触中注意观察对方的性格、意向、策略、风格及经验等方面的情况。这对制定以后的谈判策略和程序，有很大的实际意义。

第二，开谈时内容不宜过细，对双方敏感的冲突焦点，更需粗线条或暂时回避。以免一开谈就话不投机，增加对抗情绪。

第三，注意选择恰当的开谈话题。因为开谈话题往往决定着以后谈判的方式。一般宜用诚恳、真挚的态度，选择谈判中涉及的有关事务性议题入手。比如，邀请对方一起设计这次谈判的程序，或征求对方对谈判安排的意见等等。这些表面看来是无足轻重的话题，但却最容易引起对方肯定的答复，可创造出"就要达成一致意见"的气氛。

第四，开谈时切忌出现独占局面。要创造、争取在发言时间上平分秋色，这样可在双方心理上形成一种平等协商的气氛。

第五，开谈发言要简洁明了，切忌冗长。从生理角度分析，开谈之初谈判人员精力最充沛，注意力最集中，反应也最灵敏。但经验证明这段时间持续不长，往往只有几分钟。因此如果开谈发言时间过长，效果反而极差。

第六，开谈的语气要尽可能轻松愉快。过分严肃和面部毫无表情的开谈，往往使人从心理上产生反感或增加紧张情绪。国外谈判专家认为，适当的幽默感，是谈判的缓冲剂。

二、实质性谈判阶段

这是商业谈判中的核心阶段，也是谈判各方为争取自身利益的满足，进行短兵相接、针锋相对的磋商阶段。其具体做法，常采用横向进行和纵向进行两种方式。横向进行，是指就前一阶段已确定的谈判条款，如价格、质量、运输、保险、责任等，选择任一条款进行谈判，待稍有进展便转谈另一条款，待几项条款都谈判后，再循环回去依次进行进一步谈判，一直到双方达成协议。纵向进行，是指对确定的条件，逐一谈判，一项条款没有彻底解决，绝不进行另一条款的谈判。采用纵向还是横向方式，应根据事先对这次谈判冲突性的估计。一般讲，冲突性较小的宜采用纵向谈判，可节约谈判时间；冲突性较大的，宜采用横向谈判，可最大限度地减少"顶牛"状态，但所用谈判时间较长。

这个阶段中最敏感、最核心的问题是价格。在平等竞争的商业谈判中，报价往往是开门见山直接提出。报价又称为发盘，可卖方先开盘报价，也可买方先报。一般情况，卖方发盘是最高可行价，买方发盘是最低可行价。双方的报价都为磋商留下了充分余地。但是，无论谁先报价，都应综合考虑价值和风险两种因素，要合乎情理，不要"漫天要价"，也不要把价格压在完全出乎于对方想象以外；否则，会增大谈判阻力。在通常情况下开盘报价应注意：明确、清楚、果断、没有保留、毫不犹豫，也不要说明和加以解释。

在开盘报价后，有一个讨价还价和围绕标的物的有关条款进行实质性磋商过程。从商业谈判的实际考察，会出现三种情况：第一种情况，双方分歧很小，这是谈判中最简单、最理想的状况；第二种情况，存在较多的分歧，这是商业谈判中较普遍地现象，需要反复进行磋商，协调分歧，争取谈判成功。在这种情况下，推销方应对存在的分歧和对经济效益的影响进行全面分析，作出坚持还是让步的对策。无论是坚持还是让步，都要求有较高的技巧，这将在第七章中详细讨论。第三种情况，分歧很大，无法按最低目标实现交易。在这种局面下，推销方一般有三种选择：一是中止谈判。采取这种对策的条件，是市场局势对我方有利，退出能刺激对方重新考虑，改变原来条件。采用这种以退为进的策略必须慎重，应全面分析权衡，非万不得已，不宜运用。二是继续谈判。采用迂回对策，将冲突焦点放下，转谈次要的其他条款，争取局部突破。同时，与企业最高决策层联系，请求从全局衡量，调整最低谈判目标，以争取最大的合作可能性。三是暂时休会。以其他沟通方式，争取对方最大限度理解我方的诚意，从而缩小分歧，寻求更多的合作点，去促使谈判成功。

总之，实质性磋商是一个信息逐步公开，双方条件不断调整的过程，是从对立、差距到协调一致，最终统一认识的过程。这个阶段的核心问题就是解决分歧。从商业谈判剖析，分歧大体有：想象分歧，即因一方对另一方的要求没有很好理解而产生；人为分歧，这是由谈判人员故意制造障碍而引起的；实质分歧，由谈判各方的经济利益的满足程度而引起。对想象分歧和人为分歧，一般可通过谈判、解释或加强沟通而逐步消除。对实质分歧，则需双方调整条件和互相让步，才能使分歧消除。

三、成交阶段

这是商业谈判的最后阶段，也是最终成果。当经过实质性磋商以后，意见逐步统一，情况逐渐明朗，重大分歧基本消除，这说明谈判将进入成交阶段。这时，推销方应注意的问题：

（一）把握时机发出成交信号

当谈判进入尾声，双方意见接近，都会产生成交的愿望。但有时双方都不愿直接说出，这时推销方应把握好时机发出成交信号。可用语言阐明立场，表示一定承诺；也可就对方提出的条件表明肯定态度；还可用某种特定姿态表明意欲最后成交。另外，有经验的谈判人员，往往会采用超常规手法，敦促对方成交签约。所谓超常规手法，就是提出一些成交后的问题，请对方回答。比如，"您方准备采用什么方式支付货款？""贵方希望什么时间交货？"等。

（二）注意最后归纳

当买方明确表示愿意成交时，推销方应对最后成交的有关问题进行归纳和总结。这种回顾总结非常必要，它可扫清办理签约手续时的障碍。一般商业谈判可在很短的时间内进行归纳，如果是大型商务谈判，则应安排一个正式会议，让本企业参与谈判人员全部参加回顾总结，以便集思广益。最后归纳总结的内容，通常应有：明确涉及交易的所有条款是否谈妥，是否有遗留问题，以及遗留问题的处理，明确最后让步的项目及让步幅度，明确最后的成交价格，明确双方履约责任等。

（三）起草协议，履行签约

在商业谈判的最后阶段，应对谈判记录进行整理、检查。在双方认可正确无误后，作为起草协议的主要依据。起草协议的条款要尽可能严密，价格、数量、质量要准确，支付方式、交货期限、售后服务及履约责任要明确，标的名称要标准化或规范化。协议起草以后，无论双方谈判人员之间以前的关系如何亲密，都应办理正式签约手续，因为这是法律行为。大型商务谈判，一般都需举行正式签约仪式。

（四）注意签约后的行为

签约成交是商业谈判的最终成果，是值得高兴的，但对推销方来讲，千万不要得意忘形，以免引起对方不必要的怀疑。事实上任何成功的商业谈判，双方在经济利益上都获得了某些满足。因此，签约后宜稳重、有礼地向对方祝贺，恰如其分地强调成交对他们如何有利，或强调不成交会对他们造成多大的损失。这不仅进一步表示了我方合作的诚意，同时也为今后的交往奠定了基础。

小　　结

商业谈判实务，一般是指谈判的具体事务、操作程序及应把握的行为准则。学习本章应掌握的要点：

1. 了解商业谈判的实质是以商品贸易为核心的一类经济谈判。其目的是应考虑对参与方经济利益的结合。

2. 商业谈判的类型，可从不同角度划分。不同的谈判类型，其实务也有一定差异性。

3. 商务谈判中应注意的基本问题有：①必须清楚了解谈判主体，了解对方是否有资格参加这场谈判；②应紧紧把握遵守国家一定时期的法律原则和互利协商等价有偿原则这两项最基本原则；③注意协议的鉴证或公证，这是保证履约的重要手段；④掌握协议变动的主要形式及各种变动应注意的问题。另外，还应注意协议条款的表述要准确、清楚，必要时留样。

4. 掌握大中型商业谈判准备的程序。一般是在要约、承诺后，拟订谈判方案→选择和配备谈判人员→充分搜集、整理有关信息资料→必要时进行模拟谈判。

5. 谈判方案的拟订应尽可能周密。其具体内容一般包括：确定谈判目标（一级目标、二级目标和可交换目标）；确定谈判原则与主要策略，确定成交的最低接受条件；规划谈判地点和谈判期限；确定谈判人员与谈判班子的组成。

6. 谈判人员的选择与配备。人员选择应从品德、知识结构、表达能力、性格和年龄、身体条件等综合进行考虑。谈判班子的组成，应注意从分工明确、层次清楚；知识结构与性格的良好配合及精干有效出发来考虑。

7. 应注意谈判前信息资料的搜集和整理越充分，谈判越心中有数，越有把握。

8. 大中型商业谈判是一个渐进过程，一般包括：接触阶段、实质性磋商和成交签约三个阶段。

9. 接触阶段应把握的行为准则与注意的问题。接触阶段是指从谈判人员见面、介绍、初步交谈到转入实质性磋商以前的时段。

其行为准则是：庄重、大方、和蔼可亲；热情而不过分的寒暄；交谈中善于运用中性语言；开谈时不宜过细，对敏感的冲突焦点需粗线条或暂时回避，并切忌独占局面；开谈语言应简洁明确而语气轻松。

应注意的问题：接触阶段的核心问题是一切为了创造出谈判的和谐气氛。

10. 实质性磋商阶段应把握的行为准则与注意的问题。实质性磋商阶段是接触阶段以后到成交签约以前的整个过程。

其特征是：信息逐步公开，矛盾逐步暴露，双方条件都处于不断调整的过程。

应把握的行为准则：无论处于谈判的什么地位，都应平等协商，开诚布公，不"漫天要价"；尽可能回避正面冲突，更不要意气用事，任何争吵都与谈判人员的基本要求相违背。

应注意的问题：充分认识任何商业谈判的基本目的都是追求经济利益的结合，不追求"真理"，也不追求谁对、谁错，更不是说教。

11. 成交签约阶段应把握的行为准则与注意的问题。成交签约阶段是指意见逐步统一，重大分歧基本消除，实现谈判最终成果的阶段。

其行为准则：把握时机发出签约信号；最后归纳前面谈判的条款和及时起草协议履行签约。

应注意的问题：这个阶段的核心问题是如何将谈判成果转化为正式协议；签约后要善于真诚地赞扬对方，有礼貌地向对方表示祝贺，言谈中也不要完全回避我方也能获取利益，为履约打开"绿灯"。

12. 要充分理解商业谈判实务，不是固定的、一成不变的，要具体问题具体分析，要在总结、吸取自己和别人的经验与教训中去磨炼，去提高综合运用知识的能力，才会取得良好效果。

第 三 章 商业谈判技巧

　　谈判是指人类协调各种关系的互动行为。商业谈判是协调经济贸易关系的行为过程，其内驱力是各自的经济需求。成功的商业谈判，总是寻求达到需求结合点的途径。因此，商业谈判技巧，不是研究虚假、欺诈和胁迫手段，而是探讨根据现代谈判理论和原则，为实现谈判目标，在谈判过程中熟练运用谈判知识和经验的技能，是综合运用知识和经验的艺术。要提高谈判技巧，掌握现代谈判理论和相关知识是基础，总结他人和自己在商业谈判中的经验教训很有必要。将理论知识和经验运用到现实中去锻炼，培养在不同环境中，迅速、准确、自如地应用能力，是核心、是关键。下面从商业谈判与推销角度去剖析对应的实用技巧：

第一节　谈的技巧

　　谈判当然离不开"谈"，商品推销也必须"谈"。谈贯穿着商业谈判的全过程，怎样谈得好、谈得巧，是谈判、推销人员综合应用能力的体现，是基本功中的基本功。事实上，任何谈判者都不会同情一位口才不好的对手，"谈"是现代商业谈判成功的最有效武器，谈的核心，是掌握特定环境的语言艺术。下面从一个实例分析：

　　日本有一位刚从大学毕业的推销员，他曾是大学辩论会的获胜者，自认为口才非凡，能言善辩，说起话来理论一套又一套，语气也总是咄咄逼人，结果在从事推销洽谈中却处处碰壁，成绩很差。为什么呢？可从一次他与某企业业务员的对话来加以剖析：

　　对方：您的介绍很清楚，但我们现在不需要。

　　他说：那是什么理由呢？

　　对方：理由？我们经理不在，不行。

　　他说：那你的意思是，经理在的话，就行了吗？（语气逼人）

　　对方：跟你说话怎么这样麻烦？（气恼地说）

　　结果双方不欢而散，他自己也没有想通：为什么我说的话句句都合乎逻辑，也没有错，怎么对方会生气呢？其实，问题的关键在于他没有搞清楚"辩论术"或"诡辩术"与商业洽谈技巧有着质的差异性。"辩论术"追求谈话的逻辑性和理论根据,以驳倒对方为目的;"诡辩术"更是追求敏锐而锋利的词句,甚至采用不是理由的理由,将对方推向无法回答的境地。而推销谈判技巧,却是追求和寻找双方共同利益的焦点,寻求获得双方利益满足的统一认识,因此它恰恰不是为了驳倒对方,而是为对方着想,不断激发和扩大对方的兴趣;不是更多地追求语言的逻辑性,而是更多地追求情感融洽。

下面从语言魅力、陈述、回答、提问、禁忌等方面剖析谈的技巧:

一、创造具有特色的语言魅力

语言是人与人之间的交往工具,是用来表达思想、情感的一种重要手段。在商业谈判与推销特定环境中,语言是最重要的组成部分,怎样说?什么时候说?不仅要巧,还需要有感染力,才能抓住对方的心。一个人的魅力,在很大程度上决定于他的语言是否具有魅力。现代商业谈判的推销人员,一定要注意学习、积累、培养、锻炼语言艺术方面的能力,同时,还应注意,商业谈判与推销具有特定的语言环境,对方对你的语言往往很敏感,也很挑剔。再加上买卖双方的戒备心理,常会出现近代心理学中分析的"归因效应"。所谓归因效应是指人所产生的一种错觉,即指一个人对别人的行为动机(或说原因)作主观解释和推论,对方常会错误理解你所表达的真实含义。真诚、准确、亲切、和蔼、谦逊,而又恰如其分的语言是谈判、推销成功的重要条件。要使语言具有特色,应从下述几方面考虑:

(一)注意谈判、推销语言的环境特征

商业谈判、推销人员,不是文学家,不是教师,也不是真理的追求者,与不同性格、不同层次、不同年龄的购买者打交道。他不可能像文学家那样,"为求一字稳,耐得半宿寒",也不可能像艺术家那样,抒发感情可以"旁若无人"、"独立进行",而必须与形形色色的人群接触。其语言虽不是文学语言,但同样需要讲究精炼、准确和生动,其艺术性体现在能成为各种对手的"知音"。日本商界认为,一个合格的谈判、推销人员,是能与各种职业、爱好、年龄、性格的购买者"侃侃而谈"的"侃仙"。因此,需要在语言广度和内容丰富方面狠下工夫。

商业语言是特定语言环境的产物,具有很强的时代特征。在社会生活中,不同地区、不同行业、不同场合,都各具有不同的语言环境。商业语言是随着商品经济的不断发展,经过长期演变而形成的。广义讲商业语言,包括社交应酬、介绍推荐商品、接送顾客、各种商务洽谈、服务咨询等多方面的商业用语。具体讲商业语言,又可分为:柜台推销语言、访销语言和商业谈判语言等。它不是由学者们创造的,而是随着历史进程,由长期商务交易活动中的群众性语言提炼总结而成。但商业语言更具有时代特征,其实任何语言都具有这样的特色,一个时代有一个时代的语言,只是商业语言在这方面显得更为突出。因为不仅是商品种类不断增多、更新而引起对应的名称、术语的变化，而且由于消费趋势向着多样化、个性化发展，消费者越来越追求满足精神需求，其兴趣越来越广泛，商业语言就必须跟上这种时代步伐，否则就无法与各种顾客进行广泛交流。仅从商业交往中的称谓来分析：过去常称"太太"、"小姐"、"老爷"、"少爷"……后称"同志"、"大娘"、"小朋友"、"老大爷"……现在又较多地称"女士"、"小姐"、"男士"、"先生"……因此，商业语言必须符合时代潮流。另外，还必须考虑风土人情、地方习惯，因人、因事、因地的灵活运用语言技巧。近代国外从购买心理的分析研究中，提出了购买的七个心理阶段：注意→兴趣→联想→欲望→比较→信任→行动。尽管这是研究中的一种看法，人们尚有争议，但美国奥克拉荷马大学企管博士、中兴大学法商学院院长郭崑谟先生，根据购买心理七个阶段，以客户的情绪作纵轴，以时间为横轴，形象化地描述了顾客购买心理变化状态，并称这个模式为"情绪曲线"，见图 3－1：

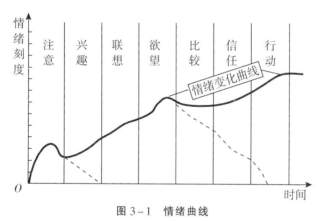

图 3－1 情绪曲线

他通过情绪曲线分析对应的推销谈判语言，具有一定的参考价值。该模式将购买心理的七个阶段分为七个区域，图中的实线，是推销有效诱导后的情绪变化曲线；虚线表示推销无效的失败曲线。第一条"虚线"，是指一般购买者，在注意阶段，有一个注意增长过程，但当增长到某一程度时，会出现注意下降趋势，如果商务人员在这时不能通过语言等激发购买兴趣，在兴趣区域，其购买心理就不会继续发展。第二条"虚线"，是指顾客购买心理发展到比较阶段，这时顾客心理处于疑虑权衡状态，谈判、推销人员如果不能有效消除顾客疑虑，特别是不能通过谈判、推销人员的介绍，使顾客深刻认识商品为他提供的效益和延伸效益，购买心理就不会发展到信任阶段而促使出现购买行为。

商业语言的环境特征，是现代谈判推销语言技巧的基础，不仅要注意具体环境的语言方式，同时还应研究顾客心理变化。只有根据现代心理学研究的成果，在不同购买心理阶段，采取针对性的对应语言，才能取得较佳效果。

（二）谈判推销语言必须注意情感色彩

"不是蜜，但可以粘住一切东西。"这是国外形容语言魅力的一句谚语。真正的语言魅力来源于情感，来源于真诚为对方着想，来源于对听话人的尊重。只有尊重而又为对方着想的语言，才能产生心灵共振。"言为心声"，指语言是一个思想的外在表现。一般讲，一个人语言与心理愿望是统一的，要使语言具有魅力，就必须使语言有真诚而浓烈的情感色彩。1993 年 6 月 3 日，德国《明镜》周刊，发表了题为《重要的是"怎么说"》的文章，文章中有这样的描述："调查研究表明，听话人觉得说话的方式比说话的内容更重要。内容只有 40% 的作用，而怎么说倒有 60% 的作用。"这个调查说明，语言魅力在很大程度上来源于如何表达，是否具有强烈的感染力，是否具有真诚的情感色彩。有这样一个事例：波兰明星摩契斯卡夫人，一次去美国演出，观众要求她用波兰语言讲台词，她站起来，用流畅的波兰语念出了"台词"，时而热情婉转，时而慷慨激昂，最后在悲怆万分时戛然而止。台下观众鸦雀无声，虽不懂波兰语，也不懂台词的意思，却被她浓烈的情感表现带入了悲伤之中。这时台下突然爆出一个男人的笑声，发笑者正是她的丈夫——波兰摩契斯卡伯爵。因为他的夫人刚刚用波兰语背诵的并不是台词，而是"九九乘法表"。这证明语言情感往往比语言内容更具有感染力。我国四川省川剧团，访问欧洲国家，出现了"轰动效应"，场场爆满，也说明表演情感，有时比语言的沟通更重要。在商业谈判推销中，无数的实例证明，推销同一种商品，同一种内容的介绍，由于语言情感不同，而出现了完全不同的效果。日本推销专家井户口健二，在总结他的经验时说："讲话的方式比内容更重要。"

语言中的情感色彩，其实也是心理学中"自己人效应"的运用。所谓"自己人效应"，是指当对方把你看成自己人时，就能从心理上大大减少对立情绪，你提出要求，对方很容易接受。心理学家哈斯曾告诉人们："一个造酒厂老板可以告诉你为什么一种啤酒比另一种好，但你的朋友（不管他的知识渊博还是肤浅）却可能对你选择哪一种啤酒具有更大影响。"但是一定要注意，语言的情感色彩，不是虚假和伪装的，只有当对方感觉到你是真诚的，才能建立起对你的信任。因此，在与顾客或用户的交往中，应真心实意地对他们的某些困难表示关心和理解，对其行为表示赞赏，对他们的情感表示尊重，才能创造出和谐的气氛，才能赢得对方的同情和支持。我国是礼仪之邦，对语言美一贯极为重视。孔子的学生子贡曾说："出言陈辞，身之得失、国之安危也。"他把语言艺术提高到修身安国的重要地位。对商业谈判、推销人员来讲，语言不仅是个人修养问题，而且是代表着企业形象，涉及企业兴衰的大问题。通常说的"一言兴邦"、"一言覆国"、"听君一席话，胜读十年书"，就是描述语言的巨大作用和影响力的。

现在是知识经济时代，整体文化知识修养在不断提高，进入商界的人员高学历人员的比重越来越大。有人预测 21 世纪已进入"儒商"时代。现代企业的谈判推销人员已经不是过去那种"摇鼓叫卖"的货郎。他的一举一动不仅代表自己，也代表着企业的形象，语言美不仅要从大处着眼，而且要从小处做起。那些所谓不计"小节"的问题，往往给人缺乏修养的感受。现代商业谈判推销人员一定要学会运用：初次见面说"久仰"，顾客来时用"谢谢光临"，看望别人用"拜访"，麻烦别人说"打扰"，陪伴别人用"奉陪"，向人道贺说"恭喜"，中途先走说"失陪"，求教别人说"指教"，等待别人说"恭候"，求人原谅说"包涵"，请人勿送说"留步"，求人帮忙说"劳驾"，求人方便说"借光"，求人解答说"请问"，请人指点说"请赐教"，问人姓名说"贵姓"，问人来意说"贵干"，求人办事说"拜托"，赞人看法说"高见"，等等。这些都是人际交往中长期总结出的情感语言，可以缩短人际间的距离，搭起无形的情感桥梁。正如法国作家巴尔扎克的一段话："精神生活和肉体生活一样，有呼也有吸，灵魂要吸收另一颗灵魂的感觉来充实自己，然后以更丰富的感情送回给人家。人与人之间要没有这点美妙的关系，心灵就没有了生机。"

二、陈述技巧

陈述是指正面表达自己的意见，在商业谈判与推销中，陈述占较大比重。陈述技巧又是"谈"的技巧中极其重要的组成部分。从卖方来讲，陈述的内容有：本企业状况、合作诚意及商品规格、质量、性能，等等。陈述除应口齿清楚、语句通顺和尽可能采用对方易懂的语言外，还应掌握下述技巧：

（一）简洁而准确

不论是口头陈述还是提供书面资料，或是回答对方询问，都应简洁而准确，不要拖泥带水，也不要转弯抹角。含混而不明确的意见，是谈判的绊脚石。对自己不太精通的专业知识，不宜多谈和深谈，以免说错。对自己不了解的问题应推迟答复或实事求是的讲明，切莫信口开河，这样会影响声誉和削弱谈判的地位。总之，谈判对方绝不会同意他们不明了的任何事。

（二）言而有据，暗示互利

在陈述商品质量、用途、价格等主要项目时，要言而有据，要尽可能采用具体数据或有力的旁证，要避免空话连篇或言过其实。任何一种商品都不可能是完美无缺的，任何一种道理的真理性都是相对的。陈述的魅力来源于真实性，来源于长处与短处对比中的衬托技巧，让对方清晰地意识到商品长处会给他带来的效益。过分的夸大与渲染，或完全回避所介绍商品的缺点，其效果都适得其反，增加对方的不信任感。实事求是的分析、对比、说明，才能提高对方的信任度。在陈述中如能结合对方的需求，明确展示出合作后给他们带来的好处，其效果就会更佳。

（三）有的放矢

陈述中的介绍或宣传都应有强烈的针对性，要回避泛泛而谈或千篇一律。这里的针对性有两方面的含义：一方面是谈判一开始就要了解对方的需求和顾虑，针对其需求与顾虑进行介绍、宣传或回答；另一方面是针对不同性格的谈判对手，区别对待。对一语三思的沉稳型对手，宜在陈述中稳而慢，充分留有余地，适当配合提问，切忌急躁。对自以为是、夸夸其谈的外露型对手，宜心平气和、多听少说、稍加迎合，在抓住薄弱环节时进行劝导，不要反感和讽刺对方。对急躁、喜怒分明的直率性对手，宜采用平稳愉快的用语，避其锋芒，以柔克刚。对反应敏捷、不易外露的社交型对手，陈述时应审时度势，采用投石问路技巧，在了解其真实意图后，抓住时机去争取主动。

（四）自信和不卑不亢

商业谈判是经济利益协调的互动过程，在利益上必然存在着合作与对抗两个方面。它不是单方面的施舍或承受的单向行为，没有共同利益的内在驱动力，谈判就不可能进行。因此，商业谈判中的任何一方，特别是卖方，一定要有自信心。否则，在介绍企业和商品时会缺乏信心，出现闪烁其词或吞吞吐吐的现象，甚至出现乞求式语言。商业谈判的经验告诉我们，低三下四、乞求对方高抬贵手的做法，只会使经营的商品贬值，也会影响企业声誉和个人形象，即使勉强成交一批商品，也将付出惨痛的代价。能否成交的关键，是对方需求和购买欲望的扩展，而不取决于你态度如何卑下。反之，采用居高临下的傲慢态度，也是错误的。正确地陈述态度是自信而又不卑不亢，以不断扩大双方的合作点为前提。美国一位推销经理，在总结他的谈判经验时说："谈判成功的主要障碍是对其过程本身的恐惧和窘迫。"

（五）含蓄和必要的幽默

商业谈判中的冲突，往往是不能避免的，怎样对待冲突和解决冲突，却是谈判的技巧和艺术。学会恰当运用含蓄和幽默的语言，有时能产生特殊的表达效果。同时，它也是冲突激烈的缓冲剂。在介绍、宣传或回答问题时，往往在谈判中会遇到不宜用直接表露的方式进行，这时采用含蓄或幽默的语言，就很有必要。如当对方询问到本企业不能外泄的经济机密时，可采用含蓄的语言谢绝；当对方对本企业进行不友好地攻击或批评时，则可采用含蓄或幽默的语言进行纠正；在某种气氛下，不宜直接表述与对方不同的意见，也可用委婉含蓄之词，表达自己的不同看法。何谓幽默，怎样才能产生幽默，这是一个难题。在学术界众说纷纭，没有定论。我国著名语言学家侯宝林认为，幽默不是现活宝，而是一种敏锐反应，是一种将普遍的现象，喜剧化处理的方式。因此，幽默来源于生活；来源于用心的观察；来源于积累和创造。总之，幽默是一个人文化素质、社会经验与敏锐反应的综合体现。

（六）避免用含上、下限的数值

陈述中涉及的数值，常有价格、兑换率、赔偿额、交货日期及附加费用等等。表述时一定要用一个具体数值，不要用含上、下限的概括数值。否则，对方会选择其最有利的数值作为进一步谈判的基础，从而增加谈判阻力。

三、回答技巧

商业谈判中，提问与回答是其沟通的主要形式。谈判中如何回答对方提出的各种问题，双方都会感觉到有压力。如何给予圆满的回答，对谈判成果影响很大，因此，谈判人员对待任何回答都必须持慎重态度。

回答技巧是谈判技巧中的重要组成部分，凡是有经验的谈判人员都很注意研究回答的艺术。在商业谈判中，往往正确的回答并不是最好的回答，有时正确回答反而会成为一种愚蠢行为。回答的艺术在于知道一定条件下该怎么说，哪些该说，哪些不该说，而不在于回答得正确与否。谈判专家常会提供一种"等于没有回答的回答"。有这样一个实例，某次谈判，一方向另一方进行了试探性提问。"请问，如果我向您提出一些不客气的问题，您愿意回答吗?"这时如果回答"愿意"或"不愿意"，都不够恰当。这时这位有经验的谈判人员却巧妙的予以回答："我们将您作为好朋友看待，如果您的问题有助于加深彼此的了解和友谊，我不会介意。"谈判中的回答是一种综合技巧，是知识与经验的灵活应用，并不存在很固定的模式，需要根据时间、地点和条件具体分析。下面从一般情况归纳出回答时应注意的问题和技巧:

（一）认真分析对方提出的问题

对对方的提问，要听清、听懂，要仔细思考它的潜在意义和真实意图。特别是反对意见，更要耐心听和认真分析，往往真正的反对意见被某些借口所掩盖。在没有搞清对方提问的真实含义以前，不要轻率回答。对冲突性很强的提问，在未思考出圆满回答前，可采用反问式、顾左右而言他、只作部分回答或以资料不全等方式进行缓冲，甚至可用"在回答您以前，我想听听您的看法"等方式，把"皮球"踢回去，让对方寻找答案。有时还可运用时间缓冲法，对对方的尖锐反对意见，最好不要马上反驳，用时间思考一下，回味对方的话，是否正确理解了他的意思。有经验的谈判人员，通常把对方的这种反对意见划分为若干部分，再逐次与对方商讨、分析、引导对方自己意识到所提意见的不合理性。

（二）冷静回答

在任何情况下，能否做到泰然自若，若无其事，轻松愉快的回答对方，是谈判人员修养与素质的体现。事实上，如果带着不满或愤怒的情绪回答对方的反对意见，不仅不能说服对方，反而会使对方更加固执。凡是有经验的谈判人员，都不会直接反驳对方，无论其意见多么错误，因为这样做，只会产生逆反效果。冷静、轻松、有条理的间接回答方式，才具有说服力，适当地运用幽默，常会产生不可估量的影响。对待强烈的反对意见，更应如此。

（三）尊重对方的观点

商业谈判的参与方，都有各自的立场、各自的经济利益需求，合作与冲突并存，不可能双方观点完全一致。尊重对方的观点不等于同意对方的观点，而是表达对对方的尊重与合作诚意，表示对对方的理解。即使你完全不同意对方的观点，在回答时也应首先表示尊重对方的看法。这不仅是谈判礼仪问题，更是促使对方接受你的观点的钥匙。

（四）简明扼要，不偏离主题

在谈判中回答对方的任何提问，都应简明扼要，切忌信口开河、滔滔不绝的长篇大论。偏离主题的冗长谈话，往往使人反感。说得越多，遭到反对的可能性就越大。言多必失，讲得不对更易引起对方的轻视，影响自身和企业的声誉。

（五）要善于回答冲突性很强的提问

在商业谈判中遇到针对性和冲突性都很强的提问是难免的。特别是卖方在宣传介绍商品后，买方会围绕商品质量提出一系列问题，有时甚至是故意挑剔的。怎样对待，怎样回答，是谈判中回答技巧的核心。

怎样对待：首先必须清醒认识，任何商业谈判，对方提出这类问题都是必然的。在心理上作好充分准备，当对方提出后，才不会感到突然，感到束手无策。其次是事先就要对对方有充分估计，他们可能提出些什么问题，以预防为主，在陈述中就有所准备，构思严谨，把这类问题缩小到最少范围。另外，当对方提出后，应深刻分析，把握住对方的真实意图。一般常有三种情况：一是对方很愿意做成这笔生意，围绕商品质量所提问题就会较多、较仔细，但态度较诚恳；二是故意挑剔，甚至是攻击性的反对意见，这往往掩盖着另外的企图；三是故作姿态，为提高其声誉或显示其才能而提出一些技术性的反对意见。因此，应针对不同情况采取不同的对策。

怎样回答：这不是固定不变的模式，而应根据具体情况，采用对应的回答技巧。对待上述的第一种情况，应在回答时真诚相待，以消除疑虑为主，并多运用转折语气，即先肯定后纠正或解释的回答用语，常用"对，但是……"这样的方式。比如，当买方提出："这种商品的精度不够啊！"回答："您强调的精度是对的，它影响着使用性能，但提高精度，加工费会增加很大，价格也要提高，对吗？"有经验的谈判人员，在运用这种转折语时，往往不直接明确用"对，但是……"，回避给对方造成先肯定后否定的印象，而是融合到回答之中。上述回答改为："我们正在想法提高这种商品的精度，现有资料说明，每提高精度一个级别，需要增加……工序，加工费增加幅度很大，如果……我们一定按你们的需要提供。"对待第二种情况，必须先摸清对方的真实意图，回避正面冲突。多采用反问式回答，如："您为什么这样想呢？"、"怎样说才会使您相信呢？"、"您自己怎样回答这个问题呢？"……如果对方是故意挑剔，可运用反问法，避免正面争执，是摆脱困境的一种技巧。因此，运用中应尽量语气缓和，不要意气用事。在回答后最好马上岔开话题，不在一个问题上纠缠不休。对待第三种情况，应以满足对方心理需求为主，回答时，在次要问题上加以肯定或赞扬，甚至作一点无伤大雅的让步，这样可为进一步谈判扫清障碍。

四、提问技巧

提问是谈判的另一种重要形式。与回答相比，提问更具有主动性。它不像回答，受对方所提问题的限制和约束。因此，提问的具体作用就更广泛，它可用于搜集信息、提供信息、探测对方动机与意图、证实自己的判断、启发引导对方和缓冲矛盾、打破僵局，等等。

提问技巧，从理论上考证，具有哲学原理。古希腊著名哲学家苏格拉底认为："发现真理最好的方法是人们的自我觉悟，经过精心设计的系列提问，可以诱导人们逐步悟出某些道理。"哲学家巴斯卡尔也曾这样说："最能使人信服的是自我觉悟的道理，而非他人的说教。"这种因势利导的哲学思想，运用在商业谈判与推销中，就形成现代的"引导提问术"或称为"诱导提问术"。其实很多小孩都会运用这种方法。譬如，一个孩子对父亲说："爸爸，你小时候也爱玩吗？"父亲答："是呀。"孩子再问："您小时候也常上街吗？"父亲又答："是呀。"孩子最后要求说："爸爸，您不愿意带我上街吗？"父亲："这个……"，这时才发现自己已经没有退路了。这种"引导提问术"被国外商界公认为是商业洽谈成功的重要技巧之一。这种提问的一般做法，是精心设计一套由外至内，由广至专逐步逼近核心问题的引导提问，使对方的认识步步加深，最后在关键问题上说出"是"字，并使对方在心理上感觉是自己体会的，而不是被说服的，其信任度就会大大提高。下面就一具体事例进行剖析：

甲、乙两公司进行一次商业洽谈，当购进方乙公司处于疑虑权衡阶段时，通常会出现"让我们仔细考虑一下"或"让我们研究研究再回答您"的语言。甲方可采用"引导提问术"摸清乙方的真实思想和疑虑中心，其做法可借鉴：

甲问：这很明白，您对购进这批货没有多大兴趣，要不然您是会花时间考虑的，对吗？（这只能是在摸清买方产生兴趣的基础上的提问，在表述时要勇敢地微笑，而装出被挫败的样子。）

乙答：不，我们很有兴趣。

甲问：那是对我们公司的信誉有怀疑吗？

乙答：不，贵公司的信誉一贯很好。

甲问：那是对我个人有看法？

乙答：不，对您我们是很信任的。

甲问：那是这批货的质量有问题？

乙答：质量是好的。

甲问：那是包装装潢上存在问题？

乙答：不，包装装潢上已有很大改进。

甲问：那是对交货时间有特殊要求？

乙答：贵公司在交货上一贯能满足用户要求。

甲问：是因为购进后销售周期太长，对吗？

乙答：这批货正处于适销期，可能几个月之内完全脱手。

甲问：您估计要几个月才能脱手呢？

乙答：大约两三个月吧。（这是最保守的估计）

甲问：那一定是货款支付问题了，对吗？

乙答：是啊，目前贷款利率很高。

甲问：从目前市场销势看，扣除贷款利息，贵公司是能获得较大利益的，对吗？（为买方着想，事前应有调查分析）

乙答：我们担心，脱手时间会太长。

甲问：但风险不是很大啊，对吗？（应有具体资料分析）

乙答：是。

从上述事例中，推销方采用了步步逼近的"引导提问术"，逐渐摸清购买方的疑虑中心，采用系列提问，引导启发购买者自己认识这批商品的优点，同时在摸清顾客的主要问题后，又站在买方立场进行分析，消除其疑虑，从而提高了信任度。

从当今世界范围考察，"提问术"被商界广泛应用，并在实践中不断扩展，公认是行之有效的方法。其形式大体有主导式、征询式、含蓄式、应答式和限定式等。

主导式问句。这种形式的特点是把主导思想明确说出来，末尾用提问的方式。比如，"这种时装是当前最流行的款式，对吗？""现在人们都把安全因素放在首要地位，您同意吗？""目前很多公司都使用计算机了，不是吗？"

征询式问句。其特点是以征求意见或请教的方式提出问题，给人以亲切感。比如，"您认为这种商品的包装装潢怎样？""现在最高贷款利率是多少，您能告诉我吗？""请告诉我，您估计这种商品的销势如何？"

含蓄式问句。其特点是把引导的意图隐藏在提问之中，含而不露。比如，"现在我们已解决了交货日期问题，您是否打算讨论其他问题呢？""假如我们在价格上作出让步，你们是否也作一些相应的让步呢？"

应答式问句。在谈判推销中这种问句的特点是当购买者表示某种有利的主观见解时，加以肯定和引导的方法，多采用简短的问句或反问句。比如，当购买者表示"这种车子看上去很轻便"，回答："可不是吗？您要不要试一试？"再如，当买方表示"看来这种衣服式样很新颖"，回答："追求新颖是当前时装的潮流，对吗？"

限定式问句。其特点是提出两个肯定的答案供买方选择的提问方法，其作用是探索出对方的内在想法。比如，"您喜欢蓝色的还是绿色的？"当回答"绿色的"时，说明买方的购买兴趣在发展。又如，"某经理，我上午还是下午来拜会您更恰当？"当对方回答"上午较好"时，这说明你找他洽谈的问题有希望继续下去。

在商业谈判中，问句的选择应是征询式的，那种："您的想法对吗？""我理解您的意思是这样吧？""我认为是很好的，您同意吗？"等，带有强加于人的问句应回避，否则，会使人反感，影响谈判的和谐气氛，甚至会导致谈判的失败。应多采用："您的看法是这样的吧？""您是怎样想的？""我没有听清楚，您说的意思是这样吗？""您同意我的看法吗？"……这些问句就具有提示和征询意思。

商业谈判是面对面、目的性很强的协调行为过程。双方对对方的提问都是认真而敏感的，不像一般的推销活动，有时提问具有泛泛的人际交往特征。因此，谈判中，提问还应注意下述一些问题和技巧：

（一）提问要有准备

怎样问，问什么，在提问前就应周密思考。如果运用"诱导提问术"，事先就要对提问程序进行设计，对如何有效地达到层层逼近，如何由广至专，由外围逐步缩小到核心问题，都需进行严谨的构思，才能获得事半功倍的效果。那种漫无边际，毫无准备的提问，常会增加谈判阻力或引起对方的误会。

（二）把握提问时机

商业谈判中的提问，受着谈判进程、谈判情绪的制约，不是想问就问，而是根据问题的性质和双方当时的情绪，去选择良好的提问时机。比如，磋商一开始就直接询问对方的支付能力和支付方式，就不够恰当。有经验的谈判人员都很注意把握提问时机，根据谈判进程，在什么阶段提什么问题，非常注重背景和针对性，同时，也注意观察对方的情绪，总是在对方愿意回答时提问。

（三）提问要有礼有节

提问前先征求对方同意，对敏感问题先作解释，这是谈判礼仪，也是表示对对方尊重、创造和谐谈判气氛的重要方法之一。提问次序要有逻辑性，不要跳跃。提问应是正常讲话速度，过急会使对方感觉你不耐烦；太慢会使人感觉沉闷或令人疑虑，甚至会认为你在装腔作势。另外，提问时还应防止禁忌问题，特别在国际商务谈判中更应注意"入国问禁，入境问俗"。否则，会引起不必要的争端。

总之，要想使你的提问收到满意的效果，不仅要注意提问技巧与时机，同时还应给对方思考回答的时间。有时，以一种无知的神情，诚恳而有礼地提几个无伤大雅的为什么，也是打破僵局、缓冲矛盾、消除对方戒备心理的一种方法。

五、商业谈判、推销语言中的禁忌

所谓"禁忌"，反映在谈判、推销活动中，指不能采用的语言和态度、行为等。

（一）忌任何有损对方自尊心的语言

商业谈判与推销总是与千差万别的购买者打交道，其情趣、爱好各异，性格又各不相同，不可能与我们主观的想法完全一致。从卖方来讲，去适应购买者，是现代经商成功的诀窍。任何把自己观点强加于对方，都是不懂经商之道的表现。任何有意、无意损害购买者自尊心的语言，都是失败的重要原因之一。在国外，很多公司和商店都严禁出现这种情况，其经营人员，往往因一句不慎语言而被"炒鱿鱼"。在商业谈判与推销中，任何"气话"、"俏皮话"、"讥讽话"都应禁忌使用，这不仅破坏个人形象，也有损企业形象和信誉，其潜在危害性极大。俗语说："祸从口出"，"蚊虫遭扇打，只为嘴伤人"。这是损语的民间谚语。

（二）忌含糊其辞与简单生硬的语言

语言简洁、精炼、少说废话，是提高商业谈判与推销效率的重要方面。但精炼不等于含糊其辞，更不等于简单生硬。对待提问不能含糊其辞，答非所问，也不能用"没有"、"只能如此"、"没法考虑"等拒人于千里之外的语言。这种生硬态度，既不尊重对方，也给谈判、推销带来很强的心理障碍，同时也是自身缺乏素养的表现。

（三）忌用动作代替语言

任何用动作去回答对方的询问，都是目中无人和不礼貌的行为。不论你是有意还是无意，都会使对方反感，并失去信任。用明确、礼貌语言回答对方的各种提问，这是对现代商业谈判、推销人员最起码的基本要求。

（四）忌采用催促语言

挑选、比较、权衡、掂量是购买行为中普遍的心理现象。在商业谈判中，买方要权衡分析，思考比较。在推销中，顾客要挑选对比，这是很正常的，任何催促语言，都会破坏对方思考的平静心理，从而带来紧张和不满。精明的谈判、推销人员，总是站在对方的立场，协助其分析与权衡，这也是现代经商成功的重要法则之一。

（五）忌在对方说完话以前就提出反对意见

这不仅是一种急躁行为，也是缺乏礼貌和没有修养的表现。如果你是卖方，很可能因此而使推销谈判完全失败。在人际交往中，也会因此失去众多的朋友。

商业谈判中"谈"的技巧，是一种语言应用艺术，涉及面极宽，需要在实践中不断总结、丰富、扩展和提高，才能适应发展的需要。

第二节　听的技巧

从商业谈判与推销角度讲"听"，往往比"说"更重要。由于商业谈判是各参与方为追求自身经济利益，采取面对面而又针锋相对的协调行为过程，双方通过陈述、回答、提问去交换意见，统一看法。这就要求谈判人员非常善于准确地捕捉对方表述的瞬时信息，作出对应的及时反应。因此，可以这样说，"听"是

谈判与推销技巧

"谈"的基础。没有认真地听，就不可能准确地获取信息，也不可能准确地回答和恰如其分地提问。另外，从人际关系角度讲，听是尊重对方，改善或加深人际关系的手段。在谈判进程中，多听也是一种重要的谈判策略。那么，怎样听？不仅有方法也有技巧，要想成为一位成熟的商业谈判者和成功的商品推销者，请记住西方对谈判经验的归纳："上帝之所以赠给我们两只耳朵与一张嘴巴，是希望我们多听少说。"多听少说是谈判人员应具备的一种修养。善于倾听的人是会受到器重的。倾听是表示你对对方的尊敬，是一种只有好处而无坏处的让步。实践证明，任何企业都不可能派毫无经验的人员去参与重要的商业谈判，要充分估计对手，现代谈判理论和知识对方也懂，语言技巧也是行家里手。只有认真倾听，才能准确了解对方所表述的真实意图和潜在含义。即使我方谈判成员在讲述自己很熟悉的内容时，也应认真倾听。这样，一方面可了解表述中的不足，另一方面也表示出对谈判的重视与合作诚意。

"听"，"会听"，"真诚地听"，从心理学角度讲，是一种主要情感手段。在现代商业谈判与推销活动中，学会对对方的讲述，用"耳"去听清楚；用"眼"去观察对方表情和动作；用"心"去为对方作设身处地的构想，去体会、研究对方语言背后的动机。这种"耳"到、"眼"到、"心"到的听，称为聆听或倾听。它不仅是商业谈判与推销的基本功，也是尊重对方，满足其精神需求，激发其兴趣的重要手段，同时，还是不花成本，有益无损的让步策略。比如，一个教师在课堂讲授中，学生不专心听，教师会从内心产生自卑感，也会觉得学生不尊重他的劳动。

一、听与说的辩证关系

在商业谈判与推销中，说与听是相辅相成的两大基本功。听与说一样重要，特别是在较大型的商务谈判中，有时"听"比"说"的效果更好。俗语说："杂草多的地方没有成熟的庄稼，废话多的地方没有智慧的果实。"在商务人际交往中，有时是"无声胜有声"，"于无声处听惊雷"。

美国排名第一的汽车推销员，一年推销1425辆汽车。当然他很精通谈的技巧，吐词清楚，语言简洁而生动。但在一次向某名人推销汽车，交易即将达成时，对方却突然取消了购买决定。后来他经过了解才知道，其问题出在对方认为洽谈中，他没有认真去"听"。从这个事例，不难理解，"听"的作用。有这样一个笑话："一天，儿子问父亲：'爸爸，我学会了说话以后，还需要做些什么？'父亲回答说：'不说话，多听人说话'。"尽管这是笑话，却蕴含着深刻的哲理：一个商业谈判、推销人员，不论语言如何精妙，如果总是喋喋不休地说个没完，从不认真听取对方的意见，其效果和成功率一定很差。

有关资料证明，人们用于听的时间是读的3倍，是写的5倍，是说的1.5倍，人们互相交换信息的时间大约占全部时间的42%～66%。认真听取对方讲话的主要作用是：通过认真倾听，从中筛选出有用的信息，可避免和减少自身的失误。"言多必失"，这是中国的古语。多听，可从中了解顾客的想法和心理变化，使自己的谈话更有的放矢，认真听他人谈话还表现出对他人的尊重，有利于加强人际关系。人们往往把忠实的听众视为知己，由于认真倾听，可迎得别人的更加信赖。从现代商业谈判与推销角度讲，"听"与"说"巧妙的配合，是成功的重要技巧之一。同时，也能提高谈判、推销人员的魅力和缩短与对方的心理距离。

二、听的相关技巧

要提高听的效果与作用，耳到、眼到、心到是必要条件。其他行为和态度的配合也很重要。假如你对一个面无表情、目光呆滞、心神不定而又死死盯住你的人讲话，你会有什么感觉呢？肯定无法讲下去，心理会越来越冷，距离会越来越远。要把听的效果提高到出现"心理共振效应"的高度，就必须培养、锻炼在聆听的基础上，加上自然而不做作的其他行为与态度的配合。其中，特别是柔和的目光与真诚的微笑，具有极佳效果。

（一）鼓励类技巧

这是鼓励对方讲下去，表示很欣赏他讲话的一类技巧。如在听的过程中，适当插入"请继续谈吧"、"后来怎样呢"、"我有时也有这样的感觉"等语句，鼓励对方进行补充和继续讲下去。再如可通过提问，表示你对他的谈话很感兴趣。"刚才的问题还没有搞清楚，是不是请你再详细地讲一遍？""这个问题很新颖，请再讲清楚一点，好吗？"这类问句，不仅表示你在认真听，而且表示你对他所讲的内容很有兴趣。在听的过程中一定要注视对方，缩短人际距离。保持目光接触，不要东张西望，否则会使人感觉不受尊重。面部表情也应随着对方的谈话内容而有相应的自然变化，才能缩短双方的心理距离。运用鼓励类技巧，除适当插问外，还应配合一定的态度和表情，如配合对方讲话内容，自然地微笑和恰如其分地点头，总之，从表情上使对方感觉到你不仅在认真听，而且非常赞赏他的讲话，这样可激发对方更大的兴趣，从而使你获得所需要的更多信息。

（二）引导类技巧

当对方的讲话内容，对你并非完全有用时，如何有礼貌地把话题引导到所需要的层次和方向，这也是一种技巧问题。一般可通过巧妙的应答方式，不断将所谈的内容引申或将话题转向于自己所需要的方面。比如，使用"您能再谈谈……问题吗？""关于……方面您的看法是什么？""我理解您的意思是……您认为对吗？""假如我们……你们会怎样呢？"等。另外还可运用非语言的技巧，如改变坐或站的姿态，给对方某种暗示，表明你对原来的话题不感兴趣，直至对方的谈话满足你的需要为止。

从世界角度考察，不少心理学和社会学学者，从人际关系角度研究倾听技巧，提出了基本相同的看法，认为在倾听中应注意的问题是：

——凝视说话者；

——向对方表示你关心他说话的所有内容；

——单独听对方谈话时稍稍前倾身子；

——适时而恰当地提出问题；

——不要中途打断对方，让他把话说完；

——集中于对方所讲的话题；

——配合对方语气，提出自己的意见。

千万别忽视在商务人际交往中听的作用，在培养、锻炼语言技巧的同时，提高听的能力和技巧，才能在现代商业谈判和推销中取得理想的效果。

第三节　沟通技巧

沟通是指人与人之间传达思想、观念、意见，或交换情报、消息的过程。因此，沟通就必然涉及信息的发送者、信息的接收者、信息和信息传递的工具四个最主要最基本的因素。商业谈判人员、推销人员在沟通中既是信息的接收者，又是信息的发送者。一方面通过内部沟通，了解企业决策、产品质量及企业自身的运转状况等信息，并将必要信息传递给购买者；另一方面通过外部沟通，了解市场行情，消费变化趋势、原材料及同类商品的供求状况，竞争对手的实力及有关战略与策略等信息，并传递给企业决策者。另外，现代商业经营人员还必须通过沟通与顾客和用户建立起良好的人际关系，去达到开拓或扩展市场的目的。因此，掌握必要的沟通的基本知识和有关技巧，是现代商务人员的又一重要基本功。

一、沟通的基本知识

沟通是指情报、消息的交换过程，其形式是多种多样的，但最主要的是人际沟通，通过人际交往去达到交换情报、消息的目的。从贸易角度讲，人际交往是更频繁、更主要的沟通形式。

（一）人际沟通的含义与一般特征

人际沟通是指人们为了某种目的，运用语言或非语言交换信息的全过程。其一般特征有：

第一，沟通都具有一定的目的性。即使是两个陌生人相互点头致意，也是有目的的活动，它意味着相互致意，表达双方的祝愿。

第二，沟通是相互的、双向的。只有单方是无法进行人际沟通的，必须是双向的信息传递。

第三，沟通是一个活动过程。一方面，一个人只要不把自己的想法（信息）

表达出来，别人就不会知道。要表达出来，需要一个信息编制过程，即把自己的想法转换成语言或非语言的形式，通过嘴、眼、手、足、身等器官发送出去。这个过程称为译入过程。另一方面，接收者也不能马上将接收到的信息转换成自己的理解和思想，需要一个信息的还原过程。在各种因素的影响下，任何还原过程都不可能百分之百的是对方意图的再现。总之，人际沟通是一个动态的、不断循环传递信息的过程。

第四，沟通具有情感导向。人际沟通是人与人之间的交往活动。人是感情动物，在交往中，具有很强的感情色彩。共同点越多，引起对方的共鸣就越多，友谊就越深、越巩固。日本的推销员大都经过一系列下棋、打牌等社交手段的训练，其目的就是为了更好地找到他们与顾客间的相同之处，促进交往发展。我国有句民谚："远亲不如近邻"，这也是交往中情感导向的描述。

（二）人际沟通中的干扰因素

在沟通过程中，信息的传递受着多种因素的干扰，使信息接收者无法正确地理解对方意图。譬如：

公安局值班室接到电话："救人，快救人！"
值班员："在哪里？"
报警者："在我家里。"
值班员："我知道在你家，我问出事地点。"
报警者："在我家客厅里。"
值班员："是的，我想知道我们怎样才能到你家。"
报警者："你们不是有警车吗，快坐警车来呀！"

上述例子说明在某种紧张情绪影响下，有些因素使双方无法很好地沟通。近代心理学研究认为，人际沟通中，影响信息传递的干扰因素主要有：

1. 语言差异

这包括两方面的含义：一方面是语种差异而形成的交往障碍，如汉语、日语、英语等不同语种，形成交往中的理解障碍；另一方面是同种语言，由于不同地区习惯而产生的语音、语意差异而形成的交往障碍。比如，1980年联合国秘书长到伊朗协助解决美国人质问题，当伊朗国家广播电台和电视台播放他抵达德黑兰时发表的讲话："我来这里是以中间人的身份寻求某种妥协"，结果不到一小时，他的座车就被愤怒的伊朗人丢了石头，调解遭到了严重挫折。其原因就是语言差异造成的误解。因为英语中的"妥协"，具有"双方可接受的折中之道"的正面含义，而在波斯语中就只有"她的美德折损了"或"我们的人格折损了"的贬义。另外，"中间人"这个词在波斯语中暗指"爱管闲事的人"。因此，把秘书长的讲话翻译成波斯语就成了："我来这里是以'爱管闲事的人'的身份寻求折损你们的人格。"这样，当然无法达到沟通的目的。语言差异是客观存在的，商业谈判、推销人员要与形形色色的顾客交往，必须积累和丰富多方面的知识，以便使沟通顺利进行。

2. 文化传统与风俗习惯差异

不同国家、不同地区、不同民族在文化传统与风俗习惯上，具有很大的差异性，在人际沟通中往往造成各种误解和障碍。比如，有些国家，左手被视为邪恶，在交往中不得用左手将东西递给对方。又如，在墨西哥，客人询问主人的配偶或家庭情况，被认为是友好的表现，但是在沙特阿拉伯这样做就犯忌讳了。再如，各国对颜色、图案的喜好与禁忌也各不一样，印度人不喜欢白色，而罗马尼亚人又特别喜欢这种颜色。巴西人认为紫色表示悲伤，黄色表示绝望，这两种颜色配在一起表示恶兆，而秘鲁人却特别喜欢紫色。东南亚各国对大象图案很有好感，而英国人就不喜欢。新加坡人特别爱"喜"字组成的图案，伊朗人喜欢狮子图案……从我国国内看，地大人多，各地区、各民族差异也很大。作为现代经商人员，必须做到"入国问禁"、"入境问俗"，才能使人际沟通顺利进行。

3. 社会层次差异

人是社会的人，具有社会性。年龄、职务、文化水平、收入及家庭背景各不相同，就出现人的社会地位差异性，这种差异性对人际沟通也造成干扰，在等级森严的社会里，沟通障碍就更为明显。

4. 观念差异

观念一般是指人生观、世界观及伦理观。人总是在其特定的环境中生活，因此，不同的人在观念上总存在着差异性。实践证明，对一种事物持不同看法的人，遇到一起，往往会产生争论。观念差异在人际沟通中有很强的干扰力，甚至会形成某种偏见。

商业谈判、推销人员在沟通中一定要重视这种障碍，在非原则问题上，应尽可能回避由于观念差异而造成的交往阻力。

5. 性格差异

人的性格千差万别，因人而异，因而在人际沟通中形成各自不同的风格。人们在长期实践中，将人的交往风格归纳为六种类型：支持型、分析型、亢进型、控制型、内向型和外向型。实践证明，不同风格类型，并无绝对的优劣之分，无论哪种风格都有其优缺点，关键是在实际交往中如何扬长避短。但是，交往风格和气质类型的差异，在沟通中往往会形成交往障碍。一般讲，气质类型相同的人在一起，容易引起纠纷；思想品质相差很大的人在一起，交往成功的机会也较小。

（三）人际沟通的工具

沟通的工具，一般包括语言和非语言两方面。语言是沟通的重要工具，前面已有较详细的阐述。非语言是指人在交往中言语以外的行为，它包括：面部表情、身体动作、空间距离、声音暗示、触摸行为和外表打扮等。它也是用来表达人的思想、情感的重要工具。据测，人们用非言语来传递的信息，远比用言语传递的信息多。在人们交往中所发送的全部信息中 7% 是由言语表达的，93% 的信息是由非言语发出的。人们较普遍地认为，言语更多的是用来表达自己的思想，而非言语则更多地用来表达自己的情感。作为现代商业人员，需要广泛地与各种类型的顾客进行沟通。因此，不仅需要掌握沟通中的语言工具，同时也应善于运用非语言工具。

1. 非言语在人际沟通中的特点

一种非言语形式往往可传递多种不同意义的信息，如同是一种斜靠在椅子上的姿势，可能表示与老朋友交谈，彼此很随便，也可能表示以居高临下的态度在与下级交谈，不同的非言语可以传递相同或相似的信息。如遇见熟人，招手或点头，尽管两个动作不同，却传递着相同的友好信息。矛盾的言语与非言语有时可能同时出现。如某些顾客一面口头埋怨商品，一面又爱不释手地玩着商品。非言语不能独立承担发送信息的任务，非言语通常是作为言语的辅助内容，只有在极个别的情况下，才能单独发送一些简单信息。

2. 非言语的内容

非言语形式通常包括：面部表情、身体动作、空间距离及其他方面等。

（1）面部表情：科学证明人的面部可以有二十多万种不同的表情，主要是通过眼、眉、鼻、嘴、下颌及面部肌肉的变化表现出来。这种面部表情又可归纳为：喜悦、愤怒、悲哀、恐怖、厌恶五种。在沟通中，双方都能通过面部表情体会对方的情绪和情感。

（2）身体动作：包括身体姿势和手脚动作。经验证明，同一身体动作可以表达不同信息，也可以用不同的动作表达同一种信息。成熟的谈判、推销人员往往能从对方的身体动作中，观察出其性格特征。实践证明，一个人动作缓慢有力，往往表示出稳重和善于思考的特征。如果动作快速，往往反映出思维敏捷、果断的特征。在交往中当对方双臂交叉胸前或故意扭转身体，多数情况是表示不同意或拒绝的含义。在沟通中观察对方的姿态和动作，应根据当时的具体情景加以分析。

（3）空间距离：心理学认为，人们交往中所保持的空间距离就是人们心理上的距离。当两个陌生人空间距离过近时，双方都会有不适应的感觉。人类学家霍尔，把沟通中的人际距离划分为四个区域：亲密区，0～46 厘米之间，这是指最亲密人之间的交往区域，一般排斥第三者介入。熟人区，46～120 厘米之间，指好友间的交往区域。社交区，120～360 厘米之间，指双方不很熟悉，仅是泛泛之交的社交区域。演讲区，指 360 厘米以外的区域。空间距离不是一成不变的，也应根据具体情况而定。

（4）其他方面：指语音、语调及语速变化、触摸行为和外表打扮。同样一句话，由于语音、语调及语速的不同，其含义可以完全不同。如"谢谢您"三个字，用恰当的语气充满爱意地表达出来，表示真诚的感谢；如果含着敌意表达出来，则会使人感到心寒。触摸行为常有自我触摸和触摸他人，触摸他人常表示对对方的情感，而自我触摸常表露某种内在心态。外表打扮，常表现一个人的偏好和自我情感。

沟通中的非语言表达能力，是指运用非语言来表达自己思想、情感的水平高低。多数人在人际交往中是一种无意识或习惯行为，但对现代商业谈判、推销人员来讲，沟通已成为工作的主要内容，沟通的好坏直接影响工作效果，在与众多的顾客交往中，创造瞬时魅力，一定要将无意识的非语言行为转化为一种有意识的行为，并在实践中不断总结、不断调整、不断积累、不断提高非语言交往的素质。

（四）沟通中的自我认识

"人贵有自知之明"，这是我国古代的谚语，表述了人在处事中"自知"的重要性。《孙子兵法》提出"知己知彼，百战不殆"，也把知己放在首要位置。作为现代企业家或一个优秀的商业人员，正确而客观地认识自己，是沟通成功的重要因素之一。沟通是双向行为，不是你怎样认识自己，而是别人对你怎样认识。一个人的魅力，就是在一定环境条件下，群体对你的承认度。人无完人，既有优点也存在缺点和不足。所谓自我认识，就是自我评价，充分地去认识自我的缺点和不足，从而进行自我监督、自我控制，不断调整自我行为，去创造出良好的沟通效果。对自我认识进行深化剖析，常常会遇到这样一种谈话模式："我认为我……"这说明"我"不是一个主体，它包含着两个方面，第一个"我"，是主观的"我"，第二个"我"，才是客观的"我"。自我认识就是指主观的"我"对客观的"我"进行观察和评价。这种评价往往带有很强的自我情感偏好性，克服这种偏好性，是正确而客观估价自己的前提。要克服不是轻而易举的事情，"人贵有自知之明"中的"贵"，就强调了克服这种偏好性的难度。在人际沟通中正确认识自己的方法，一是通过周围人们对你的评价及态度来认识自己。心理学家柯里曾说："人与人之间可以互相作为镜子，都能照出他面前的人的形象。"这就是著名的"镜子原理"，通过社会性比较来认识自己。因为无法用绝对标准去衡量人的某些特性，不得不依赖于与他人进行比较的方法来确定。著名社会心理学家菲斯丁格指出："一个人的自我价值是通过与他人的能力和条件相比较而实现的。"二是通过自我比较去认识。人可以通过对"我"的纵向比较来自我认识，即通过现在与过去的"自我"进行比较，了解自己的变化和发展，通过心理测验或其他测验来评价自己。

在自我认识过程中应注意的问题是：不要以"一时成败论英雄"。人的生活道路不可能是一条直线，有顺利也有挫折。成功时，自我评价会偏高；失败时，自我评价往往会偏低。另外，还应注意社会环境的影响，人总是处于一定社会环境之中，受着一定环境的制约力，当遇到意外坎坷时，不要妄自菲薄而失去自信心。因此，正确而客观的估价自己，在人际沟通中具有极为重要的作用。如果过高的估价自己，在沟通中会使人感觉高傲、不易接近，或在交往中确立不现实的目标。如果过低地估价自己，在沟通中往往自信心不足，缩手缩脚，缺乏沟通的积极性。只有正确评估自己，才能有利于不断提高沟通水平，才能根据自身的特点，塑造出良好的自我形象，才能不断总结，提高沟通技能。实践证明，人际沟通与交往中，一个人的个性，在一定程度上起主导作用。因此，塑造培养自己的豁达性格，是提高沟通能力的另一重要方面。

二、现代商业谈判、推销中的沟通技巧

从一定意义上讲，谈判推销工作的核心就是沟通。沟通可使商品适销对路；沟通可大量获取产销的最新信息；沟通可增强和提高企业竞争力；沟通可更好地满足顾客需要；沟通是实现谈判推销的关键。不断提高沟通技巧已成为国内外企业提高经营水平的重要课题。国外企业界较普遍的一种认识是，经营成功的关键不是商品，而是经营人员本身的魅力。从国外推销员的工作时间分配看，70%以上的时间是在与用户或顾客进行沟通。下面对语言以外的沟通技巧进行一般性简述：

（一）外表形象

沟通中给对方的第一感觉就是外表形象。一般讲，外表形象包括：穿着打扮、动作行为所反映的气质和精神面貌等。俗话说："人是衣，马是鞍"，外表形象在沟通中是一张无字的介绍信。在心理学中，经过调查和分析证明，人们的初次印象往往会保持很长的一段时间，并称这种现象为"首次印象效应"。法国心理学家曾做过一个实验：让五个人在途中搭车，与过往汽车司机交往。一个是青年科技人员，穿着整洁入时、手提公文包；一个是漂亮的小姐；一个是军官；一个是穿戴不齐、口叼烟卷的中年妇女；一个是留长发的流浪青年。实验结果是：科技人员的成功率为100%；小姐的成功率为98%；军官的成功率在80%左右；中年妇女的成功率为60%；流浪青年的成功率在50%以下。这说明外表形象对沟通效果有较大的影响。心理学家米利曾告诉人们："如果你想与一个陌生人发展友谊，在社交场合中，你不妨给他四分钟的注意。你如果这样做了，对方可能会喜欢上你。"国外商界普遍认为，要经营成功，给顾客留下良好的第一印象极为重要；并认为，第一次会见时，要消除对方的恐惧感，让他们感到轻松自如，是沟通的重要技巧之一。如何在沟通中塑造自己良好的外表形象，一般应从下述几方面考虑：

1. 衣着打扮

整洁入时是必要的，但更应考虑你沟通对象的社会层次与习惯。心理学证明，处于相同层次和生活习惯的人们，在交往中不会产生心理压力。人际交往中，很重要的目标是消除对方的恐惧感和戒备心理。如果衣着打扮与交往对方差异很大，双方都会感觉很不自然。

2. 动作潇洒自如

不急不慢的自然动作，才会使对方产生轻松感。过急使人感觉别有企图，过慢常使人感觉是矫揉造作。同时交往中应自然地正视对方的眼睛，如果目光朝下或左右环顾，会增加对方的疑虑感。握手也应掌握分寸，很多人不愿意陌生人碰他们。

3. 恰如其分的微笑

真诚的微笑散发着温暖和热情，可增加沟通双方的亲切感。美国推销专家汤姆·霍普金斯在其所著的《推销的艺术》一书中，这样描述："有些人已经忘记怎样微笑，因为他们笑得太少。推销员必须练习微笑，到办公室的休息间里把门插起来练习你的笑肌。这里有你所需要的一切条件：镜子，你的脸，还有，这里只有你一个人。我说这话是严肃的。'常胜'推销员千方百计开发他自己的技能。愉快微笑的能力肯定是一项重要的推销技能。不管你喜欢还是不喜欢。"同时，微笑还是一个人文化素质的体现，微笑是礼貌，微笑是友谊之桥，它是美好感情的反应，也是东方个性的写照，是刚启封的美酒醉人心怀，还是暖融融的春风将人熏陶。有人评价日本推销大王原一本的微笑值一百万美金。学会真诚，美好的微笑是人际沟通中极重要的基本功。

（二）不断提高沟通能力

技巧是能力的反应，沟通是双向的。不能从对方的语言、语调、表情、手势等细微变化中，体会出微妙的意图，就不可能高效率的进行沟通。具体讲，沟通能力涉及注意力、观察力、记忆力、表达力、想象力和应变能力等。这些能力又综合体现为沟通中的智能，它是在人的心理素质基础上，经过学习、锻炼，并在实践中形成和发展起来的。培养注意力的关键是约束自己专注每一件事情。提高观察力，首先要培养观察的兴趣，然后制定明确的观察目标，并形成记录和整理观察材料的习惯和系统分析方法。提高记忆力，首先要养成有意记忆的习惯，然后把记忆目的与需要结合起来，辅以经过自己整理的记忆资料。表达力，是指运用语言或文字表达自己思想的能力，关键是不断学习和锻炼，逐步使自己的表达准确、简洁。想象力，是比知识还重要的一种创造性认识事物的能力，但它又与一个人的知识结构密切相关，因此，要提高和培养想象力，首先要扩大知识面，然后多练习运用比喻和类比的方法去思考客观事物。应变能力是指对突发事件的反应和处理能力，这与一个人的独立思考和决断能力密切相关。商业谈判推销人员往往是单独进行工作，如果缺乏应变能力，遇事优柔寡断，就很难适应现代商品经济条件下的发展需要，也无法与各种类型的人进行沟通，其结果必然是"当断不断，反受其乱"。要提高应变能力，应经常总结他人和自己在处理自然事件中的经验和教训，在实践中磨炼，不断提高胆识和魅力，当认清目标时，要敢想敢干，敢于承担风险和责任。

（三）商业谈判、推销人员在沟通中注意的问题

1. 注意与陌生人的接触

对第一次见面的谈判对手或顾客，不要毫无准备地去盲目拜访。这样做，往往只会增加戒备心理，而达不到沟通的目的。最好利用熟人介绍或其他身份与对方接触，将真实身份和用意在恰当时候向对方讲清楚，以免引起误会。更不要用什么"中奖"、"送礼"等带有欺骗性的行为方式去拜会陌生人，这样不仅损害自己也会损害企业形象。

2. 注意礼貌

讲文明，有礼貌，不是生活小节，它蕴藏着极大的物质力量。尊重别人，别人才会尊重你。文明礼貌是友谊的桥梁，是黏合剂。谈判对手的地位无论高低，权力无论大小，都要一视同仁，有礼貌接待。不要轻视小人物、小客户的作用，这方面他们又往往最敏感。他们的宣传或扩散，不仅影响你的个人形象，也影响整个企业的威望。

3. 不要故弄玄虚

故弄玄虚，往往事与愿违。用假、大、空的语言去哗众取宠，最易引起对方反感。实事求是、恰如其分的表述，才能提高对方对你的信任度。

4. 言必行，行必果

用假的承诺去引诱对方，其后果将是不堪设想的。任何承诺都应三思而后行，只有做到言行一致，才能树立起良好的市场形象，才能使人愿意与你打交道。

5. 不要在对方面前贬低另一竞争对手

如果这样做，只会使人感觉你在抬高自己，打击别人，从而产生对你的不信任感。好与坏是客观存在，让事实说话，让别人讲，才会产生良好效果。

6. 不要拒绝听取反对意见

兼听则明，反对意见不一定是坏事。任何用语言和非语言行为去拒绝听取反对意见，都是不理智和缺乏修养的表现。冷静听完，认真分析，往往可从对手或用户的反对意见中获得有用信息。

7. 不要乞求对方购买

在商业谈判或推销中，乞求对方或顾客购买，只会增加对你和你所代表的企业的不信任感。一定要清醒地认识到购买行为决定于买方对这种商品的需求程度和购买欲望，而非其他原因。

小　结

商业谈判技巧，是根据现代谈判理论和原则，探讨谈判过程中的应用技能，它涉及多方面知识的运用，教材从"谈"、"听"与"沟通"三个方面展开了讨

论。学习中应掌握下述主要问题：

1. 充分认识语言是伴随人一生的沟通交往工具，同时，语言还是一门复杂的学问和艺术。语言不仅反映一个人的综合素质和文化修养，甚至直接影响着一个人、一个群体、一个国家的安危。

2. 深刻认识语言魅力是多方面的综合体现。一般认为语言魅力来源于生活与实践，来源于日积月累的丰富词汇，来源于恰当的表述方式，来源于真诚为对方着想的情感色彩，来源于必要的幽默，来源于自身语言特色，来源于必要的语言弹性和说话人的自信心等多个方面。

3. 掌握商业语言具有很强的时代特征、极强的情感导向和以商品买卖为核心三大特征。

4. 商业谈判中陈述的概念及应注意的问题

陈述指正面表述自己意见的语言方式。

应注意的问题：简洁、明确；言而有据，暗示互利；自信和不卑不亢；轻松、自如、流畅；涉及数字、等级、标准、价位等问题时应肯定而不含上下限。

5. 商业谈判中回答的概念及应注意的问题

回答指针对提问而进行解释、说明的语言方式。

应注意的问题：慎重而冷静；尊重对方的提问；简明扼要，不偏离主题；要学会善于回答冲突性很强的问题。

6. 商业谈判中提问的概念及应注意的问题

提问指向对方请教、求释的语言方式。

应注意的问题：要有准备；要把握提问时机；要有礼有节；要学会各种提问技巧，特别是苏格拉底的"引导提问术"。

7. 充分了解商业谈判、推销中的语言禁忌：禁忌任何损害对方的语言；禁忌简单生硬与含糊其辞的语言；禁忌用动作代替语言；禁忌采用催促语言；禁忌在对方未说完以前就提出反对意见。

8. 深刻理解"听"与"说"的辩证关系，听是说的基础，听是搜集信息的重要方法之一，听从一定角度讲往往比说更重要。

9. 认真掌握倾听不仅是谈判推销人员的基本功；也是尊重对方，满足其精神需求，激发对方兴趣的重要手段。同时，还是有益无损，又不花成本的让步策略。

10. 充分理解听与必要的沉默，不是在谈判和人际交往中无力的表现，往往"无声胜有声"、"于无声处听惊雷"。

11. 听一般可分为三类：泛听、专听、倾听（聆听）。泛听只是耳到的听；专听是指耳到、心到的听；倾听则指耳到、眼到、心到的听。倾听在人际交往中具有极佳效果。

12. 听的过程中应注意的问题：不要东张西望；不要目光呆滞；不要与他人

交谈；应配合鼓励、欣赏的插语或引导深化的提问与交流的目光，以便与讲话者产生心灵共振。

13. 掌握沟通的概念与特征

沟通指人与人之间传达思想、观念、意见或交换情报、消息的过程。

特征：具有一定的目的性；是相互的双向交流过程；是一个行为过程；具有情感倾向性。

14. 了解人际沟通中的主要干扰因素：语言差异；文化传统与风俗习惯差异；社会层次差异；观念差异；性格差异五方面。实践证明，在人际沟通中还存在着人主观引起的心理干扰因素。

15. 了解人际沟通工具包括语言和非语言两个方面，其中非语言方式所占比重极大，它包括：面部表情、身体动作、空间距离与其他方面等。要提高人际沟通能力，有一个自我认识和个性塑造过程。学会真诚、美好的微笑是促成沟通不可缺少的重要条件。

16. 在商务交往沟通中应注意的主要问题：注意与陌生人的接触；注意礼貌；不要故弄玄虚；言必行，行必果；不要在对方面前贬低另一竞争对手；不要拒绝反对意见；不要乞求对方购买。

第 四 章 商业谈判策略

谈判策略是指具体对策，是商业谈判人员为取得预期经济利益而采取的具体方法和手段。根据不同的商业谈判，制定和选择恰当的谈判策略，是引导谈判正常进行和发展的航标。总的讲，商业谈判都是经济利益协调行为过程，但是，不同的商业谈判，其具体内容又差异很大，谈判双方的相对地位，也是动态的、变化的。作为具体对策，就不可能千篇一律，而必须根据具体情况，进行制定和选用。从国内外商务谈判实践考察，谈判策略多种多样，可根据不同特点进行概括。

第一节　常见的商业谈判策略

这是从一般商业谈判都需涉及的内容和常出现的情况，去剖析相应的策略。无论哪种类型的商业谈判，从条款分析，一般都涉及商品质量、包装、价格、运输、保险、支付、商检、异议索赔、仲裁及不可抗力等；从程序分析，一般包括：探测、报价、还价、拍板及正式签订合同五个阶段。从程序角度考察其对应策略，常有以下几种：

一、探测策略

通俗讲，探测就是指摸底。在谈判前或谈判中，采取一系列策略了解对方的真实意图和需求，才有利于在谈判中作出有效地反应，从而使谈判顺利进行。即使在某次谈判中，双方需求的迫切程度大体相同，但在围绕标的的众多条款中，各自的具体要求也存在差异性。比如，对方对交货期有特殊要求而且很迫切，我方对价格和付款方式要求较多，则可在谈判中，引导对交货期条款进行先谈判，并在可能条件下作出较大让步，在对方获得较大满足的前提下，再谈价格和付款方式就会较为容易，对方就可能作出相应地较大让步，使谈判顺利向前推进，找到双方利益需求的结合点。

探测策略在国际、国内商业谈判中都极为重要。如何了解掌握对方的真实意图，又不过早暴露我方的主要目的，是争取谈判主动的重要方面。有这样一个事例，一次我国商贸代表团，到欧洲去参加国际商品展销会，预计销售 15 万张羊皮，也事先拟定了目标销售价格，在展销会前，与外商的非正式交往中，人家运用闲谈，采取迂回询问，旁敲侧击、点滴积累手法，先从我国畜牧业的发展状况问起，似乎是无意的闲聊，我方个别人员由于缺乏应有警觉，无意中暴露了准备销售量和目标价格，外商采用超过我方目标价格，订购 1 万张羊皮，给我方造成欧洲市场羊皮走俏的假象，展销会正式开幕后，数日均无人问津羊皮。后来调查，外商采用低于我方目标价格的方式，已经大量抛出羊皮，使我方很被动。日本人在商谈摸底方面具有很高的技巧，美国与日本进行一次较大型商务谈判时，第一轮在美国进行，日方代表只听、只记，不表态；第二轮在日本进行，日方代表同样是只听、只记，不表态。日方在摸清底细后，在美方感到绝望时，突然提出全面的交易方案，使美方完全处于措手不及之中。英国商界认为，与日本人打交道，不仅要了解他们的习惯和礼仪，而且还要有韧性和耐心，再加上千倍的警觉。在国内的商业谈判中，有经验的人员也很注意摸底策略。某贸易公司派出一位有经验的业务人员，去与厂家谈判购买 2000 条床单的商务活动。谈判中他采用询问摸底分析法，向对方询问如果购买 200 条、2000 条、10000 条、300000 条床单，分别开价是多少。当厂方一一回答后，他敏锐地估计出了厂方的生产成本、设备费用分摊情况及现有生产能力，结果他用相对最佳的价格购进了 2000条床单。

探测策略，是摸清对方底细的应变策略，需要具体问题具体分析，针对具体业务、具体对手，特别是对手的性格和爱好，采用对应的灵活对策。我国是历史悠久的文化古国，在谈判中探测对方意图方面，积累了丰富的知识。在《三国演义》中，就描述过一段阚泽摸清曹操真实意图的对策：赤壁之战前夕，周瑜打黄盖，黄盖假降曹操，令阚泽下诈降书。当曹操反复阅书后，拍案大怒："黄盖用苦肉计，令汝下诈降书，就中取事，却敢来戏侮我耶！"令左右推出斩之。阚泽不知道曹操怎么会知道真实情况，是因为多疑呢，还是真的了解？他根据曹操的性格特点，即多疑不定、刚愎自用而对应采用"激将摸底策略"。当左右将阚泽簇拥而下时，泽面不改色，仰天大笑。操令牵回，斥曰："吾已识破奸计，汝何故哂笑？"泽曰："杀便杀，何必多问！"操曰："吾自幼熟读兵书，深知奸伪之道。汝这条计，只好瞒别人，如何瞒得我！"泽曰："你且说书中哪件事是奸计？"在激将之下，曹操终于说出了真实想法："我说出你那破绽，教你死而无怨。你既是真心献书投降，如何不明约几时？你今有何理说？"泽听罢，继续激将他，大笑曰："方汝不惶恐，敢自夸熟读兵书！还不及早收兵回去！倘若交战，必被周瑜擒矣！无学之辈，可惜吾屈死汝手！"操曰："何谓我无学？"泽曰："岂不闻'背主作窃，不可定期？'倘今约定日期，急切下不得手，这里反来接应，事必泄漏。但可觑便而行，岂可预期相订乎？汝不明此理，欲屈杀好人，真无学之辈也！"阚泽以这种摸底的应变策略，终于摸清了曹操的真实想法，达到了下书的目的。

在现代商业谈判中，要了解对方底细，除事先应尽可能搜集有关对方的信息资料进行分析外，还常采用多听少说、请教询问、交往"闲谈"、旁敲侧击、投石问路、指东道西等方式。就某次具体商业谈判来讲，采用什么探测策略，并没有固定不变的、"放之四海而皆准"的模式。应特别注意，摸底的根本目的，是为了做到"知己知彼"，去寻求两方利益结合点，切忌采取纯欺骗和非法的行为；否则，被对方识破，反而使谈判恶化，也损害自我形象。

二、报价、还价策略

价格是商业谈判的核心。报价，以及随之而来的还价，是谈判的最重要环节。价格是各方的利益焦点，直接关系着参与方经济利益的满足程度，因此，报价、还价又是商业谈判中最敏感、最具有冲突性的问题。

报价、还价有广义与狭义之分，广义地讲，凡谈判一方向对方提出自己的所有要求都可称为报价；凡谈判双方为自己利益争持所运用的各种手段，都属于讨价还价。狭义地讲报价、还价，是指针对商品成交价格所进行的报价和讨价还价过程。下面从狭义角度进行讨论：

（一）报价策略

报价是指谈判中一方向另一方提出成交的建议价格过程，可以是口头的，也可以是书面的，无论是卖方或是买方都可以首先报价。通常情况，卖方希望成交价格越高越好，买方则希望成交价格越低越好。但是，价格水平的高低，受着市场供求和竞争以及谈判对手状况等多种因素的制约，并不是由任何一方随心所欲来决定。因此，报价不仅要考虑我方利益，还要考虑被对方接受的可能性，应反复比较与权衡，寻求争取我方利益与被接受机会的最佳结合点。事实上，谈判参与方都各有自己的目标价格体系，即最高目标、争取目标和最低目标。低于对方最低目标，谈判就不可能成功。根据国内外商业谈判的实际情况，通常采用的报价策略有：

1. 抢先报价

报价在商业谈判中又称为发盘或递盘。抢先报价就是争取首先发盘，它对谈判具有较大影响力，为谈判设置了一个上限，起着或多或少支配对方期望值的作用，这在冲突性很大的谈判中，是一种"先下手为强"的策略。但运用中要具体分析，先报价也存在缺陷，可能使对方临时调整还价水准，也可能对方不还价，专门挑剔你的报价，使你冒着不了解对方还价水准前盲目降价的风险。因此，要具体情况具体分析，在合作性较大的谈判中，先报、后报没有多大差别，如果谈判双方都是行家里手，报价先后意义不大；如果对方比自己有经验，宜让对方先报，采取"后发制人"的策略。按一般谈判惯例，发起谈判方应先报价。

2. 要有自信心

发盘除价格外，还应包括相应的其他各项交易条件。即使报价很高，也不要流露出信心不足，更不能有歉意表示。对所报价格不解释，也不评论。对方会对不清楚之处提出问题，事前解释与评论，是不可取的，只会暴露我方意图和所顾忌的问题。因此，报价前应慎重，周密思考，选择最佳报价水准，一旦发盘后，就应严肃对待，就要有自信心。

3. 高价发盘

这不仅是报价策略，也是一种技巧。所谓高价发盘，是指卖方报价要高，买方报价要低。只要能找出理由，发盘就应尽量高。因为这是为谈判设置的上限，往往报价越高，对方还价会越高，也为争取较好效益创造了条件和为以后谈判留有更大余地。但也应特别注意，不能高到荒谬程度，让人感觉漫天要价或故意杀价，从而使信誉扫地，谈判告吹。

4. 准确明白

准确是指报价数字一就是一，二就是二，不要含糊不清。明白是指让对方听清楚。如果口头报价，辅以事先准备好的报价表，递给对方一面听一面看，其效果就更好。如果没有报价表或报价单，在口头报价的同时，也应拿出纸来，写上相应的数字，递给对方，增加视觉印象，以免数字上出现差错，给谈判带来不应有的阻力。

（二）还价策略

在商业谈判的大多数情况下，一方报价后，另一方都不会全部无条件地接受。因此，谈判会很自然地进入讨价还价阶段。这时都会运用各种谈判策略和技巧，促使谈判朝着有利于自己的方向发展。这个阶段是谈判成功与否的关键，双方都想说服对方让步，所以，报价、还价是反复出现的一个循环过程。那么，在还价中如何去把握局势，争取主动呢？一般应注意下述问题：

1. 认真分析

对对方发盘的全部内容和细节，一定要听清、记熟，做到了如指掌。在此基础上进行认真分析，判断出什么条件能使对方感到满意，怎样才对我方有利又能满足对方的某些需求，对方发盘中哪一项是最重要的、哪一项是次要的、哪一项是诱导我方让步的筹码。

要做到认真分析，切莫干扰对方报价，否则的话会百害而无一利，不仅会破坏谈判的良好气氛，更重要的是一干扰就听不到报价的后一部分内容。通常情况下，让步、优惠条件总是留在后面，关键内容就会听不到。

要做到认真分析，应在听完对方的报价后，马上重述对方报价的主要内容，并征求对方认可，以免听误、听错，影响思考和分析。

要做到认真分析，在听完报价并确认无误后，应询问对方报价的根据，以及主要交易条件的通融余地，并认真倾听对方解释和答复，但不要加以评论，更不要表示自己的主观推测，以免引起不必要的争论。

要做到认真分析，在听完报价后不宜立即表示全面拒绝。即使对方报价极不合理，也不应这样做，否则，会被认为轻率或对谈判缺乏诚意。遇到这种情况，较可行的做法是：强调对方报价太高，实在无法接受，请对方认真考虑并说明理由，然后提出我方需要考虑，暂时休会，也可明确说明报价中哪一部分有进一步谈判的可能，哪一部分无法接受，还可转变话题，询问其他条件，以便思考对策等。

2. 暂缓还价法

这是针对对方报价与我方看法过于悬殊时的一种做法。在分析基础上，找出对方报价条款中的不合理处，逐条与对方磋商，目的在于使对方撤回原盘，重新考虑比较实际的报价。有时也可采用，先拟定提问顺序表，把握好提问顺序，在逐条取得一致看法后，才抛出还价的价格条款。

3. 低还价法

这是与高报价完全针锋相对的一种策略。只要有充分理由，还价尽可能低，这可起着限制对方期望值，纠正讨价还价起点的作用。有时也可运用不考虑对方的发盘，而由我方采用口头或书面重新递价，探测对方的反应。讨价还价实际上是一场紧张的斗智活动，除应确定正确的还价步骤、方案外，还要善于观察，从对方的谈吐、举止、神情及姿态中去捕捉其内心活动，分析判断对方的潜在意图，采取相应的对策。

4. 列表还价法

这是多采用于冲突性较小的一种还价方法。由于双方已有长期的合作关系，彼此信任度较高，采用列表还价法可加快谈判进程。其具体做法可列成两张表：一张是我方不能让步的问题和交易条件，常可写成合同条款形式；一张是我方可以考虑让步或给予优惠的具体项目，最好附上数字，表明让步的幅度和范围。

5. 条件还价法

在大中型商业谈判中，讨价还价阶段往往需要许多回合的会谈。如果双方想法和要求差距很大，并都坚持不让步或妥协时，谈判就会陷入僵局。这种局面是双方都不愿看到的。为打破僵局，争取谈判成功，常采用一种条件还价法，即以让步换取让步。如对方不肯在价格上再作变动，则在同意这种价格的同时，要求对方放宽其他条件。在实际的商业谈判中，有经验人员在对方反复多次要求让步条件下，为争取较好的经济效果还常用权限不足，以诚恳态度告诉对方，自己已无权再作让步，或用"国家牌价"等方式阻止对方的要求。老练的谈判者，在这种情况下，还会运用"欲抑先扬"的技巧，用轻松、真诚的语调，赞扬对方是讨价还价能手，自己远远不及等等，这实际上起着遏制对方的作用。

总之，商业谈判中的还价策略，人们在实践中创造了多种方式，但核心是要有充分准备，保持灵活性和一定弹性。一种方案不行再换另一种，这个问题谈不拢可谈另一个问题，能争取较大利益就不必计较次要问题上的让步。只有寻求出双方利益需求的结合点，才能把谈判向成功方向推进。

三、说服、让步技巧

说服与让步是贯穿商业谈判过程的主要行为。说服的目的是使对方让步，自己的让步是为了更好地说服对方。前面讲的讨价、还价阶段，其实质也就是说服与让步过程。还价策略当然也包含着说服对方的作用。下面介绍一下说服与让步技巧：

（一）说服策略

泛讲说服，是指设法使他人改变初衷，真心诚意接受你的意见的过程。在一般人际交往中，说服往往是一个单向过程。而商业谈判中的说服，确是双向过程，彼此都想说服对方，这就增加了说服的难度，必须克服各种阻力，才能达到说服的目的。从心理学角度讲，要克服说服阻力，首先应创造和谐的气氛，消除对方的对抗情绪，使说服顺利进行；其次是必须以真诚态度，去建立起对方对你的信任感，使说服有力和被对方接受。要使说服成功，关键是去形成两个取向的一致，一是利益和态度的一致，二是情感上的一致。另外，要使说服有效，还应根据时间、对象和条件的不同，灵活而巧妙去对待。现根据商业谈判的特定条件，分析说服对方应注意的问题：

1. 注意情感导向

应反复、真诚地强调我方的合作诚意，能用以往的合作事例或与其他企业的合作事例说明更好，目的是进行情感沟通，增进信任感。

2. 分析所提建议应全面真实

在分析你的建议一旦采纳后的效果时，应真实地讲清会给对方带来的效益，但不要夸大，要有根据。同时不回避给我方带来的好处，这样才能使对方觉得你的建议真实可信。

3. 注意提出建议的顺序

对我方所需提出的建议系列，应认真分析，哪些容易说服对方，哪些不容易被对方接受，然后按先易后难，先好后坏，难易结合的做法提出。先易后难是指先提一致性较大的内容，把分歧大的内容放在后面。先好后坏是指先谈好的消息、好的事情，后谈坏的消息、坏的事情。难易结合是指把分歧很大的问题与一致性大的内容结合起来提出。采取这种做法，可在逐步取得某些条款一致看法后，去说服难点问题，阻力可减小。

4. 注意建议内容的安排

任何建议都由一定的具体内容所构成，怎样表述和安排，对说服力确有很大影响。通常情况下，强调一致性比强调差异性更容易使对方接受。在提建议的同时，提供能满足对方需要的途径、资料、信息和证据，可大大提高可信度。心理学证明，任何人在听别人讲话时，开头与结束前其注意力较集中，记忆也较牢固，因此，建议的重点内容应精心设计在开头与结束前。另外，重复可增进一个

谈判与推销技巧

人对某种事物的了解与接纳，建议的重要观点，恰当地重述在说服中是很有必要的。

5. 注意对方的习惯

心理学认为，任何人在其熟悉环境，都可产生安全感和心理优势。要使你的建议更具有说服力，就应充分了解对方，了解他的习惯，尽可能采用对方熟悉的语言、思维方式去提出自己的建议。要说服对方，提出证据和有用价值固然重要，但更应符合对方的习惯、需要和欲望。

总之，要说服对方，要因人、因事和具体环境去具体分析，没有固定模式。有时必要的坦率，也是很有力的说服策略，同时还可起着打破僵局，缓冲矛盾的作用。

（二）让步策略

商业谈判是经济利益的协调行为过程，说服与让步都是双向的。要使谈判成功，需要双方都有一定的让步，在磋商中寻求出利益结合的交点。让步总是以失去一定利益为前提，任何一方的让步，都不可能是轻率行为。慎重考虑，恰当处理，是研究让步策略的核心。通常在让步中应注意的问题是：

1. 把握让步时机，不做无谓让步

时机指让步时间，不要提前也不要延后，特别是关键问题的让步，提前会提高对方期望值，逼使你继续让步，延后可能失去谈判成功的机会。要把握时机，必须在谈判前和谈判中不断深入了解对方的真实需求，哪些问题是对方最关心的，哪些问题对对方是次要的或无所谓的。在关键点上的让步，宜在对方一再请求和说服下，以忍痛求合作的态度，作出小幅度让步，要使对方感觉得来不易，他才会珍惜这种让步。不作无谓让步，是指每次让步都应换取对方在其他方面的相应让步或优惠。不该让步时就决不退让，切记不要以让步去讨好对方，这样会被对方轻视。

2. 注意让步幅度与节奏

每次让步幅度不宜过大，让步节奏也不宜太快，否则会使对方认为你最初的报价或还价水分很大，从而要求你继续不断让步。总之，让步不能太随便，要三思而行，要把让步让在刀口上，幅度与节奏都应恰当，应使自己较小让步给对方有较大满足。同时，也不宜承诺同等幅度的让步，在重要问题上力争使对方让步，在次要问题上可考虑先让步。如果处于谈判中的买方，一般应坚持对方首先让步，即使必须让步时，幅度应小，节奏应缓慢。如果处于谈判中的卖方，可先作次要问题上的让步，一开始幅度可略大，以后也必须坚持缓慢让步原则。

3. 尽可能运用有益而无损的让步

这是心理战术在商业谈判中的应用。其核心是让对方感觉很受尊重，在心理上和感情上得到满足，甚至可让对方自我感觉是"胜利者"。在这样的情绪条件下，对方对我方的让步就不会太苛求，我方对对方的让步要求，就容易被理解和接受。从国内外商业谈判实际考察，常有的做法是：真诚而热情地接待，把对方视为贵宾，派专人安排其生活，甚至陪同观光或游览；尽可能向对方提供必要的资料或说明；在谈判中认真倾听对方叙述，并恰当地表示赞同其某些看法。如"我们会认真考虑您的意见"或"我们会尽力满足你"等；反复表示，"按他的条件如果达成协议，对他是最有利的"……

4. 敢于否定

敢于否定包含两个方面：一方面是对对方的无理苛求，敢于说"不"，正面而合情合理否定对方，往往比回避更有效，反而不会损害你在对方心目中的形象。只是在否定时，不宜态度生硬。另一方面是对已作的让步又感觉考虑欠周，要敢于纠正，不要不好意思，因为这还不是协定，完全可以推倒重来。但在一次谈判中否定次数不宜太多，这会造成你太强势的印象，使对方怀疑你的诚意。同时，在纠正时应尽可能说明理由。

商业谈判中的让步策略涉及的具体问题很多，也很灵活。有经验的谈判者，对双方的每次让步，都很注意记录或记忆，有时重述对方让步的内容，以便做到心中有数，克服让步中的盲目性。另外，在决定让步时，也不是马上把具体让步内容告诉对方，往往通过"这个问题我们可以进一步磋商"或"这个问题可先放一放，我想后面去解决不会太困难吧"，待对方有相应让步承诺后，再抛出具体内容。总之，让步策略是多种多样的，人们在实践中不断的创造发展，不会固定在某种模式之下。

四、商业谈判中的其他有关策略

除上述三方面外，商业谈判过程中还会涉及如何打破僵局、如何签订协议等方面的问题。

（一）打破僵局策略

谈判中的僵局，是由于双方想法和需求差距很大，又各持己见，谁都不愿意让步或妥协而形成的僵持局面。这时僵局已经形成，情绪极为对立，处理这种场面比较棘手，需要有较高的对应策略。

在这种情况下，首先要沉着、冷静，不要失去心理平衡。商业谈判也是合作与冲突并存的过程，只有冲突没有利益，大家不可能坐在一起来谈判，既然已经坐在一起，双方就有合作需求。这时需要冷静，需要回顾造成僵局的原因，即使责任主要在对方，也应有一种谅解对方的大将风度，切记不要以牙还牙，意气用事。"小不忍则乱大谋"，扩大矛盾，加剧冲突的任何做法都是不明智的。就算这次谈判不能成功，也应为以后的合作留下后路，俗语说："买卖不成仁义在"，任何攻击、讽刺等损害对方自尊心的语言，都是不明智的。

商业谈判中的僵局，较多情况下是由于双方情绪因素而引起。因此，应从缓和气氛、消除对立情绪着手，可采用暂时休会，让双方冷静下来后有充分的时间考虑对方的提案；也可采用组织游览娱乐活动的方式，把双方对立的情绪缓和下来，在游览娱乐中见机行事地交换意见，让僵持的问题在轻松、活泼、愉快的气氛中得到沟通和解决。沟通中应坦诚相见，并强调双方成功合作的重要性和前景。

转移或扩大谈判话题，也是打破僵局的一种有效方法。因为，僵持的问题往往集中在双方认为很关键的问题上，一般不可能处于全面僵持状态。因此，在僵持时，可采取把谈判面铺开或转换谈判条款的做法。比如，当价格问题出现顶牛互不相让时，可转谈交货期、付款方式、运输及保险等其他条款。如果其他条款上能取得较一致的看法，就自然起到了缓冲作用，反过来再谈价格问题，磋商余地就可能更大。

在谈判僵局形成过程中，如果谈判负责人或企业主要决策人并未直接参与，这时由他出面主持一种不拘形式的非正式谈判的座谈会，进行沟通和引导，只要气氛轻松活跃，在谈笑风生中随意交谈，对打破僵局也有一定作用。如果双方企业间有长期合作的历史，其效果可能更好。

（二）签订协议策略

商业谈判的最后成果，是签订体现双方意志和经济利益的协议。多数情况下签订的是双方认可的购销合同。这不仅仅是一种经济行为，而且是一种法律行为。合同一旦签订，双方都要受到法律的保护与监督。因此，签订协议必须慎重，必须具备法律规定的手续，往往还需要鉴证或公证。无论双方过去关系如何，都不应只是口头协议，在大中型商务谈判中，常常需要举行正式的签字仪式。下面就一般签订协议中应注意的问题进行讨论：

1. 准备

签订协议的一般事务性工作和协议草案都需事先准备。按常规应由要约方承担，在购销合同签订中，绝大多数情况由卖方承担一切准备工作。协议草案应根据谈判记录拟订，形成书面文件，事先应逐条征求对方认可，以减少签字时的阻力。

2. 协议主体要合格

主体合格包含三方面的意义：第一，签订双方都必须是具有法人资格的经济实体，不具有法人资格的单位或个人不能成为协议主体。第二，双方都必须具有法人行为能力，即能以其名义参与经济活动，并享受权利和责任，承担义务。没有足够的资金、货物或超越核准的经营范围所签协议是无效的。第三，代理人必须在法定代表人的授权范围内签订协议，超越权限所签协议，法人不受约束。总之，主体不合格，所签协议就无效，因此，在谈判开始前，就要严肃认真注意对主体的审查，要搞清对方有没有资格做这笔生意。

3. 条款要严密

任何含混其词，模糊不清的概念，用于协议条款中都是不妥的，会造成责任不清并影响履约。因此，标的名称要清楚、准确、规范化。成交价格、数量、付款方式及交货日期与地点要一是一、二是二，毫不含混。质量应标准化，验收、检验要明确。责任和服务项目要详细。

4. 协议必须符合国家法律和有关政策规定

协议应采用法定的书面形式，对方签字并加盖双方企业公章或合同专用章。应警惕利用合同进行各种诈骗违法犯罪的行为。

（三）谈判对手的个性及其对应处理策略

商业谈判是人与人之间，面对面进行的行为过程。人的个性千差万别，要想在谈判中掌握主动权，就应学会与各种性格的人打交道，善于针对对手的不同个性，采取不同的对策，这是心理学、行为科学和人际关系学在商业谈判中的综合运用，具有很高的艺术性。要在了解相关知识后，在实践中去观察、总结，在反复运用中，才能不断提高其应用能力。下面从常见的个性特征去剖析对应的处理方法：

1. 自大型

这种个性特征的对手，其心理具有一定盲目性，常因处于较顺利环境或被越级提拔，而形成"缺乏自知之明"的思维方式。自尊心很强，常表现出好摆架子，在态度上盛气凌人，有拒人于千里之外的势态，在谈判中常用某种权威式口气。对待这种对手，较有效的方式是采取有益而无损的让步，尊敬他，赞扬他某些判断和看法，可提供特别服务。但要不卑不亢，在实质问题上要坚持立场，不要过于让步，可通过特别途径接近他，满足他的自尊心，不奢望友谊。

2. 果断冲动型

这种类型的对手，其特点是，决定下得很快，不给对方讲话机会，常喜欢打断对方的谈话，以显示自己的能力，对对方的建议，常未听完就说"不！"其对待策略，一定要保持冷静而不激动，说话慢而声音放低，不正面针锋相对地刺激他，避免争论。有时也可采用多听少说，让他尽量说，在适当时用插话方式表明观点，如用赞扬方式纠正他的看法，让他感觉选择是由他决定的，其效果极好。

3. 挑剔苛刻型

这种类型的人，在谈判中常挑剔对方企业、商品和讲话，甚至对对方谈判人员的风格和习惯都要提出异议，总是要求对方让步，常提出不合理要求。其对待方法，首先要有耐性而不急躁，采用多问少说，询问他何以有这种看法，即使对他有意攻击的挑剔说法，也应采取不急躁的询问方式，问他为什么会有这种"意见"。必须澄清的问题，也只说事实，无须反驳，假的总是假的，会不攻自破。利用事实、证据支持你的陈述，不坚持重复自己的报价，只证明报价的合理性。对挑剔苛刻型的对手，往往由于有过多的苛求，会出现前后矛盾的问题。一旦发现，可运用他提出的问题去回答他的另一问题，常会收到较好的效果。

4. 敏感多疑型

这种类型的对手其特点是，在谈判中提问极多，甚至对无足轻重的问题，都会一问再问，明显表现出对一切都怀疑。这可能是对手有过经验或教训，再加上敏感的个性，对什么事情总往坏处想，对微不足道的小事，都会产生不良反应。其对待方法，应小心谨慎，讲话宜直截了当，但不宜使用幽默、诙谐语言，任何陈述、宣传、介绍都应以消除对方疑虑为中心进行耐心解释，尽可能运用实际资料、证据进行说明，并不时征求他的看法，处处表示重视他，可产生良好的效果。

5. 沉着稳重型

这种类型的对手，其特点是，不轻易表态，常在听别人讲话后，不表示"对"或"不对"。自己讲话慢而稳重，不夸夸其谈，任何意见都经过深思熟虑，所提建议也较有分量，多数是很老练而有经验的。这是很棘手的一类谈判对手，其对应策略，首先应以稳重对稳重，不要急于求成。尽可能鼓励、引导对方多讲，在实质性关键问题上，多运用询问征求意见方式，让他提出看法。为活跃谈判气氛，在无伤大雅的一些问题上，可采用幽默语言，引导双方开诚布公地交谈。在陈述、介绍时，不仅需要证据充分，而且还应坦率，不回避成交后对我方所带来的效益。因为即使你不说，这种对手他也能想到，所以坦诚更能让他体会到你的合作诚意，减弱他的戒备心理，有利于引导他亮出真实观点。总之，宜步步为营，稳扎稳打。

谈判对手的性格多种多样，远不止上述五种。近代心理学把人的性格归纳为十多种类型，其中某些性格类型的人，不宜承担谈判任务。比如暴躁型、胆怯型、内向型等。当然，一个人的性格，在一定环境条件下，在实践的磨炼中也可以改变。日本商界有一种讲法，"成功的关键是个性"。因此，要想成为一个优秀的谈判者，加强性格上的磨炼，极为重要。任何企业，在培养、选派代表本单位的谈判人员时，都是极为慎重的。切记不要轻视你的谈判对手，对方的性格特征，不可能一眼就观察出来。在谈判前应尽可能设法了解，在谈判的开始接触、摸底阶段，应仔细观察对方的言谈举止，通过体验与判断，去了解对方的性格特征，在谈判中利用其性格特征采取有针对性的应对策略。

第二节　处于不同地位的对应谈判策略

谈判地位，是指谈判当事人所代表企业的相对经济实力，对某次谈判，具体商务的需求程度等综合因素相互对比的一种权衡。从任何一方分析，总是处于下述三种情况之一：处于相对平等地位、被动地位或主动地位。处于不同地位，具体采用的谈判策略就应与之相适应，以取得较佳效果。下面分别予以讨论：

一、相对平等地位下的谈判策略

在前面分析谈判特点时，就提到"公正而不平等"，是谈判的重要特点之一，绝对平等在谈判中是不存在的，平等是相对的、大体的。商业谈判中，相对平等条件又包含多种内容，不仅指企业的经济实力、声誉及市场形象，更多地指对这次具体交易的需求迫切程度，即合作的内在驱动力。双方大体相当，其合作可能性很大，因此，这种地位条件下的主体策略，应以谋求合作和追求互利为前提。除上节所谈的常见策略，可根据具体情况应用外，还应注意把握下述策略：

（一）回避冲突策略

商业谈判是经济利益协调过程，合作与冲突并存。不同谈判，合作与冲突的对抗程度不同。在相对平等条件下，合作的可能性很大，应尽可能回避冲突，扩大合作面，是这种条件下争取谈判成功的重要策略。但是，冲突总是存在的，在谈判中，一旦把握不好，冲突会扩展，形成很强的对抗，甚至出现僵局。为缓冲矛盾，打破僵局，引导谈判向成功方向发展，商业谈判中常用一类回避冲突的策略。其通常做法是：

1. 休会策略

使谈判暂时中断一下，安排短时间休息，这是缓冲矛盾，转变气氛的一种有效策略，也是实践中常用来缓冲的一种基本方法。英国学者斯科特认为：在洽谈要出现僵局时、在洽谈的某一阶段接近尾声时、在疑窦难解之时、在谈判低潮出现时、在一方不满现状时，宜采用休会策略。这样有利于双方谈判人员恢复体力和调整对策，有利于双方冷静思考，客观地分析，从而推进谈判顺利进行。在运用休会策略时，应把握好提出的时机，安排好休会程序及复会步骤。

休会一般总是由一方首先提出，但提出方应把握住在对方有休息愿望时，并用征询式提出，词语应委婉，清楚明白地告诉休会需要和休会时间，并对休会期进行恰当安排。休会前应简要回顾前一阶段谈判的进展情况，并尽量避免提出新议题。

复会时应先用很短时间去协调双方的行动，将注意力集中起来，重申双方已取得一致意见的问题，分别作复会陈述，强调合作性及共同利益，为进一步洽谈铺平道路。

2. 坦诚策略

现代谈判理论认为，谈判是协调行为过程，是追求双方各自需求满足的结合点。不应完全从自我立场出发，采取一系列谋略，使对方完全按我方设计的轨道运行。采取开诚布公态度，坦率告诉对方自己的某些真实意图，这往往是减少矛盾，回避冲突，促使双方通力合作的良好对策。事实上，人们在实际生活中，都希望别人相信自己。如果心怀叵测，又怎能指望别人以诚相待呢？要想别人相信你，首先从自己做起。待人以诚，才有还你以义。自古经商就是诚信为本，商业谈判也不例外，坦诚相见，会促成真挚、友好的气氛，获得令人满意的进展。坦诚并不是不讲技巧，也不是完全不警惕对方的欺骗行为。过分"坦率"，有时是一种幼稚而愚蠢的行为。谈判中的坦诚策略，是指以达到"以心换心"为前提。

3. 弹性策略

借用弹性来描述策略，是指在谈判中遇事留有充分余地的对策。讲话不能讲得太满太死，要有灵活性。无论是陈述、介绍，还是报价还价，都要留有余地。否则会导致"顶牛"和引起不必要的对抗。比如，在商业谈判实践中，常采用的一种"假设条件模式"就是弹性策略的具体应用。这种模式一般用："假如我们……贵方是否可能……"，或这样讲："假如我方全部负责包装、运输和安装，贵方是否可能增加订货数量。"这样问可使对方感觉到有充分的商量余地。

4. 转移策略

这是指采用不要死盯在某一具体条款上的谈判对策。当谈判某一条款快要出现僵局时，转而谈判其他项目，特别是转移到双方容易统一的条款上，这对缓和气氛，回避冲突，具有一定的效果。

（二）主、次异位策略

在相对平等地位下，谈判中运用主、次异位的对策，就是把对方推到主导的、解决问题的地位上。这样不仅可产生良好的心理效应，使对方得到心理需求满足，感觉是主导者，是胜利者。同时，可把难点提出，请对方协助解决，有利于使谈判在较和谐的气氛中进行，争取对方采取积极的合作态度。其具体做法是：不断地、恰当地，而且是较委婉地提出具体问题，把对方推让到解决问题的主位上，请他们提出解决方案或具体解决办法。比如，"目前火车皮很难申请到，我厂（公司）与铁路部门从来联系较少，如果要满足贵方的交货日期，你们有什么好的办法呢？"再如："价格我方已作了最大限度地让步，我们企业给我的权限也只有这样多，你们认为我还应怎样做呢？"……

（三）情感策略

人是情感动物，谈判人员间应通过多种渠道接触和沟通，不断增进双方的了解和友谊，这对谈判是一种无形的推动力。从国内外商业谈判看，情感策略被广泛应用，其具体做法多种多样，不拘一格。常见的有：私下交往。即采用私人名义进行拜访或交往，一起进餐、一起游览或娱乐、一起闲聊，等等，在说说笑笑中，可轻松愉快地发展友谊，消除隔阂，为谈判创造出一种新的和谐气氛，促进谈判顺利进行。特别是各方谈判的首席代表间的这种私下交往，更会产生特殊效果。如能了解和注意对方的爱好，采用相应的私人交往方式，相互了解和增进友谊的速度就会更快。在谈判人员交往中相互赠送一些小礼品或纪念品，这也是增进双方友谊的手段。这种方式被西方学者称为"润滑策略"。但这又是一种敏感性策略和艺术，搞不好，有逆反效应。而且各地区、各民族风俗习惯有很大差异，在运用这种方式时应慎重，要特别注意各地区、各民族的风俗习惯与禁忌。

二、被动地位条件下的谈判策略

这是指明显处于不利地位下的谈判对策。在现代瞬息万变的市场环境下，竞争会愈来愈激烈，任何企业都不可能永远一帆风顺，有成功也会有失败。当一时处于极不利的条件下进行商业谈判，其主要对策应以尽可能减少损失为前提，去争取谈判成功。通常的具体策略有：

（一）韧性策略

所谓韧性策略，就是要充分提高对不利环境的适应性。这种适应性包括多方面：首先要有充分的心理准备，认识有利与不利是相对的、动态的、可转化的，才能应对自如而不失去信心，才会在对方提出苛刻要求，故意拖沓，甚至出现骄横而盛气凌人的态度面前，不失心理平衡，泰然处之。其次要提高谈判韧性，应在"忍"字上下工夫，忍耐是处于被动地位谈判的基本功。不意气用事，不以牙还牙，"事临头三思为好，怒上心百忍最高"，这是优秀谈判人员的素质体现。忍耐在谈判中可赢得同情和支持，可感动他人，可等待时机，可使对方最终无法应付。总之，只要会忍耐，运用恰当，往往会收到奇效。再次是应尽量采用多听少说对策，把对方从心理上推向"已经是胜利者"的地位，在具体条款方面，苛刻度就可能下降。这是有益而无损的让步策略，多在不利条件下采用。

（二）"先发制人"策略

这是处于被动地位条件下，采取抢先报价的对策。这种策略可回避对方一开始就报出很苛刻的条款，使谈判很快陷入僵局。抢先报价可起着限制谈判起点的作用，同时也可达到限制对方过高期望值的效果。

（三）迂回策略

这是在不利条件下，采取一类非正式谈判的沟通对策。其核心是情感导向，通过多种方式交往和沟通，增进友谊，使对方了解和体谅我方的暂时困难，从而促使谈判成功。其具体做法多种多样，应注意因事制宜、因人制宜。

三、主动地位条件下的谈判策略

这是指谈判明显对我方有利条件下的对策，其核心是争取尽可能多的利益需求满足。常见做法有：

（一）前紧后松策略

这实质是"弹性"策略在主动地位条件下的具体应用。"前紧"指在谈判前一阶段，提出的条件都较苛刻，而且坚持不作任何让步，使对方处于一种很难接受又怕谈判破裂的矛盾紧张心理状态。"后松"指在恰当时机，作较小让步，使对方在紧张后产生某种特殊轻松感，从而有利于达成满足我方需求的协议。如果是小组谈判，用一位谈判人员扮演"前紧"角色，当争持不下，气氛紧张之时，由另一位以和颜悦色，举止谦恭，"和事佬"的形象进行"后松"，其效果可能更好。但任何策略的有效性都是相对的，有局限的。不能过于苛刻，漫无边际，不能与通常的惯例和做法相去太远，否则，对方会认为我方太缺乏诚意，而使谈判破裂。"过犹不及"，谈判告吹，双方都会一事无成。有这样一个实例：美国一房地产主买下一片土地，准备修建一幢大楼。在这片土地上，还剩最后一户不肯迁走。这位住户利用对方急于动工，而自己房子还有两年才到期的有利条件，谈判中由对方开价 25 000 美元，争取到 125 000 美元成交。有人对住户说：假若你再多要 5 美元，恐怕起重机就要撞上住房了。"出乎意料"的一撞，你的房子成了危险建筑，就非拆不可，那时就得不到 125 000 美元了。因此，"松"要把握时机，不要成了"马后炮"。

（二）限定策略

在有利条件下，对方特别担心谈判破裂，一旦破裂对方损失最大。限定策略是针对这种心理状态所采取的一种对策。限定可是多方面的，应根据谈判的具体情况而定，通常可以限定谈判范围或谈判时间。在应用中，表述限定内容时，态度宜委婉、真诚，采用征询式更好，比如，"由于我们最近业务很多，请你们谅解，这次谈判最好安排在明日下午 4 时结束，以便能赶上班机返回？想来你们一定会支持。"又如，"为抓紧时间，这轮谈判我建议对成交价格进行磋商，如果能取得一致意见，其他问题就容易解决了。你们不会不同意吧？"……这样在对方心理上能产生一定压力，可避免对方采用拖延或迂回战术，造成一种对我方有利的谈判环境。

谈判策略与谈判技巧，是相辅相成的两个方面。谈判策略是从谈判集体角度，去研究实现谈判目标的具体对策；谈判技巧是从谈判人员个体角度，去探讨现代商业谈判人员应具备的技能。没有个体的熟练技能，就不可能出现谈判的群体优化，反过来，没有优化的对策，也不能充分发挥个体的技能。因此，谈判技巧与策略，都应以现代谈判理论为指导，以实践经验为基础，以应变能力，特别是以说服力为支柱，以广博知识，特别是心理学、行为科学知识为前提。美国政治家丹尼尔·韦伯斯特曾说："如果有人问我，在我个人的资质中，我最不愿失去的是什么，那么，我一定会说是'说服力'。在我看来，有了说服力，其余的力量或其他资质都会油然而生。"现代商业谈判中，高水平的谈判技巧与策略，是能做到"审时度势"、"攻心为上"，在广博知识基础上的应变力与说服力，把"不审时即宽严皆误"、"能攻心则反侧自消"作为行为警语。任何商业谈判的策略与技巧，都绝不是以"欺诈"为基础的。

小　结

泛讲策略是指人们处理某种事物的具体对策，或说具体手段和方法。商业谈判策略，是指谈判人员为取得预期经济利益而采取的具体方法或手段。学习本章应把握的要点：

1. 商业谈判策略不是探讨胁迫对手的"妙方"，而是从商业谈判实践中去归纳应把握的基本对策。

2. 商业谈判策略，是针对商业谈判这种具体事件出发的。由于商业谈判的种类繁多，谈判当事人所处的相对条件也是不断变化的。因此，策略不可能一成不变，必须因人、因事、因地去具体分析和研究。

3. 掌握商业谈判中常见的策略：

(1) 探测策略，或叫摸底策略。这是指采取一系列方法和手段了解对方真实意图和需求的对策。其目的是为了在谈判中作出有效地反应，使谈判顺利进行。常见的有：会前的非正式交往或交谈；通过其他方面进行了解；谈判初期尽可能多听、多问、少说；迂回询问、旁敲侧击、点滴积累，等等。

(2) 报价、还价策略。这是商业谈判中的主要行为与对策。报价、还价从概念讲，有广义与狭义之分。广义地讲，是指凡谈判一方向对方提出自己的所有要求都称为报价；凡谈判双方为自己争取利益所运用的各种手段都属于讨价还价。狭义地讲，是指针对商品成交价格所进行的报价、还价过程。常用的策略有：抢先报价策略；报价要有自信心；高价发盘策略；准确明白等。

(3) 说服、让步策略，这也是一种技巧。泛讲说服，是指设法使他人改变初衷，真心诚意地接受你的意见的过程。泛讲让步，是指降低自己原有期望值的过程。

商业谈判中说服对方时应注意的问题：注意情感导向；分析所提建议应全面真实；注意提出建议的顺序；注意建议内容的安排；注意对方的习惯。

商业谈判中让步时应注意的问题：让步应把握时机，不做无谓让步；注意让步幅度与节奏；尽可能运用有益无损的让步策略；要敢于否定。

(4) 打破僵局策略。僵局是指互不相让和妥协的僵持局面。常采用的策略有：暂时休会；组织游览、娱乐活动；转移或扩大话题；开非正式的座谈会进行沟通和引导，等等。

(5) 签订谈判协议时应注意的问题：准备要充分；协议主体一定要合格；协议条款要严密；协议内容必须符合国家法律和有关政策规定。

(6) 在商业谈判中应根据谈判对手的个性特征采取具体应对策略。

4. 充分认识商业谈判地位是指当事人所代表企业的相对经济实力、需求程度等综合相互对比的一种权衡。

5. 相对平等地位条件下的主要策略有：

（1）回避冲突策略。常有：休会、弹性、坦诚和转移等具体对策。

（2）主、次异位策略。这是一种将对方推向主导地位的策略，可使对方心理需求得到满足，从而取得良好心理效应的对策。

（3）情感策略。商业谈判、商务交往以及人际沟通中都具有较强的情感导向。恰如其分地运用情感手段，往往会取得良好效果。常运用的对策有：私人交往、馈赠小礼品或纪念品（这称为润滑策略）等。但在采用情感策略时，应注意各地区、各民族的风俗与禁忌。

6. 被动地位条件下的谈判策略。常用的有：韧性策略、"先发制人"策略和迂回策略。

7. 主动地位条件下的谈判策略。常用的有：前紧后松策略、限定策略等。但策略运用不要过分，更不要君临天下，要在语气、态度上与对手平等相待。

8. 应充分认识策略是具体对策。对具体事件所处环境进行分析研究极为重要，不要主观臆断，不要一厢情愿。要清醒地认识到任何商业谈判都是经济利益需求的结合，都是冲突与合作并存的辩证矛盾过程。

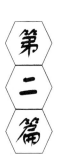

第二篇

商品推销

商品推销是商品销售活动的一部分。商品销售属于商品经济范畴，它随着商品生产的产生而产生。当商品经济发展到一定时期，商品销售活动面临着越来越激烈的市场竞争，这种发展的动态的市场环境，促使商品生产者和商品经营者从实践中去总结、研究、探索商品销售活动的方法、技巧、策略以及应遵循的客观规律。现代商品推销与激烈的市场竞争密切相连，在一定意义上讲，推销就是竞争。俗话说："商场如战场"，就是对激烈的市场竞争的形象化描述。

　　在现代市场经济条件下讲商品推销，是指适应环境的促销手段，重点在于研究推销的方法和技巧，具有很强的实用性和应用性。通俗地讲，商品推销就是研究生意经。我国古代经商格言："君子爱财，取之有道"，"道"就是指门道即方法和技巧。我国随着"以经济建设为中心"这一时代主旋律的确定，一个经济振兴的新浪潮，冲击和洗涤着人们旧的观念，社会主义市场经济的提出，从实践到理论，从意识到价值观出现了新的突破。那种"不与阿堵结缘，羞同商贾为伍"的旧文人价值观逐渐被人们抛弃。商品推销技巧再也不是"投机取巧""尔虞我诈"的代名词，而是涉及市场调查分析、信息搜集处理、消费心理、人际关系、行为科学等等多种知识的复杂学问。

　　从学科角度讲商品推销，它属于"市场营销学"的分支学科。本篇的研究对象不是宏观市场理论，而是着眼于企业及其商品经销的方法、技巧和策略，强调市场竞争条件下商品推销的具体实务，全篇以实用为主，并结合实例分析。

第五章 商品推销概述

第一节 商品推销的含义与作用

一、商品推销的含义

"推销"从字义上讲，"推"是动词，是指推动的意思，是一个运动过程，"销"是这个运动过程的目的。广义地讲，"销"包含着使对方采纳、承认、接受等意思；狭义地讲，"销"就是指商品销售、实现商品让渡。狭义角度的推销，是针对商品经营活动而言的，就是千方百计帮助买方认识商品和劳务，并激发买方的购买欲望，实现商品或劳务转移的一系列活动。深入剖析商品推销的含义，它包含着：

第一，商品推销具有明确的目的性，实现商品让渡；

第二，商品推销是一系列的活动过程，在这个过程中，既讲策略，又讲方法，还要注意技巧，人们在长期商务活动中，还总结出了一些经验和窍门；

第三，商品推销是在人与人之间进行的一种经济活动，总是处在一定的经济环境之中，并涉及买卖双方复杂的心理活动。

二、商品推销的作用

商品推销的作用可从微观和宏观两个角度去剖析：

（一）从微观角度谈商品推销的作用

从微观角度研究商品推销的作用，就是从企业的生存、发展去研究商品推销的作用。在现代商品经济条件下，任何企业都面对着瞬息万变的市场，如果生产或经营的商品卖不出去，其他一切都谈不上了。要使自己生产或经营的商品得到市场的承认，甚至畅销，必须从两个方面着眼：一方面是千方百计使自己生产或经营的商品从质量、品种、规格到外观形状去适应市场需求；另一方面就是善于抓住时机，积极主动地去推销商品。国外把推销誉为企业的"火车头"，其作用可想而知。近代国外还建立了使企业在市场竞争环境中处于良性循环的"吉姆三点公式"，即一个企业只要紧紧地把握住这样三条，选择具有市场竞争意识、具有组织经营能力和决策魄力的经理，建立一支掌握现代推销技巧的推销队伍，创立企业良好的形象与信誉，就可在激烈的市场竞争中立于不败之地。

随着商品经济的高度发展，现代推销与传统商品销售，从概念到内涵都发生了质的变化，传统商品销售是使商品靠向顾客，从而使顾客选择商品，带有明显的商品色彩，其观念是买卖实现就算大功告成。现代推销，是使顾客靠向商品，从而使顾客接受商品，不仅具有商品性，还具有市场性，其观念是不仅仅为了实现交易，还要激励顾客日益增长的需求。从这个角度讲，现代推销是更高层次的销售活动，需要花更多的力气，使用更难的技巧。

（二）从宏观角度谈商品推销的作用

商品推销不只是微观企业营销的局部问题，而是关系着整个宏观经济发展的大问题。商品经济越发展，社会经济生活越社会化、商品化。商品销售不仅是商品生产的目的，而且也是商品生产的动力，它对整个国家经济的发展以及对生产、流通、消费、积累等各个方面都显示着巨大作用。

商品推销是实现市场供求有效结合的决定性因素。市场不仅仅是商品交换的场所，而且是商品交换关系的总和。供求双方相互联系，又相互制约，既对立又统一，双方都客观上要求向对方转化，实现在一定时空上的结合。但供求双方的相互转化与结合又是有条件的，这个条件就是要通过一系列的商品推销活动，使商品转入消费领域。没有这种转化，如果商品大量停滞在生产或流通领域，商品形成无效供给，就会加剧市场供求总量与结构的失调，并造成对未来市场的严重威胁。

商品推销关系着开拓市场与启动市场。通过积极的商品推销活动，可变潜在需求为现实需求，变滞期消费为现期消费，对市场起着开拓和启动作用。从参与国际市场竞争看，搞好和扩展我国出口商品的推销，更具有迫切性和战略性。

搞好商品推销活动，从整体上讲，可加速商品流通，从而降低流通费用，提高整个社会的宏观经济效益，也为企业提供更多的积累。

搞好商品推销活动是加快社会再生产进程的重要手段。从静态分析，交换是社会再生产的中间环节，起着桥梁和纽带的作用。要充分发挥这种作用，必须借助各种推销活动，以加速社会再生产的进程，促进生产力的发展。

第二节　商品推销的分类

分类，是指将客观世界任何集合总体，根据一定标志（或一定特征）科学地、系统地逐次划分过程。其目的是使我们对某一客观事物有更清晰的认识。对商品推销活动进行分类，是为了更科学地去认识商品推销。当然，根据不同的研究角度，可选择不同的标志对它进行细分。从探讨商品推销技巧、方法和策略角度出发，可用下面两种方法进行划分：

一、从销售方式划分

（一）经销

经销指商品所有者将产品交批发商或零售商销售的一种方式。这是现代商品经济条件下很普遍的形式。其特点是：商品所有者与经销商之间是一种买卖关系，商品所有者不承担商品经营的风险，也无经营收益分配的权利。经销又可分为：

1. 独家经销

这是指商品所有者在一定区域将产品交一个中间商经营的销售方式。这种方式具有垄断经营特色，有利于建立稳定的购销关系和扩大某种商品的市场渗透力。

2. 多家经销

这是指在同一地区交给多家中间商经销的方式。其特点是有利于扩大市场销售空间，便于各中间商在供货条件相同情况下展开平等竞争。

（二）代销

这是指通过一定合同或协议委托其他商业企业代理销售业务的销售方式。其特点是委托方与代销方不是买卖关系，委托方必须承担销售资金的投入和销售风险，但享有支配销售收益的权利；代理方按合同或协议规定取得一定的手续费和佣金。近期也有采用委托方规定销售基价，超过基价的销售收益完全归代理方，这样更有利于调动代理方的推销积极性。

（三）联销

这是指两个或两个以上的经济实体，按互利原则，通过一定协议或合同联合投资经营商品销售业务的销售方式。其特点是风险共担，效益共享。联销的发展促进了企业群体、企业集团的出现。

（四）自销

这是指商品生产者直接销售自己产品的销售方式，因此，也称为直销。我国改革开放以来，工业生产企业广泛开展了自销活动。其特点是可减少流转环节，活跃市场，尤其对于批量小的新产品、试制品，通过自销可及时反馈市场信息，确定改进方向。但自销受着一定条件的制约，并非所有商品都可由生产者自销，是否采取自销，一定要根据投入产出的定量分析去权衡利弊。

另外，应充分认识直销是来源于自产自销，起源于第三产业——商业产生以前的初级产品交换形式。随着社会分工的发展，出现了专门从事商品流通活动的行业即商业。这是人类的进步。随着商品经济的发展，市场越来越扩展，不仅跨地区，也出现跨国家的国际市场，第一产业、第二产业对第三产业的依赖性就愈来愈高，自销产品从数量到规模都在不断缩小。但是，19世纪后期以来，科学技术飞速向前发展，生产力前进速度加快，产品数量、品种不断增多，市场竞争日益激烈。一方面由于某些巨型产品的出现，如飞机、轮船等，只宜采用直销形式；另一方面从20世纪后期起，市场竞争出现高强度、立体化和多样化趋势，企业投入广告宣传等费用比重不断增大，因此，直销活动又不断扩展起来。所谓直销是指直销企业招募直销员，由直销员在固定场所外直接向最终消费者推销产品的销售方式；所谓直销企业是指依照一定地区或国家的有关法律规定，经批准采取直销方式销售产品的企业。

21世纪以来，从世界范围考察，直销势头发展较快。以我国为例，2004年资料表明，直销营业额为350亿元左右，其中10家外资型企业为300亿元，内资企业不到50亿元。据有关专家预测中国直销市场增长率可望达到20%甚至更高。但是合法直销与非法传销怎样界定，很难用一句话去说明，一般可从直销企业是否具有合法性，直销人员是否符合规定性，其行为是否具有欺骗性，其手段是否具有非正常竞争性，其过程是否符合国家税法等多方面进行综合分析。在我国更应根据目前公布的，从2005年12月1日施行的第443号国务院令——《直销管理条例》（以下简称《条例》）去考察。《条例》明确规定直销企业应具备的四个条件：①投资者具有良好的商业信誉，在提出申请前连续5年没有重大违法经营记录；外国投资者还应有3年以上在中国境外从事直销活动经验。②实缴注册资本不低于人民币8000万元。③依照本条例规定在指定银行足额缴纳了保证金。④依照规定建立了信息报备和披露制。《条例》对直销员也作了明确规定：①直销企业及其分支机构可以招募直销员，其他任何单位和个人均不得招募直销员；②直销企业及其分支机构不得招募未满18周岁的人员、无民事行为能力或限制民事行为能力的人员、全日制在校学生、教师、医务人员、公务员、现役军人。直销企业的正式员工、境外人员及法律、行政法规规定不得从事兼职的人员为直销员。③直销企业及其分支机构招募直销员应当与其签订推销合同。未与直销企业或分支机构签订推销合同的人员，不得以任何方式从事直销活动。④直销企业应当对拟招募的直销员进行业务培训和考试。经考试合格的人员，由直销企业颁发直销员证后，方可从事直销活动。《条例》为了保障消费者和直销员的合法权益，借鉴了一些国家和地区的监管经验，确立了退货制度、信息披露制度和保证金制度。《条例》为防止直销变为多层次非法传销，专设了一章，明确工商行政管理部门实施日常监督管理可采取的手段和措施；对违反规定的各类违法行为设定了严格的法律责任。同时《条例》明确规定了直销企业与直销员的责任。总之，从事直销活动，无论是企业还是直销员，都应把握好法律准则，遵循《直销管理条例》的规定。

二、从商品推销的具体做法划分

（一）人员推销

这是指通过人员直接向顾客介绍宣传商品，以达到实现商品销售目的的推销方式，故又叫直接推销。它是最古老的办法，但又是现代销售中一种特别有效而普遍采用的方法。凡是从事推销工作的人，都称为"推销员"。这种推销的过程实质是推销员帮助、劝说、激发顾客购买商品或劳务的过程。其特点是最直接、最灵活、最具有针对性，特别是在争取顾客的爱好、信任和促成当面迅速成交方面，其效果特别显著。但采用这种方法，据国外统计，费用较高。1977年美国全国有推销人员540万，企业用于人员推销的总费用高达1000亿美元，而用于广告销售的费用仅为380亿美元。我国的实际情况还无具体统计数字来说明，但不会有美国那样大的差异。人员推销的另一特点是不易找到或培养出十分理想的推销人员，推销员是企业与顾客之间的纽带，其素质、个性、魅力和一切行为都代表着企业形象。国外从推销员角度谈推销，认为这是一门艺术。合格的推销员，必须具有"T"型知识结构并能掌握和运用丰富的语言艺术；豁达、善于社交，机智、大方并为对方着想；诚实而不呆板，聪明而不圆滑。

（二）广告推销

凡是通过广告媒体，如电视、广播、报刊、电话、信函、展览、橱窗陈列等宣传方式，宣传介绍商品以实现商品销售的方法，统称为广告推销，或叫非人员推销。"广告"一词，最初的含义是"广而告之，诱导注意"，来源于拉丁文。随着时代的推移和生产力的发展，广告含义几经演变，广告已是现代社会及其经济活动的组成部分，其中经济广告是为生产和商品交换服务的。

广告推销尽管不如人员推销那样直接而具有针对性，但对于广告在推销中的作用却不能低估。随着商品经济不断发展，商品交换的深度和广度也不断扩展，市场竞争日趋激烈，在复杂多变的市场环境下，广告的作用日渐明显。一方面，商品生产者与最终消费者很难直接见面；另一方面，随着生产的发展，商品品种、规格愈来愈多，新产品层出不穷，从世界角度统计，每年增加的新品种数以十万计，消费者面对着这样丰富多彩、琳琅满目的商品，往往不知怎样选购出最需要、最满意的东西，而广告推销的商品往往会成为顾客的首选。这就决定了广告对产销的作用越来越重要，已成为工商企业联系千千万万消费者的桥梁和纽带，是人们日常生活中的重要向导。广告通过各种媒体，以最有效、最迅速的方式传播各种商品信息，引导人们消费。从世界范围讲，没有不做广告的商人。现代商品生产者和商品经营者如果对广告宣传不给予应有的重视，肯定不能适应市场的发展需要。

在广告推销中，还应特别注意应用商标的作用。商标是指商品的特定标志，它使商品在市场上与其他企业生产或经营的同类商品有所区别。"商标"一词，来源于英、法、德、俄等国的文字，曾译为"贸易牌号"、"商牌"、"货牌"等。我国"商标"这一名词，最早出现于鸦片战争后清政府与各国签订的通商条约之中。商标的早期概念，只是为了纪念或表示产品的归属。随着商品经济的发展，现代商标已成为竞争工具，变成企业无形的财产，可以转让、买卖。商标变成了专利，受法律保护。在广告推销中突出商标，可产生以下作用：

第一，由于商标是企业或商品的简明标志，能使人们容易记忆，容易识别，可使广告宣传简明扼要、重点突出，从而给消费者留下深刻印象，便于他们日后实现购买行为。

第二，商标代表着商品质量和企业的信誉。消费者往往是认准商标去实现购买的，可以说商标是"无声的推销员"。如果经过企业努力，创造出了名牌，名牌商标更具有"名牌效应"，对消费者具有更大的吸引力，从而给企业带来巨大的经济效益。

第三，商标是专利，受法律保护，可防止别人假冒和仿制。这一方面对企业的利益起着保障作用，另一方面也能保护消费者利益，使他们买到货真价实的合格商品。

总之，在广告宣传中，突出商标宣传是做商业广告的一种技巧。没有商标的广告，不管你如何引人入胜，都很难给消费者留下深刻印象。因此，广告宣传中，突出商标就突出了重点，也有利于企业创建名牌，使广告推销起到事半功倍的作用，这也是世界广告战略的总趋势。

（三）服务推销

第三产业的迅速发展是世界性的趋势，特别是第二次世界大战以后，在生产力和科学技术革命的推动下，商品流通发生了根本性变革，人们生活也愈来愈社会化，对商业和服务业的认识不断更新，服务是商品，越来越深刻地被人们所理解。世界发达国家，第三产业占国民经济的比重已远远超过第一、二产业。从企业角度讲，"顾客第一，用户至上"已经不仅仅是一种观念上的口号，而是争取顾客、占领市场的一种手段，已成为现代企业行为的重要方面。服务推销就是企业通过各种服务去满足顾客需求的商品推销活动，服务方式愈来愈宽，当前已形成了独具一格的服务经济。

服务推销与人员推销都需要同时向买卖双方提供效益，服务推销在多数情况下也是通过人去实现的，但两者又有着严格区别。人员推销的动机和最终出发点是推销商品，把商品介绍给顾客，去实现当面成交；而服务推销严格地讲是推销信任，推销企业和商品的声誉，提高顾客的信任度和对企业的依赖度，从而达到开拓市场的目的。服务推销与人员推销又有着不可分割的联系，服务推销是人员推销的有效补充，它以有形或"无形"的推销行为，促进人员推销更进一步宣传商品。深入讨论服务推销，一般有下面几种类型：

1. 形象型

形象，这里是指企业形象，其好坏直接关系着企业的地位和在消费者心目中的信任程度，企业出售商品实际上是出售"形象"。塑造良好的企业形象是当今世界企业营销管理发展的总趋势。被誉为当代经营管理之神的日本企业家松下幸之助，在其经营决胜经验中就提出要把利益留给对方，使人家愿意与你打交道，这就是松下企业形象的通俗描述。企业形象是企业行为的综合体现，表面上看无法用价值去衡量，似乎也不存在面对面的竞争，但顾客或用户却带有明显的倾向性。只要塑造出良好完善的企业形象，经营的商品就会畅销大卖。

2. 新闻报道型

这是通过非卖方请求的新闻报道来激发顾客对商品、劳务或对企业的需求。这是由于企业生产或经营的商品质量好，服务优良，在广大顾客中建立了信誉。新闻舆论的自发报道，其效果公正、客观，影响面大，鼓动性强，有利于提高企业的知名度，使其生产或经营的商品更为畅销。当前很多企业十分重视新闻宣传，利用新闻传媒为企业的产品推销服务。

3. 技术服务型

从商品销售过程去划分服务，可分为售前、售中和售后服务，越来越多的企业都把销售服务作为推销手段。实践证明，企业要扩大销售量，提高市场占有率，主要靠售后服务。优质的售后服务，不仅可使顾客具有安全感，也能赢得顾客对企业的信赖，从而促使重复交易的出现。

服务推销在推销活动过程中具有承上启下的作用。要搞好这项工作，必须抓好服务推销的管理。一般地讲，服务推销管理应从市场调查研究、制定服务方针、选好服务工具三个方面着手。

（四）非常规推销

这是指在一定情况下，采取对顾客只具有某种特殊而暂时促进因素的推销方法。它不同于人员推销、广告推销和服务推销，不是企业经常采用的推销方式，而是一种不经常采用的方式。常见的形式有：展销、展览、赠送礼品、有奖销售、分期付款、成套供应、表演、示范、咨询、技术代培……这种推销形式多种多样。据国外资料估计，非常规推销的费用，一般要超过广告费。

非常规推销的实质是营业方式推广，也可简称为营业推广，它只是企业人员推销和广告推销这两大主要推销方式的补充。企业在采用这类推销方式时，要从实际出发，同时也要考虑本企业生产或经营商品的自然属性特点，不要一味仿效别人，要把握住市场环境，勇于创新。下面介绍一些实例以供参考：

1. 激发兴趣型营业推广

其具体做法常有：示范、对比、体验、表演、参观等具体方式。其目的是使顾客看到购买后的具体好处，既可唤起顾客的注意，又可激发顾客的兴趣。让顾客亲眼看到，甚至让其亲身体验到商品的优点，比如，为了引起顾客对空调机的购买兴趣，与其说一百遍安装空调机的好处，倒不如在盛夏季节，请顾客到一间没有空调和安有空调的房间去体验一下。采用这类方法要注意商品的完整性和完美性，也要把握好要点的处理。如电冰箱重点应展示其内部；皮毛商品不应仅仅展示其式样，还应充分表现其皮和毛的质感。对大型贸易推销活动，可建议买方去参观生产现场，以加深其对产品的印象。某些商品的推销还可采用当场表演示范，比如推销灭火器，可当场进行灭火示范。采用展示类推销方式时，要特别注意新颖、时尚的潮流，新颖才能更好地激发顾客的兴趣，但是在追求新颖和时尚时，千万不要故弄玄虚，否则会适得其反。

2. 进攻型营业推广

这是推销新产品时采用的一种推销方式。由于新产品人们对它很陌生，为尽快打开局面，占领市场，除采用常规人员推销和广告推销外，多采用一系列进攻型特殊推销手段。比如，北京某新型建筑材料总厂在推销我国首次生产的岩棉保温材料时，除用人员和广告推销外，还采用了印制精美的产品目录，向用户赠送样品，参加全国性展销展览会，组织施工小分队到电厂、炼油厂、化工厂作保温施工表演，代培保温施工技术人员，赠送产品做试验等进攻性手段，很快就打开了销售局面。采用进攻型营业推广，其目的是尽快促进顾客对产品的了解和激发顾客使用新产品的积极性。常采用的做法有：赠送样品、以新产品为主进行配套组合销售、让利推销、分期付款推销、赊销等。

3. 竞争、诱导型营业扩展

竞争是市场最本质的基本特征，随着商品经济的发展，市场竞争会越来越激烈，越来越扩展。从微观角度讲，每一种商品都有其市场寿命周期，步入导入期（或称投入期）以后，竞争对手会愈来愈多，竞争强度会愈来愈大。反过来讲，就是因为存在着市场竞争，才使商品推销具有意义，市场竞争是商品推销的内驱力。

商品推销活动总是在人与人之间进行的，人有情感，有思维，人的行为总有其内在的动机，人的购买行为也不例外，分析、探讨人的购买动机，是现代推销术的一个重要方面。竞争、诱导型营业扩展，正是基于对竞争的深刻认识，从长期商务活动中总结、探索出的一种推销方法，其实质应属于近代商品推销的策略。具体做法常有：优惠推销、高价推销、诱导推销和访销等。其中，优惠、高价推销的具体做法将在推销的战略与策略中详细讨论，下面对诱导推销和访销这两种既特殊又普遍的推销方法进行剖析：

（1）诱导推销。一般讲可从三个角度对顾客进行诱导，即从情感、兴趣、利益与机会这三方面诱导顾客出现冲动性购买行为。

情感诱导：因为人是有情感的，其购买行为又具有很大的弹性和可塑性，企业如果与顾客建立起真诚的情感沟通，就会出现情感导向，产生对企业的爱好。俗话说："情人眼里出西施"。当情感沟通后，即使企业的产品有某些不足，顾客也很容易谅解，同时会真诚地提出建议或反馈回不失真的市场信息，这往往会产生意想不到的效果。其具体做法如：为了联络广大顾客的感情，可向顾客赠送小巧新颖而价格不高的礼品，在礼品上刻上企业名称、电话、地址以及产品商标，在顾客心目中树立起良好的印象，达到睹物思主的效果；也可根据不同的节日、不同对象，赠送祝贺卡，加上文雅得体的祝贺词，其效果有时更为突出。日本商界的灵魂——三菱公司，提出顾客无论大小，进店买与不买，都必须真诚而热情地接送，这实际上也是一种情感诱导。

兴趣诱导：比如，采用时装试穿，家具试用，赠送产品照片，编制包括产品性能、特点、工艺、价格、使用注意事项以及与其他相同产品对比图表的产品目录、保险、质量追踪反馈卡等等，都能激发顾客对产品的兴趣。

利益与机会诱导：如采用抽奖销售等方式就属于这类诱导。

（2）访销。这是一种独特的推销活动，它又被称为上门推销、跑街，是一种非定点式的流动推销方式。它的特点是通过流动串访、社交活动去实现商品交换。这是现代商品经济条件下行之有效的推销方法。在商业发达的国家和地区，访销已成为销售商品的主要方法之一，同时也是市场竞争的一种手段。比如，美国的刷子大王富勒（A. C. Fuller），他拥有7300名推销员，每年叩开了2000万家大门，年营业额达到5300万美元。采用访销，推销员必须与形形色色的顾客接触，最困难的莫过于怎样去接近顾客，使顾客接纳你的访销。对推销员来讲，顾客对你的第一印象是十分重要的，在短短的几秒钟内，是否成功，就要看访销者怎样运用自己的才能和魅力去影响顾客，使其不遭拒绝。美国推销专家认为，要推销商品，首先要推销自己。现代推销员成功的关键在于自己，在于如何创造自己的魅力。

第三节　商品推销的内容

现代商品推销内容是复杂的，它包括多方面，不仅仅是一个实现商品交换的买卖活动过程，是包括从推销观念、推销理论、推销战略与策略、推销步骤等的一个复杂的能动过程。这里只从下面两个角度加以讨论：

一、树立社会主义市场经济条件下的销售观念

观念属于思想意识范畴，来源于实践，是人们对客观世界认识的主观反映，一种观念形成后又反作用于实践，在一定时期产生着较大的影响。销售观念是一定时期销售活动的指导思想，随着社会经济的变化和文化的演进，销售观念也在不断变化和更新。

（一）从资本主义条件下商品经济发展剖析销售观念的演变

资本主义初期，由于经济和技术都相对落后，社会总产品供不应求，企业生产的产品比较单一，市场需求及消费者不是市场的主宰，市场需求是被动而相对静态的，生产企业是靠"生产什么，就销售什么"的观念来经营，而商业资本处于原始积累，大量进行着投机、欺诈经营。这时的销售观念是投机积累。

随着生产力的发展，特别是第一次世界大战结束后，某些产品出现严重的过剩现象，资本主义矛盾不断深化，1929年起爆发了世界性的资本主义经济危机，愈来愈多的商品供过于求，市场上销售商品的竞争十分激烈，在这种情况下，销售观念也发生了变化。由于买卖双方在市场上的地位发生了逆转，卖方不一定能自动吸引买方，促使各企业开始注意推销商品。20世纪30年代起，推销已成为

企业销售活动与经营活动的主导，在这种推销观念下，企业开始重视各种推销手段和不断改进推销技巧。企业的销售观念已转化为推销观念。不过，这段时期的推销观念仍建立在"生产什么，就销售什么"的基础之上。

第二次世界大战以后，特别是 20 世纪 50 年代以来，一方面世界性的科技革命迅猛发展，各国生产力得到高速发展，从而使商品品种、数量急剧增加；另一方面消费水平、消费结构也出现了变化，消费的多变性、多样化、个性化愈来愈明显，同时消费者素质也不断提高，消费者运动进一步开展，消费者在市场上的地位更加提高，消费者手中的"货币选票"已成为企业生存发展的关键。愈来愈多的企业提出了"顾客是上帝"、"顾客是贵宾"、"顾客是顾主"，日本的企业还提出"顾客是企业的衣食父母"……在这种形势下，原来的推销观念就逐步转变为以消费为导向的推销观念。这一观念的核心是"顾客需要什么，就卖什么"，"消费者需要什么，就生产什么"。实质上这就从"以产定销"转变为"以销定产"的观念。这种以消费者需求为导向的观念，其特点是：以消费者需求为中心并作为销售导向，综合地、全面地去整合销售活动，通过满足消费需求去取得利润。这时，销售观念就从推销观念发展为市场营销观。市场营销的概念虽然产生于 20 世纪初，但真正转化为企业的适用方略，却是 20 世纪 60 年代以后，由市场营销专家丁·麦卡锡教授从企业应用角度提出了营销组合的新思维，他提出营销组合由产品、价格、渠道和促销四个基本因素构成。发展到了 20 世纪 90 年代，市场营销又出现了质的飞跃，由北卡莱罗纳大学教授劳德朋提出了"整合营销"的观念。他提出了"四忘掉"：忘掉产品，考虑消费者需要和欲求；忘掉定价，考虑消费者为满足其需求愿意付出多少；忘掉渠道，考虑让消费者方便；忘掉促销，考虑如何同消费者双向沟通。这种"四忘掉"的整合营销观念，将原来市场营销的"消费者请注意"的着眼点转化为"请注意消费者"。这是一种当今企业经营出发点的根本变化。

20 世纪 70 年代以后，由于科学技术更加迅速的发展，专业化和社会化水平空前的提高，从而使企业与外界环境相互依存、相互制约的关系日益密切。片面强调满足消费者需求，而忽视企业本身的资源和能力，其结果往往会适得其反，在与同行的销售竞争中并不能取得满意效果，反而不能真正满足消费需求。在这种情况下，一些专家经过认真研究，提出了企业的销售活动，应把面向消费者与面向生产者两者结合起来的"生态学销售观念"。这种观念的核心是，认为企业销售活动如同生物有机体的运动一样，必须与其生存环境动态地相适应。这种相互依存、相互制约的关系，决定了企业要以有限的资源去满足消费者的无限需求，就需要寻求一种企业经营条件与外部环境的最佳适应状态。这种观念的出现并不是否定以消费需求为导向，而是对它的发展、完善和补充。

20 世纪 80 年代以来，各主要资本主义国家相继进入经济发展的低速时期，消费结构出现了很大变化，无形商品支出比重增加，社会福利消费比重上升。经济发展对自然生态环境的影响逐步增大，由于商品更新换代周期缩短，出现大量的物资浪费与环境污染。同时，世界范围的各种消费者组织的建立以及维护消费者利益运动的广泛开展，促使人们愈来愈注意企业经营活动与整个社会发展的关系。强调企业经营活动的社会价值与社会贡献，当今就出现了另一种新的销售观念——社会销售观念。这种观念的核心思想是：企业不仅要从商品和劳务方面去满足消费者的需求，还要符合消费者和社会的长期利益，以保持社会长期的稳定发展。这一观念特别强调企业经营应关心社会福利。

20世纪80年代以来，世界范围内新的经营管理变革，在企业界提出建立"企业文化"或"企业精神"，由传统的重物观念转变为重视人。一切经营活动中，人是现代企业中最关键、最活跃的因素。若没有优秀的企业文化，人的积极性就不能充分地发挥出来。美国著名管理大师彼得·德鲁克说："管理不仅是一门学问，而且还应是一种'文化'，它有自己的价值观、信仰、工具和语言。"他还认为现代企业，最有效的并不是高利润指标、严格的规章制度、高智力的组织结构、定量化的数学模式，也不是计算机或任何一种先进工具，而是"企业文化"或"企业精神"。美国企业界普遍这样认为：20世纪70年代的主题是经营战略，80年代的主题则转向企业文化。当今在世界经营管理中流行着三句名言："人的知识不如人的智力"，"人的智力不如人的素质"，"人的素质不如人的觉悟"。因此，20世纪80年代以来，从市场竞争观念讲商品推销，已发展成立体化、全方位的竞争，推销中竞争的不仅是商品质量、价格，更是企业形象和人才的竞争。近年来随着这种"企业文化热"的兴起，西方发达国家一些企业对"社会销售观念"进行了更新和完善，提出了建立体现"企业意识"和"消费者意识"相统一的企业文化，这种销售文化观念认为：企业的经营销售活动，应跳出企业的狭小圈子，发展为一种"超经营"的社会过程。这种趋势，在我国企业界中已有所发现，国内一些企业对西方企业的一些先进的做法也在借鉴。

（二）树立社会主义市场经济的销售观念

商品经济从一定角度讲，就是市场经济。反过来讲，市场经济属于商品经济的范畴，它随着商品生产的产生而产生，发展而发展。泛讲市场经济有其共性，它的调节机制都是市场调节，调节的手段主要采用价值形式、货币形式，这些手段以市场为中介，通过市场的价格机制、供求机制、竞争机制和风险机制等发挥着调节作用。市场调节促使商品流通数量和结构与需求数量和结构趋于平衡。但市场调节又具有二重性，既具有实现某种暂时的平衡作用，又具有导向新的供求不平衡的力量，所以市场经济总是存在着宏观失控的可能性。其根本原因是，微观经济实体的市场行为，是以自身的经济利益为导向，这与宏观利益就可能产生不一致。市场经济总是存在着微观之间以及微观与宏观之间的利益摩擦和对抗，这是市场经济的本质矛盾，社会主义条件下的市场经济也不例外。我国的市场经济，必须遵循其运动的客观规律；同时又要把握社会主义条件下市场经济的特点，去建立符合我国改革开放和我国特色的商品销售观念。

1. 整体效益观念

这是指从国家、社会角度去考虑商品销售。社会主义市场经济的确立，一场旨在摆脱贫困，全面振兴经济的时代开始了，但传统观念、潜在的产品经济意识确实有着较大的影响。如果一味的着眼于企业的微观利益，而忽视社会主义企业的最根本目标，只强调什么"商场如战场"、"商场无父子"等极端对抗的竞争，在追求局部利益的短期行为冲动下，不惜采用什么"黑手段"、"灰手段"，其结果必然导致宏观失控，最终冲击着整个社会的稳定而妨碍社会主义整体目标的实现。建立整体效益的销售观念，就是企业必须严格地遵守和维护整体效益，维护消费者利益和讲究商业道德。这种观念不是否定企业利益，而是尽可能地使企业效益与整体效益相协调。

2. 市场观念

市场是商品经济的范畴，狭义地讲市场是商品交换的场所，从现代商品流通理论角度讲市场是交换关系的总和。市场活动的中心内容是商品买卖，现代市场活动的内容尽管广而复杂，但都是围绕商品的买和卖展开的。市场的本质特征是具有竞争性、垄断性、平等性、自发性和开放性，其中最基本的是竞争性。随着我国社会主义市场经济的确立，改革开放的向前推进，我国市场会不断发育，不断完善，市场机制对企业商品销售的调节和制约作用将逐步变为主导力量。树立市场观念，就是要树立以市场为导向的观念，具体地讲就是要认识、研究市场，从而去适应和满足市场。

从企业商品推销角度讲市场观念，就应首先根据企业特点去确定目标市场，使企业的销售构成与市场需求构成动态地相适应，去适应市场多样性、多变性的要求，不断地提高企业的市场应变能力。在推销中既要满足现实市场的需求，又要善于发掘潜在的市场需求，不断开拓新的市场，才能使企业在现代市场环境条件下兴旺发达。当今企业界流行的语言是：商品推销必须走一步、看两步、想三步。这是对市场观念通俗而形象化的描述。

市场观念的另一重要内容是，必须树立强烈的市场竞争意识。竞争，实际上是客观事物运动发展的普遍现象。优胜劣汰、新陈代谢是不以人们意志为转移的客观规律，也不是经济活动中所特有的。属于经济领域的市场竞争，只是更具有利益导向性和利益对抗性，经济领域的竞争不是欺诈的代名词，它具有强烈的促进作用，市场竞争将促使市场体系不断完善，市场规模不断扩大，竞争对我国经济建设的积极作用会越来越明显。市场竞争的作用当然也具有二重性，树立商品推销的竞争观念，就是要认识市场竞争，敢于参与市场竞争，善于市场竞争，推销中要研究竞争策略与技巧，不断增强企业的竞争能力。当今企业界从市场竞争的实践中总结出了很多经验，其中较具代表性的是提高企业竞争能力的"五字诀"，即："新"、"优"、"廉"、"信"、"诚"。具体意义是：品种以新制胜是竞争力的前提;质量以优制胜是竞争力的核心;价格以廉制胜是竞争力的关键;经营以信制胜是竞争力的保证;服务以诚制胜是竞争力的灵魂。另一种更通俗的描述是:"物美引来天下客,价廉惹得众人爱。"

总之,市场竞争是商品推销的内在动力,也是本书研究的重要方面。

3. 时效、信息观念

时效是时间与效率的概念。从商品推销角度讲时效,是指重视商品销售的时间价值,重视购入与售出的转换速度。所谓商品推销时效观念,是力求以尽可能少的本钱做尽可能多的生意,提高单位时间的资金周转和商品流转速度。要达到这样的目的,在商品推销活动中,就要善于抓住时机,投其时机或简称投机。投机从经商角度讲并不是错误行动,而正是经营水平和技巧的体现。我国古代经商中所说的"冬至年画到,夏至卖镰刀",就简单通俗地说明了经商时机的重要性。现代观念更是:"时间就是金钱,效率就是生命。""商时"如同"战时","商时"如同"农时",分秒必争,季节分明。日本的首席推销员,被誉为"推销之神"的井户口健二这样讲:"成绩不佳或者甚至效果极差的推销员,一个共同的缺点就在于他们对时间采取等闲视之不急不慢的散漫态度"。因此,一个现代企业要想在瞬息万变的市场环境中生存和发展,就必须从领导者到每一个推销人员都建立起时效观念,研究和把握最佳商机。这种对商机的掌握,不是一句空话,也不是凭企业的主观愿望能够实现的,必须以准确及时的信息作为销售决策的基础,盲目的快不是真快,必须有的放矢。因而,近代把"时间是金钱"发展为"信息是金钱"。"信息"尽管其深层含义还众说纷纭,但较为统一的认识是:信息是一种客观存在,它不是事物的本身,而是事物在运动过程中所发出的消息、情报、指令、数据和信号等所包含的内容。市场信息是反映市场运动状态的表征,它通过各种媒体而传播着,一个企业要想及时而准确地掌握有关市场信息,不仅要善于搜集,还要有相应的"解码"能力。从世界范围看,所有较大型的企业,都有其独立的信息系统,推销人员实际上也是企业的信息搜集和反馈人员。从一定角度讲,当今企业的市场竞争就是信息竞争,谁抓得快、抓得准,谁就是胜利者。

4. 质量观念

这是指企业整个销售活动必须从"质量第一"出发的观念。"酒好不怕巷子深"是我国古代经商名言,它深刻地描述了质量在经商中的重要意义。现代商品质量概念从有形和无形两个方面在扩展,商品质量不仅包括商品实体的基本功能和外观装潢,同时也包括无形的服务方式。在消费者心目中,对某些商品的质量追求,往往无形重于有形。通俗地讲,现代质量观念是"酒好还要巷子浅"。当今企业在整个销售活动中,应是高质量的商品、高质量的服务、高质量的经营管理相统一的系统运动。"以质量求生存、求发展"已成为世界范围内企业的一种普遍追求。没有质量就没有效益,也会失去市场竞争能力。

5. 经济效益观念

经济效益是一切企业经营管理的出发点和归宿点。商品销售活动是企业向外的经济输出，只有及时得到补偿并有盈余，企业才能生存和发展。因此，企业的销售活动必须进行经济核算并追求经济盈利，以尽可能少的消耗去争取尽可能多的经济效益。社会主义条件下的企业，不仅要追求企业的微观效益，也要认真考虑社会效益。

6. 人才观念

现代销售要素中最重要的是人才要素。商品推销是企业的"火车头"，商品推销人员是企业的"哨兵"。从世界范围看，当今企业都非常重视选拔推销人才，都致力于建立既能适应市场经济发展变化，而又具有推销头脑和技巧的推销队伍，企业的成败在相当程度上取决于这支队伍的水平和能力。

7. 企业形象文化观念

形象是指"企业形象"，它是企业一系列经济行为的客观综合反映。从世界角度考察，不少人认为，21世纪的市场竞争将是"企业形象"的竞争。企业形象是由多种因素所构成，但其基础与核心是企业文化或企业精神。企业文化是指企业在一定环境条件下，在经营管理实践中形成的并为绝大多数企业员工所认同而遵循的独特的企业价值观体系。树立良好的企业形象已是当今企业家们的战略思维。只有树立起独特的、个性化的企业形象，才能深深地吸引住目标顾客，才能在具体市场体系中旗帜鲜明，才能在越来越激烈的市场竞争中立于不败之地。由于英语用"Corporate Identify System"来表述这种企业战略思维，直译为"企业识别系统"，故企业形象战略又称为CIS战略，或CIS工程，简称CI战略。当今如何塑造企业形象，已不是一时的权宜行为，而是企业的战略系统工程。同时，应运而生地出现了为企业进行CI策划的专业机构。企业形象塑造一般包括三个方面的内容：理念识别、行为识别和视觉识别。理念识别是基础、是根据，它体现着企业个性化的精神与文化，是企业上下一致为之奋斗的基本信念。行为识别是企业理念的动态反映。视觉识别是企业理念的静态反映。

21世纪是企业形象竞争的世纪。怎样塑造独特的、个性化的企业形象，不是权宜之计，时髦行为，更不是必须去完成的"特殊任务"，而是社会发展对当今企业的客观要求，是整个企业经营战略的系统工程，短期内很难看出成效。但据美国的一份研究报告说，"在CIS中，每投入1美元，可产出227美元"，其回报率之高是任何投入都达不到的。"企业形象"已成为现代企业人、财、物、信息等资源以外的另一重要资源。

怎样进行CI策划，不仅是企业的重要问题也是难题。可以类比、可以借鉴，但不能生搬硬套，不能忽略本企业所处的具体环境和具体条例；一定要将理念、行为、视觉三个部分统一地全面考虑，本企业从员工到决策者树立起共识的理念是企业形象的核心，行为、视觉是理念的外延，那种只重视"VI"策划，即视觉策划，过高的甚至超过企业经济实力的广告投入，都是对 CI 策划不得要领的偏颇行为。突出企业个性，标新立异、与众不同是 CI 策划的基本点，否则 CIS 战略就失去了实际意义。事实上世界任何事物都有其特定形象，一个企业当然也是如此，只有公众理解、意识到你企业的与众不同，才会在公众中产生强烈而深刻的印象，从企业内部讲，也只有这种鲜明的形象，才能产生强大的内聚力和激励力。从世界角度看，成功的企业都有自己特定的个性化形象。正如我国著名"公关少帅"余明阳博士讲的："一个企业没有个性，就会被人遗忘。不要考虑去当'大众情人'。"

企业在推行 CIS 建设时，还应注意具体地区的整体文化影响。因为 CIS 工程的核心是理念，理念是企业文化的集中体现，企业文化又受着一定地区或国家整体文化的影响。泛讲文化，属于上层建筑，是指人类在社会发展中所创造的物质财富和精神财富的总和，是根植于一定的物质、社会、历史传统基础上形成的特定价值观念、信仰、思维方式、宗教、习俗的综合体。作为一种观念，"文化"似乎看不见、摸不着，但人们的确能感觉到它的深刻影响。文化随着时代、国家、地区的不同，有着极大的差异性。由于文化是影响人们欲望和行为的基本因素，因此一个企业在塑造自身企业文化时，就不能不考虑企业所处的国家、地区的整体文化影响力。譬如美国企业在进行 CI 策划时，就应考虑美国具体文化特点。由于美国是一个移民国家，各民族带去的文化都以个体方式入境，人们之间很少有血缘关系，故很难形成统一的文化体系，同时，美国没有经过封建社会而直接进入资本主义社会，个人奋斗的功利观念深入人心，这种"个人价值意识"成为美国文化的核心背景。而我国是具有悠久历史的文明古国，经历了人类历史发展的各个阶段，享有"礼仪之邦"的美称，很早就有《周礼》、《礼记》、《仪礼》等著作，孔子把"礼"视为治国安邦平天下的基础；荀子更把"礼"作为人生哲学的核心，提出："人无礼则不生，事无礼则不成，国无礼则不宁。"我国历史上成大业者，都是讲礼的楷模，"张良三拾履"，刘备、唐太宗的礼贤下士。凡有成就者，都很注意以理服人，而非以力服人。由于我国人际关系中有很深的血缘和根深蒂固的各种关系，相互依赖性很强，因此创新性和个人奋斗精神不足。而日本则由于特定的历史环境形成了较强的吃苦精神和团队精神，由于其企业多数是以家族形式发展起来的，从而形成较强的排外情绪。总之，在企业形象的塑造过程中，一定要考虑企业所处地区、国家的整体文化影响力，既要个性化又要符合整体文化的规范，才能事半功倍，行之有效。

二、商品推销的具体内容

商品推销的具体内容也是极其复杂的，一般地讲应包括下面几方面：

（一）市场调查、分析和预测

进行准确而及时的市场调查与分析，然后根据分析的结果或数据进行科学的销售预测，是搞好现代商品推销的重要基础。因为，正确的决策来源于正确的判断，正确的判断来源于真实可靠的信息，真实可靠的信息来源于周密细致的调查分析和科学预测。下面分两方面来讨论：

1. 市场调查与分析

市场交易活动中，既有商品生产者出卖商品的活动，又有各层次消费者的购买活动，还有大量从事商品交换的经营者既买又卖的活动。市场同各种经济成分、各个经济部门，同一切经济活动都发生最直接、最密切的关系。社会经济生活的一切变化和发展中的各种矛盾，都会在市场上得到充分反映和综合体现。从一个企业的推销角度讲市场调查，必须有强烈的针对性和目的性，即指搜集与本企业经营活动密切相关的情报、消息和资料。调查范围一般包括：对消费者购买水平、需求结构及变化趋势的调查，对地区、民族习惯的调查；对竞争对手的动态进行调查；对市场现实需求与潜在需求进行调查；对宏观因素（政府政策变动、法律改变等）和偶然因素进行调查。调查的一般做法有：询问法、观察法和试验法等。

分析，是指对搜集的情报、消息、资料进行综合研究。市场信息在各种媒体中传播，其失真度很大。在愈来愈激烈的市场竞争中，企业间，特别是竞争对手间具有很强的封锁性，国外一些大型企业，为了搜集竞争对手的情报，不惜采取非法的"商业间谍"活动。如美国高科技重镇硅谷（指旧金山与圣荷西间一块长约 50 千米、宽约 16 千米之地），为防止这种"间谍"活动，采取了很严格的保密措施，其中仅英特尔公司，就有 100 个警卫，不准任何员工将体积微小的硅晶片带出。硅谷中有些公司为了防止机密外泄，在研究开发产品时，一次发展多组产品，皆密封起来，上市时才开封表明要用哪种，以防内部和外部的"间谍"。因此，要了解竞争对手动态，不能采取非法手段，只能通过对方的一系列经济活动在市场上反映出的动态去分析研究，这当然涉及一个企业是否具有很高的"解码"能力。分析的具体任务有两方面：一方面是将通过市场调查获得的情报、消息、资料进行整理、分类并进行去粗取精、去伪存真的"净化"，提高其纯度；另一方面是进行由此及彼、由表及里的综合分析，去"合成"出本企业真正需要的有关信息。

2. 市场预测

预测就是对未来进行估计和推测。具体讲，是根据已知事件去推测未知事件，根据已发生的事件去推测尚未发生的事件，根据过去和现在去推测未来。因此，预测的对象是未来的事件或事件的未来情况。其特点是对不确定性的判断，如果是确定性的事件或情况，就没有预测的必要了。

市场预测是根据市场调查和分析后的资料对未来市场发展动态进行推断，是为决策服务的。随着科学技术的发展，预测方法迅速增多，据不完全统计，应用于各种预测的具体方法已有数百种，虽然方法多种多样，但归结起来大体可分为经验判断法、时间序列分析法、因果分析法三类。

（1）经验判断法。这类方法多用于缺乏充分实际资料和掌握客观数据较少情况下的中长期预测，或者预测事件的多数有关因素无法量化，也常采取这类预测方法。这类方法虽然也要尽量利用已有的历史数据和直观材料来对客观实际进行具体分析，但主要还是靠预测者的经验和综合分析能力，用经验和分析估计的办法来进行，故称为经验判断法。由于市场是一个复杂的经济系统，涉及的相关因素极多，各因素间不仅找不出确定的函数关系，就是寻求相关（或说因果关系）分析也有困难，何况在对市场分析中不可能完全采用自然科学建立定量模式的方法，绝对地限定次要因素。因此，人们普遍认为在市场预测中采用经验判断法更具有实际意义。从世界范围看这类方法发展得愈来愈科学化和愈来愈集思广益。在多种定性预测中，"专家意见法"与"主观概率法"更具有适用性。下面分别予以讨论：

"专家意见法"是企业将市场调查分析的资料，交企业内外的有关专家进行综合分析研究，去获得预测值的一类方法。国外在销售预测中，常采用这类方法，能得到较满意的结果，其主要原因是国外销售方面的专家，多数都具有很丰富的推销实际经验，他们往往都从事过较长时间的推销工作。如美国的著名推销专家 J. 道格拉斯·爱德华、汤姆·霍普金斯，日本的"推销之神"井户口健二，都是从推销员做起的。

专家意见法的具体做法又有多种，目前我国企业界采用的"企业诊断"，就属于这种方法。常见的做法是："专家会议法"和"专家意见循环法"。会议法由于所请专家在一起开会研究，可以集思广益，但最大的弱点是对充分调动每位专家的主观能动性有限制，其原因是各专家的知名度，或者说"权威性"有差异，这种差异性形成一种潜在的影响力，往往使知名度较小的专家采取附和态度。鉴于这种情况，美国兰德公司在 20 世纪 40 年代末期，创造了一种能充分调动专家积极性的方法，由于这种方法的核心是采用企业分别向各专家征求意见，各专家意见采用不留名的方式书面寄回企业，企业综合各专家意见后提出第二轮方案，再经专家们分析一次，经若干次循环后，可获得企业满意的预测结果。这种做法的程序如图 5-1 所示：

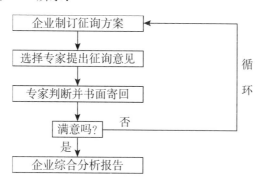

图 5-1　专家循环意见法程序图

兰德公司创立的这种方法，具有很突出的优点：①匿名性。这样可使被征询者不迷信权威，不需为面子而持保留意见，可使心理因素对预测结论的影响降到最低程度。②反馈性。通过反复征询，搜集反馈情况，能集思广益，最大限度地了解专家的真知灼见，有助于提高预测的全面性和可靠性。③意见收敛性。经过反复征询，可了解专家们对同一问题看法的趋向性，从而有利于作出结论。因此，这种方法在 20 世纪 50 年代以后被各国广泛应用。由于这种做法具有良好的预测效果，定名为德尔菲法（Delphi）。德尔菲是古希腊阿波罗神殿的所在地，阿波罗能未卜先知，称为德尔菲神论。以此命名是表示其预测的效果。

"主观概率法"是指人们对某一件事在未来会出现哪些结果，每一种结果可能出现的机会有多大，凭经验作出某种估计的方法。比如，某企业对下一年某种商品销售量的判断，一般地讲，可能出现：销售好、销售较好、销售一般、销售较差、销售很差五种结果。每一种结果出现的机会有多大呢？如果是凭经验去估计各结果出现的机会，就称为主观概率。如果是通过无限多次重复试验而获得的各种结果在未来出现的机会，这称为客观概率。但是在市场预测中，不可能进行重复试验，只能采用凭经验估计的主观概率。但主观概率也必须符合概率的一般原理，即每一个结果的概率都是在 0~1 之间的数据；每个结果概率之和等于 1。用数学表达式为：

$$0 \leqslant P_i \leqslant 1$$

$$\sum_{i=1}^{n} P_i = 1$$

上式中，P_i 表示某一结果可能出现的概率；i（1，2，…，n）表示可能出现的结果。

下面举例说明其应用：

某企业经营的某一种商品有甲、乙、丙三个推销员（或营业员），请其凭以往推销这种商品的经验，按好、一般、差三种结果，根据主观概率法对这种商品明年的销售量作出估计。将各推销员估计资料归纳如表 5-1 所示：

表 5-1

推销员		估计销售额（万元）	主观概率	期望值 =Σ（销售额×概率）
甲	好	20	0.3	14.6
	一般	14	0.5	
	差	8	0.2	
乙	好	18	0.2	15.2
	一般	16	0.6	
	差	10	0.2	
丙	好	21	0.3	18
	一般	18	0.4	
	差	15	0.3	

由于每个推销员的实际经验有差异，因此估计的可信程度也就不同。现假定甲的经验最丰富，乙次之，丙最差，为使预测值更准确，故赋予相应的权数：甲为3，乙为2，丙为1，则三位推销员预测的加权平均销售额为：

$$平均销售额 = 14.6 \times \frac{3}{6} + 15.2 \times \frac{2}{6} + 18 \times \frac{1}{6}$$

$$= 15.37（万元）$$

在采用主观概率法时，对同一事件在同一条件下，不同的人可能提出不同的概率值，其是否正确又无法核对，在预测中，应调查较多的人的主观判断，并了解他们提出主观概率的依据。使用中常推广为集合意见法进行预测，将企业经理、职能部门和各推销员（或营业员）的主观概率估计判断综合起来判断出预测值。

（2）时间序列分析法。这是通过对过去一段时间的观测或记录到的一组按时间顺序排列起来的一类方法。过去和未来无疑是有联系的，这种联系便是时间序列分析法的客观基础。这种方法又叫趋势外推法，其实质是假定过去的发展趋势，将无变化的朝未来继续发展和延续下去，因此就可以用过去的资料所反映的趋势加以外推的方法对未来进行预测。其具体做法常有简单平均数移动预测法、一次移动平均数法、二次移动平均数法、一次指数平滑法、二次指数平滑法等。这些做法的原理在统计学中都有详细介绍。时间序列分析法的最大优点是简单易行，只要有关于过去情况的可靠资料就可进行预测。其缺点是未从因果关系上去分析过去与未来之间的联系，只"凭数据说话"，故对于长期预测的可靠性不高，多用于短期预测。

（3）因果分析法。这是根据事物发展变化的因果关系对未来进行预测的方法。其核心是强调找出事物变化的原因以及原因与结果之间相互联系的状态，并据此对未来进行预测。在社会经济现象中，特别是对市场现象的分析，很难找出变量之间的确定性关系。比如，商品价格与销售量之间的关系，通过大量市场调查，一般是价格提高，销售量就会减少，但也没有固定的比例关系，有时某些商品价格提高，销售量反而增大。因此，只能说价格与销售量之间存在着某种程度的密切联系，这种联系不是固定的函数关系，只是一种相关关系，或者说是因果关系。涉及这类变量的预测，要提高其准确度，就必须考虑它们之间的因果关系。处理变量之间相关关系的有力工具是采用回归分析法，在应用中常有：一元回归预测法、二元回归预测法等，其原理在数理统计中也有详细地介绍。

时间序列分析法与因果分析法，一般可归纳为定量化的预测方法，由于采用统计学方面的知识较多，故也称为统计预测法。这种方法在预测经济现象时，有很大的局限性，从影响市场变化的众多因素看，变量之间不仅不易找出固定的函数关系，甚至连相关关系也寻找不出，而处于一种"离散状态"，某些因素甚至不能量化，比如消费者的心理因素对销售量的影响，就很难量化。因此，要提高对市场预测的可信度，应采用定性与定量综合分析的办法。

（二）制定商品推销的战略与策略

制定商品推销的战略与策略将在第八章中详细讨论。

（三）掌握所推销商品的全面知识

从推销人员角度讲，较全面掌握所推销商品的知识，是现代优秀推销人员的基本功之一。消费者或用户购买商品的根本目的，是为了获得商品的有用性，满足其需求。现代商品推销趋势，又是在促成交易的过程之中，为购买者提供各种优质服务。如果一个推销员不能从工艺、结构、质量、养护和使用方法等方面对自己所推销的商品有所了解的话，将无法充分地满足顾客的需要，从而达不到推销的预期效果。

（四）了解推销环境

在现代市场竞争条件下，推销与作战一样，只有"知己知彼"才能"百战不殆"。了解推销环境的目的，是使推销员做到心中有数。了解的具体内容一般包括：具体市场的供求状况、竞争对手状况、关联商品和互代商品状况、有关政策和法规、今后的目标市场的特点和状况……

（五）了解销售对象

销售对象也称为准顾客。任何企业如果只注意到现有的顾客而忽视了潜在的顾客，将会失去活力和市场竞争力。不断地开拓市场，是当今企业的战略性目标。国外有的企业就明确规定，推销员必须抽出一定的时间与潜在的顾客打交道。了解准顾客的状况，是现代推销的重要手段之一。对准顾客应了解：他（她）们对此类商品的需求和欲望是什么；其购买力如何；购买动机和习惯属于什么类型；从什么角度进行推销最能引起他（她）们的兴趣；其社会关系、家庭状况、习惯、性格及修养如何；何时何地进行推销才是较理想的时间与场所，等等。

（六）把握时机

把握商品销售时机，是现代企业的一种经营艺术。商品推销有其时机性，在某一时间里能畅销，而另一时间就会滞销。一般讲应注意下列时机：

1. 季节性时机

很多商品的使用具有季节性，推销必须抓住其旺季。

2. 社会时机

社会上发生的某些事情，能影响人们的消费和购买行为。比如，节庆事件、政治事件、经济政策的变化，某些非常规的社会活动，等等，都可能出现某些商品的销售机会。企业应及时捕捉这些时机，抓紧推销商品。

3. 转向时机

消费是多层次而又是不断发展变化的。当某种需求向另一种需求转移时，人们往往对商品出现新的选择，比如时装，这种转移就较为频繁。企业就要善于把握这种需求动向，当某种转移刚刚出现时，立即推销，效果极佳。

4. 周期性时机

任何商品都有其使用寿命周期，企业能把握住时机去推销，促使顾客出现重复购买行为，具有良好效果。

5. 随意时机

在某些场合，只要推销得法，可以造成潜在顾客在无意识中接受推销人员的宣传，而出现冲动型的购买行为。人的购买行为也同样在一定条件下具有可塑性，把握好这种随意时机，也是推销者的一种技巧。

（七）实现成交

商品推销的主要目的是实现成交。成交的特点是自愿让渡，谁也不能强逼谁。在现代商品经济条件下，商品买卖活动中，购买者往往处于主宰地位，但推销者又不能采取完全被动态度，应主动地根据购买者心理变化，采取各种引导方式，使消费者由不知到知，引起兴趣，产生购买欲望，从而出现购买行为，并落实成交手续。这是商品推销者的技巧，也是推销的重要内容。

商品推销的具体内容除上述几方面外，还应包括：兑现承诺，提供服务，做好成交后的善后工作，等等。

小　　结

"商品推销概念"是商品推销学的概括性介绍。它从商品推销的基本概念和作用入手，对推销观念的形成与发展以及商品推销的内容进行了综合性分析。学习本章应把握的要点：

1. 推销的含义有广义与狭义之分。

广义讲，凡是提出建议，说服别人相信并采纳自己意见的过程就是推销。故每一个成功的人都是推销员。

狭义讲，指商品推销。就是千方百计帮助买方认识商品和劳务，并激发买方的购买欲望，实现商品或劳务转移的一系列活动。

2. 商品推销含义的深层内容（或说特征）：具有明确的目的性，实现商品让渡；商品推销是一系列活动过程；商品推销是在人与人之间进行的经济活动。

3. 商品推销的作用可从微观与宏观两个方面进行分析：

微观作用：它是企业经营活动的"火车头"，关系着企业的生存与发展。

宏观作用：这是从社会经济整体角度去分析，它具有：是实现市场供求有效结合的决定性因素；它关系着开拓和启动市场；对繁荣和稳定市场有着特殊作用；可加速商品流通，降低流通费用，提高流通效益和整体效益，为国家提供更多积累；也是加速社会再生产进程的重要手段。

4. 商品推销可从不同角度进行分类。

从销售方式去划分商品推销，可分为：经销、代销、联销和自销四类。

从具体做法去划分，可分为：人员推销（直接推销）、广告推销（间接推销）、服务推销和营业推广（特殊推销）四类。

5. 人员推销与服务推销的联系与差别。人员推销和服务推销都是企业通过具体人员去实现的企业行为；但人员推销是推销的商品，而服务推销是推销企业的形象或信誉。

6. 充分认识树立社会主义市场经济条件下推销观念的重要性和包含的具体内容。

观念是人们在一定历史社会环境条件下所形成的一种稳定思维。我国从计划经济到有计划的市场经济，再到社会主义市场经济，是为适应我国特色和经济发展客观需要的思维飞跃，也是对马克思主义的具体运用和发展。只有树立起与客观环境相适应的经营观念，才能指导企业行为的正确运转。

树立社会主义市场经济条件下的推销观念，一般包括：整体效益观念；市场观念；时效、信息观念；质量观念；经济效益观念；人才观念和形象文化观念。

7. 了解商品推销观念的形成与发展。

销售观念是生产力不发达，商品供不应求的卖方市场的经营观。其实质是"生产什么，就销售什么"，其行为是将商品推向顾客，商品让渡后，销售行为结束。

推销观念是生产不断发展，产品不断丰富，市场竞争日益激烈条件下的经营观。其实质是千方百计创新促销手段，以击败竞争对手为目的的经营观念，它体现的是"商场如战场"。其行为特征是千方百计将顾客吸引到商品中来，商品让渡后推销行为并未结束，还有一系列售后服务行为，以增强顾客对企业的依赖度，刺激出现重复购买行为。

市场营销观念是一切从顾客需求出发的经营观，这是在全面买方市场条件下形成的观念。其核心思维是从"企业需要什么"转化为"顾客需要什么"、"消费者需要什么"。从企业与消费者关系分析，市场不再是战场，而应是"商场如情场"。其行为特征是一切从顾客需要出发去设计企业行为。

生态销售观念。20世纪后期，生产、科技更加高速发展的条件下，从整体社会分析，生产、经营与消费并不是同步的，往往脱节，生产、经营滞后于消费趋势是经常的，完全、绝对地一切从消费者需求出发的经营观念不可能充分实现，还应从社会整体经济平衡考虑，消费者趋势也是可以引导的一种平衡经营观念。正如日本著名企业家盛田昭夫提出的"我跟市场走，不如让市场跟我走"。

文化销售观念。20世纪后期，在市场竞争愈来愈向高强度、立体化发展的条件下，人们更深刻认识到，市场竞争不仅要重视生产、技术、产品质量等硬件措施，更应重视企业形象、企业文化、企业精神等软件措施的经营观念。同时，还应深刻认识21世纪是企业形象竞争的世纪，进行CI策划，是企业应有的战略思维。企业形象的塑造一定要注意个性化和符合地区、国家的整体文化规范，一定不要脱离企业所处具体地区去空想，去生搬硬套。

8. 现代企业推销人员，一定要搞清自销、直销的联系，要学习和了解直销法规，要认识传销的非法性和欺骗性。

9. 商品推销的具体内容包括：市场调查、分析与预测、制定商品推销的战略与策略；掌握推销商品的全面知识；了解推销环境；了解推销对象；把握推销时机；实现成交。

10. 预测是对未来进行的估计与判断，其有效性与多种因素有关。其具体方法，人们从实践中总结了数百种之多，可归纳为定性预测和定量预测两大类。世界公认较为有效的德尔菲法，它具有匿名性、多向反馈性和收敛性三大特征。

第六章 推销人员培训

　　推销人员在现代企业中的重要地位愈来愈被人们所理解。国外很多企业把建立自己强有力的推销队伍作为关系着企业兴衰成败的大事来抓。但是怎样培养出既合格又优秀的现代推销人才，确有多种不同的见解。归纳起来大体有三派：一种是"理论导向"派，认为现代推销人员必须先进行系统理论培训，应从心理学、社会学、市场学、人际关系学、推销理论等知识进行培训。这种认识的基点是现代商品经济条件下的商品推销，面对着全方位高强度的市场竞争，没有高学历和具有系统理论知识的推销人员，将不能适应建立在现代科学技术基础上的商品经济的发展。美国推销专家汤姆·霍普金斯就这样说过："如果你有志成为一个杰出的推销人才，我希望你下决心对自己投资，花些时间和金钱去参加推销员培训班，刻苦学习。这种投资一定会得到报偿。"

　　另一种是"经验导向"派。其认识的基点是：推销是学问但更是一门艺术，必须具有丰富的实践经验，才会有充分的情感投入，才会面对市场随机应变，才能准确而快速地抓住推销机会。推销是在人与人之间进行的最具体的经济活动，成功的推销人员都经过充分的实践锻炼。有人说，一个成功的演员，不可能是靠背剧本而成功的。日本推销之神井户口健二在谈到他的推销成功之道时说："我又想起另一令我扼腕的理论，正因为我从来不知道有这个理论才免受其害。那就是社会上流行的所谓'购买心理七大阶段'的理论……我认为这种理论某种程度上使推销员误入歧途。"

　　还有一种是"能力导向"派。其认识的基点是：未来将是"能力导向的时代"。只强调理论与只强调经验都有片面性。理论来源于实践，经验的总结概括转化为理论，理论知识要转化为能力，还有一个转化过程，就是必须在实践中不断提高其应用性。未来的时代，不能光凭一个高学历就用一辈子，也不能仅靠过去的经验，就可适应未来社会的发展。只是"空对空"地说些自己都不甚了解的"理论"，已唬不住人。只讲实务，不去探讨所以然，那点"实务经验"也会被科学的进步所淹没。"能力"将是未来社会发展重要的取才标准。如何充实和提高人的能力，则应根据每个人的具体条件去规划。"千里之行始于脚下"，只要踏踏实实地去磨炼，就会有成效。日本野间清治说："人生成功的主要条件有三，即：工作上的磨炼——从经验中学习，做人上的磨炼——向他人学习，书本上的磨炼——从书本中学习。"

　　笔者倾向"能力导向"观点。培养现代推销人员应注重对能力的培训，应强调在实际中锻炼，集中学习具有实用性的推销理论与技巧也很有必要，形式可多样化，不拘一格。本章将从现代推销人员应该具备的素质展开讨论。

第一节　推销人员的素质

"素质"一词来源于生理学，指人体先天的解剖状况，应用于经济领域是一个综合概念，往往用来描述群体或个人在经济活动中内外各种因素的综合状况。比如说企业素质，一些学者认为是企业所具有的各种因素的体现；另一些学者又认为其是指内外各种条件的综合。总之，"素质"一词在经济领域中的应用，具有一定的模糊性，但又是能被人们理解的衡量标准。从推销人员角度讲素质，主要是指推销人员的思想、信念、能力、气质、性格等因素的综合体现。众多因素中思想素质和心理素质最为重要。下面分别进行讨论。

一、思想素质

让一个人去干他不喜爱的工作，无论他能力有多强，其效果都不会好。近代行为科学理论认为，工作效率是能力与激励的复合函数，即：

工作效率 = f（能力·激励）

对一个人来讲，能力可通过培养和锻炼而不断提高，但激励却涉及外激励因素和内激励因素两个方面，其中内激励因素又起着主导作用。内激励因素的基础是自我觉悟，即对自己从事的工作的认识和热爱程度。

现代推销人员，要想在工作中有所建树，而逐步成为推销人才，最首要的思想素质就是热爱自己所从事的推销工作。"爱"使人聪明，"爱"是动力，"爱"使人心有灵犀一点通。高尔基有句名言："工作快乐，人生便是天堂；工作痛苦，人生便是地狱。"只有热爱你的工作，才会有内驱力，才会感觉工作有意义，才会很愉快，才会用饱满的情绪去感染顾客，推销成绩才会好起来；反之，情绪低沉，也会感染顾客，当然其推销成绩就不会好。日本企业界做了这样一个统计：平均每个公司的推销员中，有20%的推销员称得上专家，是推销的佼佼者；20%的推销员仅够标准；60%的推销员得过且过，成绩很差。经过深层调查分析，其结果：成绩差的推销员不是不爱自己的企业就是不爱推销工作，或者不爱自己所推销的商品，总之是因为缺乏内在动力而造成的。成绩好的推销员都有一个共同特点，即具有"三爱"：爱企业、爱工作、爱他推销的商品。

热爱的基础来源于深刻的认识。从我国的实际情况来考察，推销员工作不像一些发达国家那样已成为一种具有较大吸引力的职业。在企业界从事这方面工作的人员，也多数不叫推销员，一般称为供销员、营业员、售货员等。尽管随着我国改革开放的向前推进，人们对这种工作有了新的认识，但传统旧观念还有很大的影响力。我国商界一位很有影响的营业员曾这样说："童年时我曾有过许多志愿，长大要做一个教师，或者医生，当个拖拉机手也不错，开火车、开飞机就更神气了。但是，我做梦也没有想到要做售货员。说来也怪，我对售货员职业的理解以至喜爱，并不是从人们对这一职业的赞扬，倒是从某些人对这一职业采取鄙夷态度才动感情的。"

我国存在的种种轻商偏见，是有其历史根源的。"商人"这个称呼就是贬义的。商周时期"殷人善贾，周人重农"。周灭商朝后，周人贱视商业，并讥讽殷人"胜而无耻"，称凡是从事经营买卖活动之人为"商人"。春秋时期，商鞅变法中提出了"重农抑商"的政策。此后在两千多年的封建社会里，轻视商人，抑制商业发展的行为被视为天经地义。"无商不奸"、"羞与商贾为伍"的偏见贯穿着整个封建社会的历史。新中国成立以后，尽管商业工作者的社会地位已有了变化，但是在"左"的思潮下，连年批弃农经商，"割资本主义尾巴"，造成了干商不爱商、干商不会商的思想障碍。改革开放以后，在新的经济形势下，新的认识，新的观念逐步形成。

商业的出现本身就是社会发展的进步，中国几千年的文明史，是同早期商业繁荣分不开的。公元前1500多年的商朝，就是以商业发达而兴旺起来的。唐朝的"丝绸之路"广与世界各国通商，成为世界商业中心。从经营理论上讲，我国也是最早研究经营之道的国家。早在春秋时期的范蠡，他不仅是一位政治家、军事家，而且也是一位经营有术的商业家，他提出了经营观点："夏则资裘，冬则资绸，旱则资舟，水则资车，论其有余，知贵贱"等，就已有现代市场预测的含义了。被称为商业先师的白圭，提出的经营致富理论，主张采取"人弃我取，人取我与"的经营之道，与日本松下幸之助提出的经营决胜经验之一的"你上我下，你下我上"的含义完全相同，这不正是现代市场竞争的重要策略吗？当今，商业的迅猛发展，是世界性趋势，与一个国家的发达程度密切相关。

作为我国现代的推销人员，不管它叫什么名称，不管社会上对它暂时还存在什么偏见，你所从事的工作既具体又很有意义，不仅关系着一个企业的成败，也关系着我国社会主义市场经济的发展和完善。必须有很强的自信心，爱我们的国家，爱我们的企业，爱你的工作，爱你所推销的商品。只有具有了这样的思想境界，才会在工作中发挥出无限创造力。同时，现代推销人员思想素质的另一重要组成部分，就是能自觉地深刻理解企业的理念，并将企业个性化的理念体现在推销行为之中，这是当今企业推行"CI"战略的重要步骤。

二、心理素质

推销总是在具体的人与人之间进行，它涉及买者和卖者双方的复杂心理活动。从心理学角度讲，其词义来源于古希腊的"Psyche"和"Logos"两个词，Psyche是指"精神"、"灵魂"的含义，"Logos"是指"普遍规律"、"科学"的含义，故心理学在古希腊是指关于精神的科学。"心理"一词从我国考察，"心"是指"心思"、"心意"，古代把思想和感情也称为"心"。"理"是指"条理"、"准则"。战国时代的韩非这样说："理者，成物之文也。"所谓成物之文，是指规律。因此，心理的含义是心思或心意的规律。广义讲心理，人的一切思想、观念及内心活动都属于心理范畴。前面讲的思想素质，也应属于心理范围，从推销角度讲心理素质，是指推销人员在推销过程中应具备的心理因素，下面仅从坚强的意志、良好的气质、豁达的性格三个方面进行讨论：

（一）坚强的意志

意志是指一个人为了明确的目的而去克服困难的心理活动，或称为意志行动。现代推销人员如果没有克服困难的坚强意志，就很难完成推销任务。推销员与顾客之间总是存在着某种对抗性心理，这种对抗心理具有片面性和反复性的特点，顾客受这种心理的驱使所产生的行为，往往会挫伤推销员的积极性，甚至会伤害推销人员的自尊心，这种顾客行为会在推销人员心理上引起消极的连锁反应，使其消沉、没有信心。下面引用一位国外推销员的独白：

"推销员要与顾客的拒绝'作战'，你会碰上把门关起来，让你吃闭门羹；你会遇见与你争得面红耳赤，不欢而散；有的会在你详细说明后，客气地拒绝；有的会表示有兴趣，却又以'目前不想买'为借口加以拒绝。类似情况层出不穷，一天你会碰到 50 次、100 次，日复一日，便会产生'受不了！算了！不干了！'的念头，想起那可怕的拒绝，心中不无痛楚，会使你在成功的入门处，丧失克服困难的意志，产生畏难逃避心理。"

在困难面前持什么态度，是一个人的意志体现，畏难、退缩甚至消沉，是意志薄弱的表现。克服、激流勇进，是意志坚强的体现。销售业绩与推销人员意志的坚强程度成正比，当你认为不行了，就可能真的不行了，如果你下定决心，干下去并干出成绩，往往就能如愿以偿。日本有一位很有名气的马自达汽车推销员，连续数年，年推销量都达数百辆之多。他全力以赴地工作数年之后，突然感到一股强烈的不安："我真要继续这种生活吗？"出现了对职业的彷徨和对未来的担忧。由于失去了斗志，当月已经过去 25 天了，一辆汽车都没有卖出去。一天晚上在回家的途中，他对着夜空大喊："干吧！干吧！我一定要干下去！"心中又充满了自信，结果最后 5 天，居然奇迹般地推销了 5 辆车。他说："我保持稳定推销额的秘诀是把目标贴在床上，每天起床和就寝时都用红笔记下推销量，这样天天随时提醒自己朝着目标奋斗。"

意志是产生在具体人身上的，受着个人已有的观点、信念、知识、经验的影响，因而带有个人特点，人的意志在意志行动过程中得到锻炼和发展。现代推销人员在意志上的磨炼是很重要的，最可怕的敌人不是竞争对手，而是自己。意志消沉，缺乏信心，才是自己看不见的最可怕的敌人。我国哲学家王阳明曾说："山中之贼易破，心中之贼难防。"推销员应随时提醒自己"有志者事竟成，无志者事无成"，"精诚所至，金石为开"。推销员要磨炼自己的意志，很重要的一个方面就是"自知"，能把握住自己意志的弱点，才能适应环境随时调整自己的意志行为的过程。有句古话："人贵有自知之明。"古希腊帕尔纳斯索山上有一块大石碑，刻着一句箴言："认识你自己"。哲学家卢梭称赞这一碑铭："比伦理学家们的一切巨著都更为重要，更为深奥。"

推销员意志磨炼的另一重要方面，就是如何对待失败。世界上第一流的推销专家，也不可能每次推销都是成功的。失败并不可怕，可怕的是在失败面前垂头丧气、怨天尤人。有句名言"失败是成功之母"，成功的经验需要总结，失败的教训更应总结。国外企业界流传着这样一种说法：赚一千元的成功经验，不能等于赚一亿元的成功经验；亏一千元的失败教训，往往会转化为赚一亿元的途径。怎样从失败中去吸取教训，调整以后的行为，是推销员极重要的意志锻炼。下面介绍一个实例：

日本一家汽车零件批发公司的推销员失败后总结出：我原认为，推销员总应该是穿雪白的衬衣，笔挺的西服，还应佩带协调的领带……结果顾客对自己很冷淡，有时根本无法谈生意。我去找销售专家讨论，有下面一段对话：

专家提问	我的回答
谁有购买决定权？	老板
访问地点在哪？	汽车修理厂
是大企业还是小企业？	90%是小企业
老板上班时穿西服吗？	不，几乎都是工作服
是上下相连的蓝色工作服？	是的

专家问完后说："你作为这种公司的推销员也应穿上蓝色工作服。"我根据专家的建议，改穿以后，效果很好，推销额猛增。

推销员的意志素质不是与生俱来，而是在推销实践过程中形成和发展起来的。坚强的意志是推销成功的一半。作为一个现代推销员要培养良好的意志素质，只懂得道理和有一个良好愿望是不够的，必须在实践中去磨炼，善于学习别人的优良意志品质，以不断提高自己的意志素质。我国明代医学家李时珍，历尽风霜，长途跋涉，足迹遍及大江南北，做了上万次成功与失败的试验，虚心向各种人请教，经过千辛万苦的 27 年，才撰写出长达 195 万字的《本草纲目》。所有成功的人，在意志素质上都具有很强的自信心和百折不挠的精神。生物学家达尔文在这方面表现得非常突出，其坚韧性可称为顽强。法国杰出的生物学家巴斯德有句名言："我唯一的力量就是我的坚持精神！"推销员在从事推销活动时，常需要克服主观和客观的种种困难，要用意志的努力去迫使自己做好，其意志正是在这种条件下才能得到巩固和锻炼。

（二）良好的气质

气质从心理学角度讲，是指人的高级神经活动类型的特点在行为方式上的表现，它是心理活动的动力特点。气质是一个非常古老的概念，最早由古希腊一位名叫希波克拉底的医生提出，并根据他的经验提出人的气质差异，是由于人体内各种体液（血液、黏液、黄胆汁、黑胆汁四种）在每个人身上的比例不一样而引起，并把人的气质归纳为：胆汁质、多血质、黏液质和抑郁质四种类型。这种分类，现代心理学认为是基本正确的，并一直沿用到现在。他对气质的"体液论"解释，却是不科学的。近代发展起来研究气质的理论有血型论、体型论、内分泌论和神经论等多种学派。

现代心理学仍把人的气质分为四种类型，其各自具有的特点是：

胆汁质类型的主要特点是具有很高的兴奋性，因而在行为上表现出均衡性；热情、坦率、急躁、好争，情绪易于冲动但不持久，喜怒形于色；注意力稳定而集中，但难以转移；意志坚定果断，精力十分充沛但行为鲁莽冒失。

多血质类型的主要特点是热忱和显著的工作效能；情感和行为发生得快，变化也快；机智灵敏但毅力不强。

黏液质类型的主要特点是情感和行为进行得迟缓、稳定但缺乏灵活性；情绪含蓄、淡泊、宁静，很少产生激情，故情感很不容易外露；做事总是从容不迫，谨慎细致、不鲁莽，沉默寡言，缺乏生气。

抑郁质类型的主要特点是情感和行为都相当迟缓、柔弱；观察力敏锐，常观察到其他人不注意的细微事物，敏感性较强；情感方面多愁善感，意志方面胆小怕事，优柔寡断；不喜交际，非常孤僻。

上述四种类型是人类气质的典型化，实际中并不是所有人都可以划入其中某一类，大多数人属于混合气质类型或中间气质类型。气质本身并无好坏之分，每种气质既有积极的一面，也有消极的一面。在良好教育和环境的影响下，人的气质尽管具有遗传性的特征，但是可以塑造。所谓良好的气质，是指在人的固有气质基础上去充分发挥其积极的一面，克服其消极的一面。气质只是影响人们智力活动的方式，并不决定人们智力发展的水平和成就。每一种气质的人都可以成为有成就的人，关键是怎样去塑造。比如，普希金有明显的胆汁质特征；赫尔岑有明显的多血质特征；果戈理有明显的抑郁质的特征；克雷洛夫有明显的黏液质特征。

推销活动总是在具体的人与人之间进行，购买者是多种多样气质的人，推销员又受着本身固有气质的影响。如果不能从多方位去塑造自己的气质，不能与形形色色的顾客接触，并让他（她）们从内心承认你，商品推销成功的希望就很渺茫。国外推销界从推销经验中总结出了一条很重要的技巧，就是创造推销员应有的魅力。所谓魅力是指被周围人认同、接受的程度。推销员与顾客之间的接触，一般都是短暂的，要在短时间内打动顾客的心，并不是一件轻而易举的事，必须根据自身的气质特点，从谈吐风度、沉默聆听、接物处事、人际交往等多方面进行自我塑造，才会打造出推销员独具特色的瞬间魅力。比如，日本有两位很出色的推销员，两人的气质完全不相同：一位朴实无华，不多言不多语，甚至显得有点土气，从气质类型讲接近黏液质，他塑造了以老实可靠取信于顾客的形象，他身上无形中有一种使顾客松懈戒备心理的能力，推销成绩一直很好。另一位反应敏捷，能言善道，知识广博，都市味十足，从气质分析大体属于多血质类型。他具备了与任何顾客马上就能谈得很投机的能力。一次，他与一位老同学到一顾客家去签订购买合同，他与购买者谈"射击"谈得十分投机。事后，老同学称赞他："没想到你对射击这样内行。"他回答说："我上次来时看见他家枪架上有一支霰弹枪，还有国际射击的纪念杯，便临时抱佛脚，强行补习的。"他总结了两条成功的经验：一条是人们只对与自己兴趣相投的人产生好感，顾客千差万别，兴趣、爱好也千差万别，必须从顾客的兴趣出发进行交往，不要固守某种模式。另一条是推销员不是"老师"，也不以追求真理为目的，而是要当"侃仙"，博闻强记，能言善道。

推销员的自我塑造没有一定的固定模式，必须根据自身的特点、推销环境状态，从顾客兴趣和需求出发去把握自己。

（三）豁达的性格

人们通常在应用中对"个性"与"性格"往往并不严格加以区别。中国有句成语："人心如面"，《左传》也这样讲："人心之不同，如其面焉"，这是说人的"个性"或"性格"是千差万别，犹如人的面孔一样，各不相同。中国还有一句俗语："江山易改，禀性难移，"描述出一个人的"个性"或说"性格"对人的行为表现具有顽强的、固有的影响力。

现代心理学认为"个性"与"性格"是紧密相关的两个不同概念。"个性"也称为人格，指一个人的基本心理（或精神）面貌，它由一个人的兴趣、情绪、气质和性格等心理特征所构成。"性格"是指人表现在态度和行为方面比较稳定的心理特征，一个人的性格与他生长所处的环境密切相关，性格是个性的核心部分。

一个人的性格构成是十分复杂的，其性格特征总是表现在他的言行和外貌之中，也反映在他的生活经历中。马克思和恩格斯曾指出："人创造环境，同样环境也创造人。"一个人具有什么样的性格，是由他生活的条件、所受的教育，以及所从事实践活动的性质等因素所决定的。要把握一个人的性格，不仅要了解他当前的生活条件，还要了解影响其性格形成的环境。人的性格是可以改变的，性格是在主客观的相互作用下形成，又是在主客观的相互作用中变化。了解和掌握性格形成和改变的规律，人们便可以通过调整、改变生活环境和自己的行为，自觉地克服不利的环境影响，培养出良好的性格。生理学家巴甫洛夫说过："人是有统一的高度自我调节能力，能自我改进的一个系统。"只要不断通过自我分析、自我控制、自我努力、自我鼓励、自我监督等自我教育的形式，就能形成良好的性格。当然，一个人原来形成的性格，对一个人的行为表现具有很强的惰性，性格的调节，非一朝一夕就能奏效，需要持之以恒。

国外推销界有一种经验之谈：推销员的第一件事不是推销商品，而是推销自己。在生活中我们也常常听到这样的语言："某人很讲信用，我相信他。""某人为人很好，我愿意让他赚钱。"这都说明推销员的性格在推销商品活动中具有多么重要的地位。美国推销界把商品的质量、包装装潢、设计水平、价格等称为商品推销的"硬件"；推销人员的素质、技巧与策略是商品推销的"软件"。人们普遍认为"软件"比"硬件"在一定程度上更具有良好的效果。日本推销界这样认为："商品没有脚，不会主动去寻找顾客，只有靠有脚的推销员将它介绍给顾客。而推销员在推销商品时，同时将自己推销给顾客，顾客在感受到商品的优越性之前，若感受不到推销员的魅力，自然不会用冷静的态度判断是否购买。"

推销人员的性格在推销实践中不断进行自我调节，使其豁达化，使顾客愿意与你打交道，是推销成功的关键。日本《生活手册》杂志刊载了这样一则报道："100日元的化妆品'施莎露'和2000～3000日元的高级化妆品的使用试验结果，几乎没有品质上的差异。"结果通过市场调查，发现并没有因这则报道，改用低价化妆品的顾客就增多了。这是为什么呢？因为优质名牌商品具有自己的特色。在现代商品经济条件下，只有傻瓜才会用劣质商品来砸自己的招牌。某种商品的畅销，并非完全由于商品本身的魅力而促使顾客决定购买。顾客之所以购买商品，尤其是选用何种牌子的商品，并非完全是由于对商品质量先有概念才作决定。而是在相当程度上是出于对推销员的好恶感，购买商品往往带有对人的情感倾向性。因此，一个推销员如果能修炼自己的性格，尽可能做到诚实、大方，为顾客着想，巧而不猾，智而不奸，将会在推销中获得极佳的成效。

第二节　推销人员应具备的知识结构

"知识就是力量"，这是英国哲学家、近代科学的先驱弗兰西斯·培根的名言。人对客观世界的认识，只能在自己的知识范围内思考，知识越渊博，认识世界就越广、越深。当今是信息时代，任何一个伟大的天才，都不可能掌握所有学科方面的知识，只能根据自己所从事的工作性质和特点，去尽可能扩展相关知识。从推销员工作特点分析，是在广泛的人际交往中，以商品买卖为目的的具体经济活动。要想在现代商品经济条件下，做一个具有市场观念、竞争观念、服务观念的优秀推销人员，就必须拥有广博的社会知识和丰富而深厚的专业知识。

一、社会知识

社会知识包括很多方面。推销人员必须与不同层次、不同性格、不同兴趣和不同需求的人广泛交往，如果不具有较广博的社会知识，将不能适应推销需要。国外推销界较普遍的看法是，现代推销人员应具有"T"型知识结构。所谓"T"型结构，就是指广博的社会知识和较深的推销专业知识。渊博的社会知识是推销成功的重要基础，但是从具体推销人员分析，其个性差异很大，各有各的具体条件，即使是最优秀的推销员，也不可能了解所有社会方面的知识。下面从推销工作的特点讨论，应从哪些方面积累和扩展社会知识：

（一）人际关系与公共关系方面的知识

凡是成功的人一定有一个人际关系的"宝库"。人际关系对推销来讲就更为重要，要想广泛地获得开展推销业务的信息，很大程度上需要靠人际关系和公共关系。在人际交往中既应实事求是，又应具有"弹性"，不仅是技巧和方法问题，还是一门艺术。在推销、商务谈判的特定交往中，如果不诚实，一味虚情假意当然不能取得别人信任。如果不讲究"弹性"技巧，也会出现操之过急或失之偏颇，而不能创造出推销人员的应有魅力。在商务洽谈中，双方既是竞争对手，又是合作伙伴，既存在对抗性，又存在合作性，其目的就是要在双方既矛盾又统一的状态中寻求双方都需要和乐于接受的东西，这就更需要在交往中具有"弹性"。所谓"弹性"交往，就是把人际关系处理得松紧适度，易于回旋，既能保证不增加矛盾冲突，又便于进一步增进合作。在人际交往中要想达到运用自如的"弹性"境界，一方面需要从人际关系学、公共关系学有关的书籍中去学习，另一方面，或者说更重要的是在实践中日积月累和不断地向他人学习，总结体会他人在这方面的经验。英国作家萧伯纳曾有这样一段话："如果你有一个苹果，我有一个苹果，彼此交换，那么，每人仍只有一个苹果；如果你有一种思想，我有一种思想，彼此交换，我们每个人就有了两种思想，甚至多于两种思想。"知识、经验的交流正是如此。

（二）语言知识

语言是人与人之间相互沟通的重要工具。推销人员要具有魅力，首要因素就是语言。"文见其人，听语知人"、"听君一席话，胜读十年书"，这是对语言魅力的形象描述。推销员要使自己语言具有魅力，应从两方面着手，一方面是语言基础知识，它包括语言工具、语法修辞及语言技巧。一个推销员会的语种越多，越容易与不同的顾客沟通，实践证明，当你与顾客讲同一语种时，其相互间的距离就会大大拉近。语法修辞和语言技巧是推销人员谈吐的基本功，这在商业谈判中已有较详细的描述。另一方面是塑造出自己的语言个性，这是使你的语言具有魅力的关键。谈吐没有固定模式，也没有公式化的规律，向书本和他人学习，当然很重要，但不能不分时间、地点和条件一味模仿。机械地模仿，会引起"东施效颦"的逆反效应。语言的特色来源于充分运用自己的长处，恰当地贯穿在自己的谈吐之中。比如，你对某一方面最熟悉最有体会，就尽可能运用这方面的知识作为谈话资料。要使你的谈话有特色，必要的磨炼是很重要的，假若你想使自己的语言特别有幽默感，就需多讲一些笑话，平时多欣赏一些相声小品，留意生活中的趣闻趣事，并努力把所学的东西自然地运用在日常谈吐之中，也可以练习用反语、双关语等，久而久之，必将产生引人入胜的语言个性。磨炼中不要贪多求全，"样样会不如一样精"，只要在一两个方面创造出自己的个性语言特色，就会使你的语言魅力倍增。推销员有其工作特点，他不是"教师"，其语言必须以顾客为转移，因此，广闻博见，不断积累是非常重要的。

（三）美学知识

追求美，是人类的天性。审美观念随着社会的发展而变化，不同地区、不同国家、不同民族的审美方式又有差异。总的来讲，任何顾客都是喜欢"美"的。随着生产和科学技术的高速进步，人们的审美观念、标准和格调都会向高层次发展，人们的审美能力将向一种艺术美、实用美、人格美和高雅美的综合方向变化。对商品需求将向内外结合、实体与无形结合的方向发展。国外经济界曾有这样一种说法，过去是价格竞争，现在是服务竞争，今后将是设计和美化方面的竞争。现代推销人员必须具有相应的美学知识。

（四）心理学知识

购买者是人，是现实的人、社会化的人，其行为受环境制约，也受需求的驱动。购买行为涉及购买者的心理活动。要想商品推销有所成效，推销人员应具有一定的心理学方面的知识，特别是近代发展很快的市场心理学、消费心理学等应用心理学方面的知识。

（五）风土人情知识

《韩非子·说林上》中讲了这样一个故事：鲁国有一对巧手夫妻，男的挺会做麻鞋，女的善织生绢，质量都是顶好的。凭这样的手艺，夫妻想去越国谋生。一位好心的人对他们讲："你们去越国，很有可能成为穷光蛋。因为越国人喜欢光脚走路。生绢是做帽子用的，而越国人都习惯披发不戴帽子。"这告诉我们各地有各地的风俗，即使是同一个民族在同一个地区，古代和现代也不尽相同。比如，同样表示热情和好感，欧洲人是相互拥抱或接吻，美洲某些土著民族则相互摩擦鼻子；古代中国人习惯于作揖，现代中国人则习惯于握手。在很多国家，问候对方的夫人和女儿是表示友好，但在阿拉伯国家却绝不能问候对方的爱人和女儿。推销活动总是在一定的具体地区进行的，不了解当地的风土人情，做出了与当地习俗相悖的事情，就很难成功。如美国一家生产高尔夫球的工厂，为了打入日本市场，制作了特别的包装，每盒4个，结果卖不出去，其原因就是事先未了解"4"在日本是表示死亡的数字。现代推销员一定要积累了解这方面知识，做到"入境问禁，入乡随俗"，才能使推销成功。

社会知识包括的方面很多，作为推销人员，知识越广博，越有利于推销业务的开展。除上述五方面外，文艺、体育、社交手段等方面的知识也应尽可能的扩展。

二、推销专业知识

推销人员的专业知识是指围绕推销活动的开展所必备的业务知识。一般应包括：

（一）企业知识

作为推销员必须了解本企业的历史和现状以及在同行业中的地位、本企业的主要推销战略方向和制定依据。同时还应了解主要竞争对手的情况，它们的现有实力和潜在实力、主要战略和常采用的推销策略，以及潜在竞争对手的动态。

（二）商品知识

推销员对自己推销的商品必须了如指掌，对设计、工艺、性能、结构、用途、用法、维修及管理程序都必须十分熟悉，还应了解这类商品的标准、条标、分等定级和评审送验等方面的知识。同时，应掌握与之竞争的同类商品和互相替代商品的有关情况。处在不同层次的推销人员，其掌握的商品知识当然有所侧重，但总的来讲，推销员对自己推销的商品，应熟悉到"偏爱"的程度，以充分发现所推销商品的全部优点，也才会真诚而动情地向顾客介绍，才会对顾客产生很强的感染力。日本推销界这样认为：如果你提不出三条以上你推销的商品与其他同类商品相比较的特色，你就不是一个合格的推销人员。

（三）顾客知识

优秀推销员总是将自己可能的推销对象——准顾客进行动态的、不断的归类和划分，从而找出自己推销活动的主攻对象、争取对象和说服对象。比如，从准顾客对你所推销的商品的好恶角度划分，一般可出现三种状况：一种是爱好这种商品，另一种是没有固定意见，还有一种是不喜欢或不怎么喜欢这种牌号的商品。通过划分你在推销活动中就能做到心中有数，其推销方式就会具有很强的针对性。这当然需要以丰富的顾客知识作为基础。顾客知识一般包括：顾客或用户的购买动机和习惯；购买的条件、方式和时间；谁有购买决定权；所处环境对其购买行为的影响，等等。

（四）市场知识

随着市场经济的发展，市场竞争日益激烈，市场发展趋势瞬息万变。现代推销人员如果不具有较丰富的市场知识，就不可能取得良好的业绩。从推销人员角度讲市场知识，并不要求过多地去探讨宏观市场理论，而要求具有对一定市场变化动态的敏锐感受能力。具体讲，推销员必须把握：你的现实顾客在哪里？潜在顾客在哪里？潜在销售量有多大？你推销的这种商品处在其市场寿命周期的什么阶段？……

（五）经济法律知识

一定时期的经济法律，是企业经济行为的准则。推销员的行为并不代表个人，而是代表着企业形象，只有熟悉了有关的经济法律知识，才能使自己的推销行为规范化，也才能维护企业的信誉和经济利益不受损失。

知识要转化为能力，还需要有实践的磨炼过程。要成为能适应社会主义市场经济发展的现代推销人才，不是靠读几本书就行了，需要把所学的知识与实践结合起来，在实践中去深化、补充、修正和检验。推销成功没有数学公式，也没有固定模式，只有在理论与实践相结合的基础上，创造并形成自己独特的推销风格，才能取得优异的推销成绩。

第三节　推销成功的法则

法则不是什么"秘诀"，商品推销也没有神话般的"窍门"。这里讲的法则是根据国内外推销的实践活动归纳出来的经验，或者说是探讨推销活动中应遵循的某些规律。下面从四个方面展开讨论。

一、充分而完全地为顾客着想

一切为了顾客，这不是一句空洞的口号，而是国内外推销成功者的行为准则。这也不是什么学问，而是一种将心比心、急顾客所急、想顾客所想的思维方式。如果你对顾客的购买行为进行深化分析，一定会发现顾客购买商品总是按照他自己的理由行事，按照他的观点来认识你推销的商品。而推销员往往又是从推销角度出发在进行推销。这种观点和出发点的差异性，就形成了推销员与顾客之间的矛盾。解决这个矛盾的最好方法，就是能了解顾客的心愿，从顾客角度去考虑你的推销方式，将"商品是什么"的思维方式转化为"它对顾客有什么用处"去思维。

日本的扇谷正造在《经济即我师》中，有一段动人的描述："因研究癌症成功而荣获日本文化人最高荣誉——文化勋章的黑川利雄博士，每到冬天就在口袋里放着一个手炉，使手总保持着热乎乎的……而当病人伸出手让黑川博士诊断时，其所碰到的是一双温暖的手，于是他的生命便重新点燃了希望之火，产生了治愈的信心。"优秀的推销人员都应有黑川博士的品质，总是为顾客着想，为顾客带来温馨。推销员如果在推销行业中，时时事事都能从顾客出发，那么你将与顾客处于同一基点上，你与顾客的交往也一定会和谐而被信赖，你就掌握了推销成功的最基本的法则。下面根据国内外推销经验设计了一个调查表，作为企业考察培训推销人员的参考，也可作为推销人员自我修养的方法：

表 6 - 1 　　　　　　　　　　　推销人员推销思维分析表

行　为　目　标	习惯状态
不是只重视描述商品细节，能按顾客的要求有效地推销。	①、②、③、④
能站在局外人的角度去分析顾客或用户的可能目标，然后才决定如何推销商品。	①、②、③、④
顾客无论其身份的不同，都给予真诚而热情的接待和交往。	①、②、③、④
对顾客的抱怨、牢骚，能高兴的听完，并站在顾客立场设法解决。	①、②、③、④
接待退货、换货的顾客比一般买主更热情。	①、②、③、④
能追踪商品销售后顾客使用中出现的问题，并协助解决。	①、②、③、④
能识别、影响每笔生意的决策人，并使自己的推销适应他们的不同目标。	①、②、③、④
能站在顾客立场与其讨论分析自己所推销的商品的优缺点，并诚实地与同类竞争商品比较。	①、②、③、④
能代表自己的客户有效地去赢得其他同事的合作。	①、②、③、④

上表中"①、②、③、④"表示推销员在以往的推销行为中的习惯状态。①代表从来不是；②代表偶尔是；③代表通常是；④代表总是这样。然后在每个行为目标下，推销员只要根据自己以往的习惯行为在①～④中选出，并在序号上划"√"，再将已划"√"的序号全部相加，就得到在推销思维方面的总得分。得分越高，说明掌握推销成功的最基本法则越好。得分在 30～36 分之间，是有优秀推销思维的推销人员；得分在 24～29 分之间，接近具有成功推销思维的推销员；得分在 18～23 分之间，处于一般思维状态的推销人员；得分在 18 分以下者，应尽快学习和调整自己的推销思维。表中的行为目标项目，系根据国内外推销成功经验的一般概括。各企业或具体推销人员，可根据各自的推销特点进行取舍或增添。

二、自信心

自信心是推销员走向成功之路的重要法则之一。一个人如果缺乏自信心，干什么工作都不可能出色。内心世界有很强的自我束缚力，抑制着你的创造性，也抑制着你敏锐的反应力。推销人员总是面对着顾客的成见和一定的社会偏见，自信心就更具有特殊意义。美国推销专家吉姆·史耐德有这样一段表述："当我最初从事推销时，仅就'推销'这个词就使我兴趣索然。我希望人们喜欢我，但我心里总认为推销人员很鲁莽，近乎于强卖。我对推销的消极感受使我变得无所适从，以至于我不知道在和顾客打交道时什么是对的，什么是不对的。"

缺乏自信心，处于一种精神压抑状态，当然不可能把推销工作做好。近代行为科学研究认为：成功来自你必定能成功的信念和一种迅速恢复生气并重复成功行为以适应新形势的"身心意识"。推销员要具有高水平的自信心，首先要克服"自卑心理"，不要认为这是"低人一等"的职业，是"英雄无用武之地"，实践证明，国内外很多企业家都是从推销员做起的。自卑心理的变态反应就是自负，自负心理往往使你在推销活动中对顾客的成见采取"以牙还牙"的态度，并常流露出一种装模作样的傲慢，从而加大你与顾客之间的距离，而使推销失败。自信心来源于自我对成功的感受和成功的必胜信念。具有强烈自信心的推销员总是能调整自己行为使之处于一种不卑不亢、轻松自如、镇静沉着、精力充沛的最佳状态。下面根据实践归纳出推销员自信心水平分析表：

表6-2　　　　　　　　推销员自信心水平分析表

行　为　目　标	习惯状态
能在推销失败后不泄气，并能冷静地总结教训，修正自己的行为。	①、②、③、④
对有极大潜力的可能顾客舍得花时间。	①、②、③、④
在艰难的推销会谈中能应付自如，而且信心十足，精力充沛。	①、②、③、④
能向顾客直截了当地提出问题，询问一些敏感情况，绝不因担心顾客将有何反应而犹豫不决或惊恐不安。	①、②、③、④
能主动大胆地开拓新业务，而不为此感到犹像，不自在，担心打扰别人。	①、②、③、④
能在毫无压力并且在不使顾客生气的情况下从容地对顾客说"不"。	①、②、③、④
即使在人们说不感兴趣后，还能有效地推销自己的观点而不遗余力。	①、②、③、④
能轻松自如，信心十足的向顾客介绍自己推销的商品对他的好处。	①、②、③、④
能总是为顾客着想解决问题，即使在顾客表示不满和抱怨时也是如此。	①、②、③、④

上表中"①、②、③、④"表示的含义与表6-1完全相同，记分也相同。考察分析完全类似。

三、不断提高推销技能

"技能"在这里是指推销技巧的运用能力。"技巧"是他人或自己过去实践的总结，如何运用在现实的推销活动中，有一个敏锐观察、巧妙结合现实的再创造过程。谁能创造出能为现实顾客提供相对最大满足的推销方法，谁就是推销中的胜利者。顾客购买商品，并不购买商品本身，而是购买商品所带给他的效益和满足。谁也不愿意花钱买"不满"。国外推销界有这样一种说法："并非商品好才卖得出去，而是因为没有不满才畅销。"当今消费者的需求向着多方位、高层次发展，不仅要求商品实体提供满足，并更多的是追求心理、精神上的满足。这就对现代推销人员技能提出了新的要求，不断提高推销技能已成为现时推销成功的另一重要法则。下面仅从推销经验中归纳出推销人员技能水平考察表，以供参考，如表 6 - 3 所示：

表 6 - 3　　　　　　　　　推销人员技能水平考察表

行　为　目　标	习惯状态
能在推销时多提问、多听，少说。	①、②、③、④
能快而准确地发现顾客的主要目标、问题和购买观念。	①、②、③、④
能预料到严重的推销障碍，并能通过自己有效地努力去减小推销阻力。	①、②、③、④
能在介绍商品时，提出对顾客的各种延伸效益。	①、②、③、④
能介绍出与同类竞争商品比较所具有的特色，而且在三条以上。	①、②、③、④
能在推销会谈中，使话题一直集中到顾客的目标和自己的商品优势上。	①、②、③、④
能注意并重复自己推销中富有成效的方法，当行不通时，能巧妙地转换推销方法。	①、②、③、④
能提出问题引导顾客说出自己商品的可能效益，而不是自己去解释这些效益。	①、②、③、④
能在短时间内以第一印象取得顾客信任，并能根据不同顾客的特点提出使他感兴趣的问题。	①、②、③、④

上表中"①、②、③、④"指推销员以往推销活动能达到行为目标的程度。①表示未做到；②表示能部分做到；③表示多数情况下能做到；④表示总是能做到。评分方法与表 6 - 1 相同，分数越高，推销技能水平越高。

谈判与推销技巧

四、创造推销的自我特色

没有特色就没有生命力。近代控制论的核心观点之一就是"类比、模拟、提取、升华"，经过超学科的类比，在模拟或说仿真的不断探索之中，再提取、升华出学科的特色。有人这样说：第一个用鲜花比喻姑娘的人就应获得最高奖赏，如果你跟着用鲜花去比喻姑娘就是庸才。推销工作与其他工作相比更有赖于发挥主观能动精神，因为推销员常处于既代表企业又是"孤军作战"之中，需要在向书本和他人学习的基础上，创造出多种具有自己特色的推销方法，才能吸引更广泛的顾客和用户的注意和兴趣。推销成功的经验告诉我们，推销的活力来源于"新"、"奇"、"诚"。诚实是推销成功的基础，新颖、奇特是产生推销魅力的源泉。美国推销专家汤姆·霍普金斯曾这样讲："推销工作是一种能让你充分发挥自主性和表现自我的职业。""多年的经验告诉我，推销既是代价最高的艰苦工作，又是代价最低的轻松工作，主动权全在你自己。我的推销事业之所以能成功全在于自己的努力，别人的影响是无关紧要的。"

推销特色来源于不生搬硬套别人的经验，敢于创新，敢于走别人没有走过的路。比如，一般推销员对待顾客的抱怨、责骂，就好像下地狱般的难受。可是日本的松下幸之助就采用了他具有特色的想法和做法。他在《买卖心得帖》一文中这样描述：

"有一天，有位店员向我报告，他到顾客那里去，回来途中拜访某家商店，商店的老板非常生气地说：'你们的东西卖给批发商后，评语非常不好。他们把东西退还给我，我非常愤慨，真是岂有此理！大概是松下先生经营电器店太骄傲了，才让人眼红。'我听了这话后说：'真的吗？真的那么生气？我要尽快去赔罪。'于是我亲自去拜访那家商店老板说：'最近让你很生气，真是对不起。我听店员说了……真是对不起。'听我这样一说，商店老板愧疚地说：'啊！真对不起，我说的是气话，没想到您的店员这样忠实地告诉您。真失礼，请不要生气。'于是我说：'不！我没有生气。今后我会特别注意，再制作更好的产品。'对方刚开始是一副非常害怕的样子，后来就跟我有说有笑了。之后，这个老板和我成为了好朋友。"

我国青岛某金笔厂推销员，是一位中年妇女，由工人改做推销工作，由于在推销活动中不断创造自己的推销特色而大获成功。她的做法是：1983 年铱金笔遇到了全国性的市场滞销，该厂产品大量积压。她第一次参加烟台市百货站订货会时，展出的样品无人问津。于是她就背着样品去客户的旅馆登门访问。她以介绍青岛景色开始，逐步谈到工厂的人才、技术、设备、产品质量与特点，又变戏法似地拿出一支又一支的金笔让客户试写，启发用户购买欲望，收到了良好的推销效果。仅一次烟台之行，就签订了 4 万支铱金笔的销售合同。后来，她经过市场调研班学习，更开阔了眼界，推销办法不断创新。秋季开学以后，她背着修理工具和样品跑到各个院校，一面免费为师生修理钢笔，一面宣传介绍产品，征求意见，又卖又修，深受师生欢迎，许多学校打电话邀请她去。她从事推销工作不到一年就推销出铱金笔12.3万支，相当于这个厂年产品的1/10，她也成了推销战线上的佼佼者和推销艺术表演的成功者。

推销界流行这样一种说法：要想在推销中获得成功，首先要推销自己，这是成为优秀推销员的第一步。俗话说："人与人不同，花有几样红。"要推销自己，就要根据自身的特点去创造出自己的推销特色。这并不是出风头，而是现代推销工作的需要，也是推销成功的重要法则。

小　结

推销人员培训是现代企业战略行动的重要组成部分。它不是可有可无的短期应变策略，它具有长期性、战略性和持久性。深刻认识推销人员的培养与塑造，已是当今企业推行形象战略的重要体现。本章学习中应把握的要点：

1. 推销人员的培训应以能力培养和锻炼为重点。

2. 合格推销人才的首要条件是具有良好的思想素质。推销人员的思想素质，一方面体现在"三爱"，即热爱企业、热爱推销工作和热爱所推销的商品；另一方面还体现在能深刻自觉认识和理解企业个性化的理念，并能主动贯彻在自己的推销行为之中。

3. 合格的推销人才应有良好的心理素质。一般包括：坚强的意志、良好的气质和豁达的性格三个方面。在人际交往和沟通中，"成功的关键是性格"。

4. 合格的优秀推销人员，特别是高层次的推销部门负责人，应具有合理的知识结构，一般认为应具有"T"型知识结构。即一方面要求有广博的知识，另一方面要求对所推销或经营的商品有深入的了解。

5. 商品推销成功的最基本法则，是"完全而充分地为顾客着想"。这是世界推销经验的总结，这不仅是一种博大的胸怀，而且是社会主义市场经济条件下，营销基本出发点的转变；不是"你怎么想"、"企业怎么样"，而一切从"顾客怎么样"、"顾客需要什么"出发去思维去设计。只有如此才能赢得市场。

6. 自信心是商品推销成功的重要法则。"最可怕的敌人是自己"，缺乏自信心是做好任何工作的障碍，对商品推销这种总是面临多种多样的顾客，面临众多的"拒绝"的特定工作就更加重要。

7. 技能是指运用能力，不断提高推销技能是指推销人员应根据产品特色、顾客需求的变化，动态地去调整自己的推销方法，使推销工作具有活力。因此，不断提高推销技能不仅是推销人员的基本功，也是赢得顾客、赢得市场的又一重要法则。世界经商有这样的格言："当今是成熟的社会，不是卖商品，而是卖满

谈判与推销技巧

意；推销员不是首先推销商品，而是首先推销自己。"

8. 创造推销的自我特色，是商品推销成功的基本法则。从现代企业的形象战略分析，也是以突出个性化为前提。没有特色，就没有魅力，但任何标新立异都必须以"诚信"为本。

第 七 章 推销的基本方法

当今商品世界，五光十色，令人眼花缭乱。随着生产力发展，人们的消费水平和消费结构不断变化，导致商品交换出现多样化、复杂化的趋势。市场竞争越来越激烈，各种经济关系、各种矛盾相互交织，错综复杂，使得现在做买卖比以往任何时候都要困难得多，这就促使人们从实践到理论去研究、探索经营之道。比如，美国在过去的几十年间就有数千种研究商品销售的书籍问世，平均每3天就发行一种新的专著。在最近20年，日本这方面发展也很快，大有追上和超越美国之势。借助现代科学技术的研究成果去探索现代商品推销技巧和艺术，已成为世界性的趋势，推销技术也成为当今世界发展最快的社会科学之一。本章将从心理学和行为科学角度探讨商品推销活动中带有一定规律性的推销方法。

第一节 购买心理与购买行为

人的行为，或说行动，它是人的外在表现，受多种因素影响和一系列内心活动的驱使。人的购买行为是人的多种多样行为中的一种，它既符合人的总体行为模式的一般性，又有其特殊性。

一、人的行为模式

近代行为科学认为，人的行为一般遵循下列模式，如图7-1所示：

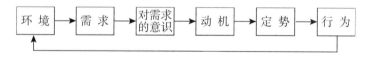

图 7-1 人的行为模式

环境是行为的首要因素，是决定性因素，它不仅是形成需求的主要来源，而且也是满足需求的条件。

需求是影响行为的基本因素，是环境作用于人的产物，人的需求在一定环境条件下（包括物质和精神两个方面）被激发起来。人的需求是多种多样的，美国心理学家马斯洛在研究如何调动人的积极因素时，于1948年提出了人的"需求层次理论"，他把人的需求分为五类：生理需求、安全需求、社交需求（也译

谈判与推销技巧

为爱的需求）、自尊需求、自我实现需求。并认为人在满足低一层次需求以后，才追求高一层次的需求。他的"理论"在世界范围内具有较大影响力，但也引起了不少争论。在继续研究和调查中发现，不同的人对不同层次的需求强度差异很大。近代在谈判理论研究中，也运用了马斯洛的需求理论并形成了谈判中的一个学派。

对需求的意识，一般是指在一定条件下追求满足需要的强烈程度，这对需求的形成和发展起着重要的能动作用。

动机是指个体想满足需求的思维活动。反过来讲，人的行为总是受着动机的支配。动机是人出现行为的内驱力。

定势也称行为准备。当人发现能满足需求的条件时，从心理角度进行的准备称为定势；或说定势是实现需求的自我设计步骤。

行为是指需求的实现和满足的具体行动。

概括起来讲，人的行为模式是指一定的环境引起人的一定需求，需求导致一定的动机，一定的动机驱使出现一定的行为。

行为科学认为，人的个体行为具有五大特点：

（1）主动性。这是指在与环境交往中，人的行为具有主动性。

（2）目的性。人的行为总是为着满足某种需求的目标。正常人的行为具有明确的目的。

（3）持久性。在没有达到目标时，人的行为会持续地出现。

（4）可塑性。这是指环境发生改变时，能作用于人的行为，使其发生改变。对行为的可塑性，我国较早就有认识，"近朱者赤，近墨者黑"、"孟母三迁"等都是对行为可塑性的反映。

（5）动机性。人的行为总是受动机的支配，无动机的行为不存在。因此，动机是产生和维持某种行为的心理倾向，是产生行为的直接原因。动机和需要紧密相连，但又有区别。需要是动机的基础，只有当发现有满足需要的对象，才促使产生某种行为的动机。动机把人的活动引向一定能满足需求的对象，动机对人的行为有下述三种机能：

①始发机能。这是指动机能引发行为，也就是能驱使人们产生某种行动。

②选择机能。在一定情况下，人可能有多种行为，动机能驱使人从多种行为中选择能适合一定社会价值体系，并能满足自己需求的行为。

③强化机能。所谓强化是指动机能够保持和巩固行为，也能否定和中止行为。因为，动机不仅能引起行为，行为的结果也会对动机发生巨大影响。动机因行为的良好结果而加强，从而使该行为保持和巩固下去，使其重复出现；也会因行为结果不好而削弱和消失某种动机，从而中止某种行为的出现。这两种情况都是动机的强化作用。

人的行为模式，是近代行为科学通过大量调查和研究，总结出的一般性规律，用来深入研究人的购买行为，对探索商品推销的基本方法有重要的作用。

二、人们购买行为的特点

人的购买行为是人的行为中的一种，也遵循行为模式描述的规律及行为的五大特点，即：环境引起一定的购买需求，购买需求导致购买动机，购买动机驱使出现购买行为。人的购买行为也同样具有主动性、目的性、持久性、可塑性和动机性五大特点。但是人的购买行为与人的其他行为比较，又具有一定的特色：

（一）很强的个体差异性

假若对一定市场范围的顾客进行调查和分析，你会发现顾客的购买行为千差万别，即使在同一时间、同一地点、购买同一种牌号商品的两位顾客，其购买动机和购买行为也不尽相同。比如，两人同时去购买同一牌号的钢琴，其购买动机可能完全不同，一位是为了学习钢琴而买，其购买行为表现出很重视钢琴的内在质量，如琴键弹出的音色、音质如何；另一位可能完全是为了装饰，表现出很重视外观、造型方面的购买行为。

人的其他行为，往往没有这样大的个体差异性，比如人的意志行为，无论一个人想成为什么样的人，想成为科学家、医生、工程师、教育家、推销专家、企业家……其行为都表现出一定的共性：刻苦、勤奋、好学、坚韧等。近代心理学家认为，人的心理活动可分为有意识和下意识两种。在购买者的心理活动中，下意识心理活动比有意识心理活动表现得更加频繁。

（二）很大的可塑性

所谓很大的可塑性，是指人的购买行为比其他行为对环境因素的变动具有更大的感受性。微弱环境因素变动，都对购买行为有影响，甚至别人的意见、看法都影响着购买行为。一时的某种消费流行，对人的购买动机有较大刺激。国内外推销经验认为，采取宣传和适当地激发兴趣手段，能促使某些顾客出现"冲动性购买行为"。特别是出现购买动机后，买什么商标的商品来满足需求，其可塑性就更大。美国作了这样的调查，有近50%的顾客对自己汽车加什么牌号的汽油没有固定想法。

强调购买行为的可塑性，并不是说人的购买行为是完全没有约束的行动。购买行为的主要驱动力是人的购买需求，但人的理智对购买需求却有很强的约束力，这种约束力来源于经济和社会两个方面。经济约束力表现在顾客的购买能力和可供商品的价格。比如，一位顾客很想买一辆摩托车，由于较高的售价和现实的经济条件，不得不把购买行为向后推迟。社会约束力是指任何顾客都是现实的人，社会化的人，总受着文化、阶层和群体的影响。当出现购买需求时，买什么，买多少，怎样买，就受着这种社会影响而出现理智的约束力。比如，中国人受着中国传统文化影响，绝大多数顾客不会对具有强烈的异国色彩的商品感兴趣。因此，人的购买需求转化为购买动机受着两方面因素的调节：一方面是内外刺激因素的影响，起着强化作用；另一方面是理智，起着约束的作用。

（三）人的购买行为模式

随着生产的发展，人们生活水平不断提高，消费水平和消费结构也不断变化。市场经济的发展，市场竞争日趋激烈，扩大销路，争取顾客，已成为当今企业的重要经济活动。为了有效地争取顾客，就促使人们从实践到理论去研究人的购买行为。最初的研究，是从研究广告效果出发的，随着研究的深入，人们发现广告只是引起购买行为的多种刺激因素中的一种。在美国，社会心理学根据人类的一般行为模式，将典型的购买行为与投票行为和流行行为进行比较，于20世纪50年代后期提出了购买行为的研究模式。如图7-2所示：

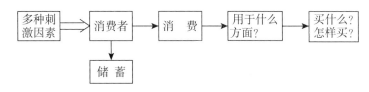

图7-2　消费者购买行为研究模式

图7-2中的多种刺激因素，一般包括推销员的拜访、商店中的商品展销、熟人和朋友的介绍、广告以及对实物的接触，等等。从外部作用于消费者，从而引起消费者的行为，一般可把消费行为分为四个阶段：

（1）决定"是消费还是储蓄"。

（2）决定"用于哪一方面的消费"，如购买耐用品、娱乐文化支出……

（3）决定"买什么"。买什么商品，什么商标的商品。

（4）决定"怎样购买"。何时买，何地买，买哪一种商品。

人们在广泛研究的基础上，认为购买是一个十分复杂的现象，它涉及外来的各种刺激因素以及顾客内在的许多心理活动。购买不是一件事、一个动作，而是一个过程、一连串的活动。购买不是静止的、一成不变的，而是运动的、变化的。因而，人们在研究中提出了人的购买过程模式，如图7-3所示：

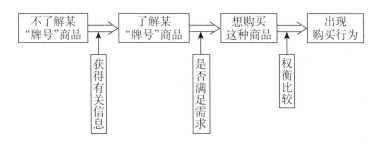

图7-3　购买过程模式

人的购买过程模式，是在已经具有某种购买需求的前提下，去分析研究购买过程而提出的。这种过程模式最早由日本于20世纪60年代提出，其具体形式有多种，但主体思维都是想通过对人的购买行为程序的分析，去探索与商品经销中的对应关系，从而寻求出某些具有规律性的法则。对图 7-3 进行剖析：当购买者在某种购买需求驱动下，对某种牌号的商品有一个由不了解到了解的过程，这个过程是通过各种渠道去获得有关信息来实现的。了解这种牌号的商品到满意这种商品又是一个过程，购买者一般要将商品所能为他提供的效益与自己的需求进行比较，只有获得满意的结果时，才会决定购买这种牌号的商品，否则就会出现购买行为的转移，暂时不买或去买其他牌号的同类商品。从想买这种牌号的商品到出现实际的购买行为，还有一个过程，这个过程称为权衡阶段，这种权衡是综合性的，包括经济的、社会的以及对这种牌号商品所提供的效益的怀疑。权衡阶段的核心是购买者产生一系列疑虑的心理活动，这个活动过程又因购买者的习惯、个性有很大差异，有的是瞬间反应，有的却需要反复思考。

　　人的购买过程模式，一般可概括为四个阶段：发现目标、了解目标、权衡比较、拿定主意。经过长期的研究和实践，人们发现根据购买的四个阶段，商品推销是有规律可循的，而这些规律对商品推销具有普遍的指导意义，即：怎样去引起顾客注意；怎样去激发顾客的兴趣；怎样消除顾客的疑虑；怎样去促成交易的实现。这些将分别在后面讨论。

三、购买动机探讨

　　对顾客购买动机进行调查、分析和研究，对商品推销策略的制定有着十分重要的作用。人为什么要购买，对这一问题学术界有多种看法，众说纷纭。近代心理学和行为科学在研究中对此提出了较圆满的回答，认为是一定环境引起一定的购买需求，一定购买需求导致一定的购买动机，购买动机驱使出现购买行为。购买动机与购买需求密切相连。心理学认为购买需求与购买动机又有明显的差别，需求是一种意念式倾向，而动机则是一种目的式倾向；需求带有自然欲望色彩，而动机则充满复杂的内心活动，带有更多的精神欲望色彩。一个人有了某种需求意念之后，就会去寻找对需求的满足，只有当他获取与其需求相对应的某种刺激信号之后，才能转化为具体化和明显化的动机。刺激信号可来自内因和外因两方面。比如，人都有喝水的需求，但不一定马上出现购买水的行为，只有当体内出现口渴的信号时，才会想到去喝水。可是喝什么？在哪里喝？又得在接收各种销售饮料的信号之后，才会出现购买某种饮料的动机，在权衡之后出现购买行为。在经济学科中，为了研究的方便，对购买需求和购买动机并不很严格地加以区分。

　　泛讲顾客动机，可说是多种多样和千变万化的。人们在调查和研究中，其具体归类也不尽相同。下列是一些较有代表性的划分：

　　（一）从顾客个性心理特征及一定特点划分

　　（1）理智型购买动机。有此动机的购买者对购买商品经过调查和深思熟虑，购买时心中有数，且重视商品效益和扩展效益，购买后不轻易退换。

（2）冲动型购买动机。有此动机的购买者往往被商品的新奇、价格便宜以及各种有关商品的宣传所吸引，购买时多不大注意内在质量，购买后常后悔。

（3）生存型购买动机。有此动机的购买者往往是生理需求引起的购买动机。多表现在对日用必需品的购买上，购买行为稳定地重复出现。

（4）习惯型购买动机。有此动机的购买者是由顾客生活嗜好所引起的，购买时往往有固定商品牌号目标，不轻易改变。生活习惯、商品使用习惯等，也能形成这种类型的购买动机。

（5）时髦型购买动机。有此动机的购买者通常是由一时的消费流行而引起的追求时髦的心理驱使，购买行为表现出特别重视商品款式的新颖，价格和耐用性反而成为考虑的次要因素。

（6）诱发型购买动机。有此动机的购买者与冲动型有关，在大量的商品宣传中诱发出购买并不很急需商品的动机，或者受"机会心理"驱动而出现的购买行为，比如"有奖销售"等销售策略所诱发出的购买动机。

（7）自信型购买动机。有此动机的购买者是其较强的自信心在购买行为方面的反映。常表现出很自信地去按一定目标购买，即使市场情况发生变化，也坚定不移地去购买。

（8）保守型购买动机。持该动机的购买者常表现为观望态度，选择性较强，不合意决不买。

（9）被迫型购买动机。有此动机的购买者多为购买者有求于人，需要请客送礼而出现的购买行为。

（二）从顾客需求角度划分

（1）生存动机。为维持生命活动而出现的购买动机。

（2）安全动机。为保障人身安全、行动安全、防病防老等而出现的购买动机。

（3）情感动机。为满足情感需要而出现的购买动机，如购买礼品等。

（4）探求动机。为好奇与兴趣、探索与追求、发明与创造而出现的购买动机。

（5）自尊动机。为满足自尊心的需要而出现的购买动机。

（6）节俭动机。为满足某种节俭需要而出现的购买动机。

（7）受用动机。为了舒适、享受需要而出现的购买动机。

（三）从购买动机特征划分

（1）生理动机。这是指由人的生理上的本能需要所引起的购买动机。它包括维持生命、保护生命、延续生命、发展生命等方面。由生理动机所引起的购买行为，具有经常性、重复性和习惯性的特点。为满足生理需要的商品多属于生活必需品。

（2）心理动机。这是指由人的认识、感情和意志等心理活动所引起的购买动机。一般包括理智、感情、偏爱等方面。其购买行为多是为了满足社交、友谊、娱乐、享受和事业发展等精神方面的需要。其购买行为特点主要表现为多变性和较大的个体差异性，特别是随着消费趋势的变化而相应地动态变化。一般有求实、求廉、求名、求新、求美、好奇、好胜等特色。

对顾客购买动机从不同角度进行分类，是为了更清晰地认识它、分析它，从而寻求出顾客为什么要购买，怎样购买的规律性，以便研究对应的推销方法。顾客购买商品的基础是需求，一切购买行为都是为了满足一定的需求欲望。需求在一个人身上又是多种并存的，只有一种需求的人极少，人往往要同时满足多种需要，但又容易受经济条件的限制。因此，由于满足了某种需求，就不得不打消其他需求欲望。在一定环境条件下，众多需求中哪些会实现，哪些会暂时被打消，其原因何在，这正是深入研究顾客需求与动机的重要课题，也是研究商品推销方法的立足点。在学术研究中，一般认为影响购买行为的因素有：

喜好（或说兴趣）：它是人对事物的特殊认识倾向性或偏向性。之所以特殊，就在于这种认识倾向总与快乐、欢喜、高兴等肯定的情感相伴随。喜好本身很难成为购买行为的直接动机，只有与需求相结合，才能间接地成为购买动机。在顾客购买某一商品时，与其说决定是否购买，还不如说是决定在哪儿买、买什么样的商品。喜好是影响购买行为的一个极其稳定的重要因素，对商品的选择起着决定性的作用。喜好在商品购买中又有"形态喜好"和"机能喜好"两种：形态喜好是指对商品的颜色、外观、手感、味道等的喜好，机能喜好是指对商品功能和效益的喜好。实际上，几乎没有 100% 的实用性商品，也不可能有 100% 的装饰性商品。顾客在挑选商品时，只是有所偏重，追求某种偏好的平衡关系。人们不是无止境地追求好东西，而是恰如其分地选择较好商品。商品推销中，搞清顾客的喜好平衡关系，以及追求何种程度的好商品，是很重要的，以便有的放矢。

态度：一般是指人在一定环境条件下所形成的对事物较固定的意向。比如，顾客在以往若干购买行为中逐步形成对某一商品和商标的好感或非好感的态度，这种"购买态度"对购买行为有很大的影响。

推测：也称判断，是指对事物未来状态的估计。顾客的自我推测，对现实购买行为起着重要作用。比如，当顾客推测最近物价会上涨时，即使是不急需的商品也会购买；如果认为商品会更新、会降价时，就会克制购买欲。顾客的这种"经济性的推测"对购买行为会有影响，即使是顾客一般的"今后生活的推测"对购买行为也有影响。

社会因素：一般指商品的社会承认状况和普及程度，以及是否"流行"等因素。比如，顾客所处的群体都购买某种商品，就会促使其对该商品产生购买欲望。

谈判与推销技巧

偶然因素：购买行为的偶然因素，主要有人为因素和场所因素两方面。人为因素是指通过推销员的访销、营业员的介绍、广告宣传等人为活动对顾客产生的刺激因素。场所因素是指商店的位置和商品的陈列方式等。偶然因素对具有坚定信念的顾客影响度较小，但对没有主见的顾客影响度就较大，在偶然因素的刺激和诱导下，往往不由自主地出现购买行为。

近代人们从经济心理学、经济社会学和临床心理学角度对消费者的购买行为过程进行研究，由于不同的研究重点其认识与结论存在差异，但共同认为，购买行为是经济行为，虽然是经济行为，如果仅从收入、支出等经济因素去分析，则不能真实的概括出购买行为的实质，必须结合社会学因素（顾客的文化、阶层、群体、地位等）以及心理学因素（顾客的兴趣、态度、推测等）才能更具有科学性和真实性。

下面根据一般概括的购买行为过程模式所描述的四个阶段，讨论其对应的商品推销的基本方法。

第二节　唤起购买者注意的主要方法

"注意"在心理学中是指心理活动对一定事物的选择性。这种选择性可以使人的意识集中于一定的客体，同时离开其他客体。比如，一个人正在聚精会神地读书，附近别人的谈话，他就只能模糊地知道，因为他的注意力只集中于书本。注意又分为随意注意和不随意注意两种，"随意注意"是指主体有预定的目标，主观能动地去寻求客体的注意，比如一个正在专心搞技术革新的人，就会在生活中有目的地寻求与自己发明和革新有关的事物。"不随意注意"是指没有自觉的目的，不需要任何努力的一种注意。

注意具有广度、分配和转移等特性。所谓注意广度，就是指注意的范围，指在有限的时间内能够把握多少客体。人的注意广度受主客观两种因素的影响，主观因素是指人的注意广度因人而异。比如，两人同时读书，速度和体会都有差异，这就是不同的人有不同的注意广度。客观因素是指被注意对象的特点，被注意的对象越集中，排列得越有秩序，就能促使人的注意广度扩大。所谓注意分配是指人在活动中可以在注意中心同时把握几种客体的现象。比如，汽车司机在行车时，既要注意前方路面、两旁的车辆和行人，又要注意手中的方向盘和脚下的油门，同时还要注意倾听发动机的声音，等等。注意一般不是平均分配的，常有主次之分。所谓注意转移是指同一注意过程中主次发生变换的现象。

研究探讨人的注意种类和特点，从推销角度讲，是为了探索如何更有效地唤起购买者注意的方法。

一、广告

广告对唤起购买者注意,特别是对唤起顾客的不随意注意具有很独特的作用。当今世界,凡是成功的企业无不重视广告。广告大师赛弗尔特曾这样说过:广告是"一种对人们的心理施加影响的形式,它通过运用有意识的方法来促进人们对其本身目标的自愿接受、自我实现和传播。"心理学家哈泽勒夫也曾把广告定义为:"为了实现一种产品或一个企业的销售策略,有意识地、公开地和有计划地把信息、说服力和决策控制联系在一起的方法。"广告在商品推销中之所以具有特殊作用,这应归功于它的主要功能——显示作用。它通过对比、变幻、新奇、造型、强度、幅度、位置、美感等系列手法,起着强化刺激、唤起、诱导和触发顾客的感知活动,从而唤起顾客的注意,激发顾客对某种商品的兴趣和形成对某种商品的良好印象,促使顾客产生购买心理。广告的作用是多方面的,唤起注意只是其功能之一。由于广告在现代商品经营、推销中的重要作用,促使人们从广告的功能、效果、设计、制作等方面对它进行系统研究,现代广告已成为一门专门的学科——广告学。

广告尽管是现代商品生产者和经营者的传声筒,是促使购买自己商品的重要手段。但是,在现今"浩如烟海"的广告世界,要使自己的广告充分而全面的发挥出应有功效,绝不是一件轻而易举的事情。一般地讲,做广告应把握住两个基本点:首先要从维护企业信誉出发。信誉是企业的生命,信誉好,给人的印象才佳,也才对顾客具有强烈的吸引力。任何不真实的宣传,效果都会适得其反。其次是必须从"顾客观念"角度进行宣传,顾客购买商品的主要思维是"效益",即商品为他能提供什么"好处"。世界著名广告商大卫·奥吉维曾说:"消费者购买那些在广告中承诺了的价值、美观、营养、解除烦恼、标志社会地位的产品。全世界都是如此。"世界著名人际关系学家达尔·卡内基对此有很形象的比喻:"就我个人来讲,我喜欢草莓冰淇淋,而我发现鱼由于某些奇特的原因喜欢蚯蚓,因此我钓鱼时不考虑我要什么,而考虑它们要什么。我不把草莓冰淇淋放在钓钩上做诱饵,而是把一条蚯蚓或一只蚱蜢放在鱼面前摆动,并说:'你不是愿意吃这玩意儿吗?'"因此,广告宣传一定要考虑到顾客购买的不仅仅是商品本身,宣传重点应放在"效益"和"延伸效益"上。比如,做一种加强型锁的广告,不应把宣传重点放在锁的制造工艺、原材料选用及其型号、款式上(商品体的特点),而应重点介绍这种锁与其他锁比较具有更多的保护作用(效益),使用该锁后可确保安全而减少你的烦恼并为你的家庭带来愉快(延伸效益)。再如,广告宣传新型的小汽车,不要宣传它如何豪华,而应宣传它如何舒适(效益);不要宣传它如何与众不同,而应宣传它如何便于操纵、如何省油、如何安全可靠等(延伸效益)。

广告宣传已成为当今企业的世界性潮流,凡是成功的企业都在广告上下过很

谈判与推销技巧

大的工夫。比如，美国的可口可乐公司，它于1886年诞生在美国佐治亚州的安特兰丹，现在生产销售遍及全球，已成为拥有数以亿计消费者的软性饮料之王。它之所以发展快、影响大而经久不衰，其主要原因就是一直狠抓广告宣传。它的第一任经理柯勒在1916年退休时说："这种99.7%是水和糖的混合液体之所以能抑制其他同类产品，风靡全球，所向无敌，并不在于它有非同于其他产品的奥秘，也不在于它那富有神奇色彩的原液，而在于公司的宣传和广告中，本公司的精髓在于广告。"可口可乐公司为了激发购买，扩大销售，总是不惜重金进行广告宣传，其广告费用逐年递增：1901年为10万美元，1911年为100万美元，1941年为1000万美元，1948年为2000万美元，1959年为4000万美元，现在每年已大大超过1亿美元。

可口可乐的广告宣传具有掌握心理、抓住时机、针对竞争对手和灵活机动的策略四大特点：

掌握心理。可口可乐广告宣传，根据最初消费者不愿购买像药色的饮料，就不厌其烦地在广告中反复强调，可口可乐虽为茶褐色饮料，但不是药物，而是百分之百的可口清凉琼浆玉液，是一种适合妇女儿童四季服用的大众饮料。在反复宣传中，终于消除了人们的心理顾虑，赢得了越来越多的消费者，不仅征服了美国，而且走向全世界。

抓住时机。这是可口可乐广告的另一特点。第二次世界大战时，和平用途的产品日渐衰退，可口可乐也不例外，该公司的第四任经理魏拉夫，抓住时机发起一场"第二次世界大战与可口可乐"的大论战，广泛散发一种题为《战争期间最大限度的努力与休息的重要性》的小册子，说明可口可乐是一种军需品，其重要性不亚于枪炮弹药，结果获得了美国政府的认可和支持，使可口可乐公司向世界输出了64家工厂，年产量最高达50亿瓶。

针对竞争对手。可口可乐与百事可乐的广告战是举世闻名的，当可口可乐年销量达300亿瓶时，百事可乐在美国异军突起，而且在广告宣传中完全针对可口可乐。"百事可乐是年轻人的最爱，年轻人无不爱喝百事可乐"，这种宣传的潜在含义很清楚，就是"可口可乐是老年人的，是过时的东西"。可口可乐采取了针锋相对的广告宣传，请专家分析，并增加比百事可乐高50%的费用去扩大广告宣传的深度和广度。

灵活机动。可口可乐公司为了打入世界各国市场，在广告宣传中采取了很灵活的策略。如它与我国北京、广州、深圳、厦门四家饮料厂合作生产可口可乐，合同规定美方免费提供设备和技术，中方用外汇购买美方的浓缩液，经稀释、灌装后在国内销售。销售收入全部归中方，美方只赚取卖浓缩液的利润。为打开我国的销售市场，可口可乐公司愿出一半的费用与我国四家饮料厂联合大做广告，结果使可口可乐销量扶摇直上。厦门饮料厂从1984年年底试产以来，产量和利润以年均大于80%的高速度持续增长。

从推销角度研究广告，其基本心理策略是引起消费者对商品的注意，从而达到推销商品的目的。下面对如何提高广告的注意效果进行分析：

（一）刺激强度

一般地讲，刺激强度越大，越容易引起人的注意；反之，越容易被人忽略。比如，数幅广告宣传摆在一起，其中谁的光亮度较高，色彩最鲜艳，谁就更能吸引人们的注意。提高广告刺激强度的方法很多，但基本原理都是利用刺激物或刺激因素去打破人的视觉和听觉平衡，刺激兴奋中心，而使其他事物暂时被抑制，以达到提醒人们注意的目的。我国古代经商采用的吹箫、击鼓、敲锣等招徕顾客的方法，就是以音响作为刺激物而引起人的注意。再如，当今儿童食品和用品发展很快，其广告中常引用婴幼儿的图像，这是通过刺激人们的爱护本能，从而达到提高注意率的目的。当今世界，国外广告界还有一种有争议的"色情广告"派。总之，提高广告的刺激强度是获取注意效果的重要方法之一。

（二）新颖奇特

人总是对新颖奇特的事物较为注意，并能产生联想。如果人家广告宣传："誉满全球，实行三包"，你也这样宣传，使广告公式化，其效果一定很差。新颖奇特是广告创造的灵魂，但又不能脱离真实性，否则会出现逆反效应。下面剖析几个实例：

实例1：在首都机场，你会看到在首都航空港附近矗立着一个比一个高大的广告牌，有中国的，也有外国的，令人目不暇接。日本丰田汽车的广告牌最引人注目："车到山前必有路，有路必有丰田车。"这两行字独具匠心，相对于其他广告牌具有鲜明的新异性。新就新在从来没有人把"车到山前必有路"这句中国俗语，同日本丰田汽车联系在一起，异就异在这两行字虽从人们眼前一掠而过，却令人回味：不论世上山有多少，丰田车都无处不在，可见它是多么受欢迎。

实例2：美国丽明顿刮胡刀片的广告是这样说的："从前每片刮10人次，此后刮13人次，如今可刮200人次"很引人注意。其新意就在于不正面介绍该产品的质量如何好，而采用"从前"、"此后"、"如今"三个不同时期的比较，使人感觉到它的质量越来越好。

实例3：德国奔驰汽车公司的广告是这样写的："如果有人发现奔驰牌汽车发生故障，被迫抛锚，我们将赠送10 000美金。"它使人联想到奔驰汽车的优良性能。我国西安"太阳"牌锅巴的广告用语："不尝不知道，一尝忘不掉"与奔驰广告有异曲同工之妙。

实例4：新中国成立前，上海《申报》刊登了一则巨额悬赏征求下联的消息。登出的上联为："五月黄梅天"，连登数日后，广泛引起了人们的注意，并促使不少人去思考下联。几天后报上登出了下联的答案："三星白兰地"。原来这是三星白兰地厂家的新颖广告方式，一时使三星白兰地酒在上海名声大振。

实例5：上海冠生园食品店，由广东人冼冠生于1915年创立。其广告宣传年年翻新。1934年举办盛况空前的"月饼展览会"，特邀电影明星胡蝶为开幕式剪彩，还请胡蝶在特制的宝塔形大月饼旁拍照，并题上"唯中国有此明星，唯冠生园有此月饼"，开创了明星做广告的先例。1935年又在上海兴办"水上赏月"活动。中秋之夜，冠生园包租了游览船，在上海各报登出广告："凡市民购冠生园月饼10盒，即赠水上赏月券一张。"1936年又变更为"陆上赏月"活动。这种变换、创新的广告宣传，使之声誉大振，年销量达10万盒以上。冯玉祥还亲笔题字"现代弦高"送给冼冠生。

实例6："皇冠"香烟为打入欧洲市场，派推销员去时，恰遇宣传禁烟活动，很难推销。公司利用人们的逆反心理，在街上竖起了特别醒目的巨型广告牌："禁止吸烟——连皇冠香烟也不例外"，结果打开了销路。

（三）对比变幻

对比度小且又静止的广告是很难引人注意的。"万绿丛中一点红"，这个一点红放在万绿丛中，其对比度就很大，使人很容易注意到。比如，在报刊上做广告，都是白底黑字，就不具有特殊吸引力，而如果一则广告改用黑底白字或套色印刷，就醒目、鲜明，特别引人注意。广告牌是静止的，如果装上霓虹灯并有适当的变幻，其注意效果就比纯静止的广告牌要好。电视广告相对于报刊广告更吸引人注意，是因为有音乐和频繁变幻的画面。

（四）感情诱导

人们最容易也最愿意了解与自己相关的事情。要使顾客对推销引发注意，就应该造成顾客与推销息息相关的感情沟通。在现代商品经济条件下，顾客处于主导地位，广告宣传一定要突出顾客，而不是突出自己，这样才能诱发顾客从感情角度注意推销的商品。比如，一则广告这样写："我厂名牌产品荣获国内第一！"顾客看了就可能没有什么反应，因为你的产品再好，哪怕是"世界第一"，与顾客有什么相干呢？这则广告之所以不易引起注意，其原因是由于宣传中突出的是自己，而没有把顾客放在应有的位置上。如果改为："您所需要的我厂名牌产品已荣获国内第一！"其注意效果就更好。国外曾做过一个试验：在两部擦鞋机前，各挂一个小广告，一个是"请坐，擦鞋"；另一个是"约会前，请擦鞋"，结果后者比前者效果好得多，其原因就在于后者是站在顾客的立场上进行宣传的。

（五）生动简洁

生动是指广告的图像或画面要鲜明而具有生气，简洁是指广告语言要精练而易于理解。生动简洁的广告不仅能提高注意效果，还能加强注意深度，在顾客头脑中形成较牢固的记忆，从而更有利于自己商品的推销。比如，上海合成洗涤剂厂的"白猫"牌洗涤精的电视卡通广告，用商标图案白猫作为主要形象，围着洗涤精瓶子跳来跳去，整个画面极为生动，引人注意。

（六）必要重复

如果顾客只接触一次某种商品的广告信息，往往不会有很深的印象，何况广告通过广播、电视等媒体传播时，还会受到某些因素的干扰而形成失真现象，就更不容易引起顾客的注意。必要的重复能加深印象提高注意。重复不应是一成不变的，因为简单的重复容易使人大脑疲劳，甚至引起对抗心理，从而降低注意效果，因此重复时应有所变化，可在色彩、广告媒体、表现形式等多方面考虑变化。国外对一家鞋店的广告效果作了这样的调查：头一个周末在报上登了一张黑白广告后，一周销售量为200双；在下一周末则刊登了彩印的相同广告，下一周销售量增加为2000双。这说明变换重复的效果。当然，这种销售量的突增，是多种因素作用的结果，而不仅仅是广告的影响。

二、场地设计

销售场地的布置和设计，购买气氛的渲染是唤起顾客注意的另一重要方法。一个人的认识和反映与外界事物对感官的刺激方式和强度有直接关系。人的五大感觉器官中，视觉具有获取信息多、反应速度快、感受程度深的特点。因此，场地设计应重点考虑照明、色彩、对比、衬托、模型模特、门面装饰、橱窗陈列、挂图照片、曲折迂回、高低落差等能引起顾客视觉反应的布置。当然设计中也不能忽略顾客其他感官反应和心理需求。怎样才能创造出一个能唤起顾客注意，适合推销的环境。由于地区、风俗、顾客来源、商品性质等因素的差别，不可能有一个固定而统一的模式，必须因时、因地去具体分析。一般地讲应根据本身的条件、场地环境以及商品性质做到下述几方面：

（一）强调自身经营的独特风格

经营场地的设计突出自己特色是很重要的。平淡无奇，步人后尘，怎能引人注意。即使一个招牌的使用，也应具有特色，以引人注意，如"麻婆豆腐"、"傻子瓜子"、"博步鞋店"、"陶居茶室"等都各具特色。我国古代经商就悟出了这个道理。比如，明代一点心铺请画家徐文长写招牌，他灵机一动，将点心的"心"写为"心"，中间少一点。店小二以为画家写了别字，请徐文长更正，徐笑道：心字少一点，岂不让人感到心中缺了点什么？这样一来，招牌既引人注意，而且还应了"空心肚子"的譬喻，肚子空了，正好进食。试挂以后效果极佳。假如"心"字写得平淡无奇，谁又会去玩味一个小小的店招呢？

（二）突出顾客的地位

人是一种带有个性特征的高级情感动物，一言一行无不带着自己的感情色彩，在人们丰富而复杂的内心世界中，有一种共同的心理需求，就是被他人所尊重。这种心理在顾客购买行为中表现得最为突出。环境对于人的心情有直接影响，空气清新，给人以幽静舒适的感觉，使人流连商店里琳琅满目、热闹繁华的景象，也令人愉悦。不同环境可从不同角度给人以精神上的满足。销售场地要设计得让顾客能随心所欲地观看商品，平心静气地挑选，让他们感到亲切，宾至如归，这不仅能引起顾客的注意，也能使顾客有一种心理满足。柜台商品陈列，醒目而具有艺术情趣，适度宜人的照明设计，是销售场地布置中吸引顾客的最重要环节。如何使柜台商品陈列得美观、新颖、重点突出、雅俗共赏，是现代商品经营的重要技巧。比如，销售电视机、播放器的柜台，为顾客创造好的收视环境，不仅能吸引顾客，也能为顾客做向导。儿童玩具柜台，布置成一派"儿童乐园"气氛，彩色气球凌空而挂，电动玩具各显其能，让各种玩具的魅力充分显示，就能唤起孩子们的注意和兴趣。模特是服装销售的得力助手，应定期适时为它更换各种时装，让它"活灵活现"，加上配以恰当的光彩，就能更加引人注目。总之，艺术而精巧的布置，清洁而舒适的环境，能引来更多顾客的光临和注意。

（三）注意风土人情

场地设计不能脱离当时、当地的风土人情和道德规范。仅从国内讲，我国是一个人口众多，并拥有 56 个民族的国家。各地区、各民族的文化习俗、风土人情、传统习惯有很大差异，这种差异性反映在购买行为中，就形成了千差万别的审美情趣和迥然不同的审美标准。各有所爱，各有所忌。销售场地的布置，色彩选择等都应符合当地的特点，否则不仅不能引起广大顾客的注意，甚至会带来不必要的麻烦。

三、包装装潢

商品包装与商品装潢是紧密相连而又有区别的两个概念。包装一般是指对商品使用价值的维护手段。包装根据其作用常分为外包装和内包装两种：外包装是指运输包装，其作用主要是防止商品在储运中的损坏。内包装是指销售包装，其主要作用是方便顾客和在销售、使用中起养护效用。现代商品经济条件下，包装发展很快，有的国家已形成独立的包装工业，商品的销售包装更是向美化、多功能化、艺术化、套装、拼装、分装等多面发展。装潢一般指装饰、美化、说明商品的各种图案和图形，其主要作用是美化、装饰商品。装潢一般与内包装密切相连，故习惯称为"包装装潢"。包装装潢在当今市场经济条件下，不仅是维护使用价值和方便顾客的手段，也是增加商品价值，唤起顾客注意和促销、竞争的手段。

优美而方便顾客的包装装潢与唤起购买者注意有着千丝万缕的联系。国际商界普遍认为包装装潢是"无声的推销员"，我国经商之道中，很早就流传一种说法——"货卖一张皮"。这当然不是说商品推销中可以"金玉其外，败絮其中"，而是强调美化商品外观对购买者有较大的刺激，优美奇特的包装装潢具有先声夺人之势，对人们有很大吸引力。借助包装装潢的特殊魅力，去唤起顾客对销售的注意，是商品推销的重要策略之一。原来我国出口商品对包装装潢不太重视，吃亏现象时有发生。比如，我国向英国出口的 18 头莲花茶具，原包装只是光身的瓦楞纸盒，给人的印象很差，当然售价就低。伦敦一家百货商店，把茶具加制了精致的美术包装，上面印有茶具的彩色实物照片，这样一打扮，售价由我国出口价每套 1.7 英镑提为 8.99 英镑。再如，我国原来出口精盐，多为 50 千克的包装，售价每吨为 70 美元，客商买后，还要追加一笔由大包装改为小包装的费用，才能投入市场。在实践中吸取教训后，厂家在广交会上将其改为 0.8 千克乳白塑料瓶装，不仅每吨售价由 70 美元提高到 320 美元，而且还很畅销。

包装装潢的创新应与商品的属性、质量、价值相统一，也不能一味追求高档包装装潢，否则会过大的增加成本，而不利于推销。随着市场经济的发展，人们的消费水平不断变化，人们对包装装潢的要求会越来越高，不断创新，才能适应市场变化的需要，但创新必须有明确的目的，不是为新而新，而是为了使商品显得更时髦，更适合顾客需求，增强对消费者的吸引力。

四、商标

商标是指商品的标志，俗称为"牌子"。一般由文字、图形所组成。其主要作用有：首先是用于区分不同来源的商品，经注册认可，就享有专用权，受法律保护；其次是表示商品特定性质，商标信誉与商品质量密切相关，是促进生产和维护消费者利益的有效手段；最后是其本身就是宣传促销的手段，名牌商标对顾客的吸引力很大，商标反映着企业形象，创名牌是企业提高信誉、争取顾客的重要方法。现代企业提出的"三名"战略，就是指名牌、名人、名企，逐步地去提高企业的声誉。

在商品经济发达的今天，商标已成为现代推销的重要工具，顾客购买商品在很大程度上是认"商标"的，名牌商标是商品推销的物质基础。从世界范围考察，成功的企业无不与其全力以赴的创名牌有关。下面从实例分析：

实例 1："牛仔裤"是历时 150 多年的传奇式名牌服装，风靡世界，经久不衰。这与"利惠·施特劳斯公司"根据购买者的需求，不断改进，创出名牌密切相关。利惠·施特劳斯是德国人，1840 年移居美国西部。当时，那里正处于"寻金热"，许多人下矿挖金子。最初，利惠只是将他从外地带来的细布料和衣服等物，向当地矿工推销。在推销他常听到矿工们抱怨普通衣服不耐穿也不方便，于是产生了开设服装厂的念头。为迎合矿工们当时追求牢固价廉的需求，他把通常用来做帐篷的滞销厚帆布制成裤子，竟然极为畅销。后来他根据消费者的意见不断改进，把料子改为厚棉布，又根据后袋因常放工具而易于脱线的缺点，改为用金属钉把后袋钉牢。到 1853 年他将服装厂扩大为利惠·施特劳斯服装公司，为满足人们爱美需求，用特殊染料将布染成蓝色，并采取特殊技术织成一种蓝色经线、白色纬线的纯棉布，使布面具有一种与众不同的外观，而且用合金制作纽扣，在裤的臀部处镶上利惠·施特劳斯的商标。这种奇特的裤子，在英语中称为"琼"，译成汉语是"美好"、"精美"的含义，这也是当今世界流行的"牛仔裤"。到 20 世纪 70 年代后，采用靛蓝色劳动布和"石磨水洗"加工，并设计出上装、大衣、短袖衫、夹克衫以及短裙，使人感到柔软、舒服、美观、大方，

谈判与推销技巧

能适应各种层次和不同年龄的消费者。现在利惠·施特劳斯公司生产的"牛仔裤"年销量达5亿条以上，营业额达10亿美元以上。

实例2：我国常州柴油机厂，数十年来一直高度重视质量和信誉，生产的"S195柴油机"两次获得国家金质奖，性能和燃耗率均处于世界领先地位。在国内市场形成"非'常柴'（国内商标）不买"的巨大影响力。在国外，秘鲁用户称："中国'东风'（常柴以前的外销商标）质量好，用了10年都不坏，比日本的还强，今后要买柴油机，就买中国的'东风'。"

名牌商标对顾客具有很强的吸引力，而且也是关系着企业信誉、竞争能力和利润的大事。商标是企业的产权，其本身也有价值。美国可口可乐公司在1972年将"可口可乐"商标定价为22亿美元，得到国际上的公认，这说明商标的信誉是可用经济价值加以评价的。1992年12月29日德国《世界报》公布了"世界十大著名商标排行榜"：

第一，美国，可口可乐；

第二，日本，索尼；

第三，德国，梅塞德斯—奔驰；

第四，美国，柯达胶卷；

第五，美国，迪斯尼乐园；

第六，瑞士，雀巢；

第七，日本，丰田；

第八，美国，麦当劳快餐；

第九，美国，国际商用机器；

第十，美国，百事可乐。

五、推销人员的魅力

生意是做出来的，路是走出来的。日本有句经商格言："学做生意就是学做人"；我国孔子也曾这样说："修身齐家治国平天下"，把修身作为人生的起点。推销人员创造自己应有的魅力，越被顾客认同和接受，就越能引起顾客的注意、信任，推销就越容易成功。推销人员的魅力是其外表神情、语言谈吐、沟通技巧、优良品德的综合体现，下面分别讨论。

（一）外表神情

推销人员的外表神情对顾客的吸引有着显著的作用。人往往非常相信自己所获得的第一印象。给顾客以良好的第一印象并不是很简单的事情。比如微笑，人人都会，可是要在陌生人面前微笑，在众多人面前微笑，在情绪不好时微笑，在疲劳时微笑，在任何环境都笑得真诚而大方，却不是一件容易的事情，仅模仿不行，必须训练和自我塑造，否则，不是笑不出来就是笑得很不自然；再如衣着，对推销人员来讲，就只是关系着个人的生活琐事，而往往表示出企业的精神和文化，访销的推销人员应注意衣着入时、入流，又能根据所处的顾客群体做到恰如其分。这不仅涉及一个人的精神面貌，也是现代推销工作的需要。近代心理学研究认为，人愈处于自己熟悉的环境，愈有安全感；衣着愈与顾客接近，就愈能缩短与顾客之间的心理距离，使顾客产生亲切感和信任感。中国俗语"到哪个坡，唱哪个歌"，就是一句充满了生活哲理的谚语。我国商界从长期柜台销售中总结出：

表情冷漠，会使顾客感到推销营业人员高傲，目中无人，难以接近，甚至让人望而生畏。

衣着不整，会给顾客造成懒散、不认真的感觉，进而对其产生不信任感。

扔摔商品，会使顾客感觉粗鲁不礼貌，而且破坏了商品的美感，给顾客造成商品不珍贵的感觉。

姿势不端，包括靠、倚、趴等不良姿势，会给顾客造成粗枝大叶、漫不经心的感受，使人感觉其不愿提供服务，使顾客的购买兴趣下降。

总之，推销营业人员热情自然、庄重大方、整洁文雅、有条不紊的外表神情是提高顾客注意的重要途径，也是从心理上使顾客产生信任感、愉快感的重要方面，这样才能使顾客不仅带走了称心的商品，也印下了推销人员的美好形象，从而把买卖过程转化为交流感情、传递信任的愉快过程。

（二）语言谈吐

语言谈吐是一个人精神面貌的外在反映。推销人员的魅力，在很大程度上来源于其语言是否具有魅力。国外有句谚语："不是蜜，但可以粘住一切东西。"这就是对语言魅力的描述。推销人员用"听"来接收顾客的心理信息，用"说"来作出相应的反馈。推销语言虽不是文学语言，但它同样讲究精练、准确、生动。它是特定语言环境的产物。广义地讲推销语言，是指包括打招呼、介绍、访问、接送顾客、推荐商品、服务咨询、商业洽谈等广泛的语言范围。狭义地讲推销语言是指某一买卖过程中，具有鲜明服务特点和服务对象的语言。它不仅是一门学问，也是一门艺术。

（三）沟通技能

沟通是指人与人之间传达思想、观念、意见，或交换情报、消息的过程。从推销过程讲沟通，推销人员既是信息的传递者，又是信息的接收者，处于买卖沟通中的中心地位。推销人员的沟通技巧和形象，直接影响沟通效果，也是推销人员魅力的表现形式。要想达到良好的沟通效果，必须对人际关系进行充分认识和理解。所谓人际关系，著名心理学家朱智贤教授主编的《心理学大辞典》这样说："人际关系是社会关系的一个侧面，其外延很广，包括朋友关系、夫妻关系、亲子关系、同学关系、师生关系、同志关系等，它受生产关系的决定和政治关系的制约，是社会关系中较低层次的关系；同时，它又渗透在社会关系的各个方面之中，是社会关系的'横断面'，因而又反过来影响社会关系。"作为社会关系的横断面的人际关系，直接影响着一个人在工作、生活等方面的成果，推销员从工作性质分析，属于外向型，必须与各种层次、各种类型的人打交道，不懂人际关系学的基本知识，不懂人际沟通的基本技能，将会一事无成。

对人际关系的研究，起源于古代的哲学。据文字记载，在西方最早从事这方面研究的是古希腊哲学家柏拉图和亚里士多德；在东方就是我国的孔子。子曰："己欲立而立人，己欲达而达人。""己所不欲，勿施于人。"前一句的意思是：一个人要想站得住，就要帮助别人站得住；要想自己事事行得通，就要帮助别人事事行得通。后一句是说：自己不想要的，就不要强加给别人。孔子在人际关系中，在古代是唯一形成了体系的，其理论基础是"仁"，以"爱人"为主体，以"博施济众"和"推己及人"为两翼，较全面地阐述了人际关系的准则。但人际关系真正形成学科，却是在 20 世纪 20 年代以后。一些心理学家把人际关系的心理现象引进实验室，进行实验、观察，并作定量分析，人际关系学才逐步走向科学化、定量化和理论化。到 21 世纪人际关系学仍处于深化研究和发展过程之中。经数十年的发展、研究、调查、实验的结果表明，在人际沟通中，要人缘好，应具有下述个性特征：①尊重他人，关心他人，对人一视同仁，富于同情心，在人际交往沟通中会处于极佳状态。②关心集体，对工作认真负责，稳重、耐心、忠厚老实，在人际交往中会处于极好状态。③热情、开朗、喜欢交往，待人真诚，在人际交往中会处于很好的状态。④善于独立思考、乐于助人，在人际沟通中会处于良好状态。⑤谦逊、善解人意会使人非常愿意与你交往。⑥有广泛的兴趣和爱好，在人际交往中易被人承认。⑦有幽默感和良好的审美观，但不尖酸刻薄，在人际沟通中会最大限度减小阻力。⑧端庄、温文尔雅、恰当的注意仪表美，在人际交往中很容易被他人接受。反之，如果不尊重他人，以自我为中心，虚伪、固执、孤僻、淡漠、粗暴、自大和气量狭小及兴趣贫乏等个性缺陷，都会导致人缘差和沟通困难的孤立局面。因此，沟通技能不是什么秘密武器，而是一个人德行的塑造和磨炼。人际关系学经长期调查分析，总结出了很重要的"三部曲"，即知人、理解人、容人，这是人际交往中应学会和培养的个性品质。知人：这是人际交往中的难点，也是人际交往的重要基础，人如其面，千人千面，"千里马常在，伯乐不常在"，这说明知人是很难的。"日久见人心"这是说要在长期的交往中才能真正了解一个人。推销人员要广泛接触各类人员，不可能个个都长期交往，要想尽快地去了解人，一方面要扩充自己的知识面，特别是心理学、社会学及人际关系学等方面的知识，去培养和提高自己的敏锐观察力，从对方的行为、谈吐中去抓住对方性格、社会层次的特征，才能采取相应的有效沟通方式；另一方面要尽量拓宽自己的兴趣面，投其所好地与人交往，"相似相容"这是人际交往中的重要哲理，兴趣相投，人际间距离可大大缩短，交往阻力可大大减小，"酒逢知己千杯少"说明了兴趣相投对人际交往的重要性。理解人：这是人际交往中的"吸铁石"。所谓理解人，就是要善解人意，就是要站在对方的立场为他（她）着想，理解对方的困难，理解对方的处境……不是你认为怎样，而是他（她）认为怎样，"理解万岁"这是对理解人的高度评价。要真正理解人，还必须学会真诚而善意地赞扬对方。这不是虚伪，不是吹捧。事实上人无完人，每个人都有其优点和缺点，但在人际交往中往往很容易注意对方的缺点，而忽略了对方的优点，这是人际交往中较普遍的现象。如果你恰恰善于发现对方的优点，而又对其真诚赞扬，对方会把你视为知己，赞扬会像"吸铁石"一样起着交往中的黏合作用。容人：这是一个人德行良好的表现，也是理解人的深化，宽容对方的不足、宽容对方的态度、宽容对方的语言不慎、宽容对方的失礼等，"百川入海，有容乃大"，"大肚能容，容天容地，于己何所不容"。宽容能使你打开人际交往、沟通的自然通道。

（四）优良品德

优良品德是推销人员魅力的基础。一个人仅有华丽的外表和谈吐技巧，没有良好的品德，只能使人感觉华而不实。推销人员的优良品德主要体现在诚实守信和为他人着想两方面。信是立身之本，任何欺骗行为都有损形象。日本推销界这样认为："作为一名推销员，人际关系是生命，信誉是本钱。"泛讲"为他人着想"，是指一个人的观念和胸怀。两千多年前古希腊哲学家亚里士多德就这样说过："人是天然的合群动物"，"人是天然的社会动物"。人总是在一定的社会方式条件下生活，由此又产生了人类特有的社会感情。在一定群体中，一个人要被认同和承认，就要善于为他人着想。如果一个人总是只考虑自己，不考虑别人，一贯"我行我素"，必然导致自私、欺诈、无情和冷酷，不仅不能得到群体承认，同时也使自己不安和孤独。法国作家大仲马笔下的"基度山伯爵"，不是由于飞来横财而成为亿万富翁的，可是这并没有给他带来幸福和安宁。这似乎是伦理学观念，但对推销人员来讲却是至关重要的，一方面由于顾客对推销人员总存在一定的戒备心理，另一方面是推销员的职业需要，要使推销成功，不树立"顾客观念"是绝对不行的。美国推销专家吉姆·史耐德从他的经验中总结出一条重要的推销秘诀："延伸你观念中的效益，直到你肯定是站在顾客的立场上说话。"作为一名推销员随时要提醒自己，不是"我的认为"、"我的意思"，而是"顾客怎样认为"、"顾客的意思"。因此，为他人着想，对推销人员来说，是品德，是技巧，也是成功的重要思维方法。

上面从五个方面讨论了唤起顾客注意的方法，这是一般情况下的概括。唤起顾客注意的方法很多，但归结起来大体可分为两类：一类是"硬"方法，即围绕着商品效益、企业形象而进行的，如前面介绍的场地设计、包装装潢、商标信誉；另一类是"软"方法，即围绕着推销思维、方法和技巧而展开的，如前面介绍的广告宣传、推销人员的魅力。当今，企业在实践中还深刻认识到，企业的声誉对唤起顾客的注意具有极大的影响力。

第三节　激发购买者兴趣的主要方法

兴趣是指人对事物的特殊认识倾向，但它不是一般的认识倾向，其特殊性是因为它总是与快乐、欢喜、高兴等肯定的情感密切相连。人们总是带着肯定的情感去认识自己感兴趣的事物和现象。正因为如此，通常就直接用"喜欢……"、"乐意……"去表述人的兴趣所在。作为心理活动，兴趣与注意有密切联系。人们注意的产生往往以一定的兴趣为先决条件，兴趣的大小又常被注意的深度和广度所左右。因此，兴趣与注意又是两种不同性质的心理活动，各有其表现方法和内在规律。

从购买行为角度来探讨顾客的购买兴趣，是指顾客对购买商品的特殊认识倾向，具体反映为顾客的购买态度。一般地讲顾客对购买某种商品，常会表现出冷漠、消极和积极三种不同态度。只有当顾客对某一商品产生注意，表现出关切的倾向时，才有了购买兴趣。购买兴趣的发生和发展，也与人的其他兴趣一样，是以一定的需要为基础，这种需要既可表现为物质的，也可表现为精神的。人有多种多样的需要，以需要为基础所表现出的兴趣，也是多种多样的。如何激发购买者兴趣，是商品推销的另一重要方法。兴趣与注意是紧密相连的，唤起顾客注意的方法，当然也含有同时激发顾客兴趣的作用。由于激发兴趣的关键在于如何使顾客体会到购买的好处，体会越深，兴趣就越大，下面从这个角度剖析现代推销中激发购买者兴趣的具体做法：

一、体会类激发兴趣的方法

一位推销专家曾这样说："若要顾客对您销售的商品发生兴趣，就必须使他们清楚地意识到在获得您的商品之后将能得到的好处。"

有这样一个例子：一对夫妇想买一套新式家具，连看了数家，听了不同营业员的介绍，最后，丈夫问妻子到底喜欢哪一种家具，妻子答道："还是第一家最好。""为什么？""你没听见那个营业员问我们房间有多大，准备怎样摆设？人家还详细介绍了这种家具的特点，如何摆设才显得室内舒适、美观。"

顾客的购买兴趣具有很强的内向性，推销人员如果能实实在在的引导顾客深刻体会商品效益，就能激发其兴趣的发展。下面讨论一些具体做法：

（一）示范

示范是使顾客体会到购买好处的最有效方法之一。顾客购买商品时，经常要求试一试商品的使用，这种"试"的动作和过程，在销售学中称为"示范"商品。商品种类繁多，性质各异，示范的具体做法也多种多样，一般讲示范应注意：

（1）从正面、侧面、背面、上下让顾客看清商品全貌和特点。

（2）示范动作要熟练、敏捷，否则会给顾客造成一种假象，从而怀疑商品的性能和质量。比如，电视机的示范，如果迟迟接不通电源，顾客就会误认为电视机性能不好。

（3）示范过程中应同时介绍商品，一般是边动手，边动嘴，边示范。让顾客眼看、耳听，加深对商品的了解。

示范的特点是直观，易使人理解，因为它运用动作、语言的刺激，更容易为顾客所体会，示范比其他刺激方法更容易在短时间内奏效，因此，在推销中具有较高的实用价值。人们根据商品的性质和特点，在推销实践中创造了多种形式的示范方法。比如，展示商品，它既可唤起注意，又可激发兴趣，只是在展示商品时应突出商品的重点，否则会使顾客无所适从，反而把激发起来的兴趣冲淡。当今流行的时装表演，就是运用活体模特对时装的一种展示方法。如现场参观，在大型贸易推销活动中，为激发买方兴趣，建议买方去参观生产现场，这是加深产品印象的一种特殊示范方法。还有现场表演，这是比展示商品更易激发购买者兴趣的一种示范。能让顾客通过商品功能的现场表演，较深刻体会到购买这种商品后所能获得的效益和延伸效益。如推销吸尘器，无论你怎样展示，怎样介绍，都不及抓一把沙子撒在地毯上，做吸尘的现场表演。只是在表演中应注意运用色彩、音响、气味、运动等辅助手段和注意表演形式的新颖性，不要重复老一套的方法，才会取得良好的激发兴趣效果。

（二）亲身体验

所谓亲身体验，就是让顾客接触尝试商品，这是通过顾客的亲身感受去提高、激发其兴趣的方法。比如，推销新型自行车、摩托车或汽车，如果能安排让顾客驾驶去兜上几圈，让他亲自体会出轻便、舒适和安全，就能起着强化顾客兴趣的作用。时装试穿、食品先尝、开架卖书、CD 试放，等等，都是让顾客亲身体验的具体做法。如果在顾客亲身体验过程中，配合适当的指导性介绍，其效果就更佳。亲身体验不仅是激发顾客兴趣的重要方法，而且也是推销人员观察顾客反应，了解顾客态度，获取反馈信息的重要手段。一般情况下，如果顾客对你推销的商品持否定态度时，他们会中断体验过程；反之，会表现出一种积极态度。在体验过程的引导交谈中，还能获得顾客对这种商品的看法和意见。

（三）比较

有比较，才有鉴别。中国有句俗语："不怕不识货，只怕货比货。"国外推销界有这样一种看法：如果不能提出你所推销的商品与其他同类商品比较有三条以上的特点，就不是一名优秀的推销人员。通过比较人们才可能真正认识事物、区别事物和确定事物，才能进行推理和判断。从推销角度讲比较，其目的在于使顾客清楚分辨商品间的本质特征，激发顾客对商品优点的兴趣。比较是商品推销中最常用的方法和技巧之一。其具体应用通常有两种：

1. 正面对比

这是指抓住两种或多种不同牌号的相同商品的优缺点，进行比较的方法。任何一种牌号的商品都具有自身特色，比如尺寸、颜色、形状、价格、产地、原材料及加工工艺等，这些特色对推销人员来讲关键的问题不在于各种牌号产品的具体细节上的比较，而在于把这些细节转化为对顾客效益的比较。因为"顾客不关心你的产品是什么，他关心你的产品能干什么。"这种转化是现代推销的重要技巧之一。比如，对两种品牌电视机的比较，不应强调两种电视机的制造工艺、规格、性能差异性，而应转化为你推销的电视机在使用效果上的差异、价格差异，在保证质量和服务上的差异，以激发顾客的兴趣。在正面对比中，还应注意可比性，比如人参与鹿茸都具有滋补效用，但是两者却不具有可比性。可比性越强，其比较效益就越突出，被激发的兴趣就越深化。

2. 反指

这是一种特殊的比较方法。它不是着眼于证明购买后所获得的好处，而是证明不购买将会遭到什么损失。这种比较方法是运用欲扬先抑的法则，采用先切断顾客兴趣减弱的后路，迫使兴趣向前发展的一种技巧。比如，推销洗衣机，不是介绍顾客购买洗衣机后可获得什么效益，而是介绍、比较不购买这种洗衣机顾客将会有什么损失。

体会类激发兴趣的方法，在实践中，根据商品的性质与特征可灵活运用和创新，其目的都是从加深顾客的感受角度去激发购买兴趣。如推销房屋、车船铺位、宾馆住宿房间等不能在推销现场进行展示或示范，仅凭口头介绍，很难使顾客有深刻印象，采用图片、照片、画册、图表、构造示意图配合说明，就能给顾客身临其境的感受。

二、情感类激发兴趣的方法

顾客购买商品很少是出于逻辑上的原因，绝大多数情况下是情感因素起主导作用。美国推销专家汤姆·霍普金斯这样说："你的对象是人——这个原则适用于各种类型和规模的推销业务。如果你无视这个原则，只是机械地卖东西而不去激发顾客的感情因素，事情会怎么样？只有一个结果——顾客认为你缺乏诚意而对你产生反感。"

心理学把人在认识客观事物和现象时，总带有一定的态度，或喜欢或讨厌，或崇敬或鄙视，称为情绪和情感。情绪和情感是无本质差异的两个概念。情绪是较弱的情感，情感是较强的情绪。情感比较持久、稳定，情绪比较短暂易变。情绪是情感体验的一种形式，带有较多的冲动性，并有明显的外部表现。情绪和情感的动力基础是需要。从推销角度研究顾客情感，是为了探索现代推销的基本方法。无数事实证明，顾客购买商品，带有很强的情感倾向性，特别是对推销人员的好恶，在一定程度上对推销活动起着决定性的作用。在当今消费需求不断变化的趋势下，情感需要往往大于对商品实体效益的需求。国外推销界普遍认为，"情感推销"是推销成功的重要法则。

有这样一个实例：某老年顾客想买一件较昂贵的裘皮大衣，第一次去问价，营业员说："一千多元一件，拿钱看货。"老大爷生气地想：怕我买不起啊！扫兴地走了。第二次去，老大爷怕遇到同样情况，在柜台边独自观看，另一营业员主动热情地向他打招呼："大爷，您是看看这件裘皮大衣吗？""是啊！"营业员热情而微笑着问："您看这件怎么样？"一边不厌其烦地介绍裘皮的质量、产地及使用保管的方法。老大爷很高兴，只有一点不称心：毛色太浅。营业员不仅没有责备老大爷挑而不买，反而为其着想地说："过些日子，会来色深一点的，我电话通知您，好吗？"老大爷感激地留下电话号码。当老大爷接到电话第三次来商店时，营业员已为老大爷挑好了一件深色裘皮大衣。成交后，老大爷留下了深情的《三买裘皮大衣》感谢信，而且还主动地向人们介绍该店经营热情、为顾客着想的风格。

从上述实例剖析，第二个营业员就深得"情感推销"之妙。妙就妙在主动热情地打招呼；妙就妙在提问不是用"大爷，您想买裘皮大衣吗？"而是采取尊重顾客的提问："大爷，您是看看这件裘皮大衣吗？"把"想"或"要"字改为"看"，一字之差，表现了推销人员为顾客着想的情操、素养，在情感世界，这是一字值千金。

顾客千差万别，不同文化、阶层、群体都影响着购买者的情感需求，"情感推销"的具体做法必因人、因时、因地而动态的变化。一般规律的核心是突出顾客，把"我"转化为"您"。比如，某贸易公司外销人员，在商务洽谈中，这样表述："现在生意真不好做，准备货源费了我们九牛二虎之力，寻找仓库又花了好多时间，运输中我方又损失不小，如今市场看跌，我们杀了价，您又不肯多买，让我回去怎么交差。"这种处处突出"我"字，一点不为买方着想，能做成大买卖吗？如果上述表示换为："如今生意挺难做，为您备货可费了不少周折。这批货成色很好，包您卖得出去，市场再跌，也能卖好价钱，您愿多买一点的话，我们就为您破例杀价，您的意见如何？"这种处处突出"您"字，充分地表现出关心买方，自然会产生亲切感，从而使买方对你的推销产生相应的关切和体谅。"情感"激发兴趣的常用方法有：真诚友好交往，站在顾客立场为其出主意，体谅购买者的困难，表情丰富并投其所好，恰当而巧妙的赠送礼品或纪念品，等等。

日本推销界根据商店接待顾客的经验，总结出六句感情用语：

"欢迎!"

"是。"

"请您等一下!"

"谢谢您!"

"请原谅!"

"对不起。"

这六句情感用语,如果用得好、用得巧,使用时如果具有真诚而浓烈的情感色彩,不仅可进一步扩展购买者的兴趣,而且还能达到情感沟通,出现一种情感依附作用,对促使重复购买的出现,具有极佳效果。

第四节 打消购买者疑虑的主要方法

"消除疑虑"是针对顾客在发生注意和兴趣之后,内心处于理智与外界刺激双重作用下的心态时所采取的推销基本方法。处于这个阶段的顾客,内心充满着疑问:"真是这样吗?""他说得这样好,证据呢?""怎样保证效用呢?"……同时顾客心里还不断权衡买与不买的利弊。总之,这时的顾客处于一种内心矛盾的冲突之中,头脑中有一系列问号:是否合算?是否好用?是否安全?是否有某种舆论影响?……这些疑问的核心是不够相信和了解,如何消除顾客的疑虑,提高可信度,是商品推销成功的关键。因为这时顾客心理可能向两方面发展,一方面是不断提高信任度,使购买兴趣向前发展而作出购买决策;另一方面是疑虑得不到解决,甚至反而增加,使唤起的注意和激发起的兴趣消退,而不出现购买行为。

顾客这种疑虑权衡心态的反应,即思虑的长短、强弱受两方面因素影响:一方面是顾客的个性特征。个性不同,反应也不同,有的短暂而不明显,有的却疑虑重重。国外商业心理学研究认为,从个性特征去考察顾客,大体可分为三种类型:第一类是性情温厚、内向,沉默寡言,遇事往往态度消极,犹豫不决,动作缓慢。第二类是性格开朗活泼,对事物反应积极,敏感,动作敏捷,有较强的独立性。第三类是性格腼腆,不善言词,遇事疑虑重重。另一方面是所购商品的价格。一般在购买高档商品时,顾客多处于理智状态,权衡过程明显可见;在购买中档商品时,顾客的个性特征起主导作用;在购买低档日常用品时,顾客多处于冲动状态,当产生兴趣后,立即出现购买行为,疑虑心态非常短暂,甚至很难观察到这种心态过程。总之,这种疑虑权衡心态过程是存在的,在大中型商务洽谈中,这个过程清晰而较长时间存在,在零售商品时,就可能是瞬时反应。

发展顾客的购买兴趣,消除疑虑,提高购买者的信任度是现代商品推销成功的关键,也是推销人员水平、技巧、能力的综合体现。消除疑虑的核心问题是提高购买者的信任度。从心理学角度讲"相信","相"是指一定事物而言;"信"是指人对某一事物所持的肯定态度。相信的前提和基础是认识,认识越深,相信程度就越大。因此,在商品推销中为打消顾客疑虑的具体做法,总是围绕着如何提高顾客的信任度而展开的。一般常从两方面进行:

一、说理类打消疑虑的方法

"说理"的主要目的是为了提高顾客对购买商品所获得的效益和延伸效益的信任度。但是怎样说,用什么方式说,怎样才说得有针对性,这不仅是技巧和方法,而且是现代推销中的重要艺术。下面根据国内外的推销经验作一些概括介绍:

（一）论证效益和延伸效益

任何论证都必须有强烈的针对性。没有针对性的空话,比不说还糟,其结果只会使人反感。因此,论述前准确了解购买者的主要顾虑是什么,这是非常重要的。一般讲,购买者处于疑虑阶段,对商品本身总是寻求:"它到底是什么?""它能给我带来什么效益?""谁能证实和怎样证实这一切?""价格怎样?""销路怎样?"等。不同的顾客又有不同的疑虑点。要使论证做到简明扼要,切中要害,就必须在论述前揣摸购买者的心理或引导其吐出真情。从推销经验总结出的主要做法有:首先应察言观色,凭经验去揣度购买者的真实想法;其次是联系前因后果,分析推断问题所在;再次是引导购买者讲话,让其充分表露;还可故意把话题讲错,让购买者表态;也可通过创造询问的机会,多问几个"为什么"去探索购买者的真实想法。在摸清购买者的主要顾虑之后,有针对性进行论证,才能有效果。

要提高论证的说服力,推销人员必须学会用干练而精辟、生动而简洁的语言去表达自己的意见。言简意赅才容易使人领会,回味无穷。冗长杂乱的表述,使人不知所云,也容易扰乱对方的思维。近代心理学证明,人的注意力一般只能集中 20~30 分钟,对没有情趣的讲话,集中时间就更短。俗语说:"多说不等于多卖,少说不等于少卖。"和盘托出,洋洋万言,效果往往不佳。论证时不仅要在内容精辟方面下工夫,而且还应讲究策略,使自己的论证具有"弹性"。即先论什么、后论什么,先讲多少、后讲多少,都应有恰当而巧妙的安排。论证中,千万不要将证据、证词一下子全部抛出。实践经验证明,论证时最好先进行起码的论述,留有余地,待关键时刻再讲出来,这不仅不易引起购买者反感,也能用于辩解和摆脱困境,同时也起着让购买者继续听下去的效果。

要提高论证的说服力,一定要回避空洞的自吹自擂,对自己的每个论点尽可能提供充分的证据。推销实践中常运用的证据有:文字图片、照片、画册资料;名人名家的说法;试验、检测结果;数据、统计资料;社会有关舆论;报刊的报道和评论;市场调查资料;老顾客的反映和意见;专家内行的证明等。实践证明，最具有说服力的不是证据的数量，而是证据的质量。比如老顾客的看法和意见，就比任何动听的空洞宣传更具有说服力。从一般规律看，人们最相信人证，其次才是物证和资料。

要提高论证说服力，应尽可能举例说明，"用十倍的事情来证实一个道理要比用十倍的道理去论述一件事情更能吸引人。" 比如，推销某种新型机床，如果用经过调查后用户具体提高生产效率的百分比、操作人员的具体反映，就比说"使用这种机床，可大大提高生产效率，减轻劳动强度"，更有说服力。举例中应注意的问题是讲真话，不要编造，只有真实的事例才有价值。需具体，不要笼统概括。力求生动，讲述情节时应步步深入，掌握节奏，才能引人入胜，才能做到寓理于事、寓意于情。切合主题，事例一定要能证明自己的观点，要避免"牛头不对马嘴"。

要提高说服力，必须加强和提高语言修养。如果缺乏修养，就不可能用精确、清晰、系统、生动的语言表达自己的思想和情感，就会产生交往障碍。商品推销活动中，更强调语言技巧。

（二）充分运用提问技巧

在前面推销人员素质中，我们就提到，作为一名优秀推销人员应做到：多听、少说、多问。实践证明，在某些情况下，通过巧妙设计的系列提问，步步逼近，促使顾客通过自我体会说出"是"，比论证更具有消除购买者疑虑的效用。这实际上是一种哲学原理，经过精心设计的系列提问，可以诱导人们逐步悟出某些道理。

要使提问取得良好效果，应加强在实践中磨炼，运用自然而不做作。提问技巧在前面商业谈判中已经详细讨论。

（三）巧妙辩述

当产生购买兴趣后，买方从正反两方面进行权衡，对购买提出某些异议，这正说明购买者在考虑某些细节，是购买行为出现的前奏。推销人员针对顾客提出的异议，进行恰当而巧妙的辩述，其根本目的是巩固和发展购买者兴趣，消除疑虑，促使购买行为实现。推销中的辩述不是争论，更不是去证明谁对谁错。国外从数千例推销失败中分析，由争论而引起的失败率最高。争论是说服的大忌，推销界有句行话："占争论的便宜越多，吃销售的亏就越大。"即使遇见最挑剔的顾客，也应抱着宽容态度。俗语讲"买卖不成仁义在"就是经商的诀窍。暂时不能成交，也可为今后的交易作心理准备。

在商品推销中，一般不宜正面否定买方的异议，只有当出现有意中伤、挑衅和明显谎言时，不正面否定不能使推销活动继续下去时，才使用针对性很强的否定，一般也宜采取较婉转而温和的方式进行，以免造成不良气氛。通常多用："也许我听错了，您的这种说法似乎……""先生（女士、小姐），请您别这样讲，这会影响我们进一步沟通"、"这种看法似乎与实际情况有差距"等婉转词语。

在推销中要使辩述有效，应充分运用先肯定后否定的做法，这实际是一种"心理推销术"，因为一个人的意见或见解一旦遭到全盘否定时，其自尊心往往促使他采取以牙还牙式的反抗。这种心理活动如果发生在购买者身上，推销活动必然会遇到很大阻力，这种先扬后抑是减小顾客心理对抗的重要辩述技巧，首先让购买者在自尊心方面获得一定满足，引导其心理活动形成一种兴奋优势，有利于消除疑虑，发展购买兴趣。通常采用的模式是："是的（对的），如果……就……"比如，推销一种多功能新型洗衣机，当买方提出"价格太贵了"的异议时，按上述模式处理应："是的，您的看法很正确，特别是与单缸洗衣机比较，价格较高。如果考虑到这种洗衣机的多功能特色，就不怎么贵了。"也可这样辩述："您的意见我同意（是的）。假如从洗衣机的多功能和外观设计去考虑（如果），您会觉得价格是合理的，甚至还偏低呢。"不宜采用"是的，可是……"的辩述模式，因为"可是"带有明显的否定色彩，对购买者心理兴奋优势起着干扰作用。在采用这种辩述方法时，应认真倾听购买者的异议，从中寻找出可赞扬的内容，做到切题准确，才有效果。

在推销中为使辩述有效，国外推销界还运用了一种"刺猬效应"技巧。所谓"刺猬效应"是指买方提出一时很难回答的问题，或意图不明确的问题，相当于抛给你一头装在网袋里的刺猬。推销者一般采用反问方式将原问题交给购买者回答，相当于把刺猬抛回去。这是国外推销界普遍采用的一种发展兴趣、消除疑虑、促成交易的有效技巧。它不仅可使推销者摆脱困境，也是摸清购买者真实意图的一种方法。比如当买方提出："表述得很明白了，到底低于什么价格您就不同意成交了？"卖方回答："看来价格是关键问题。您认为我们降到什么价位，才能保证贵公司的效益呢？"又如买方提出："这批货需要交多少定金？"回答："您认为交多少才恰当呢？"还如，买方提出："能保证下月初交货吗？"回答："下月初交货是不是对您最合适呢？""刺猬效应"的运用，一定要亲切而友好，否则会破坏效果。

在推销中为使辩述有力，应尽量借用他人的看法。"他人看法"应广义理解，可来自一个人或一群人；某一件事或某一类事；某一样物品或某一批物品；某一种或某一派思潮；某一个或某一些统计数据等。运用他人意见进行辩述，一方面可减少正面冲突，另一方面可使人感觉客观而较公正。常用的有：他人看法和体会、商标声誉和商品经销历史、有关统计资料和有关例证。

二、情感类打消疑虑的方法

"合情、合理、合法"是现代推销的三部曲。凡是能引起好感的事情很容易为人所相信，凡是不能引起好感的事情很容易使人猜疑。情感类打消疑虑的核心，是推销人员与顾客之间，通过情感沟通，在顾客心目中树立起推销人员的良好形象，消除顾客的成见。情感沟通是现代推销技巧中的难点，必须时时事事为顾客着想，体谅顾客困难，久而久之才能形成良好印象。良好形象的基础是实事求是，这也是推销者必须具备的职业道德。事实胜于雄辩，推销中应少说大话，口气小一点，多留一些余地，比言过其实更使人相信。"言过其实，终无大用"，这是三国时刘备对马谡的评价。另外，要树立起良好的推销形象，必须言必行、行必果，所有承诺都应兑现。因为一次欺骗花百倍的努力也难以挽回影响。

第五节　促成交易的主要方法

推销活动的根本目的是促成交易。唤起注意，激发兴趣，消除疑虑是为了出现现时的购买行为。商品交易又是遵循"自愿让渡"规律的，谁也不能强逼谁。购买者的购买决策完全是一种自我决定，强逼是不行的，有时甚至由于推销人员的"过分"热情，拼命推销某一商品，也会使顾客不习惯，不自然，而出现逆反效应。静观坐等的被动态度，从现代推销讲也是不行的，"等客"上门，绝不能适应当今激烈竞争的市场环境，必须采取既不是"强逼"，又不是"等待"的积极主动的引导行为，促使顾客迈出购买决策的最后一步，这是现代推销的重要方法和技巧。这种促成交易的核心，是"攻心"和"审时"，正如清代赵藩在成都"武侯祠"写的一副评价诸葛亮的对联："能攻心则反侧自消，自古知兵非好战；不审势即宽严皆误，后来治蜀要深思。"

一、"攻心"类促成交易的方法

所谓"攻心"是指推销人员应掌握买方在购买决策前的心理活动，采取对应的促销手段。一般讲，处于成交前夕的购买者，存在着犹豫拿不定主意的心态，既怕失去购买机会，又怕花费无谓的代价。因此，推销员根据顾客的这种心理，采取进一步发展购买者的兴趣，激发出强烈的购买欲望，消除其最后疑虑是促成交易的主要方法。根据国内外的推销经验，其做法有：

（一）提出合情合理的建议

美国推销界总结了一条促成交易的窍门，就是向合适的顾客在合适的时间提出合适的解决方案。只要建议提得恰当而有针对性，对促使顾客迈出成交的最后一步，具有良好效果。提建议的常用模式是："我们……您再……""我们"是强调推销者与购买者站在同一立场，不是"对立者"而是"同盟者"，"您再"是尊重顾客，明确表示最后决定权是买方，从自尊心角度使顾客得到应有的满足。比如，"我们再来权衡一下得失，您再考虑"，如推销商业办公用电子计算机，当处于决策前奏时，推销员建议说："某经理，我们已经一起仔细研究过了，使用这种计算机，贵公司每年可节约办公费数万元，如果你们购量增大，折扣率还可提高，同时您也能抽出更多时间管理其他更重要的业务，您认为怎么样呢？"

提建议，一定要在顾客心中占有一席之地，否则就很难起到促使顾客下决心的作用。建议基点应放在顾客还没有注意到的不购买损失和商品延伸效益上。为了加强顾客记忆，提建议时，列出顺序也很重要。如"第一您能节约时间，第二您能减少烦恼，第三……"或"这一点特别重要"。

为了使所提建议，明确表示是站在顾客立场，"重复顾客的话"也是很必要的。比如，"您刚才提出的安装维修保证问题，我们用合同把它肯定下来，您就不需要再顾虑了。"再如，"您既然要最耐用的产品，我推荐这种产品，您看怎样？"

（二）协助顾客进一步权衡利弊

顾客购买决策的前夕，综合思考利弊是较普遍的心理活动。但购买者的自我权衡，往往受到内外两方面因素的干扰，如自身的分析判断能力、思维方法和成见，以及他人的影响等。因此，一个优秀推销人员应积极介入顾客的权衡活动，引导和促使购买行为出现。

协助权衡与提建议不同。提建议是针对顾客没有注意或忽略的效益与延伸效益，而协助权衡是进行利弊比较，但其共同点都是从购买者角度出发，否则就不能打动顾客的"心"。协助权衡的一般模式是："先弊后利"，而又不是互不相关，弊算弊，利算利，其技巧在于比较，在于用利去说明弊的次要性。比如，推销一种较高档的衣料，推销员讲："80元一米的料子，价格略贵，加工制作也较复杂，洗涤也不太方便，但这种衣料是最新品种，精美华贵，色泽文雅大方，不缩水不褪色，质地轻柔牢固，特别适宜制作现在流行的时装，目前试销价格可优惠……您看如何？"

协助权衡，并不是越少讲弊就越有效果，更不能回避你所推销商品的缺点，事实上你不提，购买者心中也清楚。与其闷在他们心中，不如替他们讲出来，这样反而造成一种比较坦率而真诚的气氛，有利于解除购买者的戒心，促使作出购买决策。为了强化公平和尊重顾客的心理效应，现代优秀推销人员常在协助比较中使用"您看怎样？""您的意见呢？""我还有未谈到的吗？""是不是这样？"等语言，去进一步争取顾客。当然，比较中也讲技巧，在比较中，突出购买效益，加重"利"的分量。这种方法可简称为"重利轻弊"策略。但又不是总在"获利多"上做文章，数量过多，反而容易引起购买者反感，一般应采取强化已知量的效益给购买者心理体验，减弱"弊"对其心理的影响。通常的做法有：用坚决、自信、肯定语言谈"利"，用不够肯定、动摇的话语谈"弊"。用一字一顿清晰有力去描述"利"，用一掠而过、虚实结合去描述"弊"。讲"利"，力求生动而具有诱惑力，讲"弊"带有疑惑性。谈"利"把它放在句首或句尾，可加强影响力，谈"弊"把它放在句中。在一定条件下，可用"我还忘记向您介绍……"来补充购买的效益或延伸效益，而运用"等等"省略语来讲购买的

谈判与推销技巧

弊端。

国内外推销界中，有经验的推销专家认为，在协助权衡时应明确向顾客说明权衡的目的，主要是回顾前面论述过程，而不是再论证一番；在谈弊时，一定不要忘了谈利的一面；在比较时应站在朋友的立场上，用协商的口吻，而不是下命令或恳求顾客购买。这值得我们借鉴。

（三）维护购买者的自尊心

人总是希望得到别人尊重。国内外有经验的推销人员，在促成交易时，从不使用"您到底买还是不买？""您下定决心了吗？""您怎么总拿不定主意？""您怎么总考虑次要问题？"等有损购买者自尊心的语言。损害顾客自尊心，往往会在成交中造成很强的心理障碍。给顾客面子，是一种心理安慰战术，引导顾客采取合作的态度，使其感到购买决心是自己下的，而不是被别人强逼的。通常的做法是运用选择性问句，用征询式态度去引导顾客"自己"决定。如"您喜欢大一点还是小一点的？""您喜欢宽一点还是窄一点的？""下月初还是下月中旬交货对您最合适呢？""我喜欢蓝色的，有些顾客喜欢红色的，您喜欢什么颜色？""您挺喜欢这几样，其他的我收起来，好吗？""你们准备分期支付，还是一次结算？""您对包装还有意见吗？"……即使购买者对推销者提出的选择都不感兴趣，也不要紧，可通过选择性询问摸清购买者的真实想法，了解新的购买信息。成功的推销人员常常准备了多种选择性问句，一个方案行不通，更换另一个，总会使购买者得到心理满足，又将其置于决心购买的轨道上来。有人说这种技巧为"扳道岔"，让顾客沿着通向购买行为的轨道前进。这种技巧，不在于顾客怎样回答，而在于充分给予购买者的面子，使其自尊心得到应有满足，才能消除成交的心理障碍，促使迅速出现购买行为。

二、"审时"类促成交易的方法

"审时度势"，可说是古今中外成功者的重要处事法则。有人这样讲"时机"很重要，善于抓住时机就更重要。对现代推销人员来讲，捕捉时机更是成功的关键，有这样的名言："捕捉一次时机，等于获得胜利的一半"，"利用一次时机，可以控制局面一半"，"时机的珍贵，是稍纵即逝，时机的价值，是成事的条件"。法国著名的世界时装设计师、"马克西姆"餐厅的经营者、世界范围的经济强人——皮埃尔·卡丹，就是很善于抓住时机的典范。1983年他把目光投向中国市场，在北京崇文门开设了拥有400个座位的马克西姆餐厅和美丽姆快餐店，有人问他："你进行过市场调查吗？"他说："我对统计数字不感兴趣。我是冒险家，我撰写报纸第一版新闻已经40年了，事实证明我成功了。我的目标落在全世界最大的市场——中国，这在5年前是不可思议的。"推销过程中的成交时机，在多数情况下，不是直接由购买者口头表示出来，而是反映在一定的特性变化和信号之中。推销员通过观察、试探、询问和思考去判断成交的"气候"

和"时机"，抓住时机去促成交易的实现。

（一）巧捕良机

把握成交时机对促成交易极为重要，国外从长期的推销实践中，总结了下列成交时机的线索，可供借鉴：

（1）顾客的提问转为购买细节。如价格、其他费用、交货日期、支付方式等。

（2）顾客出现肯定言语。如"这种主意不错"、"我同意这种建议"、"这种想法我们是一致的"等。

（3）顾客对你反复检查提问给予积极的反应。如你提问："下星期我们去替您安装，这是登记表，请您填一下。"顾客立即填写登记表，就是一种积极反应。

（4）顾客掏钱、拿笔，填写申请书或订单。

（5）顾客表示出对某种选择的强烈偏好。

（6）顾客向第三方征求意见或第三方给出了鼓励性的看法。

（7）顾客拿着你推销的商品喜爱地看着它或使用它。

（8）顾客姿势前倾，身体和语调都显得放松。

（9）顾客安静下来，好像在考虑他的决定。

（10）顾客提出疑问后，你的答复使他表现出满意的态度。

（11）顾客主动提出了成交后的议题。如提出"安装日期能保证吗?""我们在月底前无法调拨资金"……

（12）顾客出现寻求保证的话题。如"这种商品我从未用过，出了问题怎么办呢?""你们真的能上门维修吗?"……

（13）在大中型商业谈判中，参加者都看着某一个人，等待他的反应或决定。

（14）顾客提出许多与购买有关的假设问题。

（15）请教有关商品使用的具体问题。

（16）流露出与原来不同的神情或态度更加友好。

上述成交线索仅是部分经验概括，顾客的个性千差万别，各地区的生活习惯又各不相同，在实际中应不断地总结和归纳，才能准确而巧妙地把握住成交时机，过早或过晚都会影响成交行为的实现。为了更准确地把握成交时机，推销人员在观察顾客反应的同时，应采用必要的试探摸底。试探摸底的做法通常有两种类型：一种是"选择性"的试探，即推销员提出选择性问询，如"您喜欢红色的还是绿色的?""您喜欢这种型号还是那种型号?""您喜欢这种款式还是那种款式?"……当顾客明确回答时，一般表示已出现成交时机。另一种是"超越式"的试探，即推销员提出"成交"后的一些细节征询顾客意见。如"您喜欢用什么包装它?""这批货发到什么地方?""您喜欢采用什么方式付款?""你们对安装有哪些要求?""下月我们派人来检查使用情况，您同意吗?"……当购买者出现肯定的回答，就表示同意购买了。

在推销实践中，除上述两种基本试探摸底方法外，还创造了多种灵活巧妙的试探方法，比如"错误结论试探法"，推销人员有意说错某一结论或某一事件，如果购买者肯定而迅速地加以纠正，则说明出现了成交时机。采用这种方法时，应根据所推销商品的特性与自己掌握的情况而确定，千万别使用还没有准确结论的事件。有这样一个推销事例：一对夫妇去购买家具，妻子与丈夫轻轻地议论："与我家淡蓝色墙壁对比，我觉得浅绿色家具最好。"有经验的推销员会装着没有听见，稍过一会儿，推销员向他们提出："我们瞧瞧，你们所喜欢的是古铜色家具，对吗？"当她说"不，我喜欢淡绿色的"时，即出现了成交时机。再如"刺猬效应试探法"，这是推销员运用顾客提出的问题，反问回去的一种试探方法。当顾客提出："这种电器设备有多路装置吗？"推销员反问："您想要一台有多路装置的吗？"这就是所谓的"刺猬效应"试探。这种"刺猬效应试探法"，在某些商务洽谈中，扩展为一种"单刀直入"式成交方法。当买方提出："如果我们购你们的设备，能在下月中旬收到吗？"反问："如果保证下月中旬到货，您是否打算现在就签订合同？"

（二）保证承诺

现代推销活动中，成交的实质是买卖双方都能获得某种效益的满足。从推销角度讲成交，是协助购买者作出对他们有利的购买决定。当顾客购买兴趣得到发展，产生购买欲望时，对购买某种商品所能获得的效益和延伸效益，已经有所理解，甚至有了较深的认识，其内心活动，多数处于如何能保证所获得效益的疑虑之中。保证承诺就是为了消除顾客的这种心态，促使作出购买决策而加入可信的砝码，巩固其购买意愿。因此，这是促成交易的一种有力手段。通常的做法有：承担质量风险、明确保证保修期限、允许试用、承诺优惠条件、包装运输及交货支付方面的某些条件。承诺可以用书面文件加以确认。

保证承诺必须经过周密分析和安排，其基本原则是：一方面是不损害购买者利益，不开空头支票；另一方面是不增加过多开支，不妨碍推销工作的进行。承诺应坚持有说服力、有可行性。商务洽谈也不宜把话说得太死，而不留余地。

（三）"激将式"方法

这是一种特殊促成交易的技巧。其用法是采用对购买者某方面能力提出怀疑，去激起购买者为证明你所提的怀疑是错误的，而出现立即购买行为。比如这样说："您知道，我们公司专销这种世界名牌，价格很贵，前几天一位顾客让我们送货去，结果他又不具有支付条件，使大家都有一点不愉快。"这种否定式的激将促成交易法，在运用中既要讲技巧又要善于把握时机，否则会产生逆反效果，一般情况下，应在购买者对你推销的商品或服务项目产生了较大兴趣和对你有较好的印象时，才能运用。运用中还应亲切热情，似乎在为他着想，譬如，"这笔生意数字很大，您是不是向贵公司的董事会汇报一下，我们等着你们的研究决定"。这种技巧，只要运用得恰当，在促成交易中往往能产生意想不到的效果。

促成交易是推销活动的最终目的，能否达成，决定权虽在买方手里，但是开启成交的钥匙却在推销一方。影响购买心理，激发购买欲望，协助顾客拿定主意，这不仅是学问，也是艺术。各国推销界，根据不同的推销环境，创造了多种多样推销成功方法，不同的地方有不同的习惯，不同的国家有不同的国情，不能生搬硬套，但可类比，可借鉴。从世界范围考察，推销成功的经验，都落脚在"推销软件"上，在"软推销"中不断创新，走独特的推销之路。

从一般情况归结起来，要使推销成功，应注意充满推销的自信心；始终处于轻松自如的警觉之中，不回避推销的实质性问题——买卖。善于抓住时机，时机就是效益，不要玩弄顾客感情，以热情真诚取胜，事先做好成交准备，而且善始善终。下面从通常情况，归纳出顾客在各购买心理阶段的主要反应，以供参考：

1. 顾客处在注意阶段的主要表现

（1）注视推销人员。

（2）注视商品、说明书及有关资料。

（3）较专心听取推销员的介绍。

（4）倾听其他顾客的询问。

2. 顾客处于产生兴趣和兴趣发展阶段的主要表现

（1）向推销员提出询问。

（2）以较积极的态度倾听推销员的回答或有关商品的介绍。

（3）翻阅说明书及推销资料。

（4）询问商品价格。

（5）询问商品本身以外的有关问题。

（6）触摸商品或进行试用。

（7）对示范、演示极为关注。

（8）以顾主身份提出质疑。

3. 顾客处于权衡疑虑及作出购买决策前夕的主要表现

（1）比较同类商品的质量与价格。

（2）以不相信的口吻批评商品的某些方面。

（3）重阅说明书或推销资料，并不断向推销员问询或质疑。

（4）退后几步，反复打量商品。

（5）表情显得紧张，紧锁的双眉分开或上扬，常带着真挚的眼神。总之，流露出一种与原来不同的神情。

（6）询问或请教商品的使用方法。

（7）担心购买后的有关问题。

（8）打听有关付款、交货、服务、包装、运输等方面的细节问题。

（9）提出有关购买的直接异议。

4. 顾客作出购买决策时的一般表现

（1）催促交货时间及购后其他细节。

（2）掏钱、付款。

（3）主动要订货单。

（4）宣布订购，签订合同。

（5）主动起身与推销方握手并寒暄。

小　结

　　方法是针对具体事件的对策，是实现具体目标的手段。它具有应变性和灵活性。方法的有效性来源于根据具体事件的特征以及环境条件去因人、因事、因地制宜。没有"包医百病的药方"，也没有放之四海而皆准的对策。任何生搬硬套都会使方法失去活力，只有类比、借鉴走出自己创新之路，才是方法的生命源泉。推销的基本方法是根据世界经商经验的一般性概括，学习本章应把握的要点有：

　　1. 人的一般行为总是在一定环境条件下，引起一定需求；当产生对需求的意识后，需求转化为动机；产生动机后人的内心有一个行为前的准备，这在心理学称为定势；在有了充分心理准备后才会出现行为（或说行动）。这是较普遍认为的人的行为模式。

　　2. 环境是人类产生行为的首要因素；需求是影响行为的基本因素；动机是人出现行为的直接内驱力。心理学认为，需求是一种意念式的内驱力，动机是一种目的式的内驱力。

　　3. 人的行为具有：主动性、目的性、持久性、可塑性和动机性五大特征。

　　4. 人的购买行为是人的行为中的一种，它也符合人的一般行为模式和五大特征。但与其他行为比较，人的购买行为又具有很强的人体差异性和很大的可塑性两大特征。

　　5. 人的购买心理活动是复杂的。从世界范围考察有多种认识，多种学派，其中有七阶段学说、四阶段学说和瞬时冲动学说等。但较普遍认为，人的购买心理活动，特别是在购买大中型商品和中高档商品时，从产生购买需求到出现购买行为明显呈现为四个阶段，即：发现目标—称心合意—权衡掂量—拿定主意。

　　6. 商品推销的基本方法，是指根据人们购买心理活动的四个阶段而创造的四类基本推销方法，即：根据其发现目标的心理活动而创立了唤起注意类推销方法；根据其称心合意的心理活动而创立了激发兴趣类推销方法；根据其权衡掂量的心理活动而创立了消除疑虑类推销方法；根据其拿定主意的心理活动而创立了促成交易类推销方法。购买心理活动与商品推销的基本方法的对应关系，如下面模式：

购买心理活动		推销基本方法
发现目标	⟺	唤起注意
称心合意	⟺	激发兴趣
权衡掂量	⟺	消除疑虑
拿定主意	⟺	促成交易

7. 长期经验证明，推销成功，四类推销方法中消除疑虑类方法是最基本、最关键的方法。

8. 注意是指人心理活动对一定事物的选择性。注意又分为随意注意和不随意注意两类。注意又具有注意广度、注意分配和注意转移等特征。人们从长期经营实践中总结出的唤起注意的推销方法常有：广告、场地设计、包装装潢、商标和推销人员魅力五个方面。另外，在实践中还深刻认识到，提高企业信誉，树立良好企业形象，对唤起顾客注意具有极大的影响力。

9. 广告的原意就是"广而告之，诱导注意"；广告的核心功能是显示；广告创意中应把握好的核心思维是："新"、"奇"、"诚"、"信"，"两突出，一导向"。所谓"两突出"是指广告必须突出商标和企业形象；所谓"一导向"是指广告必须情感导向，创造出顾客与推销息息相关的情感沟通。

10. 兴趣是人对事物的特殊认识倾向。兴趣与注意紧密相连，注意以一定兴趣为先决条件，兴趣的大小又常为注意的深度与广度所左右。在商品推销中激发兴趣的方法，常有两类：一是体会类激发兴趣方法，具体有示范、亲身体验、比较等做法；二是情感类激发兴趣的方法，这类方法的核心是为顾客着想和体谅顾客的困难。

11. 消除疑虑类方法是商品推销方法中最重要、最关键的方法。当顾客处于权衡掂量心理活动时，其核心是对商品、对企业不够相信。要将顾客由不相信转化为相信，实践证明，运用说理类和情感类两类方法较为有效。只有当顾客出现了肯定态度才会促使其出现购买行为。

12. 促成交易类方法主要应在"攻心"和"审时"两个方面下工夫。同时，还应注意在人际交往中的沟通技巧，善于沟通是促成交易的桥梁。

第八章 商品推销的战略与策略

俗语说："商场如战场""商场无父子"，这是描述市场竞争的激烈性和对抗性。市场的最本质、最基本的特征就是竞争性。竞争可以说是市场的灵魂，当今企业面对着瞬息万变的市场，要生存、要发展就必须研究、分析、制定适应市场变化的营销战略与策略。商场不等于战场，在某种意义上讲，商场不是战场。战场上是不考虑对方意愿的，以消灭对方为目的。商场是各种经济关系的综合体现，其运动遵循着不以人们意志为转移的客观经济规律。因此，一个企业要在当今激烈的市场竞争环境条件下生存与发展，就必须根据自身的具体条件，制定符合客观经济规律的战略与策略。

第一节 商品推销战略

"战略"一词是军事术语，来自希腊文，原意是指"将军的艺术"。战略的实际含义，是指对军事行动的长远谋划。一般讲战略具有一定的稳定性，是指较长时间的奋斗目标。类比来研究商品推销战略，是指一个企业，根据自身的条件和一定的市场环境，所制定的较长远营销奋斗目标。在当今激烈的市场竞争中，推销是企业的火车头，推销战略制定得是否正确，是否具有科学性和可行性，是否做到了"知己知彼"，是关系着企业生存发展的大事。被日本企业界誉为"经营之神"的松下电器公司创始人——松下幸之助，在制定推销战略时，不但做到了知己知彼，而且创造出松下销售特色。首先他打破日本都用创建人名字作商标的惯例，而用 National 作为商标，这不仅是一个商标名称问题，而且表现出他的经营观念，他规定企业原则是"认识实业家的责任，鼓励进步，促进全社会的福利，致力于世界文化的进一步发展。"他的战略就是创造与众不同。一般日本企业都是通过独立经营的代销网销售商品，松下却建立自己的销售渠道，直接交零售商销售，而且为他们提供贸易资金，同他们结成亲密无间的伙伴关系。在推销中，松下首先采用分期付款的办法。松下很少创造新产品，而总是成功地降低成本，使销路更好。

一、商品推销战略的特征与内容

推销战略是就企业全局和未来而进行的谋划。它从总体角度确定企业销售全部活动所要解决的基本问题，它反映同一个企业的经营观念、经营目标、经营特色和实现步骤。

（一）商品推销战略的特征

一般地讲，一个企业的推销战略应具有：整体目的性、强烈的针对性和适应市场变化的应变性等特征。

1. 整体目的性

这是指根据企业内外各种因素的综合分析，确定企业营销的整体奋斗目标。用市场营销学的观点，就是根据社会经济、地理状况、需求因素、消费心理等市场细分标准，对市场进行分析和细分，然后根据企业具有的条件和市场变化趋势，确定出企业的主要目标市场。通俗地讲，就是要确定出企业在今后一段较长时间内，主要业务是什么？主要销售对象是谁？应取得什么样的成就？目标的确定一定要做到"知己知彼"，才能"百战不殆"。下面剖析一些成功企业的实例：

实例1：世界超级电器大企业——荷兰的飞利浦公司，确立的战略目标，是全世界电器大市场层。生产经营的电器产品从灯泡、剃须刀、电唱机、电视机、收录机到原子炉，有5万多个品种，可以说所有与电器、电子工业有关联的产品无所不造，无所不经营。该公司制定这种全世界、全方位的大市场层战略，来自于它已经创立的世界信誉、雄厚实力和拥有能不断更新产品的技术力量。尽管最初是由赫拉德·飞利浦和安顿·飞利浦两兄弟雇佣20名工人创建的小灯泡厂，而现在飞利浦公司却是拥有36万名工作人员、国外设有100多家子公司的超级大企业，年营业额超过45亿美元。现在飞利浦家族及其企业的声誉已响遍世界，连荷兰女王的丈夫贝伦哈特公爵也这样说："我是飞利浦家的好朋友。"

实例2：日本福冈人尼西奇，只办了一个700人的小厂，资本也只有1亿日元。他通过市场调查，进行市场细分，把目标市场确立在不为人们注意的婴儿尿布上，这是非常小的市场。通过调查，他了解到日本每年出生250万个婴儿，如果按每个婴儿两条计算，年需求量为500万条，有相当大的市场潜力。因此，他搜集了30多个国家的几百种尿布进行研究，不断采用新材料，开发新品种。由于在确定目标中做到了"知己知彼"和精确的调查分析，他不仅占领了日本市场，而且现在世界上2/3的尿布都是尼西奇生产的，成了世界尿布大王，年销售额达70亿日元，创造出年销售额是资本的70倍的奇迹。

实例3：我国天津某企业，在市场调查中发现全国洗衣机产量与洗衣机配套的脱水定时器产量不同步，洗衣机产量已超过400万台，而脱水定时器还不到100万个。企业领导马上把目标确定在生产经营脱水定时器上，结果使该企业连续三年利润大幅度增加。

实例4：我国首批股票公开上市的企业之一——万科集团，以开发中高档住宅著称，在深圳、上海、北京等城市创立了声名远播的"城市花园"的美称，并以出色的物业管理领导着房地产开发行业的潮流。万科创建于1984年，到

1997 年年底公司总资产已达 39.6 亿元，发展之快，资产增长之快，都处于行业的领先地位，而且声誉极好，这不能不与万科独特的推销经营战略密切相关。当 1992 年深圳房地产业火爆时，不少企业被"利润率低于 40% 不做"的暴利心态所左右时，万科的主要负责人王石却提出了"利润率高于 25% 不做"，始终遵循社会平均利率的经营原则，在这个前提下，又以尽量完善的物业管理，优质的服务树立起良好的企业形象，使企业保持持续发展的后劲和强大的市场竞争力，从而稳固的在行业中处于领先地位。

2. 强烈的针对性

当今的企业只能在市场竞争中求生存、求发展。因此，推销战略必须针对市场竞争的需要而制定。具体地讲，就是要充分了解自己的竞争对手，它们的实力、优势及其主要的推销战略与策略，有针对性地去制定自己的市场推销战略。而且还应估计到，推销战略一旦实施，在市场竞争中必然要遇到竞争对手的对抗战略，会遇到来自各方面的挑战。因而，在制定推销战略时，还应考虑多种辅助对策。国外经济界这样认为：20 世纪 60 年代是"经济的时代"，20 世纪 70 年代是"政治经济结合的时代"，20 世纪 80 年代可以说已经进入了政治、经济、军事、社会、科学技术等交织在一起的"复合危机的时代"。美国麻省理工学院的莱斯塔·C.隆洛教授，在他的论文中提出了"零和理论"的时代，他认为现在社会倾向有如玩麻将那样，把胜者和输者的数量取代数和恰等于零。从总体角度看，市场利润不可能扩大。现在已经不是在一定领域内，既要这样，又要那样的时代，而是不这样就得那样的竞争时代。要在"零和理论"时代求生存，就应明确在什么地方能取胜和如何确保市场占有率，这说明推销战略的针对性是很强的，"以己之长克对手之短"，这是对推销战略针对性的形象化的描述。因此，推销战略从某种意义上讲，就是一个企业的整体竞争战略。

3. 应变性

一般地讲战略应具有一定的稳定性。推销战略是一个企业较长时期的奋斗目标，是整个企业发展战略的主要内容之一。但是一个企业的推销战略，面对着竞争日益激烈而又瞬息万变的市场，消费趋势又向着多样化、个性化发展。因此，推销战略不能看做一成不变的刚性法规，应根据企业外部环境和内部条件的变化，适时地进行动态调整；或者多设计几种备用方案，增强整个推销战略方案的"弹性"，使其具有适应环境变化的应变力。通俗地讲应变力，就是要"多几手"。日本商界有一种经验之谈："只经营一种行业、只卖一种东西是很危险的，应该生产有辅助主导商品的商品。"

（二）商品推销战略的内容

一般地讲，企业的推销战略应包括下列一些主要内容：

1. 确定目标市场

这实质是解决未来一段时间的推销方向问题。应根据企业本身的现有条件、未来发展中形成的优势，竞争对手的情况和市场变化趋势去确定，既要先进又要合理，一般是在市场调查的基础上，通过对市场的细分去实现目标市场的选择。所谓市场细分，是将总体市场划分为具有某种特点的"子市场"过程。细分标准一般不是按商品及其自然属性，而是按不同的消费者群所具有的需求和欲望去划分。具体的市场细分标准是多种多样的。通常可按消费者的社会经济因素，即收入、阶层、民族、宗教、性别、年龄、教育、职业等进行细分。比如，细分为儿童市场、青年市场、中老年市场，或高收入消费者市场、中收入消费者市场和低收入消费者市场等。如按地理因素细分，可分为国内市场、国外市场、本地市场、外地市场、城市市场、农村市场等。如按需求因素划分，可分为生产者市场、消费者市场、日用品市场、高档商品市场、特殊商品市场等。细分的目的，是为了深刻了解现有市场，发掘潜在市场，合理选择出本企业的目标市场。目标市场的合理而可行是关系着企业生存发展的重要问题，因此，它属于推销战略最基本、最主要的内容。

2. 确定推销的具体奋斗目标

当确立目标市场以后，就提出了整个企业的推销战略任务。怎样去完成这个任务，还必须制定相应的具体战略目标。即在一定时间内达到多大的销售额、获得多少利润、怎样巩固或扩大市场占有率等具体目标。正如英国 M·摩加诺在其所著的《经营之道》中明确提出的一样，"你得知道：能卖什么样的商品？能卖多少？在哪儿卖？怎样卖？什么时候卖？什么价格？"推销战略的具体目标，不能单纯片面追求销售额，必须考虑目标。推销活动的出发点和归宿点，就是要讲究经济效益与投资回收。同时，战略的具体目标，体现一个企业未来的发展速度与规模，因此，还必须注意与宏观环境的变化动态地相适应。

3. 明确推销结构

所谓推销结构，是指为完成推销战略的具体目标所需要经营推销的商品构成。它包含两方面的内容：一方面是指商品品种；另一方面是指各类商品占所有经营商品中的比重。通过战略规划可明确哪些是主营商品，哪些是辅营商品，哪些品种需要维持或扩展，哪些品种需要淘汰和更新。推销结构必须根据所确定的目标市场消费群体的消费变化趋势而定，同时还应与企业经营能力和条件相适应。

4. 确定实施方案

战略是对未来的谋划，只有空洞的设想是不行的，"一定要注意现状是过去的反映，而未来的命运是决定于现在所要采取的措施。"因此，推销战略在确立具体战略目标以后，必须制定相应的实现目标方案。中国"三国时代"，诸葛亮向刘备提出的《隆中对》，其实现战略目标的步骤就设计得清晰明确：第一步取荆襄之地为本；第二步联吴抗曹争取"三足鼎立"；第三步取西川以求发展；第四步待兵精粮足之后统一全国。这可以借鉴，类比来制定推销战略的实施方案，同样需要步骤清楚，分步目标明确，逐步去实现推销战略规划。只是在制定中应把握现代推销的特色，其重要的核心问题是经销渠道的巩固和扩展，经销中，销售渠道尤为重要，由于在激烈的市场竞争中，销售渠道的竞争更为突出。比如，我国广西某生产电扇的企业，在确定实施方案时，对全国电扇市场进行了分析：在华东，上海电扇产品的销售渠道很稳固；在中南，又有武汉等经济中心城市的优质产品及上海企业的辐射；南方有广州产品大量占领着。因此，该企业把实施方案定为：确保枝柳沿线，着眼西南，占领西北，打入东北。在实施方案的制订中，要善于标新立异，"突出奇兵"，与众不同，才能在竞争中获胜。要想把战略制定得更有效，必须深入研究竞争对手，了解他们的战略，在实施方案中才会有针对性。如果只考虑自己一方，其结果"就好像一个将军作战时完全不考虑对手怎样布防一样"，一定会失败。

二、商品推销战略的种类

所谓种类，是从总体角度，将企业的推销战略看成一个集合总体，根据一定标志进行划分的结果。标志选择不同，划分的结果也就不同，这种划分是人为的，是为了研究的需要，是为了对推销战略认识得更清晰、更明确，以便于在制定一个企业的推销战略时借鉴、类比和参考。由于推销战略在某种意义上讲，就是市场竞争战略，因此在划分时多从竞争方面选择标志，通常可从下述两种角度进行划分：

（一）从战略所采用的主要竞争手段划分

1. 进攻型战略

进攻型战略即采用先声夺人，迅速巩固和扩大市场占有率，在竞争对手来不及详细思考的情况下，尽快地占领市场。其具体做法多采用大张旗鼓的宣传活动，以及一定的特殊推销手段。由于这种战略是对竞争者正面发起攻击，故称为进攻型战略。采用这种战略的条件是企业本身具有较强实力，所选择的目标市场潜在需求量很大，而且尚未被人们所认识。经营的商品具有明显特色，在多种形式宣传中，能给广大消费者很新颖的感觉，能广泛地唤起注意并很快地激发出兴趣。采用这种战略，需要投资较多的宣传费用，因此要有准确判断，否则具有较大风险。如我国《经济参考》报道，日本马自达汽车株式会社，为打入我国市场，与劲敌丰田正面展开竞争，在福州外贸中心举办了一次汽车展览会，会期两天，半天一场，每场只发请柬 200 张。请柬分为三类：一是省政府有关部门；二是一些经济实体的领导人；三是舆论界、信息的传播者。请柬制作别致，安有微型音响装置，见到光亮，就发出悦耳的乐曲声，提醒来宾"请准时出席"。展览会的小广场，牌匾、标语、彩旗林立，但主要是参观它们的各式汽车。参观之前，每人领取一个资料袋，内装：两本精致画册，介绍企业的发展史和主要产品；一扎明信片，上印厂房、汽车等。此外，还附带送几种花钱不多的纪念品，都印有该企业的标志。名誉会长致辞，扼要地介绍它们的规模，着重说一点：汽车坏了怎么办。年内，就在福州设立它们的汽车维修服务站，让大家消除后顾之忧。接着，就是"直观教学"放录像带、幻灯片，宣传它们永攀质量高峰的措施、条件和前景。再接着是现场操作表演，技术人员坐在汽车里，一面讲解，一面做示范，显示产品的各种性能，让每个观众都看得清清楚楚。表演结束，它们的摄影师早就等在那里，彬彬有礼地请每一位来宾跟马自达汽车合影留念，并赠送一张速成彩照。结果来宾成了它们广告的义务宣传员。这是一种先声夺人、别具一格的正面竞争战略。

2. 避实型战略

这是在竞争强手众多情况下，正面展开竞争毫无胜算时所采用的一种战略。这也是当今企业界精明的中小型企业，面对激烈市场竞争所运用的一种战略性对策。其核心是"人弃我取，人取我予，人争我避"，也正是我国《孙子兵法·虚实篇》中，"避实就虚"方针在当今市场竞争中的运用。其具体做法是，通过认真的市场调查与分析，了解一定市场范围内的缝隙和边缘，回避竞争对手已经成熟的产品、宣传、推销方法，从另外的渠道和使用其他方式去切入市场，这就是"避实"。在分析中寻找出竞争强手所忽略或暂时未考虑的缝隙或边缘，作为市场切入点，这就是"就虚"。前面介绍的日本尿垫大王尼西奇，其成功战略就是"避实型"的。采用这种战略，应充分发挥企业家的智慧、敏锐和魄力，在利用市场机会时"就虚"、在产品档次上"就稀"、在工艺技术和推销方法上"就新"、在价格上"就廉"。比如，苏州电视机厂，当黑白电视机在城市市场处于饱和状态，竞争很激烈时，从全国分析，竞争强手林立，而农村普及率很低，特别是湖南农村，普及率仅有 7%。该企业采取了"避实就虚"的战略，避开城市市场的"实"，转向农村市场这个"虚"，将 2 万台孔雀牌黑白电视机送往湖南全省农村，并采用对农村实行系列服务，开技术讲座，为乡一级安装调试差转台、维修点等措施，取得了极佳的销售效果。

3. 攻守型战略

这是一种复合型战略。从当今世界范围考察，商品经济越来越发达，越来越成熟，现在不是商品不够，而是对商品不满意。日本商界有一种说法："生意越来越难做"。任何企业，无论其规模多大，实力多么雄厚，都会面临着市场景气和不景气等市场状态。因此，采用单一的推销战略，就不能适应今后市场变化趋势。国外企业界有这样一种看法，由于消费的多样化、个性化趋势，现在的大型市场，将不断根据消费需要而细分为众多的小型市场。抓住时机去适应这种消费趋势，将是当今企业面对的重要课题。在时机出现时，要善于抓住时机，采取进攻型战略，宣传声势要大，转向要快，占领新市场要迅速。当处于不景气状态，则应采取防守战略，采取集中收缩的对策。有人这样形容攻守型战略，"攻如猛虎，静如处子"。日本商界提出："进攻时要采取分散战略，而防守时就要采取集中的战略。"所谓集中防守战略，是针对经济萧条时采取的对策，即通过合并、统一、集中来压缩固定资产和减少折旧费用，减少利息、人事等固定开支，多余人员转移到第一线，以加强"攻"的销售部门。

（二）从具体做法进行划分

1. 市场集中战略

这是指企业推销主要集中在某一市场层次的战略。比如，食品市场可细分为：高档餐厅、营养食品、儿童食品、大众化食品……集中经营儿童食品就是一种市场集中战略。甚至可以集中在某一个市场点上，如"全聚德"烤鸭、"麦当劳"快餐，就是集中在某一市场点。当今世界，凡是经营成功的企业，无不在目标市场的选择上下工夫，准确地寻找合适的目标市场机会，这是关系着企业生存发展的大事。所谓目标市场，是指企业为满足现有的或潜在的顾客需求而开辟的特定市场。

2. 差异战略

这是一种采用"与众不同"的战略。其核心是创新、独特、优质、快速等具有本企业特色的战略对策。要在竞争中求生存，没有特色是不行的，差异战略是适应市场竞争的重要对策，没有特色怎能唤起购买者的注意，怎能激发购买者的兴趣。从一个企业讲，"特色"是其活力的源泉。不能争取具有全面的特色，也应在某一方面，或某一点上去创造出特色。比如，日本北海道有一家点心铺，创造制作出一种"白色情人"的点心，给人一种高贵独特的印象，使其年销售额高达 20 亿日元，利润达 6 亿日元。这个仅有 83 人的小店，从营业额到利润都超过了大型食品制造商。

3. 低价战略

这是在推销中采取廉价取胜的战略。要实现这种战略，必须在降低成本上下工夫，在降低成本的基础上，实行薄利多销，追求规模效益。日本松下电器公司，一贯采用这样的战略。它虽然不断研发创新产品，但也总是在降低成本上找窍门，从而取得了很好的效果。

第二节　商品推销策略

推销策略是实现推销战略目标的具体手段，是推销业务活动的行动方案。由于商品种类繁多，性质各异，销售对象又处于不断变化之中，为了适应变化的推销环境，推销策略必须具有多样性、灵活性和适用性的特点。因人、因事、因地创造出灵活而具有特色的推销策略，是现代企业成功的重要经验和技巧。各国的企业界、商业界对推销策略都很重视，因为它不仅是实现战略目标的具体对策，也是现实的针对性很强的市场竞争手段。下面从两个方面进行讨论：

一、常见的商品推销策略

常见的推销策略，系根据国内外企业已经采用和实施的做法进行归纳。由于推销策略在实用中千变万化，做法极多，所谓归纳，可能是一孔之见，仅供参考。

（一）价格类推销策略

从宏观角度考察，一定时期、一定环境条件下的市场需求量，受众多因素的影响，市场需求量是众多影响因素的复合函数。如果采用排除其他因素的方法，只考虑价格对需求量的影响，就形成"价格需求曲线"。这是现代很多经济学科用来研究市场需求的量化曲线，从"曲线"分析，价格变动需求量作反向运动。用商品推销语言讲，提高价格，销售量就要减少；降低价格，销售量就要增大。这具有一定的参考价值。但由于不同的商品，价格变化引起需求量的变化速率是不相同的，有时降价，虽也能增加销售量，如果增加很小，反而使利润下降。同时由于这个"曲线"是采用排除"次要"因素法而得出的结论，具有较大的局限性，这是在经济领域中采用量化研究的一般性特点。因此，在推销策略中所采用的价格策略往往有新的突破。常见的价格类推销策略有：

1. 稳定价格策略

这是指在普遍上涨趋势下，采取一段时间保持原价的推销策略。如果能通过减少流通费用和节约其他开支的办法，在上涨趋势下维持原价推销，特别是对经营经常性的必需消费品，能树立维护消费者利益的良好企业形象，从而大幅度提高销售量，用规模效益去补偿稳定价格所带来的单位利润下降。采用稳定价格策略，一般情况不宜采用"减少商品含量"的办法，这会在消费者心里造成"欺骗行为"的印象，而导致出现逆反效应。

2. 价格差别推销策略

这是一种将质量基本相近、牌号不同的同类商品，故意设计成具有较大价格梯度，从心理角度去刺激消费者购买的推销策略。国外有这样的实例：

有一个经销文具用品商店，有两种牌号的钢笔，质量差不多，原定价也基本相同，结果顾客无法挑选、比较，反而销势很差。后来改为将一种牌号的钢笔价格提为另一种牌号钢笔价格的 1 倍，结果提价的钢笔销售很快。这是利用顾客在某些用品方面的攀高心理，而采用的价格差别推销策略。

有一个专门经营儿童玩具的商店，同时购进两种玩具小鹿，造型相差不大，价格都定为 0.55 元，摆在柜台上却很少有顾客问津。后来把一种小鹿价格提为 0.96 元，另一种保持原价，结果标价低的小鹿很快销售一空。这是利用顾客在某些用具的使用中求廉的心理，增大价格梯度，以便推销产品。

3. 同价推销策略

这是对不同的商品采取同一价格的推销策略。我国电影《林家铺子》中描述了一种"1元货"，将店内商品全都搭配成1元的销售价格，这不仅吸引了顾客，也在竞争中取得了胜利。在国外有一种"9分钱商店"。还有采用分柜同价销售，把同一价格的不同商品放在同一柜台中，这些都是同价推销策略的具体应用。实践证明，在一定条件和环境下，这种策略能大大刺激消费者的购买欲望。

4. 高价推销策略

这是运用顾客中攀比心理和消费高档化趋势的策略。这是当前经营高档名牌商品中常采用的价格策略。最近我国的一部电视剧《中国商人》中，就描述了一个年轻的女个体时装经营者，在推销名牌衬衣时，巧妙地运用了这种策略，而获得了很高的利润，大百货公司的经理还请她向全体员工介绍"心理推销术"。在运用这种策略时，推销人员如果能结合运用"激将推销技巧"，往往能取得更佳效果。比如，我国某华侨商店，一对外国夫妇对一只价格昂贵的高档戒指很感兴趣，但由于价格太贵而犹豫不决。营业员巧妙而主动地介绍说："某国总统夫人对这只戒指也曾爱不释手，嫌太贵没买。"这对夫妇听后，立即买下，还洋洋自得。

5. 降价推销策略

商品都有其市场寿命周期，有的长，有的短。特别是一时的"消费流行"产品或"潮流"性商品，其市场寿命周期就很短。当所经营的商品处于市场寿命的衰退期时，应尽快抓住时机，采用降价推销策略，可避免企业的损失或减少损失，同时也有利于企业转变经营方向，另外，这也是一种稳定或扩大市场占有率的手段。但是，怎样降、降多少、在什么时候降，对企业来讲则是一种经营艺术。首先必须要有较准确的判断，过早、过晚企业都将承受较大的损失。其次应注意降价后的逆反效应，降价幅度过大会影响商品的信誉和企业的形象，幅度过小对消费者购买欲望的刺激量太小，反而不利于销售。

价格策略是推销成功的重要因素之一，国内外推销界在实践中创造了多种多样的价格推销策略，有各种折扣、回扣推销策略；德国市场上的"8"字价特别多，可能是给消费者一种吉祥诱导吧。纽约有一家"9角9分商店"，利用一分之差，去迎合消费者的求廉心理。实践中还有"整数"定价策略，给顾客购买方便的感觉。总之，价格策略多种多样，不拘一格。日本商界这样认为，现在是"零和理论"时代，是"成熟社会时代"。整体消费趋势是"选择性消费"在增加，"经常性的必要消费"在减少，消费者已不再像过去那样紧缩家庭开支，而是根据自己能接受的价值观灵活掌握"节约"和"奢侈"。消费者强调多样化、主体化和个性化，该奢侈时就奢侈，该节省时就彻底节省。因此，在决定价格策略时，要对价格的多种因素进行检查，要很好分析企业生产和经营的商品，是属于"节约"型的商品，还是属于"奢侈"型的商品。

（二）服务类推销策略

日本商界有句格言："不是'卖商品'而是'卖满意'。"顾客满意你的商品应当畅销，顾客不满意你的商品就卖不出去。现在是发达的商品经济时代，是商品品种不断增多，质量不断提高的时代，已经不是"酒好不怕巷子深"的时代，仅凭商品质量好就能使顾客满意。现代经商，现代企业家，谁都不会用次货、假货去败坏企业的信誉。信誉是企业生命，是当今企业家的座右铭。要成功，要在激烈的市场竞争中立于不败之地，不仅需要"酒好"，而且还需要"巷子浅"。其含义就是要从两个方面去使顾客满意，一方面是你推销的商品，从功能上使顾客满意；另一方面是通过系列服务方式使顾客从精神方面得到满意。现代消费趋势，往往是精神需求大于对商品实体功能的需求。服务不仅是重要的推销策略之一，而且有人认为服务本身就是"商品"，同时，服务还是市场竞争的重要手段，也是探讨商品市场竞争力的重要参数。当今国内外商界创造了多种服务推销策略，把如何提高服务质量和创造更新的服务方式，作为研究经营策略的重要课题。

《企业经营谋略》中，介绍天津中原公司实行"七试一退"服务制度："允许顾客购自行车可试骑 3 天；购半导体收音机可试听 10 天；购手表、座钟、闹钟可试用 7 天；购灯管、灯泡、灯座可试用 14 天；购电扇可试用 15 天；购部分电视机可试用 15 天；各种化妆品、鞋油样品可以试用。在试用期间，公司包修、包换、包退。对于针织品、服装、鞋帽，不论顾客在本市还是外地购买，只要品种、规格、价格相同，只要不脏、不残、保持原状，而且公司又正在经营这种商品，一律可以持发票包退包换。到 1986 年年底，实行'七试一退'的品种已达 10 000 多种。顾客走进中原公司，便产生一种稳定感和安全感。公司年销售额也扶摇直上，以平均 19.94% 的速度递增。利润年递增率在全国大型商场中名列前茅，达到 37.93%。"从这个事例，不难看出服务质量与企业经营的成败密切相关。

1. 商品推销服务的内容与分类

商品种类繁多，性能各异，顾客的需求又各不相同，因此，服务的具体内容和形式，应根据顾客需求和商品特性而展开。商品推销的服务内容是极其广泛而丰富的。抽象地讲推销服务，可根据不同服务标志进行划分：按服务时间分类，可分为售前服务、售中服务和售后服务三类；按服务性质分类，可分为技术性服务和非技术性服务；按服务形式分类，可分为定点服务、巡回服务、访问追踪服务、收费服务和免费服务等。服务还可按服务对象等其他标志进行分类。下面对实践中一些推销服务的具体内容进行讨论：

（1）技术性服务。广义讲企业的一切推销服务都可看为是技术性的，狭义讲技术性服务是指企业运用最优的专业技术和管理技术，指导和帮助用户掌握和使用好商品的服务方式。一般包括安装、调试、维修、技术指导和技术培训等多方面。随着现代科学技术和商品经济的发展，用户对推销业的技术依赖性会越来越强。广泛地开展各种技术性服务，不仅可以加强企业与用户之间的联系，获得商品使用中的各种信息，同时也是稳定或扩大市场占有率的重要手段。从实际情况考察，现在推销技术服务的内容，除安装、调试、维修外，还开展现场技术指导、文字技术指导、各种技术培训、开办技术讲座和多种形式的技术咨询。

现代企业和推销员，应深刻认识到，人是在一定历史条件下的人，随着科学的发展，技术的进步，时代的推移，消费者必然发生一系列突破性的变化，这些变化主要表现在消费观念、消费结构和消费需求的更新上。人们购买商品，不仅是为了商品所提供的使用价值，获取相应的知识，也已成为购买行为的一种驱动力。在商品推销中，如何巧妙的传授相应的知识，已逐渐成为联系用户的重要服务策略之一。有一个由三人组成的推销小组，摆摊销售生猪生长素，首先贴出一张广告——"免费传授最新技术"，具体内容有三：一是科学养猪无瘟病；二是科学养猪长得快；三是养母猪发大财。然后三人对围观听众，一个口授，一个卖资料，一人卖商品，推销效果极好。所谓技术性服务策略，是指突破传统的卖商品讲商品的方式，而代之以知识传授与商品推销紧密结合起来的一类服务形式。随着商品的现代化，企业与用户间的知识性联系会越来越紧密，不断提高推销员的知识性服务技巧，是市场经济不断发展的客观要求。当前，企业为用户进行的现场技术指导、书面技术指导、技术培训、技术讲座等都属于知识性的服务。知识，不只是围绕商品特性的有关技术问题，还涉及美学知识、社会学知识、心理学知识等多方面。我国最佳营业员胡大连，她在知识性服务技巧中就别具一格，运用美学知识，根据顾客年龄、身高、体型，从审美角度介绍怎样选择适合自身特点的色彩、款式的服装，很受顾客欢迎。

（2）售前服务。这是指在顾客未接触商品之前所采用的一系列服务，目的在于方便顾客购买和激发购买欲望。随着市场经济的发展，消费者在方便购买上的要求愈来愈高。因此，只有为顾客提供各种方便，才能把社会效益和企业的经济效益密切结合起来，才能使推销活动更有成效。售前服务作为现代经济的一种方法和策略，已被国内外企业普遍承认。搞好和创造各种方便顾客的售前服务，无疑是当今企业界非价格竞争的一种重要手段，也是扩大销路，提高市场占有率的一项重要策略。在实际中，各企业根据商品特点、推销的具体对象，创造出多种多样的售前服务方式，其内容极为丰富，但其核心都是围绕着如何更好地方便顾客而展开。常见的做法有：各种精心设计的商品性能、使用方法、维修措施的宣传介绍；优雅而又便于顾客选购的销售场地布置；送货上门；开展电视、电话订货及邮购和卡片预约订购；开展为顾客或用户提供购前的勘察、设计、咨询、培训等多种服务项目。总之，售前服务的内容和形式多种多样，企业界根据顾客的需要和变化趋势，在不断创新和扩展。当前出现的"试用"、"先尝后买"、"分期付款"、"还款销售"、"销售路线说明书"等，都属于售前服务的拓宽。

（3）售中服务。这是指在商品推销过程中，为顾客和用户提供的一类服务。其目的是密切供需关系，增强购买者的信赖感，以期实现交易。其核心是围绕着使购买者最大限度的满意而展开。随着社会生产和科学技术的向前推进，消费观念也发生着巨大变化，人们不仅追求商品实体所提供的满足，而且追求购买中所能获得的精神满足。如何搞好售中服务，是推销成败的关键。如何更好地从物质和精神两个方面去满足购买者的需求，不仅是经营策略，也是市场竞争手段。同时也对推销员提出了更高的要求，无论是柜台推销、访问推销还是商务洽谈，都应从物质和精神两个方面去提供高质量的售中服务，使推销获得良好效果。国内外凡是经营成功的企业，都把树立推销员的现代服务观念，培养良好的服务态度，一切从顾客立场出发的推销方式，视为与企业声誉一样重要的大事来抓。售中服务的具体内容包括：除对所有顾客都进行热情、主动的接待和从顾客立场介绍商品效益外，还常有代为挑选商品，代为办理各种购买手续，代为办理合同、包装、托运、保险等项目，提供食宿方便及购买过程中一切方便顾客的措施。

（4）售后服务。这是指商品卖出去后，继续提供的各种服务。热忱而周到的售后服务，可增加消费者对商品的安全感和对企业的信任感，不仅可以巩固现有顾客，促使出现重复购买行为，也可通过购买者的宣传和传导，争取更多的新顾客，开拓新市场。同时，售后服务也是现代市场经济条件下的重要促销手段，对企业来讲，它充当着无声的宣传员，这种无声的宣传往往胜于夸夸其谈的有声宣传。从辩证角度分析，即使一个企业推销的商品，有质量问题的产品不足1%，而对某一具体购买者来讲，如果买到质量有问题的产品则是100%的次品。因此，搞好售后服务是消费者的客观要求，也是企业应尽的社会责任。譬如，石家庄手表厂开展的售后服务是，不管谁买了该厂生产的"太行牌"或"红蓬牌"手表，若达不到一级表标准，10天之内可退换。属于顾客使用上造成的损坏，保修期内，只付成本费便可换一只新表。超过4年保修期，表坏了修理时，只收半费。凡是该厂生产的表，不论哪年购买的，都可以旧换新，只付现行零售价的一半。结果该厂在激烈的市场竞争中，其产品保持了畅销不衰。再如，世界最大的计算机制造企业——国际商业机器公司（IBM），其广告是"IBM就是最佳服务的象征"。该企业把提供世界最好的服务作为经营的宗旨，专门挑选一批优秀业务人员担任主管助理，这些人唯一的任务就是对顾客的任何抱怨和疑难，必须在24小时之内给予解决。一次，美国佐治亚州亚特兰大市的一家公司使用的IBM计算机出了毛病，几小时内该企业就派出8位专家前去维修检查。IBM公司主管经营的副总经理罗杰斯提出："争取订单其实是最容易的一个步骤，售后服务才是真正关键所在。"为确保企业与顾客的密切关系，定期征询顾客对员工服务质量的满意程度，并以此作为评定员工奖金报酬的标准之一。当今企业界，不少人认为，售后服务是关系着企业存亡的大事。它不仅仅是一种策略和手段，也是企业加强与顾客在技术、经济和情感联系的重要方式，从而可以准确而及时地反馈各种消费者的需求信息，促进企业不断提高经营水平和发掘潜在市场。售后服务的内容极为广泛，不少领域还有待开发。从目前企业界的具体做法看，主要有：售后送货服务，售后"三包"（包修、包换、包退）服务，定点、上门和巡回维修服务，售后安装、调试服务，包装服务，多种形式的访问服务和技术服务……

2. 现代推销中的服务策略

从现代商品经济角度去认识服务，不仅仅是商品的外延和商品推销的附加条件，而应属于商品的内涵，其服务本身就属于商品范畴。因此，作为当今的企业家和推销人员对服务观念就应从"应该怎样做"、"争取怎样做"转化为"本来就需要这样做"。研究现代推销中的服务策略，其核心就是如何提高服务质量，如何从精神和物质两个方面去满足不同顾客的需求。服务质量很难用刚性的具体指标去衡量，国内外一些企业，常采用追踪反馈"顾客满意程度"去考察。也有人认为，优质服务不光是笑脸相迎，笑脸相送，或实行什么"三包"就能完全实现的。现代推销中的服务技巧，不仅是一门学问，也是一种艺术。根据企业界的实际运用归纳如下：

（1）从顾客需求出发不断提高服务技巧。不同的顾客有不同的需求，即使同一顾客、同一购买行为，在不同时期其需求也有差异。针对不同顾客、不同需求，开展针对性的服务，是现代推销中极重要的服务技巧之一。日本历史上，丰臣秀吉幕下有一位悲剧名将叫石田三成，少年时他叫石田佐助，在滋贺县观音寺谋生。一天，丰臣秀吉猎鹰口渴入寺求茶，石田奉上的第一杯是大碗的温茶，第二杯是中碗的热茶，当丰臣秀吉要第三杯茶时，他却奉上小碗热茶。丰臣不解其意，石田解释说：第一杯大碗温茶是为解渴的，所以温度适中，量也大；第二杯因为您不会太渴了，稍带品茗之意，所以温度要稍热，量也小些；第三杯，已经不是解渴，而是迷上茶香，纯粹是为了品茗，所以要奉上小碗的热茶。石田的这种周到"服务"，针对对方的需求而采取不同的措施，很值得当今企业和推销员借鉴。

根据不同的顾客需求，展开各种有针对性的服务，正是服务技巧最具有创造活力之所在，它不可能有某种具体而固定的模式，大胆借鉴很有必要，但不要一味生搬硬套别人的做法。较普遍的看法是，应从两个方面去考虑：一方面根据生产或经营商品的特性与主要消费者的需求特征，在调查基础上，进行预测判断，事先估计顾客可能的服务需求，采取一系列的服务方式；另一方面，追踪调查顾客使用商品后的不满因素，不满或者抱怨，正说明顾客的某种需求没有得到满足。根据顾客的不满因素，不断调整服务行为，这是当今推销界极为重要的服务技巧。国外一些成功企业的具体做法是随商品销售的同时发出追踪调查卡，或直接派出售后调查人员，将反馈回来的顾客不满因素，按"巴雷特曲线"进行 A、B、C 分类，对 A 类和 B 类两种不满足因素，必须进行重点分析，寻找出调整服务行为的依据。一般处理程序如图 8 - 1 所示：

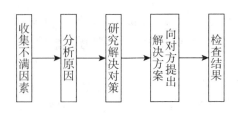

图 8-1 顾客不满因素处理程序

处理顾客不满因素应注意：不要先入为主加入个人意见；要把握主要因素，并分析有无前例；要尽快研究出使对方满意的方案，不要拖延；要向对方说明解决方案，请求对方原谅；要采取必要调整服务的措施，以免同样情况再度发生。

台湾某些企业，采用追踪访问的具体做法是：第一次访问，在商品售出后 1 月之内进行，主要了解使用情况和向用户讲清使用中应注意的问题，并告诉用户如有问题可随时与企业联系，以增强用户的满足感；第二次访问，在售后 3~6 月之内进行，为用户整修和检查功能正常状况，并告诉养护注意事项，增强与用户的友好感；第三次访问，在售后 2~3 年之内进行，主要是为用户进行拆、洗、换等工作，以培养用户对企业的信赖感；第四次访问，在售后 5~6 年之间进行，这时主要是向用户介绍新的替代商品，以激发换代的欲望。这种介绍必须从用户立场出发，以进一步加强与用户的情感联系为目的。

要搞好多种形式的追踪调查，使企业的服务更具有针对性，应尽可能建立起用户档案。这种档案可有多种形式，企业可根据具体情况进行设计。一般地讲，其内容应包括：用户姓名、地址和电话；购买商品的时间、规格、型号和出厂编号等；追踪调查的各次服务记录及用户的主要意见等。

（2）"标新立异"的服务策略。"新奇"对人具有特殊的感染力，而平庸无奇，步人后尘，容易使人感到枯燥乏味。日本电影《哀愁》中，描述了夫妻相处的艺术：妻子在平淡无奇的日常生活中，穿插了无数的变化，在小小的居室中，一会儿别出心裁地改换家具摆设位置，一会儿做一点发型变化……让丈夫感觉新鲜，从而不断增强夫妻间的感情。这种处事的哲理，很值得现代推销人员在开展各种推销服务中借鉴。如果一个推销员，在接待顾客时像背台词一样，千篇一律，又怎能使顾客产生满意感呢？

"新"是一种创造性思维的结果。要"新"，必须在掌握同行已开展的服务项目的基础上，调查分析消费者的需求变化，去开发还未出现过的服务项目。即使是微小的变化，有时也会产生意想不到的效果。譬如，很多企业都开展了"三包"服务，但有的企业在接待购货与退货上，服务热情却出现很大的差异，日本松下电器公司提出了退货比购货更热情的服务方针，结果使企业声誉大振。"创新"是多方面的，从推销员角度讲，包括语言、服务态度、衣着打扮、知识水平等。日本某印刷厂的优秀推销员，就是根据访问的顾客不同，采用恰当的着装变化，而赢得了顾客信任。

谈判与推销技巧

服务策略与技巧涉及面极宽，内容也很丰富，未开发的领域尚多，关键是创造出具有特色的服务风格，不断提高服务质量。那么，作为企业怎样来检查和改进自身的服务质量呢，下面介绍《怎样检验服务质量并提高标准》一书中提出的八项措施以供参考：

第一项，制定服务战略。对于市场的每一部分，都应确定一定的特点，向顾客做出承诺——以百余字说明，对此公司应做好充分准备，以立足并进行成功的竞争。

第二项，把质量的承诺告知顾客。这有助于控制顾客的希望。顾客希望太多，会感到失望，希望过低又感到意外。把服务承诺的事项告诉顾客，可以使想象中的服务实际化。

第三项，确定明确的、可衡量的质量标准。服务质量标准不是都能以数目表示的，解决的办法是以"顾客希望……"作为每项标准定义的开始，然后确定应完成的任务和为达到这样的服务质量所必要的方法。用这种方法，不仅使人们得到明显的服务的可衡量的标准，也可得到诸如交往、礼貌、效率等潜在的质量衡量标准。

第四项，设计出与顾客友好的交货系统。仅仅微笑或态度好是不够的。一种能迅速向顾客交货的系统，要求具有能适合这一目标的设备、方法和程序。考虑每一步是否会出现差错，设想与顾客友好的方式，得出避免差错的办法。

第五项，把质量的标准告诉雇员。清楚地、郑重其事地强调每个人的任务是什么。

第六项，消除差错。要尽一切努力消除差错。当然，最好的方式还是预防在先。一个有效的探测、分析、纠正差错的系统可使差错减少到最低限度。

第七项，向顾客进行调查，来衡量工作成效。服务质量的唯一鉴定人是顾客。系统的调查可揭示出顾客到底感觉如何。那些抱怨的信件能帮助我们得到有关质量的反馈，进而才能推动销售。因为根据调查显示，如果答复很快的话，55%～70% 的抱怨者还会继续购买公司的产品。

第八项，发挥创造性，进行革新。服务的趋势是"花样越来越多"。因为对于多种产品和服务来说，竞争实际上是以服务为基础进行的。

上述八项措施是一种概括性的看法。从心理角度讲，要求周到服务，是消费者共有的心理需求。服务不是口号，在现代推销中具有很深远的意义。它是商品经济发展的内在需要，也是企业经济效益与社会效益统一的客观要求，还是密切产需关系，扩大销路，参与市场竞争的重要手段。当今的企业和成熟的推销员，都十分重视推销服务，把它视为企业的重要策略和"物质力量"。

（三）迎合顾客特殊需求的推销策略

这主要是根据所经营的商品、目标市场的主要顾客群的特殊需求，而采取的多种有针对性的推销策略。比如，北京稻香村食品店，根据多数顾客有现吃现做的习惯，每天上午 10 时 30 分至下午 5 时 30 分，供应中式南味热点心，品种多样，结果轰动北京城，常出现顾客等候热点心而排成长龙的现象。又如大连童装厂，根据现在独生子女的衣服无弟妹接穿的情况，专门生产销售一种能"抑短放长"的儿童衣裤，结果很受顾客欢迎。日本市川市下谷玻璃制品公司为适应西洋人鼻子高的特点，把杯子做成斜口的，前低后高，就是喝到底，杯口也不会碰到鼻子；为便于手拿，又把手拿处做成两个凹位，起名"酒窝杯"。该杯投入美国市场后，大受欢迎，虽提价 70%，仍很畅销。

（四）相关连锁推销策略

这是按不同用途和不同顾客对象组成相关系列商品进行推销，或根据顾客的特殊事件组织连锁系列推销的策略。一定的顾客群体会对某一系列的商品有特定需求，顾客的某些特定事件，会出现连锁的系列需求，针对这种情况而采用的策略，称为相关连锁推销策略。比如，日本碑文谷商店把四楼设计成"男子用品专卖楼"，把电动剃须刀、男性化妆品、男用鞋帽等放在一起销售，就是这种策略的应用。又如，美国有一家专门为婚礼服务的 S 公司，它们采取七项措施：第一，设立专门了解青年恋爱信息的调研机构，并建立档案；第二，得知谁要结婚便通知他婚前一切准备工作全包了，包括家具、服装、照相、宴席、场所等；第三，为结婚者准备两个餐盘和一副刀叉，餐盘印有结婚照，既实用又艺术，可作永久纪念品；第四，为其准备好蜜月中所用的一切；第五，怀孕后的孕期咨询；第六，孩子出生后，婴儿抚养咨询；第七，用户与公司签订几年甚至几十年的合同，为其长期系列服务。这也是一种连锁推销策略的应用。我国市场上出现的"青年春季套装"、"青年越野套装"、"青年舞会套装"、"儿童套装"、"家用工具配装"……都是为方便顾客所采用的一种关联推销策略。

（五）馈赠推销策略

这是一类与顾客进行情感沟通的推销策略。一般通过在顾客购买时，赠送小礼品、祝贺卡等方式，与顾客建立起一种温馨的情感交流，去达到稳定或扩大市场占有率的策略。小礼品、祝贺卡应设计精巧，并印有企业标记，使顾客随时有所记忆。美国某汽车公司推销成功的秘诀，就在于每年向客户寄生日卡和小礼品。国外还对暂时没有取得顾客信任的商品，采取馈赠使用的办法以打开销路。还有的商店，顾客买商品后，送一张精致的卡片，卡片搜集到一定数量时，就可到商店换一件礼品，从而大大提高了营业额。

（六）心理诱导类推销策略

这是利用顾客某种心理或错觉进行推销的一类策略。具体做法多种多样，目前国内一些企业采用的"有奖销售""有奖储蓄"等，就是利用顾客的机会心理的销售策略。下面介绍一些实例以供参考：

实例 1：美国福特汽车公司，利用青年顾客的求异心理，生产了一种"野马"汽车，形状像运动车，第一年就销售了 42 万辆。

实例2：日本有家商店，凡到店里购买商品的顾客，找回的都是该店从银行兑换来的新钞票。这是利用顾客好奇心的一种推销策略。

实例3：我国著名相声艺术家马季，说过一段"宇宙牌"香烟的单口相声，当时市场上并没有"宇宙牌"这种香烟，本来是讽刺某种假冒伪劣欺骗现象。后来某烟厂利用顾客的逆反心理，就生产销售了一种"宇宙牌"香烟，结果反而吸引顾客纷纷购买。国外有一种"现丑"推销法，也是这种逆反心理的利用。在宣传时，故意把商品缺点介绍给顾客，使购买者从逆反角度思维，认为推销者诚实可靠，反而下决心购买。

实例4：我国某家商店，起初购进数十台洗衣机，全部摆出销售，几天后仅卖出一台，后来采用把大部分洗衣机搬进仓库，只摆几台，甚至只摆一台，并挂上样品的牌子，结果几天之内数十台洗衣机全部卖光。这是利用顾客紧俏心理的推销策略。这种心理的利用，在国外还采用了一种杂乱推销技巧，有意把商店的商品杂乱摆放，造成一种紧俏抢手的畅销感觉，去促进顾客的购买欲望。某些企业采用的票券销售方法，也是这种心理的利用。如某电扇厂，把现价改为优惠价，发券凭证供应造成一种紧俏气氛，结果销售量剧增。

实例5：在日本某电视剧上映时，某些企业马上就推出了"光夫衫"、"幸子裙"，销路很好，这是一种利用青年人的"赶潮流"心理的推销策略。采用这种策略，一定要善于抓住社会现象中某种潜在的倾向，率先采用就很有效果，跟在后面往往就会失败。正如上海朋街女子服装店经理赵安达说："市场上流行什么，马上做什么，那永远只能跟在别人屁股后面。搞预测取得主动权，满足消费，那么流行起来的时候，你的服装就抢先占领了市场。"在"滑雪衫"流行时，有人劝他也生产经营滑雪衫，他认为不可行，却自己研究设计一种新颖的棉袄——彩云衫，用腈纶棉制作，具有轻、暖、薄的特色，袖口缝上7厘米的自由针花边，穿起来在大街上恰似朵朵彩云飘动，结果顾客成了他的活广告，产品畅销全国。

实例6：国外某些企业采用了一种"还款推销"方法。这是利用一种"顾客不花钱"心理的推销策略。做法是，顾客购买某种数量商品以上，若干年后货款全部退还顾客。比如，国外某家具商店，贴出一则广告："凡在本店购买500元以上家具的顾客，可得一张退款单，16年后客户可持单据到本店领回全部货款。"这给顾客造成一种"白送"的假象，结果销售额猛增。稍有金融意识的顾客，当然能理解这种"白送"的实质。

实例7：意大利有一个"莱尔市场"，采用一种"独次"推销方法。这是运用在顾客心理中形成某种错觉的推销策略。所谓"独次"，就是该商场的任何商品都只卖一次，不重复卖第二次，就是畅销商品也不例外，这就在顾客心里产生一种该商场只经营新产品的"错觉"，吸引凡是想买新产品的顾客都首先到莱尔市场，在莱尔市场购的任何商品，都好像是在其他商店无法买到的商品。世界著名的美国摩根财团的老摩根在开小杂货店时，也运用过这种"错觉"推销技巧。

他总让老婆拿着鸡蛋叫卖，原来她的手指特别纤细小巧，可把鸡蛋反衬得大些，因此生意特好。又如某化工厂，把原来装化妆品的圆柱形瓶子改为扁圆形，使人产生一种量多的错觉，销路极好。

实例8：在美国有一种"扁脸娃娃"玩具，曾经很走销，甚至出现了抢购现象。原来制造经营者宣传，这是"被遗弃在菜田里的孩子"，这是利用人们同情心的一种推销策略。

（七）包装装潢策略

"货卖一张皮"，"无声的推销员"，这是描述商品包装装潢在现代推销中的重要作用。发达国家有人曾列出：货品＝产品＋包装。这里的包装主要是指商品的内包装（或销售包装）与装潢。现代推销界还认为包装装潢是"销售的尖兵"。如此重视，其主要原因是适应日益激烈的市场竞争需要，扩大市场占有率的需要。从世界范围看，特别是超级市场出现之后，商品在货架上排列出来，顾客自由选购，良好的商品包装装潢，就发挥着美化商品，唤起顾客注意，激发顾客兴趣的特殊作用。从推销策略来考虑包装装潢，一定要注意整体发展趋势，现代包装装潢为满足顾客的多种需求，正向着美化、工艺化、多功能化和方便化等方向发展。然后根据生产经营商品的特点，在某一方面创造新颖独特的包装形式，以吸引顾客。现代经济的发展，对包装装潢的要求越来越高，今天的新式包装装潢，明天也许就会变得陈旧落后了。在20世纪60年代，从国际市场分析，一种包装装潢的寿命只能维持5～6年，而现在最多能维持3年。因此，根据需要，不断创新，才是包装装潢策略的生命。即使是色彩的变换也对顾客有影响。有这样一个实例，一商人雇几位搬运工运一批货，每件货物的重量完全一样，只是包装分为黑白两种颜色，当搬运工搬完白色，开始搬黑色包装的货物时，却要求加工资，因为他们感觉黑色的比白色的重。这位商人这时才明白，颜色深的比颜色浅的货物看起来重，从而发现色彩对人们心理有很重要的影响，后来他根据商品的不同性质采取不同色彩包装，取得了很好的销售效果。

（八）其他特定推销策略

这是一类根据企业特色、商品特点、经营特点、某特定市场的具体情况等所采取的各种对应推销策略。通常有：

1. 无差异市场推销策略

这是企业在全国乃至世界市场推销同一商品时，采取统一商标、统一包装、统一规格形式、统一服务方式和统一经营特色的一种策略。如美国的可口可乐公司就一贯采用这种推销方式。

2. 有差别推销策略

这是企业根据各地市场特点、消费者不同生活习惯等，采用不同标记、不同包装、不同服务方式，以适应具体市场需求的推销策略。

3. 拆零推销策略

把整机或把单位商品分割为更小单元进行出售的策略。如某地购进一批农用机械，但该产品在当地市场已处于饱和状态。经调查发现，需要该产品零配件的市场潜力很大，商店就采用把机械拆掉，适当定价出售零配件。结果不到一年，这批机械全部销售一空。

4. 多规格小批量推销策略

这是针对当前消费趋势向多样化、个性化发展的一种推销策略。比如，日本一家制造大型护墙板的企业，为适应多样化的市场需求，把原经营的 6 种规格增加为 30 多种，结果使企业 23 亿日元的库存减少为 11 亿日元。跟着采用这种策略的 29 家公司，都取得了很好的效果。

5. 灯光橱窗刺激推销策略

在德国很多城市的商业区，一到晚上，灯火辉煌。商店虽已关门，但人们仍可通过玻璃橱窗，看到陈列的五光十色、琳琅满目、花色繁多的商品，而且都明码标价。散步人群可一面欣赏别致的橱窗陈设，一面比较各种商品的价格。企业可在不延长营业时间的条件下，唤起顾客的注意和激发其购买兴趣。

当今的推销世界，为了实现各企业的推销战略目标，展开着全方位的市场竞争，其具体的推销策略，花样翻新，层出不穷，不胜枚举，前面所述并非全貌，可略见一斑。现代企业家，面对着瞬息万变的市场，多样化、个性化发展的消费者以及越来越精明的竞争对手，要想在这种环境条件下生存发展，不认真研究市场、研究消费者心理及消费趋势、研究竞争对手，就只有死路一条。必须大胆借鉴，勇于创新，走出一条独特的推销之路。一定要记住《孙子兵法》所言："知己知彼，百战不殆；不知彼而知己，一胜一负；不知彼不知己，每战必殆。"

二、从商品市场寿命周期剖析对应策略

商品市场寿命周期，是指商品从开始进入市场到最后退出市场的整个过程。这个过程简称为商品生命周期。正如人有出生、成长、成熟、衰老的生命过程一样，是一般性的客观规律。商品市场寿命周期，是商品经济条件下的普遍现象。但是，不同商品的生命周期又有很大差异，同时随着商品经济的发展，商品市场寿命周期，从总体角度讲又存在越来越缩短的趋势。

从推销角度讲商品市场寿命周期，也是推销中的一个概念。一种新商品投放市场，有一个投入、发展到淘汰的过程，消费者有一个对应的认识、接受到放弃的过程，对企业来说，也就有一个从亏损、盈利到不能盈利的过程。因此，从一般性角度可将商品市场寿命周期划分为四个阶段：导入期（或投入期）、增长期、成熟期、衰退期。如果选用销售量（或销售额）作纵轴，用时间作横轴，就可建立起二维体系的商品市场寿命周期的形象化模式，如图 8－2 所示：

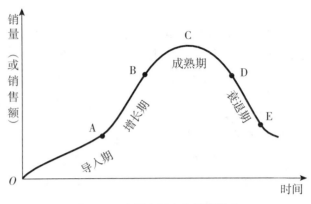

图 8-2　商品市场寿命周期模式

下面从商品市场寿命周期模式所划分的四个阶段，分别讨论其市场特点及对应的推销策略：

（一）导入期的特点及对应的推销策略

导入期从模式上看，处于"$\overline{OA}$"段，随着时间的推移，销售量增长很缓慢。其原因是由于新商品处于试销阶段，一方面由于新商品初上市，广大消费者不了解，更谈不上认识，存在着较大的疑虑和戒心；另一方面从生产企业来讲，设备和技术都不够成熟，处于试制小批量生产状态，商品质量也不稳定，相对成本也较高。从推销角度讲处在导入期的商品，很难盈利，甚至要亏损。这时的推销目的不是盈利，而是打开局面，争取顾客的了解和认识，当转入增长期后会有稳定的市场占有率和较高的信誉，为在增长期获得巨大利润作准备。因此，导入期的推销策略，是在"准"和"快"两方面下工夫。所谓"准"，是指对这种商品的市场需求动向，要有准确的判断。要能准确判断，了解这种商品的需求趋势和需求潜力，除进行市场调查预测外，这时最重要的办法是采用"试销、试用的追踪调查"，广泛搜集用户顾客的各方面意见。当确定这种商品很有潜力或没有发展前途时，就应强调一个"快"字，所谓"快"，就是要尽快转入批量生产，尽快导入市场，或者尽快地转向。当确定发展这种商品时，其推销的具体策略大体有下述两类：

1. 快速导入的推销策略

这是千方百计尽快导入市场的一类策略，但是根据新商品的特色、市场动向、竞争对手的状态，其做法常有：

（1）高价快速导入策略。这是根据新商品市场潜在需求量很大，新商品具有明显特色，且尚未被竞争对手发现时所采取的推销策略。高价指试销的新商品价格定得较高，由于新商品很有特色，能给消费者突出的新颖感觉，从而求购心切，在求新的心理驱动下，能接受高价。同时，企业相应采取大张旗鼓的广告宣传活动，以先声夺人，迅雷不及掩耳之势，引起广大消费者的注意，迅速占领市场。由于这是一种试销商品销价定得高，同时也投入大量的宣传费，故也称为高价高费用推销策略。

（2）高价低费用快速导入策略。这是采用定价高，但广告宣传费较小的一种导入推销策略。这是针对试销商品虽具有明显特色，但市场容量不大，消费者对这种新品种商品已有一定了解，而且选择性不大，没有很强的竞争威胁。适当高价，消费者能接受，同时只要恰当选择广告媒介和一定的宣传空间，就能引起顾客注意，达到快速导入市场的目的。

（3）低价高费用快速导入策略。这是针对试销商品特色不明显，但市场容量大，而且潜在竞争比较激烈，试销商品可因大批生产而较大幅度降低单位成本，同时消费者虽对新商品缺乏了解，但对价格比较敏感。在这种情况下，采用试销商品定价较低，且配合大张旗鼓的宣传，快速挤入市场的策略。其目的在于先发制人，有重点的占领某一目标市场，争取最大市场占有率。

2. 逐步导入推销策略

这是针对消费者对试销商品已经了解，而且新商品市场容量又大，多属于在原有产品基础上略加改进的新品种，顾客对价格非常敏感，且有相当的潜在竞争者所采取的一种稳扎稳打、步步为营的导入推销策略。一般做法是低价低费用，即试销商品价格定得合理而较低，同时只花少量的广告宣传费，逐步进入市场。

（二）增长期的特点及其对应的推销策略

从图 8 - 2 商品市场寿命周期模式看，增长期处于 $\overline{AB}$ 段。随时间的推移，销售量增长很快。这时市场特点是：新商品经过试销已经得到市场的承认，销路迅速打开，销量剧增，利润不断增大，从而引起竞争者的注意，并千方百计的介入，使市场竞争日趋激烈。企业在增长期的推销策略，其中心应突出"好"，即在质量、品种、花色、规格等方面狠下工夫，以维护企业信誉和树立良好的市场形象为重点开展推销活动。其具体做法为：

不断提高商品质量。汇集试销中的追踪调查信息，尽可能根据用户顾客的反馈意见进行改进，增加商品特色，并配合在包装装潢与服务两个方面进行改善，力争创名牌，以增强对顾客的吸引力。

随时分析市场变化趋势和竞争对手动态。通过多种方式降低成本，在适当时机降低售价，以吸引对价格敏感的潜在消费者。

尽快和广泛地建立起分销途径，以适应销售量迅速增加的趋势，力争打入有利可图的新市场。

广告宣传应从重点介绍商品转为重点宣传企业的形象。以企业信誉为中心，展开宣传攻势，从而增进顾客和用户的兴趣以及对本企业的依赖程度。稳定原有顾客和争取新顾客是增长期推销策略的核心。

（三）成熟期的特点及其对应的推销策略

从商品市场寿命周期模式看，成熟期包括 $\overline{BC}$、$\overline{CD}$ 两段，或简单说是 $\overline{BD}$ 段。

这时随着时间的推移，销售量增长缓慢（$\overline{BC}$段）或销售量缓慢下降（$\overline{CD}$段）。这只是一种粗略的概括模式，如果较精确考虑，应是一段波动曲线，即随着时间推移，销售量时而增长，时而下降。成熟期的市场特点是：销售量的上升已达到市场饱和状态，该商品的普及率达到70%～80%，市场竞争更为激烈，消费者对商品质量、花色、款式、规格等的挑选度很大。这时企业的推销策略，应在"占"字上下工夫。稳定市场占有率是这时的推销核心。通常可采用：

开展多种服务或降低价格来稳定市场占有率或扩大占有率。如成都地区销售的广东"飞行"牌吊扇，在电扇市场饱和状态下，开展送货上门、代为安装、电话维修、随叫随到活动，结果销量猛增。

努力寻找和开拓新的目标市场，向市场需求的深度和广度发展。从策略上讲，应主动出击，抢占市场，不能"守株待兔"。需要广找门路、广交朋友、广开渠道，可采用工商结合、联展订货等等多种手段，分地域、分层次、多形式、多渠道的展开立体化推销攻势。如在电视机日趋饱和时，苏州电视机厂采用"巩固老朋友、依靠好朋友、广交新朋友"的"三交"推销策略，立脚苏州，面向全国，其推销声势锐不可当。

采用多种推销方式，不具一格的"十面出击"。其具体做法如：企业全力以赴进行推销，包括企业领导层；请进来、走出去搞展销订货；外地各处设点、设摊经销；与各地批发、供销部门联销；委托各地商店代销、经销；与各地其他企业联合经销；大小、远近、新老客户一个样的现销；浮动价格适销；对季节性商品应抓住时机抢销；多种服务策略竞销；邮购、网购、流动兜销、访销……

（四）衰退期的特点及对应的策略

从商品市场周期模式看，衰退期处于$\overline{DE}$段，随时间推移，销售量剧减。这时的市场特点是，这种商品已失去对顾客的吸引力，处于被新商品所代替的境地。市场销售量由缓慢下降转为急剧下降，库存增加，利润下降。从企业全局分析，这时策略的核心是在"转"字上下工夫。但是，怎样转，向什么方向转，采取什么步骤转，却大有学问。首先应通过市场分析，积极寻觅转向机遇，在边缘商品、夹缝商品、配套商品等方面找出新的目标市场，然后有步骤、有计划地转。在转向中一定要注意两个方面：一是急于撤退，未进行详细调查就减价处理，在顾客心目中造成经营不良的印象，有损企业形象；二是不顾一切的继续投入大量宣传费，勉强支持，结果得不偿失。

第三节　商品推销与市场竞争

商品推销竞争是商品经济的产物，只要商品生产和商品流通存在，就必然存在着市场竞争，市场经济最基本的特征就是竞争性，商品推销竞争又是这种竞争性的一种重要体现，而且随着市场经济的发展，推销竞争就愈激烈。社会主义市场经济也不例外，下面将从定性和定量两个方面进行讨论：

一、竞争、竞争规律、竞争力的概念

泛讲竞争，不是商品经济所独有的现象。"物竞天择，适者生存"，这是生物界存在的一种普遍现象。"优胜劣汰"是客观世界竞争的必然结果。竞争是生物界生存发展的一种内驱力，竞争是客观存在，不以人们的意志为转移。

在商品经济条件下，竞争也是不以人的意志为转移的客观经济现象，其核心体现为全方位、立体化的市场竞争，根据前面介绍的近代"零和理论"，市场竞争的实质又是争取整体经济利益的"重新"划分，经济实体所追求的是这种划分中的相对最大份额。

由于市场竞争是商品经济条件下的一种客观存在，具有对商品经济的内在调节机能，在经济生活中起着重要的作用。这种机制和作用，又具有不以人们意志为转移的客观规律性，故称为"竞争规律"。商品推销竞争是市场竞争中具体的、重要的形式之一，当然也受着竞争规律的调节和制约。

具体讲商品推销竞争，是指卖方在市场上为扩大商品销售、提高市场占有率及提高销售利润而展开的竞争。其具体内容有：

（一）信誉竞争

这是树立企业良好市场形象的竞争，也是推销竞争内容的首要问题。只有良好的企业形象，才能吸引顾客，提高市场占有率。其做法是通过保证商品质量、保证交货期、保证顾客使用商品所获得的效益和延伸效益、提供多种形式的服务以及为用户培训维修队伍等多种方式，去树立企业的信誉，"信誉是企业的生命"。

（二）品种竞争

品种越新、越多、越适销对路，就越能吸引顾客，越有竞争力。俗语讲："物以稀为贵"。既要有非连续性的新品种，也要争取有连续性的新品种。

（三）价格竞争

在一定程度上讲价格，是推销竞争的关键问题。在一定范围内，灵活的制定商品价格，才有利于与同类商品进行市场竞争。因此，在推销中一定要把经营价格和竞争价格结合起来灵活应用。

（四）速度竞争

速度竞争的核心是时机问题。谁抓得准，动得快，谁就是推销竞争中的胜利者。把握时机要准，在充分的市场调查分析中，找出机会很重要，但是当出现时机时，不能犹豫不决，"叶公好龙"式对待机会，"机不可失，失不再来"。要有魄力，要动得快，才能在推销竞争中立于不败之地。"快"包括两个方面，一是切入市场快，二是"撤"得也快。现代的经营企业家，应该"走一步、看两步、

想三步"。

（五）宣传竞争

在商品质量、价格、服务等因素相当的条件下，宣传的好坏，方法的巧妙程度，对推销竞争起着重要作用，宣传的深度和广度，往往决定所推销商品的畅销程度

（六）信息竞争

当今是信息时代，"时间是金钱"已转为"信息是金钱"。谁能准确及时获得适用的市场信息，在推销竞争中就能获胜。比如，在美国曾掀起一股假发热潮，戴假发成为青年一时的流行消费。1958年，港商刘文汉在美国克利夫兰市一家餐馆同美国商人一边吃饭，一边聊天。当谈到新行业时，美商偶然谈到"假发"两字，刘经调查后，回港立即准备制作假发，起初只找到一名假发技师，手工制作，日产500副。这批假发被运到美国推销，深受欢迎，美国人都以为是法国制的。以后不到一年，香港发展为300家假发制造厂，到1970年，出口假发总产值达10亿港元，占香港出口制品的第4位。这位刘文汉本来对假发一无所知，结果被西方国家称为假发制造之父。靠"假发"两字信息，使香港出现了一个新行业，而且发展为世界假发制造中心。

推销竞争的内容是多方面的，上述仅是其主要的一部分。

竞争力，一般是指市场竞争的能力。以一个企业来讲，竞争力包含两方面的意思：一方面指企业整体市场竞争能力。它是企业内外各种因素的综合体现，涉及企业领导者素质、职工素质以及内部和谐程度，也涉及企业的经营水平、经营战略与策略、企业形象、信誉及对市场环境的应变能力等。由于市场是由多维要素所构成的统一体系，要提高企业的整体竞争能力就必须充分研究市场各要素之间的因果关系，去制定提高方案。一般讲整体竞争能力很难采用定量化的方法。各企业在实际中总结出了多种提高竞争力的说法。较普遍的一种认识是：品种新是提高竞争力的前提；质量优是提高竞争力的核心；价格廉是提高竞争力的关键；经营"信"是提高竞争力的保证；服务"诚"是提高竞争力的灵魂。另一种说法为：品种是竞争力的源泉；质量是竞争力的核心；价格是竞争力的条件；服务是竞争力的保证；交货期是竞争力的立足点。还有一种说法是：品种新是竞争力的前提；质量优是竞争力的核心；价格是竞争力的关键。

尽管不同企业根据不同地区、不同行业的特点，在参与市场竞争的经验中，总结出不同的说法。比如有人提出，要有市场竞争力，应做到："人无我有、人有我优、人优我新、人新我变、人变我廉。"上海化纤行业提出："人无我有、人有我多、人多我好、人好我转。"上海皮鞋厂提出："人多我少、人缺我补、人无我有、人需我多、人多我优。"……但是，要提高企业的整体竞争力，必须结合本企业的实际情况，尽可能地满足顾客需求，不能使顾客满意，任何策略都是无的放矢，都是空话。

竞争力的另一个含义是指企业经营各种商品的市场竞争力。这是一种具体化的竞争力，它是描述某种商品在一定市场空间的畅销程度。从一个企业来讲，经营多种商品，各种商品畅销程度是有差异的，因此，讲某种商品的市场竞争力，是指该商品在一定市场空间的通行能力，或者说该商品被消费者的承认程度。它不仅需从定性角度去探讨，还需从该商品的质量、功能效用、外观设计、价格以及服务方式和手段等方面进行定量探讨。正如美国哈佛大学商学院罗伯特·海斯教授说："十五年前企业在价格上相互竞争，今天是在质量上相互竞争，明天则是在设计上相互竞争。"从一种商品的多种因素去定性地研究其竞争能力，对推销竞争具有很重要的意义。整体竞争能力，总是由若干竞争分力之和而构成，忽视对所经营的各种商品的市场通行力的研究，来谈整体企业竞争力，就是"空中楼阁"。商品的市场竞争力，也可从定量角度进行分析，尽管定量分析，在经济领域有局限性，但是，对制定推销竞争的战略与策略，以及在应变决策中，也具有一定的参考价值，下面进行一定的探讨。

二、商品竞争力的定量模式探讨

商品竞争力的定量化模式，是人们主观上对一定的市场环境的模拟，其目的是为了仿真，希望研究对象客观地再现。但是任何模式，都是人们主观对客观认识的反映，不可能恰好是一个"现实"的精确再现，其有效性是相对的。

定量化模式，是用数学方法，高度抽象化去研究客观现象的模式，由于经济现象、市场体系这类客观现象，涉及的变量和不可控因素较多，特别是市场体系，有很多重要因素，不能用数量化的方式去描述，因此，定量化的研究有其局限性。但是，通过定量化的探索，可使我们对客体认识更清晰，为决策找出数据化的参考依据。下面对商品竞争力定量模式进行讨论：

首先应分析一定的市场环境，与商品竞争力有关的可定量化的参数。如某种商品的市场竞争力可定量化的主要参数有：多少家企业经营这种商品；各企业在一定市场的市场占有率；各企业的售价；这种商品提供使用价值的可定量参数或者说这种商品的综合质量参数（一般包括：商品的基本功能打分；包装装潢打分；服务质量打分……）。

其次设计一定符号去代表各种参数。假定：

用 n 表示各企业，即有 n_1，n_2，…

用 w 表示市场占有率，各企业对应占有率为：w_1，w_2…（这是表示一定百分率）

用 P 表示各企业的售价，各企业对应价格为：P_1，P_2…

用 m 表示这种商品的综合质量参数，对应的有 m_1，m_2，m_3，…，如用 m_1 表示基本功能分数；m_2 表示包装装潢分数；m_3 表示服务质量分数等。

下面从最简单的特例分析：在一定市场中只有甲、乙两家企业经营同一种商品，以甲企业为主体分析，其经营这种商品的竞争力如何？假定两企业经营实力基本相等，其市场占有率大体相当，市场占有率因素不考虑，则有下述系列关系：

甲方因素：价格 P

商品综合质量因素 m_1，m_2，m_3，$\cdots$，m_j

乙方因素：价格 P'

商品综合质量因素 m_1'，m_2'，m_3'，$\cdots$，m_j'

根据市场一般经济规律分析，商品的市场承认度是优质优价，劣质劣价。从两家经营同种商品分析，其价格之比，一定等于其经营商品的综合质量之比，即得到下面模式：

$$\frac{P}{P'} = \frac{m_1 m_2 m_3 \cdots m_j}{m_1' m_2' m_3' \cdots m_j'}$$

为推导方便，综合质量因素只考虑 m_1——基本功能分，m_2——包装装潢分，m_3——服务质量分。

上式则变形为：

$$Pm_1' m_2' m_3' = P' m_1 m_2 m_3$$

或

$$\frac{Pm_1' m_2' m_3'}{P' m_1 m_2 m_3} = 1$$

再变形

$$0 = 1 - \frac{Pm_1' m_2' m_3'}{P' m_1 m_2 m_3} \qquad （竞争力模式雏形）$$

上式是从特例分析，假定两企业实力、经营水平完全相等条件下建立起的模式，而实际上，绝对相等是不可能的，总是存在差异，现在令 L 表示竞争力的符号，上述竞争力模式则可变为下述通式：

$$L = 1 - \frac{Pm_1' m_2' m_3'}{P' m_1 m_2 m_3} \begin{cases} >0 \\ =0 \\ <0 \end{cases} \qquad （竞争力的一般模式）$$

上述竞争力的一般模式，是以甲方为主体建立起来的，只有当 L≥0 时，所经营的商品才具有市场通行力。

下面从一个案例分析竞争力一般模式的应用：设甲、乙两方经营某商品的具体参数如下：

甲方：

P = 80 （元）

m_1 = 90 （分）（基本功能评审分数）

m_2 = 90 （分）（包装装潢评审分数）

$m_3 = 90$ （分）（服务质量评审分数）

乙方：

$P' = 60$ （元）

$m_1' = 80$ （分）

$m_2' = 80$ （分）

$m_3' = 90$ （分）

代入竞争力模式，则有

$$L = 1 - \frac{80 \times 80 \times 80 \times 90}{60 \times 90 \times 90 \times 90}$$

$$= 1 - \frac{256}{243} < 0$$

通过竞争力定量分析，甲方经营的这种商品，市场通行力很差，无竞争能力。要提高竞争力，从模式分析只有：

$$\frac{Pm_1' m_2' m_3'}{P' m_1 m_2 m_3} \leqslant 1$$

提高途径：可从两个方面考虑，一方面缩小分子，其方法有两个：一是降低对方经营商品的综合质量，对甲方来说（或对本企业说）是不可控因素，无法实现的；二是降低本企业经营商品的价格，这对企业这种微观经济实体来讲，又直接影响其经济效益。另一方面是增大分母，方法也有两个：一是提高对方的售价，属于不可控因素，无法实现；另一个是提高本企业经营商品的综合质量，是可控的，可以实现。进一步分析，在众多综合质量因素中，提高和改善服务质量，对企业来讲，既可能又比较容易实现。因此，服务在国外不仅认为是商品，而且把它誉为是市场竞争力的灵魂。

上述竞争力定量化模式，是从只有甲、乙两方这样的特例推导，要使其更适用化，就必须扩展：

扩展之一：除本企业外，还有几家企业经营同种商品，参与市场竞争的竞争力模式：

假设：本企业的价格为 P

综合质量因素为：m_1，m_2，m_3

竞争对手：

企业有：n_1，n_2，$\cdots$，n_i

售价（对应地）有：P_1，P_2，$\cdots$，P_i

基本功能分：m_{11}，m_{12}，$\cdots$，m_{1i}

包装装潢分：m_{21}，m_{22}，$\cdots$，m_{2i}

服务质量分：m_{31}，m_{32}，$\cdots$，m_{3i}

市场占有率：w_1，w_2，$\cdots$，w_i

建立这种更广泛、更一般化的竞争力模式，其基本思维是，把 n 个竞争对手看成一个，其所有参数采用求出平均值办法，再代入竞争力模式。求平均值有两种方法：

第一种方法：不考虑各竞争对手的实力和对一定市场的影响力，直接采用算术平均。其方法如下：

平均价格 $\bar{P} = \dfrac{1}{n}\Sigma P_i$

综合质量因素：

$$\bar{m}_1 = \frac{1}{n}\Sigma m_{1i}$$

$$\bar{m}_2 = \frac{1}{n}\Sigma m_{2i}$$

$$\bar{m}_3 = \frac{1}{n}\Sigma m_{3i}$$

采用算术平均法，简便易行，也具有参考价值。

第二种方法：如果要考虑竞争对手的实力和对一定市场范围的影响，在计算平均值时，求价格平均值就应采取加权平均的办法，一般将各企业的市场占有率看成权数。因为，企业市场占有率愈大，所定价格对一定市场的影响力就愈大。其计算模式如下：

$$\bar{P} = \frac{\Sigma P_i w_i}{\Sigma w_i}$$

各质量参数仍采用算术平均法求得。

将计算出的各平均参数代入前面讲述的竞争力模式，就得到下列更一般化的形式：

$$L = 1 - \frac{P\,\bar{m}_1\bar{m}_2\bar{m}_3}{\bar{P}m_1 m_2 m_3}$$

扩展之二：当一个企业要经营新品种，切入另一市场层，从竞争角度考虑，这种新经营商品怎样定价？其定价极限模式可从竞争力模式推导而来：

因为，要使本企业经营的商品具有竞争力，必须：

$$\frac{P\,\bar{m}_1\bar{m}_2\bar{m}_3}{\bar{P}m_1 m_2 m_3} \leqslant 1$$

即

$$P\,\bar{m}_1\bar{m}_2\bar{m}_3 \leqslant \bar{P}m_1 m_2 m_3$$

$$P \leqslant \frac{\bar{P}m_1 m_2 m_3}{\bar{m}_1\bar{m}_2\bar{m}_3} \quad （竞争力定价的极限模式）$$

下面运用竞争力模式进行案例分析：

某企业准备经营某种商品，通过调查，在一定市场范围，已有六家企业经销这种商品，调查各企业资料及本企业准备购进该商品的资料，综合如表 8 - 1 所示：

表 8 - 1

企业代号	n_1	n_2	n_3	n_4	n_5	n_6	本企业
基本质量分（m_1）	100	80	90	100	100	80	100
包装装潢分（m_2）	90	60	80	100	90	60	90
服务质量分（m_3）	70	80	80	90	90	60	60
市场占有率(w)（%）	10	10	10	30	20	10	
售价（P）（元）	500	450	480	540	530	440	?

根据表 8 - 1 所示，进行竞争力分析来确定本企业准备经营的这种商品的最高定价极限。

代入定价极限模式：

$$P \leqslant \frac{\overline{P}m_1 m_2 m_3}{\overline{m}_1 \overline{m}_2 \overline{m}_3}$$

首先求出 $\overline{P}$，$\overline{m}_1$，$\overline{m}_2$，$\overline{m}_3$。

采用算数平均法计算的极限值：

$$\overline{P} = \frac{1}{n}\Sigma P_i = \frac{1}{6}(500 + 450 + 480 + 540 + 530 + 440) = 490 \text{（元）}$$

$$\overline{m}_1 = \frac{1}{6}(100 + 80 + 90 + 100 + 100 + 80) = 91.67$$

$$\overline{m}_2 = \frac{1}{6}(90 + 60 + 80 + 100 + 90 + 60) = 80$$

$$\overline{m}_3 = \frac{1}{6}(70 + 80 + 80 + 90 + 90 + 60) = 78.3$$

代入公式（数据取整数），得

$$P \leqslant \frac{490 \times 100 \times 90 \times 60}{92 \times 80 \times 78}$$

$$P \leqslant 461 \text{（元）}$$

采用加权平均法计算极限值，得

$$\overline{P} = \frac{500 \times 10\% + 450 \times 10\% + 480 \times 10\% + 540 \times 30\% + 530 \times 20\% + 440 \times 10\%}{10\% + 10\% + 10\% + 30\% + 20\% + 10\%}$$

$$= \frac{455}{0.9} = 505.5 \text{（元）}$$

$\overline{m}_1$，$\overline{m}_2$，$\overline{m}_3$ 仍用算术平均求得，代入得

$$P \leqslant \frac{506 \times 100 \times 90 \times 60}{92 \times 80 \times 78}$$

P≤476

竞争的定量化模式，只能为我们研究市场竞争提供一种思路，为企业界经营推销提出一种参考方法，其设计是人为限制了很多条件，而且假定选择的定量化因素，在消费者心理都是等价的，但是实际上，各种参数在不同层次的消费者心目中具有不同的比重，因此，一定要结合具体的市场环境进行分析和考虑。我国在经济大变革的今天，市场变得五光十色，异彩纷呈，什么红市场理论、黑市场理论、灰市场理论……总之，不可能用一个模式或一两句定义般的语言加以概括。

前面从定性和定量两个方面讨论了竞争的问题。竞争并非人们的主观臆造，它是由商品经济内部的矛盾、差异和不平衡引起的，它的存在具有客观必然性，不以人们的主观意志为转移，只能去认识、理解和运用。作为社会主义市场经济条件下的企业家，必须具有市场意识、竞争意识，不仅要着眼于本地区和国内市场，而且要密切注视国际市场。当前，国际市场发展趋势，是向全球性、全方位、高速度、高强度的市场竞争发展，未来世界的整个趋势是从战争转向竞争，基本导向是从战场转向市场。

所谓全球性的市场竞争，是由于高技术及其产业的发展，以信息为中心的新技术革命使地球变得越来越小，极大地改变着人们的空间观念，将因地理位置而形成的分裂的世界和因社会制度不同而相互隔离的国家和地区联结、聚合起来。经济上互相渗透的现象，正向着广度和深度发展，冲破国界、洲界的合营企业、跨国公司、多国公司、世界性贸易、金融组织蓬勃发展，使市场竞争具有全球性。

所谓全方位的竞争，是指当代的市场竞争是在多层次、多元化、多方面展开的。

所谓高速度的市场竞争，是指未来全球性的市场竞争，将是一种比速度的竞争

所谓高强度的竞争，是指未来的全球性市场竞争，将以信息技术、新材料技术、新能源技术、生物技术、空间技术、海洋技术，这六大高新技术为基础发展起来的一种高强度的竞技竞争。

小　　结

商品推销战略是一个企业根据自身条件和一定市场环境所制定的较长远营销奋斗目标，是长期性商品推销谋划；商品推销策略是实现推销战略目标的具体手段和对策，是企业推销活动的行动方案。

商品推销战略与策略都是以市场竞争为前提。把握现时市场竞争状态和未来

市场竞争趋势、竞争规律，从而树立起强烈的市场竞争意识，是当今企业家必须具备的应有素质。怎样提高企业的市场竞争能力是关系着企业生存发展的重要课题。

学习本章应把握的要点：

1. 推销战略是从企业全局出发，针对未来而进行的长远谋划。它具有整体目的性、强烈针对性和应变性三大特征。

2. 商品推销战略应包括：确定目标市场，确定推销的具体奋斗目标，明确推销结构，确定实施方案四个方面的主要内容。

3. 商品推销战略的类型。从竞争手段划分，可分为：进攻型战略、避实型战略和攻守型战略。从具体做法划分，可分为：市场集中战略、差异战略和低价战略。

4. 商品推销策略是实现战略目标的具体手段。因此，必须具有多样性、灵活性和适用性的特征。

5. 商品推销策略从实用中考虑，常有：价格类推销策略、服务类推销策略、迎合顾客特殊需求的推销策略、相关连锁推销策略、馈赠推销策略、心理诱导推销策略、包装装潢策略和其他特殊推销策略八类。

6. 价格是商品流通中的敏感因素。价格类推销策略在应用中常有：稳定价格策略、价格差别推销策略、同价推销策略、高价推销策略、降价推销策略等。

7. 研究现代商品的服务推销策略，其核心是如何提高服务质量。从经济角度去认识服务，服务不仅仅是商品的外延和商品推销的附加条件，而且应属于商品内涵，服务本身就是商品。从企业整体发展考虑，服务不是可有可无的附属条件，而是关系企业信誉、企业形象和占领市场的重大问题。

8. 服务推销策略按时间划分，可分为售前、售中和售后服务三类。其中售后服务又是重点；按服务性质划分，可分为技术性服务和非技术性服务两类；按服务形式划分，可分为定点服务、巡回服务、访问追踪服务、收费服务和免费服务五类。

9. 从商品市场寿命周期探讨对应商品推销策略：

（1）导入期的推销策略是在"准"和"快"两个方面下工夫。"准"是指通过导入、试销对商品市场需求趋势有准确判断；"快"是指在准确判断基础上，要尽快转入批量生产，尽快导入市场或尽快转向。

（2）增长期的推销策略是在"好"方面下工夫。即在质量、品种、花色、规范等方面狠下工夫，以维护企业信誉和形象为重点开展推销活动。

（3）成熟期的推销策略应在"占"字上下工夫。即以稳定市场占有率为核心开展推销活动。

（4）衰退期的推销策略应在"转"、"撤"、"攻"三方面进行分析考虑。其中"转"是重点，即应有方向地转，有步骤地转。怎样"撤"应认真研究。对有条件改进和再生的衰退期商品也应考虑"攻"，即重新开展宣传攻势。

10. 泛讲竞争是生物界存在的一种普遍客观现象，是生物界生存发展的内驱力。市场竞争是商品经济条件下的一种客观存在，是人类经济生活中的一种竞争，它以微观利益为导向。商品推销竞争是市场竞争的一种具体体现，它一般包括：信誉竞争、品种竞争、价格竞争、速度竞争、宣传竞争、信息竞争六个方面。

11. 市场竞争力一般是指在一定具体市场条件下的竞争能力。从一个企业来讲，它包含两方面的意义：一方面指整体市场竞争力，它是企业内外各种因素的综合体现，涉及企业领导者素质、员工素质以及内部的和谐程度，也涉及企业信誉与形象和市场环境的应变能力等等多种因素；另一方面指企业经营各种商品的单项市场竞争力，是指企业经营的具体商品在一定市场范围的通行能力，或说被消费者的承认度。

12. 商品竞争力模式，是指企业经营具体商品的定量化分析模式。它是通过模拟、限定次要因素和假定条件的一种定量分析，有一定参考价值，但也有局限性。通过学习应掌握两个运用：

（1）了解商品竞争力一般化模式的来源、含义及其运用。其中特别是竞争因素为什么一定要小于或等于1，即

$$\frac{P\,\overline{m}_1\overline{m}_2\overline{m}_3}{Pm_1m_2m_3}\leqslant 1$$

该商品在一定市场范围才会具有市场通行力。

（2）应掌握通过一般化模式进行变形而来的竞争定价极限模式的含义。即

$$P\leqslant\frac{Pm_1m_2m_3}{\overline{m}_1\overline{m}_2\overline{m}_3}$$

只有当所定价值P小于或等于定价因素时，才会在一定市场范围得到消费者的承认。

第九章 推销的组织与管理

第一节 现代推销环境的深刻变化

一、传统推销向现代推销的发展

推销是一项古老的商业活动。自从人类社会出现商品生产和商品交换后，商品交易——推销就应运而生。人员推销也成为工商企业不可或缺的重要职业。随着社会主义商品经济、市场经济的发展，在工商企业的经营管理中，在各种非营利组织及其活动中，推销、人员推销无处不有，无处不在。生产实体产品的制造商，必须通过推销的"惊险一跳"，才能完成商品再生产过程。以物流为代表的流通商和零售方，有赖于推销活动，才能保障社会生产、流通、交换、消费过程顺利实现。在各种非营利性组织活动中，社会医疗保障和医生对病人的治疗活动，文艺单位和演员向观众推出的演出活动，包括以毕业学生为代表的各类求职者的自我推荐活动，都营造出一个需要推销的世界。"每个人都靠销售某种东西为生。"①

推销就其本意而言，"推者，以其所不取之同，于其所取者予之也"。推可引申为推动，是主体对客体的加力和运动。在商品生产和市场经济活动中，推销品、推销人员和推销对象三个要素，是在商品生产企业主导下，将商品推销给消费者。这种情况，在市场的商品需求和供给关系格局处于卖方市场环境下时，表现得最为明显。

随着商品生产和市场经济的发展，在现代市场经济中，商品交换在社会再生产过程中的地位发生深刻变化：一是消费既是生产的终点，更是生产的起点，生产更加依赖消费与交换；二是市场经济空间扩展，商品从一地、一国流向全世界，商品交换成功与否成为企业经营成败的关键；三是市场交换信息支配社会再生产信息，定制式的、细分的个性化的灵活性生产方式成为很平常的事情，所有这一切变化都促使履行商品交换的推销活动，渗透到社会再生产过程的各个环节当中，履行广义的商品交换全过程的职能，并且在商品需求和供给关系格局处于

---

① ［美］菲利浦·科特勒. 市场营销管理（亚洲版）［M］. 郭国庆，译. 北京：中国人民大学出版社，1997：301.

买方市场的环境下，居于主导地位。① 过去传统的推销扩展了经营销售之要义，商品推销演变为商品营销，所以我们可以把营销理解为现代广义的推销。也正是在此意义下，菲利浦·科特勒指出："营销使推销成为多余。"②

二、市场供求关系格局的发展与变化

商品推销工作，受到工商企业内部条件与企业外部社会经济环境变化的制约。一般地讲，企业内部条件是可控的，企业对外部社会经济环境的变化则是适应的过程。影响商品推销的社会经济环境因素众多，市场供求关系格局的发展与变化，则是重要的关键因素。

商品交换职能的地位。商品推销就是履行商品交换职能。推销工作的交换职能随着商品经济的发展，在社会再生产过程中的地位也发生变化。在市场经济自由竞争时期，市场商品供求关系处于供不应求的卖方市场，"生产创造消费"、"生产是实际的起点"，"交换当做生产的要素包含在生产之内"，③ 商品交换的推销职能处于从属地位。在现代市场经济时期，市场商品供求关系格局处于有效供给大于有支付能力的需求的买方市场，企业的任务是创造和抓住顾客，必须以消费者需求为导向的商品交换为中心，组织企业生产经营和营销活动，履行交换职能的推销工作具有举足轻重的作用。面向 21 世纪，商品交换在社会再生产过程中的地位发生深刻变化，市场交换信息支配社会再生产信息，市场交换和推销职能居于主导的核心地位，在社会再生产过程中起着决定性作用。

消费者对实现商品交换的支配作用。市场供求关系处于买方市场的格局，其实质就是最终消费者的需求支配着商品交换，决定着社会再生产的实现过程。以机器大工业为标志的产业革命，使生产者与消费者相分离，商品交换——推销工作使两者结合起来。面向 21 世纪，信息社会的出现，消费信息流成为主导的商品信息流，直接参与制造和再生产过程，并且在消费者的消费方式和行为多样化、个性化、定制化的驱使下，商品交换——推销工作职能的内容和范围无限拓展。

（1）"条形码"中暗藏的商品交换信息。1973 年 4 月 3 日，美国"符号选择委员会"率先在工业产品中推行使用"通用商品代码"即"条形码"④。创立使用"条形码"的本意，是解决顾客排长队、结账出差错、提升销售管理水平等问题。但是在实践中却发现它还具有控制商品交换的关键信息和主导战略决策方向的作用。预测专家发现，使用"条形码"还导致了商品交换中"权力的转移"。条形码与顾客信用卡和购买行为的结合，使零售商无偿地占有越来越重要

---

① 曾国安. 跨世纪的市场营销论纲 [J]. 企业销售，1995（1）.

② 菲利浦·科特勒. 营销管理 [M]. 梅清豪，译. 上海：上海人民出版社，1990.

③ 马克思恩格斯选集：第 2 卷 [M]. 北京：人民出版社，1972：95、97、101.

④ 阿尔温·托夫勒. 权力转移 [M]. 吴迎青，傅凌，译. 成都：四川人民出版社，1991：89.

谈判与推销技巧

188

的消费者信息资源，商品生产与交换权力的天平倒向零售商一边，控制着消费者的信息反馈，使得制造商只好向零售商"俯首称臣"，设法购买或交换信息。商品交换权力中心的转移，也使商品推销工作重新审视和构建适应消费者导向的职能系统。

（2）定制生活再造着商品推销工作的全过程。信息社会的出现，信息技术与经济相结合，使买者与卖者共同享有数据、信息和知识，量体裁衣，定制顾客需要的特定产品，成为现实。

在中国，定制生活已经走近消费者身边。对于偏爱豪华汽车的高端消费者，不少的汽车销售商家都开展了定制服务。例如在德国大众汽车商看来，根据具体需求，为消费者量身打造定制的产品和服务，才是奢华的最高境界。在辉腾定制中心，可采用 70 年以上的杨木、按照万分之四的标准甄选优质木材，打造 5 种木质内饰；12 种车身漆面颜色包含两种标准漆、7 种金属漆和 3 种特别的珠光漆；6 种铝合金轮毂，涵盖 17 英寸到 19 英寸的三种尺寸；采用顶级德国头层小牛皮打造的八种真皮内饰……总共超过 1 万种组合方案让汽车的每一个细节都按照消费者的需求来进行定制，使消费者享受定制生活的美好境界。① 现在，定制服装、定制精装住宅，商品物流、互联网直销，等等，都是当下消费的流行趋势。定制生活对商品交换和推销工作带来的根本变化，不仅使推销活动从商品生产的末端走向始端，而且拓展了推销职能的范围和内容，使消费者导向的推销活动充满无限活力和挑战。

三、信息经济社会的市场营销和推销工作方向

第二次世界大战后，社会生产力发生了深刻变化。以铁路、石油、发动机为核心的 20 世纪工业经济文明，开始让位于以计算机、网络为载体的信息经济社会。社会经济源泉，从过去的金融资本主导型向智慧知识和信息资本转化。人类社会正进入信息经济的新时期。1982 年，美国未来学家约翰·奈斯比特在《大趋势》一书中指出："我们已经进入一个以创造和分配信息为基础的经济社会。"②

中国是发展中的社会主义国家，面临着工业经济和信息经济的双重压力。进入 21 世纪以来，中国信息经济发展迅速，对企业发展壮大，对企业市场营销和商品交换的推销活动，带来革命性的深刻变化，息息相关，不可不察。

就企业微观而言，信息经济对企业的生产经营活动，对企业的市场营销工作，对商品交换的推销工作，都有全面战略性的指导作用。择其要者归纳如下：

---

① 参见：《华西都市报》，2013 年 5 月 20 日。
② 约翰·奈斯比特. 大趋势［M］. 梅艳，姚综，译. 北京：中国社会科学出版社，1984：1.

（一）信息营销是推销工作的灵魂

在市场供求关系处于买方市场主导的格局下，消费信息流成为主导的商品信息流，商品交换过程是信息交流过程，消费商品的实质是商品信息的诱导和实现，企业营销和商品推销不再是"拿产品说事"，而是对购买者"诱导消费的艺术"。

（二）信息技术保证消费信息参与企业生产经营全过程

信息技术给企业带来内外结合的灵活、开放与合作。消费者对商品和服务的需求信息，在消费者信息主导下，促使企业推销工作从末端移到前端，全面参与生产经营全过程，扩展推销职能的内容和范围，使其成为营销工作的可靠保证。

（三）信息技术促使推销工作系统化、网络化

信息时代的生命线是通信。前述条形码的推行，促使消费者需求导向信息，及时、有序地逆向传导到产品生产的全过程中。信息网络技术革命，使网络购买商品成为方便快捷的生活方式，也使市场交换全球化、高效化成为现实。过去，企业推销工作看似千头万绪，既要关注消费者需求细分市场，又要关注消费地域细分市场，更要与本企业产品线商品相匹配，但是借助信息网络技术，就可以全面整合，提高推销工作系统化、网络化水平。

（四）信息经济推动提高推销方式、手段和组织管理的现代化水平

传统的推销工作主要靠人员推销。推销方式和手段单一，推销工作的组织管理水平低。在现代经济信息社会，消费方式和行为的多样化，消费结构层次化使个性化服务成为主导趋势。市场需求由细分的群体市场裂变为个性化的微型市场，商品交换的有形市场与无形市场并存，直销购物、电视电话购物、网络购物等方式迅速兴起，商品信息流、商品物流，商品交换结算的电子网络化，等等，都要求推销工作不断创新，提高组织与管理的现代化水平。

第二节　推销职能与推销工作的组织

一、现代推销的基本职能

人类社会的各种活动，无不以组织的形式进行。工商企业的推销活动的组织也不例外。组织这个概念，可以作为名词，如推销组织，意指推销组织实体；也可作为动词，如组织推销活动。

早期的传统的推销，是履行狭义的商品交换的交易职能，它只是生产过程的一个环节。这种观念已不适应现代市场经济和企业经营管理的需要。现代推销的职能，是履行广义的商品交换过程的职能，它不仅是生产过程的一个环节，而且

会推动或影响再生产过程的实现。现代推销的交换过程职能也影响商品的流通过程，因为商品流通也是以货币为等价物的商品交换。最后，现代推销职能——履行对消费者商品交换过程的实现，对社会再生产过程的顺利进行，都有关键性的地位和作用。因此，我们应当把现代推销定义为广义的商品交换过程中的系统工程。

生活是我们最好的老师。放眼看看工商企业与推销工作的职业岗位现实，从基层的销售员到公司的销售副总（或总监），从市场推销员、销售代表到市场经理，从客户经理、产品顾问到理财顾问，等等，形成了推销职业岗位多元系统。对此，我们归纳列表如表 9-1 所示：

表 9-1　　　　　　　　　现代推销职业岗位多元系统

	生产	流通	消费
第一产业 第二产业 （制造业） 其中： 　医药业 　服装业 　汽车业 ……	销售业务员 推销业务经理 产品经理 市场开拓经理 营销部门经理 公司营销副总 公司营销总监 ……	产品线经销经理 区域市场经理 流通环节与方式： 　批、零超市 　专卖超市 物流方式： 　送货员 ……	商品推销业务员 客户代表 医药代表 产品顾问经理 定制产品经理 销售服务经理 ……
第三产业 　服务业 其中： 　银行业 　保险业 　信托业 　房地产业 　旅游业 　物流业 　网络营销	销售业务员 销售业务经理 产品（基金）经理 投融资顾问 网购： 　网站、品牌、推广 　在线顾客关系 　在线顾客服务 　信息发布		客户经理 理财师 理财顾问 旅游导游 物流、网购 　送货员 …… 网上客户服务 网上流量、访问量和 效果分析
推销员国家标准	对推销员制定了国家标准，划分了三个等级： 初级推销员：具备国家职业资格五级； 中级推销员：具备国家职业资格四级； 高级推销员：具备国家职业资格三级。 国家标准对推销员的基本要求，包括：职业道德、基础知识、法律及相关法规、营销知识、社交礼仪等。		

二、推销组织结构和体制

组织管理理论认为，组织是一个有特定任务的团体，有明确的组织目标，能履行其职能，讲究协调效率的系统。恰当的组织结构和体制，明确的交换职能与职责、职权和义务关系，构建良好的个人与组织间的人际沟通关系，对实现组织目标有重要保证作用。

（一）推销组织结构

现代推销工作是实施商品交换过程的系统工程，其组织结构要正确处理业务活动中错综复杂关系和协调管理高效的能力。为此，我们建议采用以关系为中心的多维推销组织结构系统。

企业销售组织系统，可采用三维要素结构组成：目标消费者（顾客）及其细分，区域市场及其细分，商品（产品）线及其细分，三者结合可以构建出具有相关规律性的推销组织职能结构内容，并据以规定推销的职责、职权和责任义务，也为制定推销战略与策略指明方向。推销组织结构要素如图9-1所示：

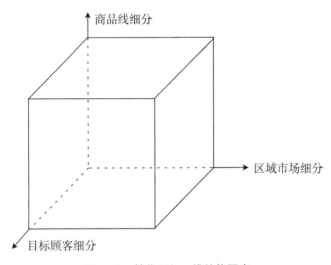

图9-1 销售组织三维结构要素

根据企业的市场经营目标要求，分析目标顾客、区域市场、商品线特色，区分出三要素结合的细分类型，就可以制定出不同企业推销职能结构树方案。兹举例如图9-2所示：

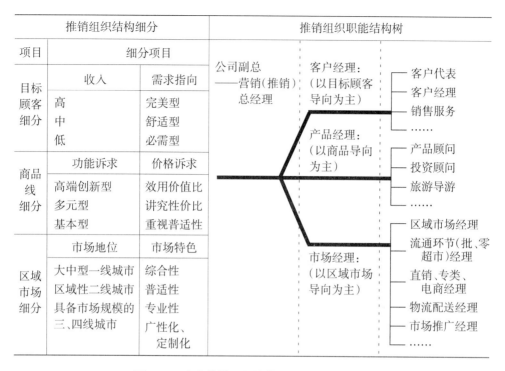

推销组织结构细分			推销组织职能结构树		
项目	细分项目				
目标顾客细分	收入	需求指向			
	高 中 低	完美型 舒适型 必需型			
商品线细分	功能诉求	价格诉求			
	高端创新型 多元型 基本型	效用价值比 讲究性价比 重视普适性			
区域市场细分	市场地位	市场特色			
	大中型一线城市 区域性二线城市 具备市场规模的 三、四线城市	综合性 普适性 专业性 广性化、 定制化			

图 9-2　企业推销组织结构细分及职能结构树

（二）推销组织结构体制

推销组织结构体制，涉及推销组织内部各有机构成的相互作用关系与联系方式或形式。由于现代推销活动，涉及社会再生产商品交换的全过程，因而其结构体制的构建要处理好三方面的关系：一是推销内部层级管理和职权责任关系，实施统一的指挥原则；二是在推销过程中处理好商品交换与生产领域、流通领域和消费领域的相互关系；三是要处理好销售管理子系统与企业经营管理综合系统的相互关系，才能保证完成推销工作目标，使管理组织结构充满活力。

为此，我们可以在推销组织内部，构建以工作和任务为中心的直线职能组织结构体制，采用专业化分工原理分级分层，实施责、权、义结合的统一指挥和有效管理。直线职能组织结构体制如图 9-3 所示。

为了在社会再生产过程中发挥推销—商品交换过程职能的作用，可以在营销部门直线职能结构体制基础上，同时构建矩阵制结构体制。矩阵制结构体制的特点是，着眼于一项专门的任务，这种任务往往是环境变动频繁，涉及多个部门配合，沟通、协调和控制工作量大。在矩阵制结构体制下，各职能部门为了共同的任务相互配合，各司其职，不改变各职能部门层级之间的统一指挥原则，也不影响完成任务的效率。矩阵制结构体制如图 9-4 所示。

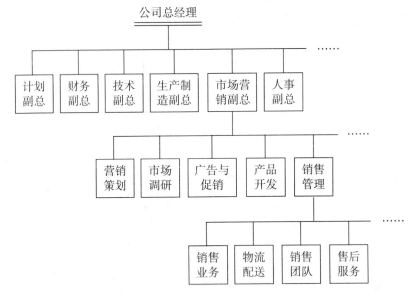

图 9 - 3　公司直线职能制结构

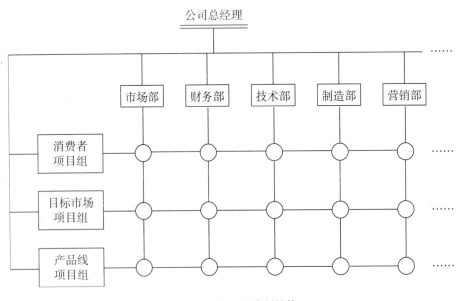

图 9 - 4　公司矩阵制结构

三、明确管理职责，恰当授予职权

管理组织中的职权，是指管理人员能够自由决策和执行业务的程度。因此授权是管理组织发挥功能的必要条件。为此，首先应明确职责，这是授权的依据，使各级各部门知道做什么，其次授予履行职责所必需的权力，最后还要规定承担

谈判与推销技巧

履行职务的义务。所以划分职权的基本原则是"责、权、义"结合。国内外企业实践证明：有责无权是"地狱"，有权无责是"灾难"，没有义务感将一事无成。"责、权、义"三足鼎立匹配恰当，才能保证管理职能正常运行，促使实现企业目标。

四、确立和保障管理组织的统一指挥原则

指挥是组织管理发挥作用的客观要求。在销售组织中要理顺直线指挥和职能参谋的相互关系。直线指挥是指管理中主管对下属的职能指挥系统，管理组织中的职能机构则是参谋、顾问关系，是各级主管履行职责的助手，只有处理好两者之间的正常关系，统一指挥原则才能实现，企业的生产经营和推销活动才能有条不紊地正常运行。

第三节　提高推销工作管理水平

中国改革开放以来，随着中国特色的市场经济发展壮大，市场销售及其相关人员队伍日益壮大。有人推算中国市场从业人员达 8000 万之多。市场营销和销售人员队伍，面对众多产业、行业、企业各具特色的不同要求，在全球化的市场竞争中求生存、谋发展，需要具备多样的知识和素养、高超的管理能力和人际沟通艺术，才能立于不败之地。

这里要说说董明珠的传奇人生。董明珠，中国格力集团董事长。2004 年、2006 年，两度上榜美国《财富》杂志，被誉为"全球 50 名最具影响力商界女强人"。

她 1990 年进入格力集团，凭借坚毅和"难缠"即事事叫真，打开了格力在安徽省的销售局面，她个人的销售额竟达到 1600 万元。1996 年，她带领 23 名业务员奋战，采取按销售额比例补贴经销商的战略举措，使该年格力销售增长 17%。15 年间，董明珠从最底层的业务员，一直做到格力电器有限公司总经理。现在，格力集团在她带领下，推出了"精品空调"，"把空调做成艺术品"，在渠道方面"更加贴近市场、服务经销商"，推行独特的"区域代理模式"，推行"服务的最高境界就是没有售后服务"的理念。2012 年格力电器实现营业总收入 1001.10 亿元，成为中国首家上千亿元的专业化家电企业。[①]

企业推销工作，涉及面广，不仅指生产商品或服务企业的内部的销售管理，更包涵了商品流通全过程中间商的协调活动，以消费者导向为中心的消费需求和购买行为管理不断变化，市场环境和市场竞争尤为激烈，不断提高推销管理水平

---

① 参见《华西都市报》2013 年 5 月 30 日。

任务繁重，挑战性强，实际工作中热点、盲点不断产生。择其要者分述如下：

一、强化推销管理的基本原则

现代企业的生产经营活动中，营销（推销）队伍团队占据重要地位，商品交换的"惊险一跳"决定企业生死成败，所以有人把销售团队看成公司的"血液"，管理团队的销售经理则是公司的"心脏"，管理不善将造成恶性循环，葬送企业。推销管理的基本原则包括：

（1）建立和健全消费者（顾客）和消费行为信息库系统。

（2）正确选择和确定销售渠道的战略和实施方案。

（3）控制过程比控制结果更重要。要使所有推销人员都处于受控状态，切忌只管结果，不问过程。

（4）营销（推销）管理的最高境界是标准化。要实现推销管理制度化、规范化、程序化。

二、建立和完善消费者及其行为分析管理系统

这是提高推销管理水平的前提和基本功。

消费者及其消费行为是随着社会生产力的提高，其消费方式、消费结构、消费行为、消费水平也随着发生变化。人们的收入水平、社会环境、生活方式、生活习俗的差别，使消费行为各具特点。因此工商企业必须根据自己的服务宗旨、经营发展目标、社会现实情况，来分析和判定目标市场顾客和消费行为。

构建消费者及其行为的分析管理系统，包括：

（一）建立消费者（顾客）关系信息库

推销工作的目的，不仅是争取顾客，更重要的是保持顾客，巩固顾客忠诚度。因为发展新顾客，巩固老顾客，其工作量、费用成本和营销效果的差别很大。我们以顾客忠诚度为依据，可以分别界定顾客类别及其关系（见图9-5），确定争取老顾客，开发新顾客的不同措施，及时调整信息库资源，有的放矢地发挥顾客信息库的作用。

图9-5 消费者类型及相互关系

谈判与推销技巧

（二）制定销售漏斗管理制度

这是对目标顾客和潜在用户的动态管理的重要制度。一方面可以对企业目标市场顾客进行定性和定量的动态变化分析，另一方面也可借此准确评估销售人员和团队的销售能力，发现销售过程的障碍和瓶颈，及时掌控销售机会或异常变化，也可避免客户资源信息流失，甚至变成某些销售人员的个人私产，造成不良后果。

漏斗管理办法如图9-6所示：

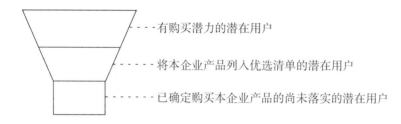

- - - 有购买潜力的潜在用户

- - - - - 将本企业产品列入优选清单的潜在用户

- - - - 已确定购买本企业产品的尚未落实的潜在用户

图9-6　销售漏斗管理示意图

（三）构建顾客关系系统的目标要求

构建顾客关系系统的目标要求主要包括：明确和强化顾客价值的基本要求，实现真正的顾客导向；制订顾客忠诚计划方案，促使增加频次营销；重视顾客关系管理，开展售后营销活动；及时处理营销过程和售后服务的反馈信息，以便维持和扩大长期顾客群。

三、销售渠道管理的战略决策

商品流通和交换过程，涉及销售渠道的选择，不断创新渠道结构和形式，妥善处理与中间商的关系，是商品交换成败的关键。现代市场经济下销售渠道管理的战略决策包括：

（一）正确定位本企业销售工作在商品交换机制组合中的地位和作用

商品交换机制和作用，决定着销售渠道结构和形式的选择。商品交换的信息机制、权力机制和动力机制及其相互的关系，支配着销售渠道结构、形式和相互关系。信息机制是实现销售目标所需手段的信息搜集、处理、传递的方式和联系，它往往决定着权力机制和动力机制及其相互关系。权力机制是指推销者支配商品交换要素的决策能力。权力机制的来源，一是渠道组合资源稀缺所造成的依赖性，二是渠道组合功能实现的守门人。动力机制是指商品交换过程中利益分配的要素和方式。在现代市场经济下，市场需求与供给关系处于买方市场格局下，消费者需求信息成为支配制造商和经销商的信息源，中间商、特别是零售商控制着商品信息瓶颈，握有商品交换的权力，也使商品交换的利益分配趋向自己一边。因此，商品制造商和流通商在选择销售渠道战略决策时，应当分析本企业在销售过程中的地位和作用，才能正确制定适应性对策。

（二）销售渠道战略决策的方向

销售渠道的结构和形式，存在着动态演变和创新发展的趋势。传统的批发商、零售商、专营商依然存在，并仍在发挥作用。但在生活方式和消费行为影响下，市场竞争格局已发生了变化，市场交易费用攀升，工商关系矛盾和冲突日趋复杂化，这些因素都催生渠道结构和形式出现了新的变化：一是产销一体化渠道组织，包括公司式、契约式和管理式的具体组织形式。产销一体化组织，可以由制造商主导支配，也可以由批发商或零售商主导支配。二是为节约交易成本，提高经营效益为中心的连锁化经营组织形式，包括仓储式经销、自助购物、网购商品等。三是适应生活方式和消费行为多样化需要的功能多样化、服务现代化的经营组织形式，包括特色专卖、电子网络营销、直复营销商等。

（三）正确处理渠道矛盾

在销售渠道的管理中，工商关系中的矛盾和冲突是客观存在，受着多种因素的影响和制约，也是销售交换活动中信息机制、权力机制和利益机制相互作用关系的交汇点，必须冷静分析，适时恰当处理。总的方向是：要以供需关系为核心，服务消费者需要为目的，协调和处理相互关系。要从实际出发，明确销售企业自身在销售渠道中的定位关系，采取不同的工商联营形式，保障中间商各方应有的权益。要提倡开放协作精神，工商企业和中间商都要立足本职工作，变对立为协作，遵守市场良性竞争秩序，共享商品经济发展成果。珠海格力电器有限公司董明珠曾指出：格力模式最大的特点就是"变"，她认为：得渠道得天下，格力的成功离不开其独特的区域代理制模式。初建时各地的销售公司是以盈利为出发点，经过 10 多年的运行，现在的经营思路是更加贴近市场、服务经销商，所以格力飞得更高更远。此外，格力还大力发展格力体验店，汇集格力所有商品，集学习、享受、体验、销售等为一体，给消费者带来全新的感受。[①]

四、强化销售团队的管理

企业的销售团队，往往人数多，点多面广，销售渠道线路长，销售团队内部与外部影响因素变动频繁，处于难以控制的状态。同时培养成功推销人员难度大，培训成本高。"一项调查结果表明，27% 的销售代表创造了 52% 的销售额"，而"新成员占多数的销售队伍其生产价值是较低的"，"销售队伍年平均跳槽比例是 20% 左右"。[②] 所有这些都显示出销售团队管理的重要性。为此：

（一）遴选优秀的推销员队伍

实践经验表明，优秀的推销员的基本品质，应具备从消费者角度去感受的能力，要对达成销售目标具有强烈的自我驱动力的欲望。成功的推销员应具备以下

---

① 参见：《华西都市报》，2013 年 5 月 30 日。
② ［美］菲利普·科特勒. 市场营销管理(亚洲版) [M]. 郭国庆，译. 北京：中国人民大学出版社，1997：308.

特征：精力充沛；自信心强；关心顾客；有使命感和冒险精神；吃苦耐劳，勇于挑战，有抗争和克服障碍的心理承受力；等等。

（二）销售人员培训正规化、常态化

消费者希望推销人员对产品有较深的理解，对消费者购买动机和行为能感同身受，而且推销员也需及时捕捉市场变化动态，掌握公司营销战略和市场目标。因此人员培训正规化、常态化十分必要。正规的培训计划和方案，费精力、花钱多，但是不能因噎废食走过场。应当对培训效果制定可衡量的考核指标，包括：销售额、平均销售规模，顾客访问次数和达成交易次数的比例；单位时间内新增加的新客户和退货数量，消费者投诉和表扬情况；销售队伍缺勤率、跳槽情况，等等。

（三）制定销售工作流程及管理规范

这是对实现市场交换过程、达成企业营销目标，设计的方案、计划、执行、控制系统。使销售活动按计划推进，销售活动有记录，以结果为导向，既对事又对人，不随意修改考核制度，使销售人员不失控。

（四）制定合理的薪酬绩效管理办法

如何有效激励销售团队和销售人员，是有效管理销售队伍的重点，对保持销售团队稳定、实效，高效率的创造销售业绩，起着关键作用。

合理的具有吸引力的薪酬制度，应能处理好以下关系：一是薪酬内容。销售人员都希望有固定的收入，高水平工作有额外的回报，工作经验、工作绩效能得到肯定，流动性工作有合理的费用、津贴和补贴等。因此，应处理好固定收入与变动收入和费用津贴的关系，使销售人员的收入与工作类型、岗位层级、业务能力等相关联。销售人员薪酬水平参考市场价格变动情况是十分必要的。二是薪酬公平。要处理好销售人员工作能力与其业绩的贡献关系，使差距适度合理。三是薪酬支付方式。要注意及时性和有效性，特别是与绩效挂钩的报酬，其支付时间不宜过长，例如年终或跨年结算会丧失激励作用。四是重视薪酬的激励作用，使销售人员充分发挥投入、产出效应。

（五）激励销售团队的方向

销售人员的薪金报酬，不仅是劳动所得、生活必需的保证，更重要的是激励销售团队团结向上，为企业发展和服务社会贡献力量。

对销售队伍的激励，是不断提高销售管理水平的"润滑剂"，因此要在人际关系处理上下工夫。一是对销售队伍制定一个价值层面的游戏规则，例如"按效果说话"、"数字决定位置"，在薪酬高低、职位升迁、企业利益（参股）等方面，有明确的追求方向。二是有精神层面的追求目标，使销售人员向经济富有、知识富有和精神富有奋进。三是针对销售团队成员的不同类型，如竞争型、成就型、自我欣赏型、守成型的不同特点，制定不同的各具特色的激励方式。四是处理好新老推销人员的关系，对老职工、推销元老，给面子、给福利，给他们的激励就是奖励其对企业的忠诚。五是对销售团队班子，授权与监督并重，授权必须是可控的，不可控的授权就是弃权；监督与授权相匹配，两者相辅相成，不能偏废。

小　结

推销的组织与管理，是工商企业市场营销管理的关键环节之一，也是许多企业探索创新的重要课题，受到广泛关注。学习本章应把握的要点有：

1. 明晰和了解传统推销向现代推销的发展过程。推销员是一项古老的商业活动，在商品经济和企业经营活动中，无处不有，无处不在。现代推销要求将商品交换活动渗透到社会再生产过程的各个环节。

2. 市场供求关系格局影响推销工作的地位和作用。在供给大于需求的买方市场环境下，消费者导向支配着推销职能的地位、内容和范围，并且起着决定性作用。

3. 要明确在信息经济环境下，信息营销是推销工作的灵魂，保证消费信息参与企业生产经营全过程，使推销工作系统化、网络化，推动提高推销方式、手段和组织水平。

4. 推销组织要有恰当的组织结构和体制，明确的交换职能的职责、职权和义务关系，构建良好的人际沟通关系。可以建立以目标顾客细分、区域市场细分和商品（产品）线细分关系为中心的三维结构系统，区分出三要素结合的细分类型，并据以确定推销组织职能结构内容，制定不同的企业推销职能结构树方案，明确不同推销职能（岗位）的职责、职权和义务关系。可以在推销部门内部建立以工作任务为中心的直线职能组织结构体制，并且构建专门推销项目任务的矩阵式组织结构体制，从而保障推销组织和推销活动有条不紊地正常运行。

5. 推销工作涉及面广，消费者的生活方式和消费行为变化频繁，市场竞争激烈，因而提高销售管理水平十分重要。强化推销管理，一是要建立和健全消费者顾客信息库系统，健全消费行为分析系统，制定销售渠道管理的战略决策方案，正确处理渠道矛盾。

6. 要强化销售团队的管理，包括遴选优秀的推销员队伍，搞好销售人员培训正规化、常态化，制定销售工作流程及管理规范，制定合理的薪酬绩效管理办法，激励销售团队为企业发展和服务社会贡献力量。

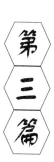

谈判与推销案例评析

第 十 章 古典谈判案例评析

案例一

从子贡经商成功看谈判语言艺术

子贡，儒家创始人孔子的弟子之一。孔子，姓孔名丘字仲尼，是我国战国时代的大儒。儒、释、道三教中，儒家思想对我国民族文化有着深远而广泛的影响。"孔孟之道"、"礼义为先"、"克己复礼"、"人之初性本善"等儒家的主导思想成了我国传统文化支柱。孔子周游列国，以礼义仁德教化大众，并广收弟子，据说弟子三千中有七十二大贤人。在众多弟子中唯有子贡下海经商，而且愈来愈发达，最后富可敌国，老师和众师兄弟周游列国，都多次得到子贡的资助。

子贡经商，在当时可视为离经叛道。早期的儒家思想看不起经商这个行业，"唯有读书高"的思想深刻地影响着读书人；两千多年前商品交换还极不发达，再加上整个周朝采取的是"抑商兴农"政策，人们对做生意存有偏见，认为"无商不奸"，很多人都自视"清高"而"羞与商贾为伍"；同时，由于是列国时期，诸侯割据，各自为政，相互封锁；再加上当时交通极不发达，要想经商成功则是行商比坐商更为有利。因此，经商环境是相当恶劣的，虽然竞争不如现代商战那样激烈，但必须打通各种各样的关口；要与不同层次、形形色色的人群进行沟通，其难度也是相当大的。

子贡经商成功，很大程度上是由于他创造了在经商环境条件下特定的语言。语言是在人际沟通中表达思想、情感的重要手段。子贡在经商中首先突破了老师的教育观念，诸如"语言要准、要稳"、"为求一字稳，耐得半宿寒"，那种"非礼勿视、非礼勿动"的行为规范不利于与各种人进行沟通，当然就不可能得到各类人的理解和帮助。子贡在经商实践和当时的特定环境中创造出了他特定的经商语言：首先，经商语言不是追求真理，不是辩论谁对、谁错，而是去沟通不同人群的感情，应针对不同人的特点、性格、职业特征去调整自己的语言表达方式，即"到哪个坡唱哪个歌"，才能在人际交往中"相似相容"；其次，子贡根据老师的教导"三人行必有我师"，在实际经商过程中发现各行各业都有能人，因此在人际交往中总是以请教的语言出现，这种和蔼、谦逊的语言，往往使他在商务和打通关卡中都收到意想不到的效果；再次，子贡在经商语言中，总是礼义为先，说话中总是首先为他人着想，体谅对方的困难，理解对方的处境，从而得到很广泛的支持，遇事总能得到各方人士的帮助，总能逢凶化吉，生意越做越大；

最后，子贡在经商的艰辛历程中归纳出："出言陈辞，身之得失、国之安危也。"他把人际交往的语言艺术提高到了最高地位。

由于子贡的语言艺术能力很强，不仅在经商中无往而不胜，就是在日常的人际交往中，包括当时众多的政治、军事谈判在内，他都有很高的应对能力。这一点其师孔子也深为了解。一次，孔子知道齐兵要攻打鲁国（鲁国是孔子出生之地），闻之大惊曰："鲁乃父母之国，今被兵，不可不救！"然后问众弟子："谁能为某出使于齐，以止伐鲁之兵者？"众弟子都争着愿去，但孔子唯独同意子贡前往，这说明孔子对子贡的应变能力和语言能力都很信任和了解。于是，子贡去拜见齐国宰相陈恒，恒知是孔子大弟子，必来游说，故作色以待之。子贡非常镇定，旁若无人，坦然而入。陈恒问曰："先生此来，为鲁做说客耶？"子贡巧妙回答说："为齐非为鲁也。夫鲁，难伐之国，相国何为伐之？"陈恒问："有何难伐？"子贡回答："其城薄以卑，其池狭以浅，其君弱，大臣无能，士不习战，故曰'难伐'。为相国计，不如伐吴。吴城高而池广，兵甲精制，又有良将为守，此易攻身。"恒大怒曰："子所言难易，颠倒不清，恒所不解。"子贡曰："请屏左右，为相国解之。"子贡单独对陈恒说："忧在外者攻其弱，忧在内者攻其强。"接着子贡对陈恒详加解释："我观相国非能与诸大臣共事者也，鲁易破是诸大臣之功，相国无也。诸大臣之势日盛，而相国危矣！若移师于吴，大臣外困于强敌，而相国专制齐国，岂非计之最便乎？"陈恒顿解，欣然说："先生之言、彻恒肺腑。"结果解了鲁国之危。子贡这种一切从对方的处境、困难出发的谈判技巧是最能激发对方内心共鸣的沟通技能。现代新兴的谈判学中的赢方谈判模式，就是追求谈判各方需求延长线的结合点，才会取得最佳的谈判效果。

进入21世纪，人类进入信息时代，人类的整体文化知识水平不断提高，经商再也不像古代那样被人看不起，更不是什么离经叛道之事。商业和服务业形成第三产业。第三产业的发达程度，已经是一个地区、一个民族、一个国家经济发达的标志。进入商界的人士其文化水平越来越高，且高学位的人更是愈来愈多，整个经商人员中，向"专家型"转化的比例也不断增大。总之，21世纪已跨入"儒商"时代。

案例二

从梁启超的两则应答分析谈判中"怎样说"比"说什么"更重要

梁启超，清光绪年间的官员，很有才华，是维新变法的提倡者和组织者之一。我们探讨梁启超的两则应答，分析其语言的表达方式：

第一则：传说梁启超幼年就才思敏捷，享有"神童"之誉。一次，不满十岁的梁启超被其父带去拜会友人。梁启超在其园中看盆景之花，甚美，就摘了一朵藏在自己袖里。父亲见到不好正面批评，只好叫他到面前说："我出一个对联你对一下怎样？"接着说："袖里笼花，小子暗藏春色。"梁启超知道这是父亲在批评他，一不解释，二不用小孩心性辩护，只是接着说："堂前悬镜，大人明察秋毫。"这不仅使父亲心情舒畅，也告诉父亲已知道你在批评我了。如果梁启超换一种表达方式，其效果就会大不相同。

第二则：维新变法失败后，康有为、梁启超分别逃离北京。梁启超逃到湖北，隐居于武昌。这在当时，梁启超这样有名的人物是很难藏匿下去的，他只得主动去拜会当时湖北权力最大的人物，即清廷封疆大吏湖广总督张之洞。张曾在欧洲考察过，是工业兴国派人物，而且在湖北还创办了有名的"汉阳兵工厂"。当然他也知道梁启超的名气和才华，只是没有亲自验证过。在梁来拜会时，张提出："四水（江、河、湖、海）江第一；四季夏第二，先生居江夏（武昌古名江夏），是孰第一？是孰第二？"这是有意刁难的提问，如果回答不恰当，很可能对梁启超就有危险。梁的回答是："三教（儒、释、道三教）儒为先，三才（天才、地才、人才）人为后，小子本儒人，何敢在先？何敢在后？"这就巧妙地告诉张之洞，自己只是平庸地处在中间的大流之中。梁巧妙的回答赢得了张之洞的敬佩，逃过了一劫。

说话是伴随每个人一生的人际沟通工具。语言是特定环境的产物，具有很强的时代性、地区性和职业性。上述梁启超的二则应答，就有时间、地方局限性，这是一百多年前，在中国文化传统条件下，文人间的一种对话方式。时至今日来类比探讨人际沟通语言方式的重要性，其仍有值得借鉴之处。

一个人说话的水平，讲话的艺术，不是天生的，都是从实践中磨炼、修正、不断地汲取别人长处，长期积累而成。一个人的语言魅力，来源于多方面；首先是语言清楚地讲明谈话内容，其次是恰当的语速和合适的运用语言词汇，更重要的是采用的语言表达方式，良好的表达方式具有很强的震撼力，所谓表达方式就是你要"怎么说"！

关于"怎么说"，根据心理学、社会学和人际关系学等长期调查、研究，人们认为：

1. 不要言过其实

这是谈判和人际交往中必须把握的分寸。"言过其实，终无大用"，这是我国古时评价人的格言。法国大哲学家罗斯费柯就这样说：与人谈话，如果把自己说得比对方好，便会化友为敌；反之，则可化敌为友。

2. 要了解、体会听者的心理变化

如果你只是一套又一套地讲出去，不体会听话者的看法与兴趣，不观察对你讲的话有什么反应、什么疑问，便不能及时解除听话者的心理症结。这种只从自己出发的语言方式，永远不会产生真正的魅力。传说我国古代名画家唐伯虎有这样一个故事：他家对门有一非书香门第而半途发迹之家，五个儿子为老母祝寿，专请唐伯虎去参加，以示文雅。去了后，众亲朋十分高兴，当场要唐伯虎题诗为贺，唐毫不推辞，拿起笔就写了一句，"对门老妪不是人"，由于唐伯虎一直对这家人没有什么好感，不知不觉就这样写出来了，当看见主人家众亲友个个对他怒目而视时，他接着写下了"九天仙女下凡尘"。这样不仅缓和了众人的情绪，更是得到了大家的一致赞扬。这种敏锐的反应，适时根据环境、他人的情绪，调整自己的应对之策，这也是语言产生魅力的要点之一。

3. 情感因素

语言是人际交流中传达情感的重要工具之一。要使语言具有魅力，首先要使你的语言具有浓烈的情感色彩，这种色彩来源于真心实意对听者的关心，来源于为对方着想的诚意！任何虚情假意都会破坏语言的真正魅力。即使是讲一个普通的故事，只要是真实的，你又能真诚地把它说出来，就会使人感动。

4. 表达方式

同样的内容，由于表达方式不同，其效果差距很大，一般地讲，说话的表达方式与用词、语音和姿态密切相关。用词要明白易懂，千万不要认为用语深奥就表现自己有学问，其实这样不但使人听不懂，反而弄巧成拙，甚至会引起别人的反感。语音要柔和大方，这会使我们的语言插上翅膀。很多配音演员，其音调会让你感动不已。同样，有一位法国著名演员，应邀出席一次宴会，会中有人要求他朗诵他的作品给大家听，在热烈的掌声中，他不得不念，但他又没有带诗集和文集，只好灵机一动，拿起桌上的菜单，用他美妙的声音，缓缓地，一行一行地念着，那抑扬顿挫的声调，竟让在场者大为感动，沉醉其中。这当然是一种高超的技能，需要认真学习和磨炼。另外就是姿态。所谓姿态，心理学认为是人内心状态的外部表现，受情绪、感觉、兴趣的支配。姿态要自然，必须是以真情流露为基础，姿态好与坏直接影响着语言魅力。在谈判与人际沟通中，要保持姿态自然，不要重复一种姿态，不要姿态变动太多太快……否则，将使你的语言达不到应有的效果。

总之，在谈判、推销中，不仅要注意说什么，而重要的是"怎样说"，因为语言魅力大部分产生于表达方式。

案例三

从"鸿门宴"分析谈判中"听"的作用

"鸿门宴"是我国民间流传极广的一种险恶邀约聚会的代名词。鸿门宴中的"项庄舞剑，意在沛公"，也成为人们用来表述和形容那种表面行为与内在企图不同的口头禅。这个故事产生于楚汉相争的时期，秦代末年，秦二世无能，各种势力纷纷起而反之，其中最大的两股势力是西楚霸王项羽和爵号沛公的汉王刘邦，相对而言霸王强而汉王弱。当秦朝快被推翻之时，项羽的谋士们献计说："将来楚王的最大竞争对手是刘邦，不如现在借邀请他共商大计之时，在宴会上杀掉他，以除后患。"霸王同意在鸿门宴请刘邦，并约定宴会中摔杯为号，埋伏的武士从帐后出来而杀之。然而，宴会中气氛愈来愈融洽，楚汉两王交谈甚欢，霸王一直不摔杯，谋士项庄只得借舞剑以助酒兴为名来提醒霸王，但最后霸王仍未发出摔杯信号，反而让刘邦溜之大吉。

为什么会出现这样意想不到的结果呢？当然原因很多，但其中的重要因素之一，是刘邦的随机应变能力，特别是在谈判沟通中运用"听"的技巧，才化险为夷。宴会中，项羽骄傲地自吹自擂，说自己现在如何兵精粮足，自己如何神勇，言谈之中充分表露出秦亡以后只有他才有资格和能力"取而代之"之意。刘邦一直采取多听少说的态度，而且运用了非常巧妙的"无声胜有声"的艺术：对霸王的振振言辞，不发表任何意见，更不去发表不同意见，只是听，而且是用心地去听！听的过程用柔和的目光注视着项羽，并不时频频点头，似乎表示对项羽的说法非常赞同而佩服，无形中告诉霸王"我可不是你未来的竞争对手！对你，我是一直敬佩的"。这样使楚霸王在宴会上越来越得意，以至于最后忘了要杀刘邦的初衷；到项庄出帐舞剑时，项羽的内心已经没有杀掉刘邦的意愿了，因此，他就始终不发出杀人信号，使刘邦终于安全而归。

距现在两千多年前的楚、汉相争时期，虽然当时心理学还未形成真正的学科，更没有现代的行为科学和人际关系学。刘邦在鸿门宴上所采取的行为对策，很可能是当时的应急办法，是受环境所迫，但却很符合现代有关行为的系列学科研究得出的原理。现代应用心理学、行为科学和谈判学，对听在人际交往、沟通和各种规模的正式谈判中的作用，都做了大量调查、总结和分析，大体归纳如下：

1. 听是搜集信息的重要手段

当今社会是信息社会，知识更新的周期也愈来愈短。搜集信息对一个人来讲，将是伴随你一生都不可缺少的事情。听是搜集信息的重要手段之一。如何听，怎样听出水平、听出效果，已经是现代成功人士必须具备的基本功之一。行为科学的调查资料表明：人们用于听的时间是读的 3 倍、是说的 1.5 倍，人际交往中相互交换信息的时间约占 50% 以上。

2. 听是人际交往中的一种情感手段

从心理学分析，任何人说话都希望有人听，听是满足讲话人自尊心的重要情感方法。例如，当一个人对你讲话，你东张西望，对方肯定讲不下去，内心会失去信心而产生自卑感。如果你会"听话"，学会了在人际交往进行"倾听"，即耳到、眼到、心到的听，这种"三到"的听，在心理学中称为"聆听"。会对讲话人产生很强的激励作用，从而产生对你的亲切感，并愿意与你交往。

3. 听是说的基础

说与听是人际沟通中的两个方面，只有听清楚，明白对方讲话的含义，才能准确回答对方提出的问题。因此，任何成功的谈判人员，都是把说与听的配合作为基本功来训练，把它看成是成功的重要技巧之一。事实上，在人际沟通中，往往听比说更重要，你愿意听别人讲话，别人才会愿意听你讲话，这也是人际交往的"对等因素"原则的要求。从我国传统文化看，我国是礼仪之邦，听也是知书达理的行为，是尊重人的表现。人际交往从整体看是"互动"的行为过程。孔子曰："敬人者、人恒敬之。""爱人者，人恒爱之。"只有发自内心的去"倾听"，去"以礼待人"，才会获得良好的反馈。

4. 听是谈判中的"让步"策略

从社会生活总的角度看，谈判是人类普遍存在的沟通形式之一，是参与方为了各自需求目的，为改变各方之间的相互关系进行磋商的互动行为。不同于一般交谈、询问和答复行为的是，谈判要达成协议。协议具有一定时期、一定地区或国家的法律约束力。谈判参与方都是追求某种需求的满足，一方满足的程度往往与另一方的让步程度密切相关，在现代商务谈判中称为实质性让步。而倾听，在谈判过程中，多听少说，就是鼓励对方说，是满足对方自尊心的一种谈判艺术，也是主客异位，把对方推向主导地位的技巧。特别是在谈判处于不利时，听是一种不花成本的让步策略，而且往往很有效。刘邦就是很好地运用这种策略而化险为夷的。

案例四

从"张松献地图"剖析谈判、人际交往中的情感因素

张松，字永年，三国时期蜀中刘璋帐下谋士，官居益州别驾。他暗画西川地图，本意想借刘璋派他前往许都与曹操谈判化解西川危难之时，借机献出西川地图而投靠曹操。到许都后，曹操让其等候三日才见，因曹破马超之后，忘了赤壁之败，而傲视天下。见面时又见张松其貌猥琐，语言又一味冲撞，后拂袖而去。其门下掌库主簿杨修在接待张松时，又不以礼相待，反而夸夸其谈曹操的军事才华，并将曹所作的《孟德新书》十三卷拿来予松观看。由于张松有过目不忘的特殊能力，张看后大笑说：此书是战国无名氏所作，曹丞相盗为己有，我蜀中小孩皆能背诵，还说是什么"新书"，这只能瞒足下耳。不信，我背诵给你听。结果从头至尾，朗声背诵一遍，并与书上无一字相差。曹操听说此事之后，一气将《孟德新书》烧了，盛怒之下将张松乱棒打出。

张松想曹操如此待人，必不能成大事，当然就不愿意把地图献出，只好改道去见仁义之名远播的刘备。刘备当时虽势力没有曹操大，但被传为英明之主，只有去当面一试看此人如何。

张松一到荆州管辖之边界，就被赵云带五百兵士热情接待；到馆驿，关云长于马前施礼说："奉兄长将令，为大夫远涉风尘，令关某洒扫驿庭，以待歇宿。"次日，刘备又亲自带领两位大名鼎鼎的军师即卧龙、凤雏两位先生出城把张迎进荆州，一连宴请三日，不谈任何军国大事，更不谈起川中之事。临别时，刘备在十里长亭送行，举杯对张松说："深感大夫不见外，留叙三日，今日相别，不知何时再得听教。"说完，真情泪下。这感动得张松不仅向刘备献出了西川地图，

谈判与推销技巧

而且向刘备详细分析了蜀中形势，指出刘璋禀性暗弱，人心离散，思得明主，应尽早取之，否则，悔之晚矣。张松并表示愿做内应。

曹操、刘备对待张松，不同的态度，不同的结果。曹傲而骄，三日不见，也只派一非亲信之主簿杨修接待，在阅兵时对张松说："吾视天下鼠辈犹草芥耳。大军到处，战无不胜，攻无不取，顺吾者生，逆吾者死。汝知之乎？"这样骄横，怎能获得人心？张松不仅反感而不献出地图，反而用言语冲撞回去，气得曹操欲杀张松而后快，在众将劝说之下，才只乱棒打出。在这种对立情绪下，哪会有共同语言？

刘备与曹操相比，恰恰反其道而行之，接待规格之高，宴请、送行都谦和平易，才使张松深受感动而将地图献出。刘备这种在交往、沟通、谈判中的心理学艺术，就是在现代也是很受称赞的。

从近代科学的飞跃发展来考察，新兴哲学思维的出现，促使人们重新认识精神与物质的关系。这种趋势使心理学全面向应用化发展，在这个基础上逐步形成了现代"人际关系学"。这门学科研究认为人际关系一般包括三个部分：人际认知、人际情感、人际行为。在这三个部分中，人际情感是基础，它影响着人际关系的各个方面。新兴的人际关系学，其真正形成学科是 20 世纪 20 年代以后的事情。当心理学家把人际关系的心理现象引进实验室进行实验、观察，并作定量分析，人际关系学才逐步走向科学化、定量化和理论化。直到现在，人际关系学仍处于发展和深化的过程中。

何谓人际关系？《心理学大辞典》这样解释："人际关系是社会关系的一个侧面，其外延很广，包括朋友关系、夫妻关系、亲子关系、同学关系、师生关系、同志关系等。它受生产关系的决定和政治关系的制约，是社会关系中较低层次的关系；同时，它又渗透在社会关系的各方面之中，是社会关系的'横断面'，因而又反过来影响社会关系。"

对于人际关系，人类从古代就在研究，只是没有像现代这样形成一门学科。据文字记载，在西方最早研究人际关系的是古希腊哲学家柏拉图和亚里士多德。

在中国最早研究人际关系的是孔子，而且形成了体系，子曰："己欲立而立人，己欲达而达人。"意即在人际关系中要想自己站得住，也要帮助别人站得住；要想自己遇事行得通，也要帮助别人遇事行得通。孔子的人际关系理论是"仁"，以"爱人"为主线，提出"博施济众"的人际关系准则。其内涵就有很深的"情感因素"，指出了人际关系中的情感导向。这与现代人际关系学研究的结果非常吻合。现代人际关系学认为：人际关系的核心是朋友关系，其他关系是其外延和扩展；人际关系的基础是情感因素，行为具有很强的情感导向。

刘备、曹操的行为，用现代人际关系学理论可类比剖析如下：

1. 曹操傲，刘备谦

他们两人相对于张松而言，都是大人物。刘备就不像曹操傲视之，而是平易、热情、真诚相待，这种态度使对方自尊心得到了很大满足，从而想尽力回报对方，而把本来想献予曹操的西川地图转送给了刘备。这用事实证明了在人际关系中，一定是"满招损，谦受益"。

2. 待人以仁，以仁得心

曹、刘两人完全不同。刘备就很崇尚孔子提出的"仁"，不管别人怎样，他都能从仁爱出发去为他人着想。而曹操待人以"谋"，一切从自己出发，只要自己所需就不择手段。多年来，人们一致评价曹操为"奸雄"。当然，这种评价未必恰当和全面。但在对待徐庶问题上，就完全反映了两人待人之道的完全不同。徐庶，字元直，化名为单福而成为刘备第一任军师，曾大败曹之大将曹仁，曹操禁其母，仿其母之字，命徐庶来降。由于徐庶仁孝，得母假信又不辨真伪而离刘备而去。刘备对待徐庶离自己而去帮助敌人，不仅不责备，反而为徐庶送行，深谅其孝母之心。临别饮酒时，庶说：母亲被囚，虽金波玉液不能下咽矣！刘备说：公去，如失左右手，虽龙肝凤髓，亦不甘味。二人都相对泪下。一个用情，一个用谋，得到两种不同结果。刘备得到"走马荐诸葛"，三顾茅庐请出了当时的第一大能人辅助于他；而曹操得到的是"身在曹营心在汉"，"终身不设一谋"的徐庶，赤壁之战时，黄盖诈降，阚泽下书，庞统献连环计，这一切都没有瞒过徐庶的眼睛，但他就是不说，让曹操惨败。

3. 用人以情，以心换心

这是曹操与刘备在人际关系方面的重大差别。曹操对张松不仅三日才召见，而一见面就不管别人的感受，指责其主刘璋为何连年不进贡，就甚伤张松之心。而刘备接待张松之热情，规格之高，是其想都没有想到的。其实刘备在人际关系方面一贯如此，仁义广布于天下，他初见赵云就"执手垂泪，不忍相离"；为请孔明出山他竟然热泪盈眶，"泪沾袍袖，衣襟尽湿"。情感是人际关系的纽带，是推动良好人际关系的动力，有很强的亲和作用，有时不是物质可代替的。曹操对关云长就用尽了各种手段：上马金、下马银，三日一小宴、五日一大宴，封汉寿亭侯，这是非皇族的最高爵位了，而且还送十位美女。这样仍然没有收服关云长，当关羽一得知刘备流落在袁绍处时，就封金、挂印，千里走单骑，过五关斩六将去寻找他兄长刘玄德。曹操只有感慨地说：人生得一知己而无憾事。

从综合技能来看，刘备似乎各方面都不是很强，打仗远不如关、张、赵云等大将；调兵遣将，运筹帷幄远不如曹操、周瑜，更不如诸葛亮。但他在人际关系、用人之道、知人善任等方面却深得处事之精髓。从现代心理学和人际关系学分析，刘备似乎早已经学过了这些学科，而且不仅学过，还能付诸行动。我国企业考察团在访问日本期间，向日本学习他们振兴经济的经验。在交谈时，日本商界很多企业家都说刘备的管理、用人之道，就很值得他们学习和借鉴。

从现代人际关系学去归纳，刘备当然算是强者，在某种意义上讲，比诸葛亮强。但他是距今1800多年以前的古人了，他有当时的环境、历史条件，我们只

谈判与推销技巧

能借鉴、类比。对待人的问题，也是现代人际关系学研究的难点。因此，有这样一些说法，"工作好搞人难处"，"做学问容易做人难"。每个人在人际关系上，都会遇到这样或那样的棘手问题。美国卡内基工业大学，对一万人进行了追踪调查分析发现，"智慧"、"专门技术"、"经验"等个人专门的工作技能，只占成功因素的15％，其余85％都决定于良好的人际关系。美国哈佛大学就业指导小组，对数千名被解雇的员工进行综合调查发现：由于人际关系不好而被解雇的，比不称职被解雇的高两倍多。从每年调动的人员进行调查，发现因人际关系不好而无法施展其所长的占90％以上。

　　"人心叵测"这是人们在生活中的一种困惑。这里的"人心"，实质是指"人性"，人们在人际关系中常常会产生一种恐惧感，有一种错觉。如俗语说："画虎画皮难画骨，知人知面不知心。""人如其面，千人千面"等，都表述了人际关系的复杂性，处理人际关系对每个人都是较难的课题。要想自己具有良好的人际关系魅力，就应该首先从修身做起，这也正是孔子所提倡，"修身、齐家、治国平天下"。修身首先是从自己的性格磨炼起，使自己具有坚强的性格，不怕失败，能从失败中去吸取教训，能深刻认识失败是成功之母。磨难是人生可贵的财富，能用平常心去对待任何不顺心之事，这才是强者。要深刻理解在人生的旅程中，不顺心之事十之八九，失败和挫折，谁能避免？理智和具有良好性格的人，不是自怨自艾，而是及时调整自己，重新站起来，扬帆远航。其次，学会微笑，笑对他人。真诚、善意的微笑，给别人带来快乐，也使自己心情舒畅。在人际关系中，善良、仁爱是建立良好人际关系的基石。日本商界有这样一句格言，"成功的关键是性格"。再次，要建立良好的人际关系，必须善于学习。日本企业界向员工提出了向书本学习、向他人学习、向实践学习，将其作为培训准则。从实际中学习，再在书本上进行理性分析，再返回实践中去印证，才能不断深化，不断修正而得以提高。他人的经验也是学习的一个方面，但不要生搬硬套，刘备在人际关系中非常会"哭"，他用哭搭起了情感之桥，因此，后人说"刘皇叔的江山是哭出来的"。但你不能遇事就哭，这会使人反感。哭或笑都是一定环境条件下的具体需要，要审时度势，能"攻心"才是处理人际关系的重要法则。

案例五

从"完璧归赵"剖析谈判策略
——兼评古希腊神话中谈判策略僵化的恶果

　　战国时期，赵国惠文王得了一块宝玉，称为和氏璧。传说此玉置暗处，自然有光，能去尘埃、辟邪魅、故又称为"夜光之璧"。冬暖夏凉，百步之内可去蚊蝇，为无价之宝。后此消息传至秦国，秦昭襄王欲得此玉，假以十五城换之，令使专书告赵王：愿以酉阳十五城换之。当时秦强赵弱，唯恐璧去城又不可得，不同意又怕触怒秦国。最后派出了能言善辩、胆识过人的大夫蔺相如奉璧去咸阳与秦王会谈。

秦王观玉之后，见其宝光闪烁，白玉无瑕、赞叹不已。然后传示群臣后又传到后宫佳丽玩之，良久才送出，仍归秦王案上，王不再提起偿城之话。相如心生一计，对秦王说："此璧有微瑕，臣请为大王指之。"秦王命左右将璧传与相如，相如得璧在手，靠在殿柱之上，愤怒地说：大王发书至赵，以城换璧，赵国群臣都怀疑大王的诚意，臣以为不对，当时就说："布衣之交，尚不相欺，况万乘之君乎。"力辨秦王是可信赖的，赵王才斋戒五日，使臣奉璧拜送于庭也。但今大王无换城之意而又傲视使者，臣头今与璧俱碎于柱，宁死不使秦得璧。秦王惜璧，恐其碎之，才表面同意以十五城予赵。相如又提出赵王斋戒五日后而奉璧，秦王也应斋戒五日而受璧。在这时期，相如命侍从换衣作贫人模样，怀璧从小路逃回赵国。五日后，相如已交不出和氏璧，并当殿请死，并在大殿之上陈述原曲，各诸侯使者都为相如担心，秦王左右欲牵相如去受刑，秦王喝住：杀相如，璧未可得，徒负不义之名，绝秦赵之好。后以礼相待放相如归赵矣！

"完璧归赵"的谈判是属于古典谈判中的政治军事类型，其策略是围绕着"输赢式"古典谈判范畴而展开。蔺相如是很有才华而又具胆略的谈判人才，他以一介布衣奉璧去见秦王，因为他出使秦国之前，只是一位门客而临时封为大夫的。见秦王后，又发现秦王并无以城换玉之意，才灵机应变提出第一应变策略，说璧玉有微瑕，可指与秦王看，将璧玉夺回手中；接着运用第二策略，将玉和自己靠近殿柱，并振振有词地说：本来赵王和大臣们都不信秦王会以城换玉，唯独我相信您，我认为普通百姓人家都讲信用，何况您秦王乃万乘之躯，怎会不讲信用，如果秦王真要失信，我愿与玉一齐碎于柱下，也不让秦得逞，秦王只得同意以城换玉；第三步策略，采用了缓兵之计，提出赵王奉玉之时曾斋戒五日，秦王接玉也应斋戒五日；第四步采用暗渡之计，回管驿命从人改装连夜走小路将玉运回赵国；第五步，在秦宫殿之上，当着各国使者之面，陈述原因而请死。秦王无法，因为其目是得玉而不是杀人，何况是杀一布衣，更不能因此而失信于天下，只好放回相如。

策略是指在一定环境条件下，对待具体事物的具体对策。它具有很强的灵活性、应变性和多样性。策略的有效性与运用者的水平密切相关；也与运用者的知识水平和"审时度势"的能力密切相连，这是策略有效性的基础。蔺相如不仅具有很高应变能力，同时还具有宽容和识大体的品格。完璧归赵后，蔺相如逐步成了赵国宰相，大将廉颇不服，数挡其车道，而相如均转道让之，有人问相如，相国何以惧廉颇，回答说，不是惧，而是为了和，今赵国和则强、斗则弱，非一己之事也。廉颇知道后很内疚，而往相府请罪，这成为了两千多年以来流传最广的佳话"将相和"与"负荆请罪"。

策略，永远没有长期使用有效而不变的策略。古希腊神话故事中有一则"斯芬克斯之谜"的故事，讲的是狮身人面女怪——斯芬克斯叫过路人猜谜的神话故事。斯芬克斯现在的塑像，人们常称之为狮身人面兽。在故事中她都反复地提出一个问题要过路人猜，其条件是一成不变的，这种一成不变的方法，用现代谈判学分析，叫谈判策略僵化，这必然导致她失败。

斯芬克斯要过路人猜的谜是：

"什么东西在早晨用四条腿行走，中午用两条腿行走，晚上用三条腿行走？"

其条件是：猜不中给她吃掉；猜中了她就自杀。经过很长一段时间，有很多人都没有猜中而被她吃掉了。后来被希腊英雄俄狄浦斯猜中了："这就是人。"因为人在婴儿时用四肢爬行，稍长后站立起用两条腿走路，老年后用手杖帮助行走是三条腿走路。斯芬克斯听后大叫一声，滚下山去，自杀而死。

这个故事，从谈判学看，是策略僵化的恶果，策略失去了应对力就失去了生命力。这个故事从其他角度分析，仍有很多值得我们深思的问题。

案例六

从金庸武侠故事类比、探讨谈判和人际沟通中策略的深化
——兼述现代营销组合的"4Cs"

采花贼田伯光，提上酒到华山思过崖去找令狐冲进行一对一"谈判"。这是查良镛先生（笔名金庸）的武侠小说《笑傲江湖》中描述的一篇故事：田伯光到思过崖来"要约"华山派大弟子令狐冲进行"谈判"。其内容是要令狐冲下山去见不戒和尚的女儿——恒山派的小尼姑仪琳。虽然从五岳同盟看，仪琳也算令狐冲的师妹，但这种由田伯光前来发出的非正当"邀约"，令狐冲当然不会"承诺"。谈判破裂后，只有武力相见，第一回合打下来，令狐冲不是田伯光的对手，田的"快刀"，一招快，招招快，令狐冲根本看不清，更无法去破解。但令狐冲清楚了解田伯光来的目的不是杀他，而且根本不敢杀他，因为田邀他不去，就过不了不戒和尚那一关。因此，当令狐冲第一回战败后，要求进山洞休息一下再来打，田伯光也只好答应。在山洞中令狐冲反复思考破解对方招式，结果出来打，又被打败了，只得又要求"休战"。进山洞再想时，遇到隐居华山后山的太师叔风清扬老前辈，对令狐冲进行了指点。风清扬深刻指出：你虽是可教之材，却被你师父教得毫无"灵"性了，只想对方出什么招，我怎么去破他的招，这根本不得武学要领。说着，随手做了一个姿势问令狐冲：你说我是什么招？令狐冲一看说：你这不是什么招。接着问：那你怎么破？令狐冲回答说：无法破，连招都不是，怎么有破解之法呢？风清扬很有深意地对令狐冲指出：武学之精要，不是去破什么招，而是意在敌先，再好的招数，总会有破绽，只要抢在他前头，抢占先机，其招自破。结果，令狐冲在太师叔的指导下，第三次出洞就打败了田伯光。

这好像只是一个武侠故事，如果类比来分析现代谈判与人际关系也很发人深省。只要能抢占先机，在某种意义上讲，比针对对手的策略去想对策要有效得

多，就是现在市场竞争中也是应在做法和思维上力争创新，要事事争第一的思维，有人通俗说：第一个把鲜花比为姑娘的人，应获得诺贝尔奖。如果你跟着后面说姑娘像鲜花，就是蠢材！根据《笑傲江湖》改编的电视剧，其主题歌中就有"无招胜有招"之歌词。

金庸是享誉世界的武侠小说大师，其武侠小说系列，很多都被搬上了银幕，这只是因为其故事精妙吗？不！而更多的是由于其武侠小说有较普遍的人生哲理，如果类比去探讨其他领域，这完全符合"控制论"创始人维纳的初衷。其实不少人认为《笑傲江湖》是金庸的政治武侠小说，作者深刻地揭示了"人性"的多样性和复杂性，不能简单地去判断某个人是好人还是坏人，更不能只从一时的表面现象去认识一个人。《笑傲江湖》中描述的男主角，就是华山派的大弟子令狐冲，此人好酒贪杯，不拘小节，交友也是任其性情所至，从不虚假待人，好学，直率，用情极为专一，这样一个正人君子，反而得不到多少人的理解；其师父君子剑岳不群，表面上对人似乎总是谦谦有礼，但其内心可以说险恶到了魔鬼的程度。这一切都告诫人们要认识人不是一个简单的事情，需要用心观察，经过较长期的交往才能"事久见人心"。这些都值得我们在现代人际关系和沟通中，去借鉴、去学习。

类比金庸的武侠故事，来研究考察现代商务谈判与推销，不难看出 21 世纪以来商务谈判与推销发展很快，由于市场经济的高度发展，全球化趋势势不可挡，市场竞争也向着高强度、多维化、立体化发展。因此，仅靠学一两本书或学习一些具体应对策略，如果不融会贯通，不灵活机动，不断创新，就很难在当代激烈的竞争中立住脚。

与金大侠的武功策略"化"了，不谋而合。商场不仅是战场，同时，也是"情场"。原来是"消费者请注意"，现在是"请注意消费者"！

案例七

从"蒋干过江"看谈判人员的选择

"曹操背时遇蒋干"是我国民间流传很广的俗语。言下之意，曹操赤壁之败，其错在蒋干。其实这种看法有失偏颇，对此曹操自己应该负主要责任。将蒋干选为"说客"，派他过江去谈判，就犯了选人不当的错误，缺乏知己知彼的认真分析，其决策的第一步就错了。蒋干是曹操帐下的幕宾，蒋干，字子翼，江西九江人，幼年与周瑜同学而交好。虽然在九江一带小有名气，也颇具才华，但是与周瑜相比，差距很大。周瑜幼年就很有才华，特别是军事方面更为突出，加上文采、音律俱佳，诸葛亮都称赞周瑜有"儒将"之风，蒋干哪里是他一对一的谈判对手，其结果不但没有说动周瑜来降，反而被周瑜利用让蒋干带回导致曹操赤壁之败的第一份假情报。

那么，蒋干在赤壁之战中就没有犯错误吗？从赤壁之败整体分析，原因极多，主要错误责任当然应由曹操来负。但是从现代谈判学中对谈判人员的要求分析，蒋干也犯有下列具体错误：

1. 没有充分准备，草率上阵

作为谈判人员的蒋干，虽然当时称为"说客"，但不像现代谈判学所称的：成功的谈判人员，无论对何种形式的谈判，首先必须清楚了解谈判主体。蒋干第一次过江，仅凭幼时记忆，就认为自己对同窗周瑜有所了解。其实赤壁之战时，周瑜已三十多岁，比诸葛亮大，而且已经当了多年都督，已经相当成熟，极为老练，与蒋干幼时的了解已大不相同了。蒋干错就错在以一成不变的眼光看待谈判对手，用过去的资料去完全概括现时的情况。要想成为当今合格的谈判推销人员，一定要培养自己动态地、发展地观察问题和分析问题的能力。当今是信息时代，信息更新的周期越来越短，对人也应"士隔三日，当刮目相看"。做好准备是谈判前提条件。准备越充分，把握就越大。过江之前，蒋干就没有对周瑜的有关情况进行搜集、整理和分析，更没有心理准备；过江后，蒋干被周瑜开"群英会"吓得不知所措。近代谈判学从实践中总结出：准备不足就应避免谈判；在方案未制订前能拖就要拖下去；如果非谈不可时，就谈小不谈大，谈次不谈主。

2. 知识水平不足

作为历史上的著名战役——赤壁之战的"军事谈判"代表，蒋干从知识和经历都远远不够。他仅是九江一带小有名气的一介书生，曹操帐下的幕宾，从未带兵打过仗，在军事方面也无建树，怎能与东吴一代名将周瑜进行谈判。现代谈判学总结出：现代优秀谈判人员，从知识角度分析，必须具有"T"型知识结构。这种结构就是指知识面要宽、专业知识要深。近代人际关系学经长期调查总结认为：一个人的知识面越宽，应变能力就越强，反应就越敏捷。要在人际关系沟通中应变自如，就应从心理学、行为学、人际关系学、文化艺术、体育等多方面去扩展。专业知识是指谈判人员围绕谈判的"标的"的相关知识要深而精，对其不足必须尽快补充，因为任何谈判，总是围绕谈判"标的"而展开。蒋干过江谈判的"标的"是赤壁之战的军事问题，他对这方面的知识本身就很缺乏，因此"过江谈判"必然失败。

3. 不具备谈判人员应有的性格

作为大型军事谈判人员，蒋干不具备谈判人员应有的优良性格。性格，我国古代认为是人固有的心理特征。"江山易改，本性难移。"通常认为，人的性格是人的一种先天固有秉性。现代心理学研究认为：性格虽然是人生态度和行为方面比较稳定的心理特征，但性格受着环境因素的影响，可以经过培训、磨炼而加以改变，让其向良好方面发展。现在国际谈判界较普遍认为，一个优秀谈判人员的优良性格是：风度优雅适度；思维有条理而具有创造性；善于听取他人意见；有决断力；经得起挫折的考验；不受感情支配；具有幽默感等。用现代观点去分析，蒋干在性格方面的弱点很多，特别是缺乏比较强的决断力。蒋干第二次过江见到了与诸葛亮齐名的凤雏先生，凤雏先生说愿意与其过江见曹操。蒋干对其不假思索，不作比较：庞统为什么会与你蒋干合作。这种缺乏判断和分析的失误，可以说是犯了谈判人员的大忌。于是，曹操犯错也就是必然的了。

案例八

从"空城计"看谈判中的知己知彼

三国后期，刘备已死，魏国已传到第三代曹睿之手。诸葛亮出祁山与魏统帅司马懿作战，两人都精通兵法，又都善于带兵打仗，可以说是"棋逢对手，将遇良才"。

在街亭一战，由于诸葛亮用人不当，派徒有虚名的马谡为大将镇守街亭。马谡当然不是司马懿的对手，很快惨败而失去街亭要塞，搞得孔明措手不及。本来诸葛亮只带了数千兵士前往西城转运粮草，而且已分了一半士兵运粮走了，身边只剩一两千士兵，而身边还无一员大将。这时诸葛亮连续得到飞马急报，司马懿引大军十五万，往西城蜂拥攻来！诸葛亮登城观望，果然远处尘土飞扬，魏兵已兵分两路向西城杀来，跟随诸葛亮的一班官员，都尽皆失色。诸葛亮这时非常镇静地传令："将旌旗尽皆隐匿；诸军各守城铺，如有妄行出入，及高言大语者，斩之！大开四门，每一门用二十军士，扮作百姓，洒扫街道。如魏兵到时，不可擅动，吾自有计。"诸葛亮引二小童，登上城楼，凭栏而坐，焚香抚琴。魏军前哨见后，急报与司马懿。司马懿亲往观之，便令后军作前军，望北山路而退。次子司马昭问他："莫非诸葛亮无军，故作此态？父亲何故便退兵？"懿答曰："亮平生谨慎，不曾弄险。今又大开城门，必有埋伏。我兵若进，中其计也。汝辈岂知？宜速退。"魏军退去，众官骇然问孔明："司马懿乃魏之名将，今统十五万精兵到此，见了丞相便速退去，何也？"诸葛亮回答说："此人料吾生平谨慎，必不弄险；见此模样，疑有伏兵，所以退去。吾非行险，盖因不得已而用之。"这就是我国流传极广的赞扬诸葛孔明机智、勇敢、灵动、沉着的故事。

根据谈判学分析，这是属于兵临城下的军事谈判类型，当然是属于"输赢式"的古典谈判模式。这场谈判的赢家是诸葛亮，输家是司马懿。为什么会是这样的结果呢？为什么诸葛亮敢用"空城计"？在这种条件下，要用这种策略并使其成功，诸葛亮还应具有哪些其他条件？从现代谈判学的观点剖析如下：

从现代谈判学和人际关系学去分析，诸葛亮在这种紧急情况下，敢于用"空城计"，不是手忙脚乱，抱着赌徒心理的投机行为，而是建立在长期对对方的了解和客观分析自己的基础上，在那种情况下采取的最为有效的对策，可以说是勇敢、机智而又是正确的应对之策。

"空城计"决策的深层基础是"知己知彼"。诸葛亮对司马懿的经历，不仅进行了全面了解，而且对其处事的习惯与性格也有所掌握：司马懿是一个熟读兵书而善于分析打仗的统帅，兵法中的虚虚实实之论——虚则实之，实则虚之，司马懿一定非常了解；另一方面司马懿在破孟达一事中就运用了兵法中"攻其不备，出其不意"，而且在这一事件中也表现出办事果断的性格。接着，诸葛亮又对自己冷静而客观地进行了分析，自己办事一贯谨慎，处事常步步为营，绝不轻举妄动，这些特征司马懿一定会了解，还会随时进行分析。这才是"空城计"之所以成功的关键。

知己知彼，来源于孙子兵法的《谋攻篇》："知己知彼，百战不殆；不知己而知彼，一胜一负；不知己不知彼，每战必殆。"这个论述突出一个"知"，这有很深奥的哲理，毛泽东曾说："孙子规律，'知己知彼，百战不殆'，乃科学的真理"，"警世格言"。

这个"知"包括两个方面：一方面是知道对方。现在是信息时代，信息搜集手段极多，资料来源渠道极广，无论是谈判和在人际交往中，要了解对方，只要用心和注意搜集就不难了解。另一方面是知道自己。自知，这是很难的一面。任何人都有"两个我"，一个主观的我，一个客观的我。所谓自知，就是主观的我要能真实完整地认识客观的我，这才能与别人对你的认识相一致，才能是真正的知己知彼。难就难在人们往往会产生自我偏见，往往把客观的我估计过高，不能站在旁观者的立场，清醒认识自己。因此，从古就有"人贵有自知之明"的格言。古希腊哲学家苏格拉底就说过："不盼上帝赐给我名和利，只盼上帝赐给我自知。"孔子的修身，"一日三省吾身"，就有教导人们要自知的深层内涵。

从现代商务谈判看，无论是一对一的微型谈判，还是小组谈判，或代表团式的大规模谈判；不管是两方谈判还是多方谈判，都必须广泛搜集信息，作知己知彼的分析，这才是争取谈判成功的基础。在人际交往与沟通中也是如此，在人际关系中有一种"对等原则"，什么事都不是你认为怎样，而是要重点考虑对方认为怎样，才可能寻求出双方交往的心理结合点。这种换位思维，是现代谈判、推销人员必须具备的基本技能之一。

决策好，还要执行得好，才会产生应有的效果。"空城计"是孔明在知己知彼的深刻分析下，在紧急情况下采取的英明果干的决策，而且在执行中又非常冷静、沉着，才使司马懿在听到诸葛亮弹出的琴音悠然不乱，而决定退兵的。诸葛亮采用"空城计"是迫不得已而为之。实际上他是先犯了"不够知己知彼"和不听"告诫"的大错误，才造成了街亭失守。"空城计"最后的结果是胜利了，但却换来了"挥泪斩马谡"，孔明深感内疚，因为没有听刘备临终的告诫。所以在人际关系中，善于听取他人的意见，是少犯错误的要领。俗语讲得好："听人劝，得一半。"

案例九

从"左宗棠收复新疆的谈判"看"小胜在智，大胜在德"

从近代史看，中国从清道光皇帝以来，国力日衰，清政府越来越腐败，咸丰以后更甚。特别是西太后慈禧专权以后，世界列强都视中国软弱可欺。新疆地处中亚东部，与中亚和印度接壤，英、俄两国都将新疆视为战略要地，势在必得。阿古柏成为他们争取和利用的对象，这是新疆危机的根源。俄国在利用阿古柏实现其侵略扩张的同时，又出兵侵占伊犁。面临新疆危机，清政府内部出现海防与塞防之争。海防论的主要代表人物是直隶总督兼北洋大臣李鸿章，他主张舍弃西北，专注东南，提出："新疆不复，于肢体之元气无伤；海疆不防，则心腹之患愈棘。"塞防派的主要代表人物是湖南巡抚王文韶，他认为：俄国侵吞西北，日甚一日，"我师迟一步，则俄人进一步，我师迟一日，则俄人进一日。事机之急，莫此为甚！"因此，他主张："日前之计，尚宜以全力注重西北。"陕甘总督左宗棠主张："东则海防，西则塞防，二者并重。"他指出：不能扶起东边倒却西边，力主收复新疆。左宗棠的意见，被清政府采纳。1875 年，清廷任命左宗棠为钦差大臣，督办新疆军务。那时候，左宗棠已年过六旬，而且体弱多病。他曾在致湘军将领刘锦棠的信中说："本拟收复河湟后，即乞病还湘。今既有此变，西顾正殷，断难遽萌退志，当与此虏周旋。"左宗棠不顾自己年老多病，以国家民族利益为重，勇敢地担负起收复新疆的重任。1876 年，左宗棠率清军分三路进入新疆。他采取"先北后南，缓进速战"的正确方针，先收复了乌鲁木齐及周围地区，然后攻占吐鲁番，打开了通向南疆的门户。清军得到新疆当地各族人民的支持和拥护。进军南疆时，当地各族人民纷纷拿起武器，加入战斗，痛击阿古柏军队。1877 年，阿古柏兵败身亡，清军收复喀什噶尔。第二年，除伊犁以外，新疆重新回到祖国的怀抱。左宗棠上奏朝廷，提出首先通过外交途径解决收复伊犁的问题，如果达不到目的，再采取军事手段。他的意见得到朝野上下爱国人士的一致赞扬。1880 年初，根据左宗棠的意见，清政府派曾纪泽赴俄国谈判收复伊犁问题。在谈判中，俄国多方要挟，蛮不讲理；曾纪泽坚持原则，据理力争，反复多次，不得结果。

左宗棠深明外交必须以军事为后盾的道理，虽主谈判，但不忘备战。为了支持曾纪泽的外交努力，左宗棠率兵前往哈密，在哈密设立抗俄司令部。在前往哈密的途中，他让士兵抬着棺材走在队伍的前面，表明誓死抗击俄国、收复伊犁的决心。唐代诗人王之涣《凉州词》说："羌笛何须怨杨柳，春风不度玉门关。"自古以来，玉门关几乎成为中原人士西行的极限。此时，左宗棠已年近古稀，体弱多病，可他却说："壮士长歌，不复以出塞为苦，老怀益壮，甚堪告慰。"连当年前往哈密拜访并在军营住了一个多月的德国人福克都说："一月以来，觉爵相年已古稀，心犹少壮，经纶盖世，无非为国为民，忠正丹心，中西恐无其匹。"

正是左宗棠震惊中外的豪情壮举，有力地支援了曾纪泽的外交斗争，终于迫使俄国将伊犁归还中国。《阿古柏·伯克传》的作者色罗杰说："中国收复新疆，毫无疑义，是一件近50年中在亚洲发生过的最值得注意的事件，同时这是一个多世纪以前乾隆出兵这个地区以来，一支由中国人领导的中国军队所取得的最光辉的成就。"

左宗棠收复新疆在近代史上可以说是唯一没有丧权辱国的一次胜利，这靠什么呢？不只是靠什么谈判技巧，或采用了什么行之有效的策略，而是靠为国为民的一颗丹心，靠敢于抬着棺木出征的置之死地而后生的精神，靠年近古稀，体弱多病仍能西出玉门关的豪情壮举，靠这种得到了广大民众支持的德行，才能取得这种大的胜利。

上述这个传说，说明基辛格非常会运用可利用的条件，技巧也高，但却带有童话色彩，也有一些投机取巧的技能，这只能是一种"智"，只能小胜，更不能生搬、常用。

古典谈判案例评析小结

从历史上考察，人类自古就将谈判作为一种协调沟通人际关系的行为，具体从什么时候开始则很难准确计算，大体可推延到远古人类从群居起，就开始了"谈判"这种行为，一直到20世纪60年代，美国著名律师尼尔伦伯格，运用行为科学、心理学和社会学等相关知识，总结分析了他自己长期从事谈判的经验后，提出了谈判的需求理论，从而出现了现代谈判学。因此，从远古到20世纪60年代以前，人类的谈判都属于古典谈判，或称传统谈判。其特征是立场谈判观，参与者都是以确立或明确自身立场为基本出发点，谈判过程中以坚持和维护自身立场为基础，所有策略和方法都是围绕这个核心而设计，并具有严格的保密性，尽可能不让对手了解，甚至采用各种带阴谋性的手段，逼使对方让步或妥协，其结果是不输就赢。这种"输赢式"传统谈判模式一直影响着人类沟通行动的思维，这种模式最大的弱点是具有极强的人为冲突性和较大的人际沟通心理障碍，因此往往使冲突性加剧。

但另一方面，作为经历了人类历史长河的沟通手段之一的谈判，又积累了人类的智慧，也有不少可供后人借鉴、学习的地方。翻开人类历史，可以说是战争史，因此，古典谈判绝大多数都属于政治、军事谈判。从我国历史看，更是很长时期都抑商兴农，对商业和从事商业活动人员都有不恰当的看法。自古就有无奸不商的成见，文人雅士更是看不起生意人，白居易的《琵琶行》中就有"老大嫁作商人妇，商人重利轻别离。"的词句。因此，要在古代文学作品中，寻找有关商业和商业谈判的描述的确是一件难事。谈判与推销技巧又是现代市场经济高度发展条件下，一门新兴的市场经营微观学科，从整体价值观念看与古代谈判理念有着极大的差异。本篇我们选评了九个案例，基本上都是古代有关政治军事谈判的内容，其目的是想借鉴其精华来打开在现代商务活动、人际交往、沟通中的思路，从中得到启发，激发联想，创新做法。总之，应通过了解以上案例把握下述问题：

第一，从案例一、二中去深刻体会谈判、人际交往与沟通中语言的重要性。说话对一个人来说，从牙牙学语就一直伴随你走完人生，但有人并不认为说话有多么重要，甚至说："我是刀子嘴菩萨心。"这实际是没有理解语言的真实作用，说话不仅是水平、艺术和修养的体现，而且也是构建良好人际关系的重要手段，一般人说话虽然达不到子贡所言"一言兴邦、一言覆国"的重要境界，但的确是"身之得失也"。要想把好语言技巧，应向他人学习，在实践中学习。应深刻理解"关键不是说什么，而在于怎么说"。知道在什么环境条件下该怎么说，知道"到哪个坡唱哪个歌"，这才是语言技巧的精华。

第二，应从案例三中获得"听"的重要性和听的技巧方面的知识。应深刻理解"无声胜有声"、"于无声处是惊雷"。在人际交往、沟通与谈判中，听，特别是倾听，比说更重要。

第三，案例四是从古代谈判、人际交往中情感因素来分析现代人际关系的复杂性。"张松献地图"就有力地证明了人际交往的情感导向性。如果你去调查现代国内外各界的成功人士，你会发现绝大多数成功者都有着良好的人际关系网。有人说商场是战场，这是强调竞争性的结论；也有人说商场如情场，这是从消费者购买商品具有很强的情感导向得出的看法。处理人际关系是一个难题，从这个案例中去体会，善良、宽容、为他人着想，学会善解人意是构建好人际关系的基石，但又应把握在现代法制社会，社会运行有其公认的规则。因此，不能以情代理，更不能以情代法。

第四，案例五、六是探讨谈判策略的事例。策略是针对具体事件、具体情况的对策，它具有短期性、灵活性和应变性。蔺相如根据秦王的具体行为采取特殊的应急谈判策略，这说明了他既机智又敏捷，这正是现代谈判人员应培养的必要素质。斯芬克斯的一成不变又僵化的策略，必然会走向失败，这是教训。谈判策略正如"武侠小说"中的招式，可以一招一招的学，可以借用别人的成果，但最高境界却是根据对手的具体情况而灵活运用，到无招无式打"化"了才是真正的高手。从21世纪的商务活动看，"请注意消费者"就比"消费者请注意"要高明。

第五，案例七是分析讨论用人之道。现代社会是群体社会，知识更新周期越来越短、速度越来越快，任何人都不可能是"万人难敌"，更不可能是"神"。"一个好汉三个帮，一个篱笆三个桩"是民间流传的通俗语言，但说明了一个道理：任何强者都应懂得用人之道，红花需要绿叶衬。但用人如何选择也是重要的艺术，并不是只讲情感导向，一讲用人，就见人就交、见人就用，当然应有选择性。"赤壁之战"曹操大败，其中重要的原因就是缺乏用人之道，对蒋干是选择不当，对蔡瑁、张允又用而疑之，这很值得我们从中吸取其教训。

第六，案例八是剖析在谈判、人际沟通中知己知彼的重要性。在现代信息搜集条件下，知彼较为容易，但知己难，难在有两个我，难在自我认识的偏见，往往用主观的我去代替客观我。如果作知己知彼的对比分析，就更难站在客观的立场，抛开自己主观的我去用旁观者的身份去分析，往往会出现用自己的优点与对方缺点作比较，在这种思维定势下作出的决策，其出错的几率会很大。诸葛亮是我国历史上人们公认的智者，在"空城计"的典故中，空城计之所以成功正是他与司马懿对比进行了知己知彼的分析，但是在"失街亭"他却犯了没有将马谡与司马懿进行对比研究分析的错误，败在缺乏知己知彼。以此来探讨我们的商务谈判、交往的确能发人深省，可从中吸取教训。

第七，案例九是近代史中的国际性政治军事谈判的事例。左宗棠与俄国的谈判取胜不在于谈判的策略，而在于以死救国收复失地的决心。因此，小胜在于策略，大胜却要有决心、信心和德行。

第十一章 现代谈判案例评析

案例十

从周总理与泰国总理对话看谈判、沟通中的幽默

1974 年，泰国总理克立先生到医院去看望恩来总理。道别时，克立先生问周总理："可以问最后一个问题吗？"

总理说："请。"

克立先生接着说："这次访问贵国发现一个小小的变化，人们几乎都不戴毛主席像章了。1971 年我来北京，每个人都戴像章。"

总理回答说："这是你的问题？"

克立说："不，问题是关于阁下的。"

"文化大革命开始时，人们都戴毛主席像章，而您只戴'为人民服务'的纪念章，而现在人们不戴毛主席像章的时候，您为什么还戴？"

总理说："克立先生对中国的像章有兴趣。我知道您想要我这枚像章，送您了。"

这样回答，不仅回避了当时很难说清楚的政治问题，而且深得"无理而妙"的幽默手法。幽默是谈判、人际沟通中的润滑剂、缓冲剂。有时也是打破谈判僵局的巧妙技能。从语言角度讲幽默，是属于一种敏锐反应的语言能力。有人问：什么是幽默？怎样才能幽默？幽默是先天的还是培养出来的……一系列问题，对此真不好回答。作为一个优秀的谈判、推销人员，幽默又是处理好人际关系的基本功之一。那么，什么是幽默，怎样培养自己的幽默感，下面我们对此进行探讨：

1. 幽默的含义

这实际上是要回答什么是幽默这样一个课题。这是很棘手的一个问题。古往今来，人们作了很多研究，其结果是众说纷纭，包括圣哲、文豪们都是从自己研究的角度，各说各的，如：

古希腊的医学家认为：幽默是治疗疾病的调节方法；

黑格尔说：幽默是"丰富而深刻的精神基础"；

康德认为：幽默是理性的"妙语解颐"；

日本理论界认为：幽默是"有情的滑稽"；

李克西说：幽默的根本是人性善良的一面；

弗洛伊德说：最幽默的人，是最能适应的人；

萧伯纳干脆这样说：幽默的定义是不能下的。

真的对幽默就没有一个较准确的定义吗？我国著名笑星侯宝林大师在他长期的实践中总结说："幽默不是要贫嘴，不是出怪相、现活宝，它是一种高尚的情趣，一种对事物的矛盾性的机敏性的反应，一种把普遍现象喜剧化的处理方式。"这个说法能真实地把幽默的"三要点"反映出：第一个要点就是它是一种高尚的情趣；第二个要点就是要善于敏锐的去抓事物的矛盾性；第三个要点，也是最重要的，就是能把普遍现象用喜剧化的方式去处理。因此，关键是要培养自己观察生活的习惯的能力，由于是普遍现象，往往会被一般的人所忽略，只有善于观察，才会抓住能用喜剧化表现出来的地方，喜剧化，包括动作也包括语言，能恰当而适时的表现出来，才会具有幽默效果。这种喜剧化的能力，需要长期的，有意识的认真培养。

世界著名幽默大师卓别林，为了培养他的幽默动作，他长期在纽约街头对人们进行观察，在他出演的无声影片"摩登世界"中，演出一个已经成为机器奴隶的工人，由于长期在传送带的规范下，只做简单而快速地用扳手上螺丝帽的动作，一天在街上，他看见一个穿花衣服的女士，看见她胸前衣服上的花，他上去就用扳手去扳，引起观众的哄然大笑。虽然没有声音，却抓住了幽默的要领，把"扳螺丝帽"这样一个普遍现象，用敏锐的喜剧化动作处理出来。侯宝林大师在他的"夜行记"相声中，就用了一句普遍现象的喜剧化处理手法。当他的搭档问他，你骑的自行车还好吧？侯回答，"很好！周身都响，就是铃铛不响"。引起全场大笑。你想，这个自行车该响的地方不响，不该响的地方全响，这还算自行车吗？

所以幽默的含义，人们还是有倾向性的共同认识，幽默具有下述四大特征：

（1）幽默是一种睿智的表现，是机敏的反应；

（2）幽默是一种高雅的情趣，有益的欢欣；

（3）幽默是一种轻松、自信、豁达的表现，是一种良好的调适和休息；

（4）幽默能产生喜剧效果，能使人热爱生活，健康长寿。

2. 幽默的培养与形成

幽默不是天生的，来源于长期培养和积累，天下无难事，只怕有心人。要想在人际沟通中使你的语言具有幽默感，首先是博学，广泛的向他人学习，而且在人际交往中应特别注意多听少说，如果你能让别人愿意对你讲，对你推心置腹，无论多么复杂的东西，都有办法去学会；其次，要从树立自信心开始，人当然会遇到这样或那样不顺心的事，怎样对待困难，甚至对待失败，这历来是强者与弱者的分水岭，强者认为失败是成功之母，磨难是人生最可贵的财富，而弱者会失去自信心，失去快乐，甚至喋喋不休像"祥林嫂"。自信心是产生快乐心情的基石，有了快乐心情才会出现敏锐的跳跃思维，才会产生幽默的情趣。下面探讨怎样培养幽默感：

（1）善于说笑话。笑话资料可以从书本上来，也可通过从人际交谈中的点滴积累而来。所谓善于，包括口齿清楚、用词简明，笑话内容与交往环境相适合。说笑话是语言中较难的技巧，讲的过程中自己不要笑，更不要笑在听众前面，如自己就笑得无法讲下去，使你的听众不知所云，这哪里还会产生幽默感呢？

（2）谐音幽默法。这是人际交谈中，利用谐音完全改变原有意思的一类幽默法。如问："你真烦人！"

回答："我生来就是凡人，做不了伟人，有什么办法呢？"

又如：某数学老师上课，为了活跃课堂气氛，举了这样一个例子，"数值通过近似再近似的加工，就和我一样成了高度近似（视）"。

（3）无理"而妙"幽默法。这是"顾左右而言他"的方式，这种方法是不正面回答的幽默手段，这常运用在正式谈判、采访、交往和很难正面回答时的幽默手段，这属于谈判中的高级语言技巧。前面所述周恩来总理回答泰国总理克立的问话就是这种幽默方法。

（4）可自嘲，而别伤害他人。一个最有学问的人，也必然还有很多不知道的地方，没有人可以是百科全书。所以，坦白地承认你对某些事情的无知，绝不是耻辱。相反会使人对你产生好感，如果你能把自己的不足，略为扩大成自嘲，会使你的说话产生别人愿意听的幽默感。有这样一个故事：某慈善协会，让骨干会员都去募捐，结果都未完成预期目标，在总结会上，有人就引用了"十扣柴扉九不开"来说明困难。其中有一个会幽默的骨干，就这样说："我"不如大家，募得比某某都少，其实我也知道"十扣柴扉九不开"这句古诗，由于我智商比大家低，就没有认识到这句古诗在鼓励我们努力，明明告诉我要扣十扇门才开一扇，要想十扇门开，就去扣一百扇门。这种自嘲不仅使大家心情愉快起来，也让大家得到了共同的鼓舞。在与人交往中，自嘲，自责，只要用得恰当，都会得到人们的认同。但千万别讽刺性的指责别人，这样只会增加敌对情绪，不会产生任何沟通效果。

我们生活在21世纪，这是一个信息爆炸的时代，竞争激烈的时期。当你一踏上社会，就会遇到一连串有关"人"的问题，人际关系是那样复杂而艰难，在这紧张、奋斗的人生旅途中，怎能没有幽默。寻找和创造幽默是成功人士必需的技能之一。

案例十一

谈判中"借"的妙用

"借"伴随着每个人的一生。无论你是否已经成功，你都会与"借"结下不解之缘。大胆借鉴，勇于创新，走自己的独特之路，这恐怕是成功者的必经途径。从大的方面讲，可借天时、借地利、借人和以成大业；从小的方面讲，可借一技之长而谋生。这里讲的借不是狭义地借钱、借物的借贷关系（当然这也算是借）。

从广义讲，"借"是一个国家、一个部门、一个企业、一个人，或一门学科发展永远离不开的重要之路。借不仅是手段，也是水平，而且还是处理重要事件的艺术。

回顾历史，凡成功者、智者、英明者，谁又不是在"借"上做文章而取得了巨大成效？秦始皇借"远交近攻"而统一了全国。唐太宗李世民借镜子、借他人、借历史不断地修正自己的行为，自省而知兴替，使自己成为一代明君，从而出现"贞观之治"的盛世。诸葛亮一出茅庐就借火攻而大败曹兵，借曹操幼子曹子建所作《铜雀台赋》中"揽二乔于东南兮，乐朝夕之与共"，故作不知小乔乃周瑜之妻而激怒周瑜与曹决战；接着又"草船借箭"、"借东风"助周瑜共同赢得了历史上著名的以少胜多的赤壁之战；以后诸葛亮借荆州等一系列"借"，把刘备由弱君变为三足鼎立的一方霸主。"勤求苦询，群采众方"，这是东汉末年著名内科医生张仲景在实际中体会，应广泛借别人经验以提高医术的道理。

从科学发展角度看，我国《孙子兵法》中就极多地运用了"借"。在"兵法三十六计"中，除了第三计"借刀杀人"和第十四计"借尸还魂"直接用了借字外，仔细分析，三十六计很多都含有借用的深意在其中。20世纪"四大发明"——"三论一机"中的控制论，其创始人维纳是数学家。控制论的核心是研究不同学科之间的内在联系，其主要研究方法就是类比与模拟。类比就是指各种学科都可互相借用其研究成果；模拟就是仿真，或者说通过实验让客观现象重新再现。这是借用实验去反复验证研究成果的做法。"借"也成了现代科学研究的重要手段。

其他还有很多关于"借"的说法，如"借水行舟"、"借花献佛"，"借万物以御天下"。"借"不仅是一种手段，也是一种行为艺术，更是我们生存与应对事物的重要策略。英国著名作家约翰·德来顿说，"世界上没有什么事物是不可利用的"，突出了"借"。"借"是人生的必需，这是由于人作为"社会关系总和"的根本属性所决定的。"借"更是一种创意，一旦这种创意转化为行动，就会产生巨大的推动力。"借"是生存竞争的首要法则，可以打破成功路上的重重壁垒。人能借助外物，这正是人的伟大之处之所在。

从具体事物看，借是一种智慧，从很多新兴发展起来的企业看，除了自身的勤奋、优势等，很重要的一个因素，就是借政策。荀子曾这样说："君子生非异也，善修于物也。"明确指出，一个人不擅长的或不能靠个人做到的，可以借外在之物办到。

上述是从整体角度谈"借"。下面仅从谈判角度，去分析怎样运用"借"的策略：

1. 巧用"文件"

泛讲文件，是指用文学、图表或特定符号，去表述过去、现时或未来某种事件的资料。文件的多与少与准备的充分程度密切相关，这是一般的常理认识，对人们心理有着影响力。下面以具体事例来加以讨论：

某金融公司举行董事会，12 名董事围坐在会议桌前激烈地讨论着。有 11 名董事面前只摆着纸和笔，而另外一位，除了纸和笔外还堆满了一叠文件资料，厚达数十公分。该次董事会的中心议题为"有关公司经营方针的变更"。各董事均踊跃发言，各抒己见，一时间，争论四起，难以得出结论。在这种纷争中，那位携带大批文件资料的董事，却一直沉默，而每一位起来发言的董事，都会不约而同地以充满敬畏的眼光，向那堆文件行注目礼。待在座的董事都发言以后，主持会议的主席请那名似乎是有备而来的董事讲几句。这位董事站起来，随手拿起最上面的一份资料简要地说了几句话，便又坐了下去。接着，经过一番简短的讨论，11 名董事均认为那位最后发言者"言之有理"，并一致同意他的意见，纷乱而冗长的争论才告结束。散会之后，主席忙过来与这位"一锤定音"的董事握手，感谢他所提出的宝贵意见，同时也对其为会议搜集资料所下的工夫表示敬意。这位董事很惊讶地说："什么？这些文件资料和今天开的会根本是两回事嘛！这些东西是秘书整理出来的，先交给我看看，如果没有保存的必要，就要烧毁了。而我正打算开完会便外出度假，所以顺便带到了会场。至于我发表意见时手上拿的字条，不过是刚刚边听各位发言边随手记下的摘要。老实说，对这一次会议，我事前根本就没做什么准备。"

如果在正式谈判中，要运用"文件策略"，你所携带的各种文件，一定要与谈判"标的"有关。前面的事例是开会，是一种巧合，不能照搬运用到正式的各类谈判中。想"混"的话，一旦被发现，谈判信用将破产，一旦谈判信用失去，将很难挽回，也无法弥补。维护信用是现代谈判的原则，诚信为本！

在正式谈判中运用文件策略的效果，很多时候产生在谈判开始阶段，其目的是告诉对方事前我们准备得有多么周到，对这次谈判的了解是何等深入。如果谈判进行至某一阶段后，才突然搬出大批文件，这不但达不到预期目的，反而会引起对方怀疑其企图。在谈判结束前，要撤走文件，也应向对方真诚说明，避免引起不必要的疑虑。

2. "借"用谈判规则

一位英国商人很不幸地欠了一位放高利贷者一大笔钱，无法还清。这意味着他不仅要破产，还要被关进监狱。然而，高利贷者提供了另一解决方法，如果商人愿意把他年轻漂亮的女儿嫁给他，债务就一笔勾销。高利贷者又老又丑，而且声名狼藉。商人及其女儿听了都很吃惊。不过高利贷者是个非常狡猾的人，他建议让命运来做决定，他提出：在一个空袋子里放入一白一黑两个鹅卵石，由商人女儿伸手入袋去取一颗，如取的是黑色鹅卵石，就必须嫁给他，债务也算偿清了。如果不愿意，她的父亲就必须被关进监狱。商人和他的女儿，不得已只好同意。高利贷者弯下身取出两颗鹅卵石放入空袋，商人女儿观察到狡猾的老头放了两个黑鹅卵石，因此，无论姑娘怎么选都是选中黑色鹅卵石，似乎自己的命运已经被判定了。但商人的女儿非常聪明，她装得极天真烂漫，伸手入袋子，装出十分笨拙地摸石子，一不小心将摸出的鹅卵石掉到了路上并与其他鹅卵石混在了一起，无法辨别。"哦！糟糕！"女孩惊呼说道，"我怎么这么不小心？不过没有关系，先生，我们只需要看看您袋子里留下的鹅卵石是什么颜色，便可知道我选的鹅卵石是什么颜色了。"结果她巧用谈判规则，战胜了狡猾的高利贷者。

在谈判中适当休息，这是常情，也是谈判中不成文的一项规则。"休息"又往往被应用为谈判的"缓兵之计"。在国际上某些重大的政治军事谈判，由于冲突太大，分歧太大，往往是谈谈停停，形成马拉松式的谈判，其休会可以很长。在一般商务谈判中，休息 5 ~ 10 分钟，让双方走出大厅，回顾一下谈判的进展情况，让头脑清醒一下再重新洽谈，这对谈判参与方都是十分有益的。在谈判出现僵局时，休息一下，可以起到缓冲作用，让双方都能冷静地进行思考。但在谈判中安排休息时，应把握好下述四点：

（1）应说明休息的必要性。比如说：我想，现在休息一下，可能会有利于下一步的谈判。

（2）应简单总结一下前面的进展情况，并提出新的建议。如：我们已经谋求出可以解决价格与折扣问题的方法，我建议现在大家想想是否还有别的解决途径……

（3）确定休息时间。比如提出："休息 15 分钟够不够？"

（4）避免提出新议题。如果某方提出新的议题来讨论，要求他在休息后再说。在需要休息的时候，不要让双方产生讨论新议题的机会。

总之，在谈判中休息是一种有很大潜力的策略，恰当地运用这一技巧，可以帮助我们达到满足共同需求的目的。

3．借用他人的经验

谈判是人际沟通的重要形式，但又不同于一般的人际沟通。其谈判结果、协议中任何条款一经确定后就具有参与方必须遵循的法律效应。因此，无论国内或国际的谈判，一般都是派出自己的精英，这些人都具有谈判的实践经验和专门知识。因此学习、借鉴他人的经验，灵活运用，已成为我们不断提高谈判能力和水平的另一重要途径。在国际商务谈判中，仅一项发盘问题，在实践中就各不相同，其策略也各异，但人们总结出有两种比较典型的报价战术：

西欧式报价。其模式是，首先提出有较大余地的价格。这与前文所述的高价发盘策略类似。在谈判中根据买卖双方的实力对比和该笔交易的外部竞争状况，通过给予各种优惠，如数量折扣、价格折扣、佣金和支付条件上的优惠（延长支付期限，提供优惠信贷等），来逐步达到成交目的，这种报价策略只要稳住买方，往往会有较好效果。

日本式报价。其做法是将最低价列在价格表上，以求首先引起买方的兴趣。你应该注意这种低价是以对卖方最有利的结算条件为前提，按这种低价格达成交易，各个具体内容会很难全部满足买方的需要，如买方要求改变有关条件，那么卖方就会相应提高价格，因此，最后成交价格，往往高于原表上列的价格。这种报价方式，在面临众多竞争对手时，是一种较有效的策略，此时可以将买主吸引过来，取得竞争优势。当其他卖主纷纷走掉时，原有的买方市场优势已不复存在，成了一对一时，此时可以坐下来慢慢谈判，一点一点地把价格提上去。这种发盘方式，虽有利于竞争，但从买方心理讲，很难习惯由低到高，相反，甚至会产生上当受骗的逆反心理，从而失去回头客。

经验就是对原事物的总结，只能借鉴。我国明代医学大师李时珍，走遍了祖国大小山川，历时27年，采集了各种医药古方、验方，写出《本草纲目》，开宗立义就指出：辨证施治、因人施治。这是灵活运用的典型。美国谈判专家约翰·科勒所著的《经济谈判的诀窍》中，从多人谈判经验中归纳总结出了经济谈判的十大原则：

（1）如果不是迫不得已，就不要讨价还价；

（2）充分准备；

（3）后发制人；

（4）运用你的实力时，首先要以礼相待，保全对方面子，且不要以"大权在握"的口吻谈话；

（5）要让你的对手们相互竞争；

（6）给自己留有余地；

（7）言而有信；

（8）多听，少讲；

（9）随时关注对方的期望和动向；

（10）让对方习惯于你的狮子大张口。

案例十二

把杠杆原理运用到商务活动之中

"杠杆原理"是力学中最基本的原理之一。可以简单表述为，杠杆要平衡，其力矩之和等于零。力矩是指力与距离（指力的作用点到支点的距离）的乘积。进一步分析，力是向量，有大小、方向、作用点三要素。用一个较小的力，只要选择好作用点就可以与较大的力相平衡。将此概念借用、类比应用于经济领域，已经非常普遍。其效果与运用者的水平、能力密切相关。

在经济领域中的所谓"杠杆作用"或"杠杆策略"，其核心思维就是"以小搏大"。这种以小搏大当然具有投机性。投机,就是投其时机,抓住机会,只要符合法律和相关规定,投机就应视为是正当行为,而且还是经营者的水平和能力的体现。日本商界有一句格言:抓住时机就是成功的一半。因此,投机从广泛的概念讲,也可以看成是杠杆作用。现代期货市场、股票、证券市场都广泛地运用着这种原理。

从亚里士多德·欧纳西斯运用借贷融资购得第一艘货船,到纽约有名房地产大亨威廉·柴肯道夫,都是利用财务杠杆作用,由无数的抵押贷款,使自己成为亿万富翁的。这种以小搏大的财务杠杆策略,如果预测得准,判断正确,利润就会随着行为的重复不断加大,而会变得更多。但也应注意,收益多少与风险成正比关系。

在商务谈判与商品推销中,同样可以运用杠杆策略,同样可以投其时机,只要运用恰当,也会产生好的效果。震惊世界的现代著名推销大师,葛林·特纳先生。他最初是一名挨户推销缝纫机的销售员,从推销来说他有一个非常不利的因素,他有严重的生理缺陷——很明显的兔唇。但很快,他在实践中把不利因素转化为有利因素,他对顾客说:"我注意到你在看我的兔唇,女士。这只是我今早特别装上的东西,目的是让你这样漂亮的女士会注意我。"这里当然有投机的因素在其中:第一,这个兔唇不可能是早上才装上的东西;第二,这位女士是否漂亮已无关紧要,目的是让对方心情舒畅而购买自己推销的商品。由于他善于在推销中运用杠杆策略,很快他成为了非常成功的推销员。其推销的商品不断改变,其方法却不变——兔唇和任何产品。这种推销术,使特纳很快建立了自己的大事业,成立了"敢于成为大人物"的组织,运用他的技巧教导其他的人要相信自己。

运用杠杆作用,很重要的是把自己的努力化作有效行动,不要把努力浪费在无效的行动上。例如:在谋职谈判中,开始浪费过多精力,履历表记载了太多与谋职不吻合、不相关的资料。因此,不要害怕成为自己资料的主编者,精确选择有用的资料,去除无用资料。但千万记住,任何谈判过程都是围绕一定"标的"的沟通过程,不相干的资料越多,误导性就越大,只会混淆主题,毫无益处。例如:一位从事多年教学工作的教师,想改行从商。他本来是一位足智多谋、有效率的教师,在数学研究领域特别有成就。应该说在很多公司都应有他的一席之地,他在介绍中侧重介绍了他的教学成绩,在数学领域中所取得的成果。可是由于人们的偏见,多数公司会问:"你这些对公司有什么用呢?"结果他一直都没有被录用。后来他悟出了这其中的道理,他重新把履历表上篇幅的 90% 用于论述他担任校长助理这一职务时所做的领导工作,详细说明他和学校的学生团体、雇员及供应商的交往,让看履历表的人自己下结论。结果一月后他获得了工作,并得到新的发展。

运用杠杆策略,在商务谈判中,当然是一项强有力的技巧。但必须小心使用，当取得成功时，一定要缓和对抗情绪，尽力体谅对方，在友好和谐的气氛中去达成协议。例如：你知道某房主由于急需用钱必须卖掉房子，这时优势在你这一方，但你必须善于应用，而不是滥用。千万不要低估、羞辱你的对手，务必要态度优雅，充满善意和诚意。假如，在谈判购买旧房子时，你利用优势，盛气凌人地说："让我们面对事实吧！这旧房子都要倒塌了，要修好它可要花不少的维修费，我已经出价了，接不接受随你！"由于你处的优势，纵使达成交易，也会遗留下很多棘手的问题。如果你换一种方式说："这栋老房子实在好，我真希望能多付一些钱，因为它的价值实在不止于此。可是我们全面衡量和预算，只能出这个价了，不能再多付。"这样，就与对方站在同一个立场，使你的对手能得到很大的心理安慰，从而可使以后减少不少麻烦。

在商务谈判中，可以广泛地运用杠杆策略，利用自身的优势去取得较大利益。在现代第三产业越来越发达的今天，可以说在商场中每一件事都可以谈判。但现代精明而能干的商人都清醒地意识到，逼人太甚，可能激起对方反击，凡事不能做得太过分。纵然是绝望的卖方，也可能拒绝出售，中止谈判。在商务谈判中，如果遇到咆哮、谩骂，具有攻击性的对手时，最简单的方法就是运用"柔道策略"：所谓柔道策略，是谈判的一种技巧，也可以看成是杠杆作用的运用。其含义就是面对强大的对手，想要达到自己的目的，不要与他硬碰硬。要像老练的斗牛士，诱使牛向你的方向冲来，在即将撞击时，巧妙闪开，化解其冲刺的速度，而不断消耗牛的体力。对谈判对手充满攻击性的谈话，最不明智的做法，是选择与他们以牙还牙的策略，其结果除了获得不愉快外，不会产生任何有益的结果。这时，就需要运用柔道策略，心平气和地告诉总想与你决一雌雄的对手："某某先生（或尊敬的某某先生），我向你保证，我来这里是做生意的，不是来跟你决一雌雄的。我想我有些重要事情要做，我也知道你有不爱浪费时间的习惯，我们为什么不先达成协议，然后，如果愿意的话，再决一胜负不迟。"由于你的宽容，会使对方消除敌意。"柔道"在人际交往中可以说是一种涵养，一种美德，绝不会因此而失去自我，久而久之，会赢得更多的尊敬。

案例十三

谈判活动中的弹性策略

"弹性"是力学概念，"弹性原理"是指应力与应变成正比关系。借用到经济领域和人际关系中，就有更广的含义，一般可认为，"弹性"是指对环境的适应性和应对的灵活性。通俗地说，"弹性"是指遇事多几手，留有余地，不是硬来、硬碰，一条道走到底的刚性办法。商务交往、人际沟通以及正式的商务谈判都是群体性的，你必须考察对手和与你沟通者的立场、利益和想法，让你的应对策略保持充分的弹性，与对手保持互相敬重的关系，你才能有最大的可能去获得自己想要的利益。

在谈判中运用的"弹性策略"，根据钓鱼的原理也把它称为"推—推—拉"战术。老练的渔夫在鱼儿上钩之后，让鱼儿拉着钩先逃一下，有点缓冲时间，再加点压力，待鱼儿筋疲力尽时再把它拉上来。这就是说在谈判中不是只用一种方法或策略，是根据具体对手、环境条件、对比分析而灵活采用对策。"推—推—拉"也可改变为："拉—拉—推"。其目的，当然是围绕"标的"而展开的利益需求满足。这当然是谈判技巧，但更恰当地说，这是现代谈判理论追求参与方需求满足的结合点应遵循的原则。在谈判中，得失是相互的，彼此互为因果的，你的得，就必然是对方的失。下面以具体事例探讨如下：

房主、房客各委托律师对房屋租约条款进行谈判，对有些条款产生了争议，争议焦点是条款中要房客必须缴纳税款和水电费。房客律师支持房客的要求，房东必须安装一座更具效力的新锅炉，并在建筑物重要部分加设绝缘体。房客律师清楚指出：现在是买方市场。如果房东不做让步的话，我的委托人只好退出交易。房东律师知道这是真话，此时市场不利于房主，所以他劝房东最好做必要的重点让步。但房东觉得这房子 12 个月都没能租出去，故不愿意把资金投在这差劲的建筑物上。在出现了僵局的情况下，房客律师在与委托人商议后，采取了弹性谈判策略：我的委托人肯定地表示，必须安装新锅炉和绝缘体。然而我们可以考虑先支付改善项目的款项，但必须按月由房租中扣除，直到所改善支付的款项全部收回。此建议打破了僵局，使交易随即达成。这种先强硬，然后缓和并留下有商议的余地，这种策略在现代商务谈判中，是较适用的一种对策。

在商品推销谈判、沟通中，使自己去除刚性，增加弹性，不仅是一种技能，也是一种修养。某印刷机制造公司的最佳销售员——爱德·詹姆斯，他的弹性主要表现在与顾客谈顾客最重要的需求，而不是只谈产品，更不是一味只说产品推销与自己的关系。他更多的是谈你不订购这种产品你会失去什么和你订货的疑虑。如一次去推销印刷机，顾客说：要用这较昂贵的机器，必须在他生意增加时才能办到。爱德就用事先准备好的图表、统计数据及有关论文，证明他推销的机器的品质和可靠性，然后说："正因为新机器的特点和便利，它能够有利于做生意。"接着缓冲地为对方着想的说：这些机器必须早四个月订货。除非你现在订货，不然你在最旺季时就收不到机器。现在订货，如果你改变主意，我保证会归还你的预付款。即使机器已经运给你了，你也可以送回，不花你一分钱，如果你决定要的话，那么，在你最需要时，它便能发挥最大功效。这种消除疑虑，为顾客作想，使顾客免后顾之忧的弹性，对许多顾客来说是很难抗拒的。

"弹性"在商务活动、谈判、人际沟通中都被广泛地应用。在现代管理的七大原理中，也有一个弹性原理。现代谈判理论的创始人尼尔伦伯格在《谈判的艺术》一书中指出：无论何种谈判，其驱动力都是各自的需求，谈判行为的产生，目的在于追求各方需求的结合点，虽然各参与方的实力、条件都会有差异，甚至差异还会很大，优势方都不宜采取刚性的手段。一个人的魅力也与会不会巧妙运用"弹性"有关，在人际沟通语言、行为等各方面保持充分的"弹性"会使你获得良好的人际关系。如果有人要问你对他有什么看法，你既不愿拍马屁，又不愿得罪对方，那只好采用下述"弹性"语言来回答：

"你是个非常需要别人好评的人，你希望有人喜欢你、欣赏你，但你对自己的种种情况还不尽满意。你蕴藏着巨大的能量，但远不曾把这些能量完全释放出来。尽管你平时遵纪守法，但有时免不了还有抵触情绪。你也常有烦恼，会产生动摇犹豫，可关键时还是很有主见。你有时和蔼可亲、平易近人，能与人侃侃而谈，有时却显得内向腼腆，小心谨慎，克制自己的言行举止。你有好些美好的理想，可其中缺乏现实性的也不少。"

上述的说法，几乎可以适用于任何人的性格描述，闪烁、模棱两可，略有辩证色彩的归纳性描述，不仅没让人不可信，反而平添了几分公正的色彩，令人折服。当然仔细想来，似乎有一点油滑，但其语言弹性却是可以借鉴的。"弹性"也可理解为因人、因事、因环境不同，而采取的灵活多变而有退路的策略。其做法正如我国古代《孙子兵法》指出的："兵无常势，水无常形。"就是说不能生搬硬套，拘泥于一定陈规。

案例十四

谈判、人际沟通中的心理暗示策略

从调查看，很多谈判，特别是涉及多种因素的复杂谈判，都是在谈判限期快到时才达成协议。为什么呢？实际上这是一种较普遍的心理现象。在心理学研究中，在很多情况下都会出现自我心理暗示，有时是良好暗示，有时是不良暗示。现在人们都知道：心理学的"心"，并不是指心脏，而是指人的大脑活动，"理"是指客观规律，故心理学是研究人们大脑活动，或说思维活动规律的学科，其成果极广泛地应用在其他领域。心理暗示是可直接影响人们情绪的行为，心理暗示又直接受一定环境因素的影响，现在医学界广泛开展的心理门诊，就是通过医生的帮助，让心理不健康者清除不良暗示而产生的心理负担，转化为良好情绪，从而充满信心地快乐生活。譬如死亡，人人都知道每个人迟早都是要经历的，"万里长城今犹在，何处去寻秦始皇"。平常一般人都认为那是"遥遥无期"的事，心理不会有什么压力存在，如果医生突然宣布，其人得了绝症，只有一个月好活了，这种不良暗示，会使这个人在精神上被打垮而绝望。

将上述所谈的心理现象，借鉴运用到现代谈判中，采取限期结束策略，可使谈判各方在限期愈接近时，焦虑与不安情绪会逐步增大，至终止那一天，会达到顶峰，这是运用这种策略的最佳时期。美国总统卡特在戴维营与埃及前总统沙达特和以色列前首相比金举行首脑会议，会议的主要目的是想解决以埃之间多年对立悬而未决的问题。由于这是多年遗留下来的棘手问题，十分复杂。因此，谈判从一开始便进行得非常缓慢，不时中断，没有人有把握能谈出什么结果。可是，主持者采用了限期对策，限期定在下个礼拜天结束谈判，果然，随着期限一天天接近，总算有一些问题获得了解决。就在限期的前一两天，谈判气氛突然变得特别顺利，不少问题迎刃而解。以埃双方终于达成了最后协议。"限期策略"对如此重大的谈判产生了惊人的效果。当然这次谈判成功，也是现代谈判学需求理论的一个有力证明，限期使谈判方在心理上产生紧迫暗示，按需求分解法，各自满足什么需求将原复杂的问题简化，这一点在本书前面所述的谈判理论方面已有较详细的论述。

这种限期心理暗示法，在其他谈判与沟通中也是可以借用的，如：美国一名西部牛仔，闯入一家酒店喝酒，几杯下肚，就开始乱来，把酒店搞得一塌糊涂。这还不算，后来居然掏出手枪向天花板乱射，甚至对酒店其他客人鸣枪。就在大伙毫无办法之时，酒店老板，一个瘦小而温和的人，突然一步步走到那牛仔身边，命令他说："我给你五分钟，限你在五分钟之内离开此地。"结果出乎意料的是，这牛仔真的乖乖收起手抢，握着酒瓶，踏着醉步离开了酒店。大家在惊魂未定中问老板："那名流氓如果不肯走，你该怎么办？"老板回答："很简单，再延长限期，多给他一点时间不就好了。"这个老板有意或无意用了心理暗示的限期策略，而取得了极佳效果。这值得我们借鉴分析现代谈判。要想运用好这种心理暗示的限期策略，必须注意下述两个方面：

第一，"设限"者要充分分析自己以往的行为印象，是否"言必行，行必果"，是否有随意延长期限的"前科"。如果你是一个很随便的人，你的所谓"设限"，对谈判对手就发挥不了什么作用，即使限期已到，也不会有人感觉不安与焦虑，这种心理暗示等于没有暗示。因此，在任何时期、地点、事件中运用心理暗示策略是有条件的，不是随便乱用都会产生效果。

第二，在进行谈判过程中，不要无意中给自己设下限期，而被谈判对手利用。如：

"我必须在两小时内赶到机场"；

"下午我要去参加一个重要会议"；

"再过两天我们主谈就必须回国"；

......

这些，你都给对手留下了机会，老练的对手会慢慢等，拖到你的紧张不安愈来愈严重时，对方才慢条斯理地提出种种要求，让你勉为其难地同意他的提议，使对手获得更多的效益。这种错误，是绝对不会发生在谈判高手身上的。

在现代大中型商务谈判中，采用限期谈判事例很多，特别是处于优势方，总想采用这种策略去取得较大效益。在谈判时，不论哪一方提出，都不可轻易更改。所以，无论如何，你都必须倾注全力，在限期内完成所有准备工作，以免受到限期的压力。如果对方提出的事项不合理，你可抗议，延长限期。如果提出方认为是合理的，你唯一能做的，就是加倍努力搜集资料，拟定策略，如果你一味地因对方的"不讲理"而生气，以致浪费了有限的时间，就落入了对方圈套，最聪明的做法是在有限的时间内，冷静地拟定应付措施，仔细地检查对策，以免把自己变成限期下的牺牲品。

在有利条件下采用限期策略，这是心理暗示对方如果谈判破裂，你们的损失最大。该策略当然也可扩大到其他方面，如限定谈判范围等方面，无论条件多么有利，在采用这一策略时，都宜采取态度委婉、真诚、征询式的语言表达方式。这当然是谈判的语言技巧，但在现实谈判中，技巧与策略是相辅相成的，技巧是为了更好地表达对策，策略恰恰需要适当的技巧去表现它。在心理暗示谈判中从世界角度看，日本人在国际商务谈判中表现最为出色，他们借用了中国很多古典文化的精华，其韧性、柔性、多方面都值得我们学习和借鉴。

案例十五

谈判中的刚柔并用策略

刚与柔是心理学用来描述人的性格特征的用语。它们是借用自然科学的用词。谈判与推销作为现代商务的重要行为，总是离不开与人打交道。要想把握和深化这门学科的知识，必须以现代心理学、行为学和人际关系学方面的知识为基础。

"千人千面，人如其面"，这是心理学表述人的性格各异的用语，说明性格因人而异，很难完全相同，但却可归属为几大类型：其中刚性是一类，柔性又是一类。虽然其间还有其他类别，但刚性和柔性是两个极端。刚性常表现出果断，好斗，不退让等；而柔性常表现为温和、少言、遇事冷静，但往往也因过多地疑惑而使处事不够干脆。

在谈判中运用刚柔并用策略，这是指在大中型谈判中谈判人员性格巧妙搭配的对策，如果运用恰当，会产生极好的效果。例如：传奇人物、亿万富翁休斯想购买大批飞机。他计划购买34架飞机，而其中的11架更是非买到手不可。谈判之初，休斯亲自出马与飞机制造厂商洽谈，却怎么也谈不拢，最后这位大富翁勃然大怒，拂袖而去。但休斯不死心，找了一位代理人，帮他出面继续谈判。休斯告诉代理人，只要能买到他最中意的那11架，他便满意。而谈判结果是，代理人只是在谈判中改变了休斯那种骄横的刚性语气，并未降低任何条件，代理人居然把34架飞机全部买到手了。休斯十分佩服代理人的本事，便问他是怎么做到的。代理人回答说："很简单，每次谈判陷入僵局，我便问他们：你们到底是希望和我谈呢？还是希望再请休斯本人出面来谈？经我这么一问，对方只好说：算了，算了，一切就照你的意思办吧！"这次谈判似乎并非特意安排的性格配合，休斯由于自己的优越感，形成了刚性性格，而代理人就不同了，多数情况下是律师职业，由于职业的培养，使其性格更多地具有弹性或柔性，这一次恰好出现了自然的性格配合。

如果在谈判前，有意策划这种性格配合，在一定条件下，不失为一种有效方法。刚性者就是尽量表现出硬碰硬，"不好惹"的形象，让对方产生碰到这种谈判对手"真是倒了八辈子霉"的反应。柔性者则应扮演温和、善解人意的"和平天使"角色，让对方产生"总算可以松一口气了"的感觉，在谈判中两者交替出现，直到谈判达到目的为止。这种方法，或说战术只能在对方极欲想谈判成功的场合中。如果是那种"可谈可不谈"的场合，如在推销谈判中，采用这种策略就不适合了。

在国际商务谈判中，也出现这种策略。

某公司（买方）与另一国家的公司（卖方）进行某种产品生产线购销谈判，当讨论到合同验收条款时，双方分歧很大，尤其对生产线验收不合格的处理分歧更大。买方在谈判中就采用刚柔并用的战术：

卖方提出："责任很难划分，要我方承担费用没道理。如果没完没了地调试，我方费用怎么控制？这纯系无理要求。"

买方刚性者，用果断、强硬口气说："生产工艺验收不合格，责任可以分清，说分不清是推卸责任。我方引进技术就是要提高工艺水平，如果合格率达不到合同要求，技术先进体现在哪里？您的话貌似有理，实际上仍是不想负责任。目前上生产线的人员均由贵方培训，材料也是贵方提供，工艺环境是按贵方技术资料建立的，动力系统贵方可以检查，怎么就不应负责呢？"

结果双方争论不休，谈判陷入僵局。这时买方主谈采用柔性与步步逼近的技巧提问：

"请不要着急，经过讨论，双方对影响验收合格率的因素是一致的，即人员、材料、工艺环境、动力。对吗？"

当买卖双方谈判代表均表示同意时，主谈又继续说下去：

"分歧是如何划清这些因素上的保证责任，并写进合同中，是不是？"

大家也表示赞同。

接着买方主谈提出："我建议现在讨论，双方有什么措施可以保证在前面有争议的问题上，划清责任。"在这种建议下，双方对人员问题、材料问题、工艺环境问题、动力问题，逐一讨论责任划分的原则。

最后买方主谈说："我祝贺就技术性保证得出了结论，对我们商量最后的验收结果处理提供了条件，我个人认为，本着公正原则应很快结束该问题的谈判，不知贵方意下如何？"

结果谈判顺利进行而取得成功。从这种大型商务谈判中，往往有些议题带有自然因素的理由，而在一方硬撑着不同意时，据理方往往容易愤怒，怎样采用刚柔配合，其分寸掌握均有待在实践中总结和提高。

这种刚柔并用战术，在谈判中有时常被人称为"黑脸"、"白脸"战术；或"白脸"、"红脸"战术。脸谱本身就是我国戏剧艺术的一个重要方面，其中寓意深刻，不同的脸谱表现人的千差万别的性格，同样黑脸由于画得不同，其差异也很大：包公是黑脸，张飞也是黑脸，但其画法却各有特点。把性格脸谱化，那是戏剧艺术性的表现手法。在实际的人际关系中，在商务活动中所接触的人，其性格就可谓千奇百怪，复杂得多，在谈判和人际交往中，一定要注意把握好分寸。

案例十六

现代谈判的心理战术

两个警察审讯一个犯人，都想获得更多的线索。一个警察采用殴打、恐吓犯人，对他没有丝毫同情，结果没有撬开犯人的嘴。而另一个警察一进来便给犯人端了一杯咖啡，并递给他香烟，询问犯人年迈的父母和可爱的孩子是否过得好，并宣称他在很多方面都是站在犯人这一方的，并保证犯人不会再受到虐待。经过这种情感沟通，犯人被其善意打动，主动交代了罪行。

消除敌意，进行沟通，是现代谈判、推销中的一项重要技能。如某电脑公司的著名推销员泰德·夫曼，一次去一家大药厂做一年一度的造访。当他一走进这家公司，所面对的却是充满敌意的部门经理。泰德没有采取以牙还牙的敌对方式，他耐心地让经理发泄一番之后，他打开资料夹，调出电脑订单的客户资料说："先生，记录中没有一件顾客抱怨事件，我不知道到底是怎么一回事，麻烦您告诉我好吗？"部门经理说：新购的你们生产的机器，照理说是应该增加记账效率50％才对，可是结果并非如此。这些昂贵的新机器实际上比起原来老式的人工处理方式还要缺乏效率，且比旧机器还不耐用，至少旧机器不需要维修员频繁造访。泰德听完后，要求看一下他们使用电脑的操作情况，看后发现操作员所受技术培训不够。泰德在制药厂待了三天，重新训练电脑人员。这种把敌意转化为沟通，再热情协助，效果极佳，不仅消除了敌意，还使该药厂多购了两台机器和语言处理系统软件，更赢得了用户的好感。

动之以情，寓理于情，使大家越走越近，最终达成共识。这是现代谈判人员希望看到的谈判过程。谈判人员应冷静、沉着，才会在运用心理战术时，应对自如。特别是国际性的政治、军事及商务谈判。有时在冲突激烈后出现僵局，长期冷场、沉默往往会给参与方带来一种强大的心理压力。如何正确应对是水平的体现。

如全世界都闻名的"板门店谈判"，我国谈判的主要代表李克农将军就有很强的心理承受力。这个历时两年多、长达747天的马拉松式的军事谈判，一开始就充满了原则分歧，谈判双方互相充满敌意。由于分歧太大，会议一直开开停停。一次谈判陷入僵局，会场一片寂静。美国谈判代表或抽着烟，或用铅笔在纸上乱画，就是不说话。联络官柴成文悄悄地站起来，离开了谈判会场，直奔我方谈判指挥部，将会场僵持状况向李克农作了汇报。李克农眼皮都没有抬，就写了一张字条给柴成文，字条上写了3个字"坐下去"。这种"静坐"僵持到132分钟时，美国代表终于开口说话了："我建议今天休会，明天上午 10 点继续开会。"李克农确实是谈判高手，他对谈判技巧的运用出神入化。当天谈判结束后，他又对第二天的谈判进行了布置。第二天谈判由朝鲜主持。首席代表南日将军宣布会议开始，双方代表落座，大家仍是一言不发，南日将军便马上宣布休会，使美国人意识到，他们遇到了谈判高人。

心理承受力，是谈判人员采用或应对心理战术的基本功。在现代商务谈判中，常会遇到谈判已达成协议，而由于场外因素，竞争者的作用或一方上级的干预等原因，要重谈或改变原协议，受困扰一方的自然反映是愤怒，至少是埋怨。有了这样的情绪是不宜于继续洽谈的，否则会因此使谈判破裂。如果你方不想出现谈判破裂的情况，这时必须冷静，如果能柔和地请对方为你方出主意，这就可能得到对方心理的同情和支持，可以化对抗为合作。谈判是冲突与合作并存，从形式上讲，谈判好像只是语言交锋过程，但从深层剖析，任何谈判都是一场心理交锋过程，在谈判中通过会内外的交往，察言观色，了解对方的性格，把握对方的心理，及时有效地调整自己的行为，去赢得对方的认可与信任，这才是合作的坚实基础。

动之以情。有人说商场是战场，但现在更认为商场是情场。寓情于理，应深刻了解这是对策，切不可以情代理，更不可以情代法。在商务谈判中，真正的内驱力是利益，利益是第一位的，其冲突是客观存在的。因为，一方利益的增加，必然是另一方利益的减少，所以现代谈判原理认为，应追求最低利益原则，寻求双方或多方利益延长线的结合点，所有策略都是为其获得利益服务的。

心理战术，是一种对人有所了解的前提下的一种对策，它不像战略，是长期的奋斗目标。因此，它具有应变性，有一定限度，把握好"适度"，才是运用这种策略的基础。应针对不同人、不同事物、不同环境进行分析与权衡，才能使心理战术产生效果。

谈判总是与各种类型的人打交道，只有在充分了解对手性格时，运用心理战术，才会事半功倍，但一个人的性格又往往不是一见面，通过几句话就能了解，"事久见人心"，说明对人的了解不是简单的事情，但人的性格又往往受着生长地区、文化背景、出生条件的影响，而使相同地区的人出现一些性格共性。

我国是历史文化古国，受儒家思想影响较深。因此中国人被认为比较讲礼，不好斗，处事谨慎、小心，遇事不轻易作决定。但实际上中国是一个多民族国家，由于地区不同、民族不同，性格个性也差异很大，必须因人而异去具体分析。下面从国际商务谈判需要，简单介绍常与我国进行商务活动的人员的共性特征：

1. 美国人

美国是中国重要的贸易伙伴之一。美国人是我国在国际商务谈判的常见对手，他们一般性格表现为：开朗、自信果断，办事干脆利落，重实际、重功利，事事处处以成败来评判每个人。在谈判中常表现出直率，直截了当，重视效率，追求实利的性格。

美国人在谈判中习惯于按合同条款逐项进行讨论，解决一项，推进一项，尽量缩短时间。他们精于讨价还价，并以智慧和谋略取胜；他们会讲得有理有据，会从国内市场到国际市场的走势讲起，甚至从最终用户的心态等各个方面劝说其谈判对手接受其价格要求。

美国人在谈判某一项目时，除探讨所谈产品的品质规格、价格、包装、数量、交货期及付款方式等条款外，他们还会围绕该项目从设计到开发、生产工艺、销售、售后服务以及为双方能更好合作等诸多事项进行洽商，从而达成一揽子交易。

同美国人谈判，要避免转弯抹角的表述方式，是与非必须讲清楚，如有疑问，要毫不客气地问清楚，否则极易引发双方利益冲突，甚至使谈判陷入僵局。

2. 日本人

日本是中国在亚洲最重要的贸易伙伴。日本人受中国传统文化影响很深，儒家思想、孔孟之道对日本人影响极大，并在其行为上处处体现出来。日本是一个岛国，资源缺乏，人口极度密集，具有民族危机感。这使日本人形成了具有很强的进取心，工作认真，事事考虑长远影响的性格。

日本人以慎重、礼貌、耐心、自信的形象活跃在国际商务谈判的舞台上。他们很讲究礼节，第一次见面或聚会，往往会送上包装极精致而价值并不大的小礼物。这不是虚伪，这是他们的一种礼仪，不希望由于他的礼品而让你有负担，更不希望你一定要回敬。这种"礼轻仁义重"的行为，深受中国传统文化的影响。

日本人在国际商务谈判中，他们总是彬彬有礼地讨价还价，注重建立和谐的人际关系，重视商品的质量。所以在同日本人打交道时，在客人抵达时到机场迎接，在谈判后与客人共进晚餐、交朋友，都是非常必要的。这些礼仪可以在一定程度上避免冲突的出现。

3. 韩国人

韩国是近年与我国贸易往来增长迅速的国家。韩国以"贸易立国"，是亚洲经济发展很快的国家之一，韩国商人在长期的贸易实践中积累了丰富的经验，而且善于学习他人之长，并为己所用，常在不利于己方的贸易谈判中占上风，被西方国家称为"谈判的强手"。在谈判前他们总是要认真而又充分地做好咨询准备工作，他们也受着东方文化的影响，在谈判中注重礼仪，创造良好的谈判气氛，并善于巧妙运用各种谈判技巧。正如韩国的围棋，学习了中国、日本的棋艺精华，而创造了韩国的独特棋风而称雄世界。在很多领域，韩国人都具有这种性格。因此，在与韩国进行商务谈判或贸易沟通时，一定要选派经验丰富的谈判高手，做好充分的准备，并能灵活应变，才能保证谈判的成功。

4. 华侨

华侨分布在世界很多国家，他们有很浓的乡土观念，崇尚中国的传统文化，非常勤奋，吃苦耐劳，重视信义，珍惜友情。由于经历和所处环境的不同，他们的谈判习惯与所处的当地人不同，也与我们中国本地人有别。他们一般都作风果断、雷厉风行、善于讨价还价，而且多数都是由老板亲自出面谈判，即使在谈判之初，由代理人或雇员出面，最后也要由老板拍板才能成交。所以与华侨进行商务谈判，首先要搞清谁是老板，深入了解他的详细情况，以真情打动他。

随着当今世界经济一体化和通讯的高速发展，各国商务交往，频繁接触，人们相互影响，取长补短，风格就向综合化发展，因此，在实际商务谈判中，更应根据临时出现的情况随机应变，恰当地去调整自己的谈判方式和灵活采用心理战术。因此，应从智慧、谋略、现性、胆识等多方面去培养，并不断扩充自己对相关知识的了解，才能成为一个合格的现代谈判者。

案例十七

现代谈判中的让步策略

"退后一步自然宽"，这是最通俗描述让步效果的话。让步不是软弱，是处理人际关系中回避紧张状态的艺术，也可以说是一种修养。我国"三教"中的核心思想都可各概括为一个字：儒家思想是"仁"；佛教思想是"空"；道教思想是"宽"。道教的宽就是指让步，指容人，指宽以待人。传说中道教单传第一代大弟子庄周，由于他不够宽容使其妻羞愧而自杀，这违背了道教的宗旨，被道教创始人李老子贬为"地仙"。

现代谈判中的让步，既是策略又是艺术。美国人是赢的哲学，把运动场上求胜的观念过于引申到商场上，这不是现代商务谈判的最好方式，有一个赢家就意味着有一位输家。应深刻理解有舍才有得，舍是成功的要素，有时应把赢定义为放弃或退出。如果坚持寸土必争，并让这种特征任意发展，你的处境就会步入危险境地。

美国一位善于调解的工会调停者，希尔多·奇尔在讨论到纽约市一家大报纸罢工的事，他对记者说："我们已经解决了绝大部分的问题，但现在一些小问题已经变成大问题了。"事情就是这样，一旦达成协议，谈判便会转移到另一主题上面。在一些特别敏感问题上先作让步，是较聪明的做法。用在敏感问题上让步而建立起来的良好氛围，在整体谈判中去获得全面成功，这是让步策略的效果。当然，让步必须是你方可以割舍、容忍的。故让步，从谈判角度讲是把握一个"度"的技巧。

让步中最具实质性的问题，是商务贸易谈判中的价格问题：涉及双方直接经济利益，在国际商务谈判中，往往是谈判的最后交锋。双方都是最高水平和最后决策者出场。下面从一具体国际商务谈判事例，分析中国某公司（卖方）向阿联酋某公司（买方）出售一批纺织品的谈判过程：

买方："我们是老朋友，你们又这么大老远地来到我公司，我从合作与友谊出发，少压卖价，再降20%即可。"

这是国际商务谈判常用的抢先高位发盘（报价）策略。

卖方："××先生，您没有说错吧。是2%，还是20%？"

买方很严肃地说："在贵方现在的报价基础上再降20%。"

卖方："坦率地讲，您的要求让我方感到惊讶。若按您的要求降价，我们连回国的路费都没有了。"

买方："这是我方的要价，贵方可以考虑。"

卖方："看在老客户的分上，我方可以再降4%。"

买方："贵方仅降4%，恐怕难以成交。"

卖方："贵方不是第一次买我方的产品，是熟人、朋友，也应该是兄弟了，您应很了解我方的成本，就忍心这么狠压我方——从远方来的朋友吗？"

买方："作为朋友，我可以做些努力，再降10%也行。"

由于还有差距，双方僵持各不让步。买方建议休会，请卖方去参观当地的纺织品街，经过参观、考察，卖主感到市场价格对己方谈判有好有坏，经商定采用折中让步策略，恢复谈判后：

买方："贵方看了我们的纺织品街后，有何感受？"

卖方："某产品比我方有竞争力，也有产品不如我方产品，还有些不可比，或者不相上下。总体讲，我方产品具有竞争力，会为贵方赢得利润。"

买方："您很自信。"

卖方："这不是自信，而是事实。"

买方："贵方的结论与方案呢？"

卖方："我们虽然已具有在贵公司的市场竞争力，但出于对贵方的尊敬，我们可以按您的要求，再降2%，希望贵方能接受。"

买方："不行，这个幅度太小了，我批发时会有困难。"

卖方："很抱歉，纺织品利润很低，可以让步的空间也小，不是我方与贵方讨价还价，实在没有能力再让了。"

买方："贵我双方已做了许多努力，目前双方仅剩8%的分歧，难道贵方愿意为此而放弃整笔交易，空手而归吗？"

卖方："我方不想放弃整笔交易，也不想空手而回，但贵方的顽固态度，让我方无路可走。"

买方："怎么可以这样说？我方可是讲道理的朋友，我们坦率地提出意见和要求，请贵方去考虑，从不逼迫贵方。怎么说我方让您无路可走呢？让步不是路吗？"说完，买方诡秘地笑了。

卖方："反方向走路双方难以会面，双方朝一个方向走路才有可能。"

买方："贵方此话有道理，谈出了路和走路的方法，具体意思是什么，请直说。"

卖方："若要我直说，那就是贵方不努力，合同难签。"

买方："您把责任推到我方身上了。"

卖方："要求是贵方提出的，难题也源自贵方，如果贵方放弃要求，矛盾不就解决了。"

买方：（哈哈大笑）"中国哲学深奥！我们崇敬东方哲学，也讲东方人的义气，我方可以作出努力，但贵方不能只说不做，应该拿出条件来。"

最后卖方经研究，采用折中让步策略，即所差 8%，卖方再降 4%，买方提高 4%，这个百分数计算下来卖方再降价为 6.6 万美元。

买方："贵方够朋友，我同意贵方建议，但请把小数凑个整数，再降 7 万美元。"

卖方："阿拉伯兄弟做生意厉害，佩服，作为兄弟，我方同意您的要求，再降 4000 美元。"说着，把手伸向了买方，达成最后协议。

上述是同际商务谈判的实际案例，从中不难看出双方都是老手，对谈判技巧都很熟悉，双方都知道这种实质性的让步，单向要求是绝不可能的，必须双方都有实质性的让步才可能达到双方需求的结合点，这种实质性让步常采用的策略是："高价发盘，缓慢让步。"双方都必须有实质性的退让才行。上例中买方表现极为突出。

在现代商务谈判以及人际交往沟通中，运用较多的是非实质性让步策略，这种让步往往没有真正的损失，而更应属于技巧性让步。常用的有：主次移位策略，让对方是主导，使其心理需求得到满足，感觉是胜利者；另外，倾听也是一种心理让步策略。

案例十八

现代谈判中的"换挡"策略

谈判中的所谓"换挡"，就是在谈判进行中，设法改变中心议题，这是在谈判中争取掌握主导权的一种策略。如果你在谈判中，这种改变很自然，就像技术高超的汽车司机换挡那般熟练，一般地讲，会取得较佳效果。

一项牵涉面极为复杂的商务谈判。其内容大多与证券和不动产有关，也有一部分涉及信托财产的文字解释。甲方为了掌握谈判的主导权，从谈判一开始，便充分地运用了"换挡"策略，从价格查估问题到文字解释问题；再从文字解释问题到信用问题，如此反反复复，随心所欲地转换议题。不过，在每次转换议题之前，甲方总事先说明转换议题的理由，以取得乙方的谅解和同意。就这样，乙方终于被拖进了"换挡"技巧的迷途之中，而退至防卫线上。甲方向前迈进了一大步，取得了谈判的主导权和优势。

在西方某国家，有一场涉及劳资纠纷的谈判，如果无法达成一致，会演变到怠工、罢工等最坏的状况，劳资双方需继续努力，寻求一合理的解决方式。总之，就算是谈判一度终止了，双方还得坐到谈判桌边。劳方接二连三提出了工资问题、医疗问题、休假问题、保险问题等，这就是谈判中的一种"换挡"技巧，谈判中随时改变议题的技术，资方会感到穷于应付。但是，在这种具体纠纷中，又必须顾全大局，"使谈判继续下去"。谈判的主导权，从始至终，都掌握在劳方手里。

在很多大中型谈判中，谈判的内容通常牵涉很广，不只是单纯的一项或两项，在大型谈判中的最高纪录是议题多达七十多项。在这种类型谈判中，采用"换挡"技巧，也是打破僵局，回避"顶牛"的一种策略。譬如，当谈判进行到中间，某一项或两项议题双方分歧很大，争论不休时，可以采用"换挡"策略，提出后面的议题，把注意力转到另一议题中，可以起到极好的缓冲作用。如果前面有些议题已经达成协议，在采用"换挡"策略时，加上"鼓励"对方的表述："我们许多问题都已解决，现在就剩下这个（或几个）问题了，如果不一并解决的话，岂不是太可惜了。"看来这几句话似乎很平常，在实际谈判中却能发挥很大的效力，值得采用。

采用"换挡"策略应注意的问题：

1. 巧妙而不露痕迹

在采用"换挡"时，要自然，使人不要感觉你有别的意图，才会发挥出应有的效果。譬如：你想通过谈判，买进对方持有的某种颇具影响力的资产，你应在谈判中谈笑自若，顾左右而言他，对你心目中想要的某种"标的"，似乎漠不关心；也可以声东击西，不要让对方察觉到你的"极强购买欲"，才能使你的愿望易于实现。

2. 力戒油腔滑调

在"换挡"时，转换任何议题，都要让对方感觉是诚恳而稳重的，不要让对方认为你提出的新议题是轻率的，从而失去信任感。精通谈判的高手，总是将周密的谋划蕴含于言谈之间；将深远的打算蕴含于自若态度之中。言出心声、笑示心境。在采用"换挡"时，一定要保持开朗、坦诚的心境，才能增加对方的理解和赞同。

3. "换挡"选择要慎重

如果你选择的"换挡"议题，是对方不关心，也无兴趣的话题，这项技巧将失去作用。谁都不愿意与你讨论与他毫无关系的话题，在正式谈判中，这种情况是很少出现的，但如果你不够知己知彼，转换的话题提不起对方的较大兴趣，从而使"换挡"失败，这样的例子在谈判中是有的。也不要用"不清楚、不了解，需要再研究"为托辞去转换，这样很容易产生负面效应。最好在转换前，先透露出能使对方好奇的信息，才能达到事半功倍的效果。

4. "转折"为先

在采用"换挡"策略时，应注意语言"转折"技巧，即："不过……"等语言较常采用。如在谈判中你想采用"换挡"技巧，由讨论的甲问题转向讨论乙问题，常可说道：现在我们对甲问题已经取得大体一致的共同认识，不过我们还应通过对乙问题的讨论来印证……这种方式实际上是一种语言技巧。与"不过"的同义词，还有"但是"、"然而"、"虽然如此"等。这些转折词作为"换挡"策略的"前导"，会使对方容易接受，不致引起反感。

5. 注意礼貌

在采用"换挡"策略时，应充分注意谈判礼仪，不要为了"换挡"只顾自己侃侃而谈，不注意必要的礼仪和对方的情绪反应；否则，达不到你采用"换挡"技巧的目的。在一般谈判中，当你想改变话题时，应事先向对方说明之所以改变话题的理由，表示对另一方的尊重和必要的礼貌。同时，这种策略虽然是为了争夺主导权，但必须暗示我们是处于平等地位，都有否定权。这样有礼有节去推行你的策略，可大大减少人为的心理对抗。

案例十九

现代商务谈判中的坦诚策略

一讲起谈判，就似乎与战术密切相连，总要想方设法运用各种计谋，认为谈判者一定要老谋深算。这是把谈判的冲突性、对抗性过分强调后的一种思维错觉。

商务谈判是属于商业行为的一部分，更是相互利益的结合。自古经商就有买卖不成仁义在的说法，不能只看见竞争、冲突，而看不见合作。自古经商就是诚信为本，可以新，可以奇，却不能丢掉诚信这个根本。有这样一个实例：销售员凯恩，代表一家公司与需要提供帮助的公司签约，这家公司需要大量文字处理操作人员。但凯恩知道自己所代表的公司拥有打字技巧的员工，有些还是大学生，但不是真正符合对方要求的人员。不过合约所定报酬优厚，在这种利益的诱惑下，他在签约谈判中夸大了所提供人员的实际水平。虽然凯恩通过本公司的人事部门对派出人员进行精心挑选，但派去后，对方对凯恩事前夸大所提供人员水平的做法不谅解，抱怨说："如果我们需要受训者，我们干吗找你们帮忙？"这是涉及诚信的大错误，对方不仅将派遣的文字处理操作人员全部解雇，而且还将凯恩公司在该公司已取得合法地位的成员一并解雇。对方明确表示不愿与这种不够诚信的人做生意。

上述例子说明在谈判中不够诚信的恶果。在谈判中有时采用简单明了的坦诚策略，会有利于谈判的顺利进行和减少人为的冲突。有这样一个事例：两个精明的谈判者，一位是律师，他代理一位大客户处理房地产，另一位是有名的房地产经纪人。谈判"标的"是一栋位于快速成长为市区的房子，这房子是属于律师的委托人，房地产经纪人想购买这幢房子搞"土地聚集"进行大规模开发。这栋房子的地点价值远大于其居住价值，当时可能较为公平的价格约 25 万美元。

下面用"X"代表律师，用"Y"代表房地产经纪人，将其简明坦诚的谈判过程表述如下：

X："Y先生，或许你已知道，我的委托人拥有这栋房子。所以任何我收到的出价，必须书面呈交他们，然后由他们决定。这栋房子对适当的人来说是颇具价值的房地产。"

Y："我的委托人所感兴趣的只是那块土地，不是房子。"

X："那是自然了。不过，我不断接到许多买主打来的电话，而由于我的委托人很了解情况，上个星期我便拒绝了一位买主的开价，价钱谈不拢。"

Y："X先生，你是知道的，出价并不是可以摆在博物馆的东西，事情变化很快，你我都知道，时机很重要，若不是我的委托人对此栋房子颇有兴趣，我也不会占用你的宝贵时间了。"

X："是的，的确如此。Y先生，对了，请问你的委托人是谁呢？"

Y："X先生，很自然地，我的委托人目前宁愿在背后。他是一位知名人士，对此有兴趣，正在议价之中的情报对他没有意义。"

X："是的，我了解。那么，让我们继续，请问你的出价是多少？"

Y："我代表我的委托人，出价17.5万美元，现金交易。此出价有效期限十天，这十天足够你和你的委托人商谈了。"

X："哈！哈！17.5万美元。很好，冲着你的面子，Y先生，我会把你的出价转告我的委托人，不过我可以告诉你，上星期他拒绝了一个更为优惠的报价。"

Y："我说过，时机永远是考虑的因素。再者，此出价是来自一位支票信誉极好的人士，开给你支票的人就在你身边。"

X："Y先生，我说过我会把你的出价让我的委托人了解。麻烦您是否可以书面报价，以便呈递。"

Y："抱歉，先生，我不能这样做！"

X："为什么呢？难道你的出价诚意不够吗？"

Y："我的出价是诚意的。不过我常常因留下书面报价而受害。一旦你的委托人拥有报价单，他们会以它作为压榨我竞争对手的工具。抱歉，X先生。不过你可信赖我所说的话和我的信誉。我无法违背己愿，不能写下书面报价。"

上述这轮谈判，不难看出两个老练的谈判对手，都是采用了坦诚、清晰、明确的谈判对策，直达主题，不同意的就是不同意，坦诚说明理由，虽然因为出价太低，没有谈出结果，但使双方的相互了解更深了一步，还有继续谈下去的可能。谈判就是各方意见的沟通，共同谋求解决问题的途径。坦诚，不是幼稚，而是不用任何欺骗的手段去达到目的。这是谈判推销人员应有的一种品德，可以谈笑风生，可以顾左右而言论，可以采用一系列心理性策略。其目的是为了减少人为冲突和打破僵局，任何策略都是方法或手段，不是目的，不是为策略而策略。坦诚不是坦白，把不应该说的全说了，那只是一种幼稚和无知的表现。

談判与推销技巧

244

案例二十

从"和死亡谈判"剖析现代谈判人员的素质

"和死亡谈判"是一种很特殊的谈判，这是指谈判者去面对随时有死亡威胁的突发事件进行的一类谈判。一般都是代表执法方去与劫持人质的罪犯进行谈判，处理不当就可能立即造成伤亡，谈判者当然也会面临很高的危险性。这种条件下的特定谈判，对谈判人员的综合素质要求极高，特别是心理素质，要冷静、沉着、临危不乱。说起来容易，做起来就难。

我国首批培训了 17 名这样"和死亡谈判"的专家，其综合素质要求很高。北京人民警察学院教授、中国首个构建"反劫制暴战术谈判"理论体系谈判专家的高锋说："真正的谈判高手是技术型专家，需要具备多学科的专业知识和文化背景，尤其是犯罪心理学的背景，像个演员，其本身警务人员所具备的素质也少不了。"高锋提出，近距离谈判是一项具有中国特色的谈判方式，与国外远距离接触大相径庭，近距离谈判的成功率远远大于远距离谈判，也并非一定有危险。从全世界看，只有 3.6% 的谈判者受到过劫匪的攻击。

在与"死亡谈判"采取近距离方式，谈判者必须具备更好的心理素质和洞察一切细微变化的敏锐观察力，其应对策略和方式是极灵活多变又能根据具体情况采取各种措施，总之，应具有经过专门培训的技能。下面从一个具体案例加以剖析：一罪犯劫持了一个孕妇做人质，并提出要车、要钱。

"和死亡谈判"专家出面了，专家慢慢走到劫持者面前，像对待自己的家里人一样，用带着深深理解的眼神看着劫持者，尽量使他平静下来。"你好！我是来帮助你的，没有什么恶意。我知道你也是出于无奈，你安静点好吗？有什么要求可以尽管跟我说，我会给你最妥善的处理。"停了一下专家又继续说："父母养我们这么大不容易，谁都会有不顺心的事，但我们不是只为自己活着，如果我们出事了，父母会很伤心的。"

在谈判专家心里，劫持者不是十恶不赦的恶魔，而是一个走投无路的心理受伤者。语言很重要，要用充满关爱的语言不时给劫持者安慰。僵持了一个多小时，许多人开始失去耐心，围观者人声沸腾。突然，劫持者提出："我要一辆车，300 万元现金。"谈判专家点头："你别急，你的要求我们会满足你，你能告诉我要怎样的车，另外还需要 300 万元人民币，对吗？"由于时间过长，劫持者有点激动。在劫持者想伤害人质时，谈判专家马上说："我知道你痛苦，但她现在和你一样痛苦，尤其是她肚子里的小宝宝是无辜的。我们对你人道，你也对她和小宝宝人道点好吗？"劫持者看了看孕妇，尽管眼里闪过一丝疑惑，但还是突然大吼："不行，关我什么事，快把车和钱拿来！没有价可讲！"此时，劫持者眼里流露出更多犹豫，又将他手中的刀晃了晃，但已渐渐远离了孕妇的脖子。

谈判专家立即一边用手势做安抚状，一边依旧亲切地说："你别激动，有什么想法尽管说。不过你看看这位孕妇，挺着大肚子，她真的很累了，我相信你能理解一位母亲的心情，就让她先在边上坐坐好吗？请放心，钱和车马上就到。"劫持者看着身边这位满头大汗的孕妇，拿刀的手更哆嗦，只是说："那你快点。"语气明显温和了许多，谈判专家抓住时机说："谢谢，你的心是非常善良的，为什么不静下来我们一起谈谈？为何一定要这样？一切事情都是能够解决的，你说是不是？"看看劫持者的情绪稍微稳定下来，并已有悔意，谈判专家又"趁热打铁"，伸出手："来，我们一起扶着孕妇出去好吗？"劫持者的刀终于放下来，人也一下子跌坐在地上，其他警员迅速将其制服，孕妇安然脱险。

上述案例，是特殊条件下的特殊谈判，这是目的完全各异的一种危险谈判，罪犯劫持人质的手段，是为了达到另外的犯罪目的，而谈判专家的目的是为了安全解救人质和擒拿罪犯。这种心理对抗极强的谈判，对谈判人员要求极高，不仅要具备警务人员的素质，还要像演员，像心理学医生，能非常敏锐地观察罪犯的心理细微变化，抓住时机进行心理战。上述案例中，谈判专家熟练运用谈判技巧和策略：首先用充满关爱的言语与罪犯沟通，使其情绪稳定下来；其次是运用拖延时间，在罪犯激动时，采用攻心战；再次就是抓住罪犯情绪变化，进行安抚，寻觅到制服罪犯的最佳时机。这种专家型的谈判素质，是需要经过专门培训和具体实践的磨炼才能练成。

一般商务谈判和人际沟通交流中，当然不一定需要具有那样高的综合素质。但是，随着市场经济的发展，经济世界一体化趋势越来越突出。进入 21 世纪后，市场竞争已向高强度、立体化、知识化发展，这种全方位的买方市场趋势，愈来愈明显。作为经商、销售的商务交往谈判，更多、更频繁、多渠道地进行，见面可以谈，各种通信条件下都可以谈，通过网络还可以广泛地进行邀约和承诺。因此，对 21 世纪商业谈判、推销人员的素质的要求也会愈来愈高。

美国谈判专家史蒂芬斯要建个家庭游泳池，他对游泳池的造价及建筑质量方面是一个彻头彻尾的外行。但他登报招标后，有 A、B、C 三位承包商来投标，各自报上了承包详细标单，里面有各项工程费及总费用。史蒂芬斯仔细看了这三张标单，发现所提供的抽水设备、温水设备、过滤网标准和付款条件等都不一样，总费用也有不小差距。史蒂芬斯在同一天约见三位承包商到自己家里商谈，三位承包商如约准时到来，他客气地说，自己突然有急事要处理，请等一会儿一定尽快与你们商谈，三位只得在客厅一边交谈，一边耐心等候。隔了几十分钟后，史蒂芬斯出来请承包商 A 先生到书房商谈，A 先生一进门就介绍自己干的游泳池工程一向是最好的，建家庭游泳池，小菜一碟，同时，还顺便告诉史蒂芬斯，B 先生曾经丢下许多未完的工程，现在正处于破产边缘。接着，史蒂芬斯出来请第二个承包商 B 先生进行商谈，他又从 B 先生那里了解到，其他人提供的水管都是塑料管，只有 B 先生提供的才是真正的铜管。后来；他又请第三个承包商 C 先生进行商谈，C 先生说其他人所使用的过滤网都是品质低劣的……通过比较，史蒂芬斯掌握了三位承包商的基本情况：A 先生要价最高；B 先生的建筑设计质量最好；C 先生的价格最低。最后，史蒂芬斯选定 B 先生建造，但只给 C 先生的标价，经过一番讨价还价，终于达成了协议。这个质优价廉的游泳池建好后，亲朋好友赞不绝口，对他的能力十分佩服。但史蒂芬斯说出了一席发人深省的话："与其说我的谈判能力强，倒不如说用的竞争机制好，我之所以成功，主要设计了一个公开竞争舞台，并请三位商人在竞争舞台上作了充分的表演，竞争机制的威力，远远胜过我驾驭谈判的能力，一句话，我选承包商，不是靠相马，而是靠赛马。"

从史蒂芬斯身上我们能学到什么呢？首先，在极短的时间内，通过比较，让自己由外行变成内行，这种素质是我们谈判和推销人员应尽力培养的；其次，他非常善于利用竞争进行观察，是赛马，而不是相马，这更是我们现在经商应具备的能力。"素质"不是先天的，应经过学习，磨炼，在实践中才能逐步得到提高的。

案例二十一

国际商务谈判和政治军事谈判策略的异同

我国某公司与日本某商务公司在上海著名的国际大厦进行了标的为农业加工机械设备的购销谈判。谈判一开局，首先由卖方报价，日方采用了高价发盘策略，首次报价为 1000 万日元。这一报价比实际卖价偏高很多。日方之所以这样做，是因为他们以前的确卖过这个价格。如果中方不了解谈判当时的行情，就会以此作为谈判基础，日方就可能获取厚利。如果中方不能接受，日方也能自圆其说，可谓可攻、可守。由于中方谈判前已摸清了国际行情变化，深知对方是在运用高价试探策略，中方就直截了当地指出：这个报价不能作为谈判基础。日方对遭到如此果断拒绝感到震惊，他们分析，中方对国际行情已有所了解，高目标恐难实现，于是便转移话题，介绍起产品的特点及其优良的质量，这就又运用了现代商务谈判中，为回避僵局采取转移话题的策略，以采取迂回前进的方法来支持己方的报价。这种做法既避免出现僵局，又宣传了自己的产品，还借机说明高价发盘的理由，这可谓"一石三鸟"，可见日本人在国际商务谈判中的经验是多么丰富。

中方在谈判前不仅摸清了国际行情，而且也认真研究过日方产品的性能、质量、特点以及与同类产品进行过分析和比较，而且派出的人员，均属谈判老手。于是中方采用含蓄提问策略，运用明知故问、暗含回击的发问艺术，不动声色地问："不知贵国生产此种产品的公司有几家？贵公司产品优于 A 国、B 国的依据是什么？"此问貌似请教，实则是点明了两点：其一，中方非常了解所有此类产品的有关情况；其二，此类产品并非你一家独有，中方是有选择权的。这种点到为止的问话，彻底打破了对方"筑高台"的企图。日方领会了其中含意后，陷于答也不是、不答也不是的境地。但日方毕竟是生意场上的老手、谈判专家，其主谈借故离席，副主谈装作找材料，埋头不语。这实质是采用了回避冲击的休会策略。过了一会儿，日方主谈又神色自若地回到桌前，就问他的助手："这个报价是什么时候定的？"他的助手早有准备，对此问话自然心领神会，便不假思索地答道："早就定了。"于是日方主谈人笑着解释说："唔，时间太久了，不知这个价格有否变动，我们只好回去请示总经理了。"老练的日方主谈人员运用"踢皮球"策略，找到了退路。中方主谈人员自然也深知谈判场上的这一手段，便采取了"给台阶下的策略"，主动提出休会，给双方以让步的余地。中方也深知此轮谈判不会再有什么结果，如追紧了，只能导致谈判失败，这是双方都不愿意看到的结果。

第一轮谈判，从日方讲，不过是一次试探，想一次取胜成功的可能性极小，贸易谈判很少在开局第一次报价就获得成功，但他们摸清了中方的虚实与态度，同时也了解了中方主谈人的谈判能力与风格。从中方角度看，在谈判开局就已成功地抵制了对方高价发盘策略，使对方的高目标要求受挫。同时也向对方展示了己方的实力，掌握了谈判主动。双方在首轮谈判中都是成功者，互通了信息，加深了了解，增强了谈判成功的信心。

第二轮谈判开始后，双方首先随意进行交谈，调节情绪、融洽感情，创造有利于谈判的友好气氛，这是现代谈判中很必要的情感沟通过程。随后日本再次报价："我们请示了总经理，又核实了一下成本，同意削价100万日元。"同时还夸张表示，这个削价的幅度不小了，要求中方"还盘"。中方认为削价幅度虽不小，但离中方的要价仍有较大距离，马上还盘很困难，在弄不清报价的"水分"有多大，轻易"还盘"往往会造成被动，高了己方吃亏，低了可能刺激对方，为了慎重起见，中方马上电话联系，再次核实产品在国际市场的最新价格，另外对日方的二次报价进行分析。根据分析，这个价格并非是总经理批准，是谈判者自行决定的，其中所含水分仍然不小，弹性很大。因此，中方确定"还盘"价格为750万日元。日方立即回绝，认为这个价格很难成交。中方坚持与日方讨论了几次都没有结果。鉴于讨价还价的高潮已经过去，中方认为谈判的决定阶段到了，该是展示自己实力，运用谈判技巧的时候了。于是，中方主谈人郑重向对方指出：这次引进，我们从几家公司选中了贵公司，这说明了我们与贵公司成交的诚意。此价虽比贵公司销往某国的价格低一点，但由于运往上海口岸比运往某国的费用低，所以利润并没有减少。另外，你们也知道我们有关部门的外汇政策规定，这笔生意允许我们使用的外汇只有这些。要增加，需要审批。如果这样，那就只好等下去，改日再谈。这是现代商务谈判中的欲擒故纵策略，目的是向对方表示对谈判已失去兴趣，促使对方做出让步。接着中方觉得仅此一招分量不足，又使用了类似"竞卖会"的高招，把对方推向与"第三者竞争"的境地。中方主谈人说："A国、C国还等着我们的邀请。"说到这里，中方主谈人把一直控在

谈判与推销技巧

手里的王牌摊了出去，恰到好处地向日方泄露，并把中国外汇使用批文和 A、C 两国的电传递给日方主谈人。日方见后大惊，坚持继续讨价还价的决心被摧毁了，陷入必须"竞卖"的处境。要么压价成交，要么谈判告吹。日方一时举棋不定，握手成交吧，利润不大，有些失望；告吹回国吧，花费了不少人力、物力和财力，最后空手而归，不好向公司交代。这时中方主谈人又运用了心理性策略，称赞日方的谈判人员精明强干，中方因不能接受其报价只能选择其他国家的产品了。

最后，日方掂量再三，还是认为成交可以获利，告吹只能亏本。该谈判以日方接受中方的还价而成交。任何商业谈判都有共同的"标的"，都是围绕"标的"而追求各自利益的某种程度的满足。根据近代谈判学的创始人，著名律师尼尔伦伯格的需求理论认为：谈判方都应是胜利者，需求满足最低原理认为，任何一方的需求增加，必然是另一方或多方利益的减少，任何谈判都是冲突与合作并存的协调过程。正如本杰明·富兰克林表明的："最好是以自己的交易地位所许可来做成最好的交易。最坏的结局，则是由于过于贪婪而未能成交，结果本来对双方都有利的交易却根本没有能成交。"上述案例，中日双方谈判者都是精通商务谈判技巧和策略的高手，策略都运用得恰当而适时，但请记住，商业活动的谈判，技巧和策略永远不是目的，目的是追求双方利益的结合点。

从国际范围考察，政治军事谈判多数都是通过外交人员去执行。因此，常说外交官是不穿军装的军人，是用笔和舌去进行战斗。古希腊有句名言："大使没有战舰、没有重兵、没有碉堡，他的武器就是语言和机遇。"他们要根据不同情况、不同对手和自身的政治目的作出灵活多变的对策。与商务谈判完全不同的是，他们常采用一些非常规的策略，下面举例说明：

1. 装病策略

人生病是正常现象，但对外交人员来讲，有时采用装病来应付外交需要，这就是所谓的"外交病"。在世界外交史上最典型的莫过于雅典著名外交家泰米斯托克利的一次精彩表演。在公元前 5 世纪雅典和斯巴达结为军事同盟，联合抗击波斯帝国的入侵，取得胜利后，由于斯巴达势力较强大，雅典为了防御，开始修建城墙。本来对雅典有野心的斯巴达，对雅典修城不满，派出使者去提出："惊悉贵国修建城墙，甚感不安，此举乃敌视邻国，诚望为了和平，立即停止修建城墙。"这一外交行动，是以和平为幌子，旨在控制雅典。雅典必须采取两全之策，既不能直接拒绝，承担破坏和平之名，又不愿屈服斯巴达的压力而坐以待毙。最后决定采取拖延策略，派出著名外交家泰米斯托克利前往斯巴达谈判。他动身前，建议加快修建城墙，他到斯巴达后，住进宾馆，假装身染重病，拒绝与斯巴达当局会面。当斯巴达知道雅典正在加紧修城时，派人质问泰米斯托克利，他装作很惊讶说：我对此毫无所知，这可能是传闻，不足为凭，希望贵国派外交代表团到雅典察看。同时他又暗中派人连夜赶回雅典献计："一定要设法把斯巴达外交代表团纠缠住，直到我返回雅典为止。"时间一天天过去，雅典城墙终于建成同，他的"病"也好了，他约见斯巴达当局，将这一消息通知对方，并请求回雅典，斯巴达当局一听非常恼火，准备将他扣留，但考虑到自己的代表团正在雅典，只好放泰米斯托克利回国，"装病"使雅典在外交上取得了胜利。

2. 装聋策略

第一次世界大战后，土耳其不甘心受制于列强，向希腊发动进攻，一举将其击败。这激起了英国不满，后联合法、意、美、日、俄和希腊等国，让几国代表在瑞士的洛桑与土耳其谈判，企图迫使签订有关条约。土耳其派出有点耳聋的伊斯美为代表，这本来是外交活动中的一大不利因素，会谈开始后，对土耳其有利的话他都能听见，不利的话他则假装听不见，坚持土耳其所提条件，寸步不让。英国外交大臣克遵对他大发雷霆，挥拳怒吼，威胁言辞连珠炮一样向伊斯美压来，各国代表也都气势汹汹，大有泰山压顶之势，但他装聋作哑，无动于衷。当大家看他有何反应时，他不慌不忙地张开右手靠在耳边，并将身子向克遵移动了一下，态度温和地问："你刚才说什么？我一句也没听见。"克遵气得发抖，一句话也说不出来。他用这种办法对付对方，使其无可奈何。最后经过三个多月的谈判，英、法等国无功而返，会谈以对土耳其有利的情况结束。

3. 哭的策略

第二次世界大战初期，希特勒将奥地利并入德国后，又欲侵占捷克斯洛伐克。当时苏台德地区有300万日耳曼人，希特勒发表演说，气势汹汹地要将捷克苏台德地区与德统一，战争迫在眉睫。英、法对德国之举猝不及防，感到恐惧，都想避免与德对抗。英国首相张伯伦和法国总理达拉第拟订了一份联合建议，准备不征求捷克的意见，将苏台德地区划归德国。希特勒答应在进一步讨论以前不采取军事行动。后来张伯伦再次赴德国会见希特勒时大吃一惊，因为希特勒要求马上采取军事行动。达拉第同意将这一建议转告捷克，命令驻捷大使紧急约见捷总统贝奈斯。法国驻捷大使是贝奈斯的好友，奉政府之命要完成这项外交任务，很难面对好友。见面时他采取了放声大哭策略，愤怒骂道："世界上最肮脏的东西莫过于政治。"后来在英国的斡旋下，还是签订了《慕尼黑协定》。

4. "说谎"策略

"说谎"对于常人来讲，是一种不好的行为，甚至是欺骗行为。但是在西方"传统外交"中认为"说谎"是理所当然的事。17世纪英国大使亨利·沃顿曾公开承认："大使就是派往国外为本国利益而说谎的诚实人。"19世纪，奥地利外交大臣梅特涅甚至大言不惭地说："就我的策略而言，说真话是对自己国家的不忠。"19世纪初，拿破仑率领法国军队与欧洲列强组织的反法联盟交战，由于拿破仑很善于用兵，很快击败盟军。普鲁士国王派出特使哈乌特里茨本意是去向拿破仑递交通牒。当到达拿破仑驻地时，法军已大获全胜。哈乌特里茨急忙将通牒隐藏起来，笑容可掬地谎称是来向拿破仑祝贺胜利的。拿破仑竟信以为真，以礼相见，并护送他回国。

5. 幽默与踢球策略

1972 年 5 月，美、苏举行限制战略性武器谈判，会后由基辛格举行记者招待会，会上他透露苏联每年大约生产导弹 250 枚。接着美国记者问道："我们的情况呢？有多少潜射导弹？有多少'民兵'导弹？"这无疑是难题，拒绝回答不公平，也不符合外交礼节；如果回答，又涉嫌泄密。真是两难，基辛格耸耸肩，幽默地说："我不知道正在配置的'民兵'导弹有多少。至于潜射导弹的数目我是知道的，我的难处是……"他微笑看了记者一眼，接着说："不知道这是不是保密的。"记者大声向他说："不是保密的。"基辛格接着说："不是保密的吗？那么请你说说是多少呢？"记者被他这么一反问，无言以对，只好一笑了之。

苏联卓越的外交官柯伦泰，是世界上第一位女大使，有特殊语言天赋，通晓 11 国语言，特别善于面对复杂问题的谈判。有一年，苏联任命她为驻挪威贸易代表，全权处理与商人之间的贸易谈判。一次，她和挪威商人谈判购买鲱鱼，由于商人要价高，双方争执不下。为了打破僵局，取得有利于苏联的进展，她突然决定以奇制胜，她微笑着对挪威商人说："我同意你们提出的价格。"一听此话商人喜出望外，但她接着说："如果我国政府不批准这个价格，我愿意用自己的工资来支付差额。不过我要向各位先生说明，我个人工资有限，这自然要分期支付，可能要付一辈子。"挪威商人一听真是哭笑不得。他们从来没有遇到过这样的谈判对手，最后无言以对，只好以苏方的标准降低价格拍板成交。

商务谈判与政治军事谈判虽然都是解决冲突的沟通手段，但商务谈判的内驱力是参与方的经济利益，其破裂后，参与方都会出现经济利益损失。策略只是针对某一具体内容的对策，在商务中更应考察利益延长线的结合，因此，无论什么策略都必须考察对方的承受能力，自古经商就有"买卖不成仁义在，和气生财"的说法。现代谈判学创始人更是将"最低效益原则"作为谈判准则。而政治军事谈判虽然也是沟通手段，但各方都是为实现自身的政治目的为基点，其策略总是为其实现政治目的服务的，很少考察对方的目的，当然谈判总是冲突与合作并存，但政治谈判其策略性就更强，一般只考察有效性，而不去考察策略方式方法的具体做法。

现代谈判案例评析小结

20 世纪 60 年代，马斯洛需求层次理论引起了世界谈判界的关注和研究，著名律师尼尔伦伯格把需求层次理论引进其著作《谈判的艺术》一书中，并提出了现代谈判的需求理论和现代谈判模式——"双赢式"，即参与方都应得到各自需求的某种程度的满足，都应是赢家，书中提出一系列谈判方式，并提出了参与者应追求"最低需求满足"原理，追求各自需求延长线的结合点才能算得上是成功的谈判，其观点的影响很大，其著作也畅销世界，他也被誉为现代谈判学的开拓者、创立者。美国著名谈判大师基辛格就很同意尼尔伦伯格的观点。

现代谈判学的产生是有其特点的历史背景，20 世纪人类经历了两次世界大战，给人类带来了极其惨痛的教训，人类在反思中转向追求更多更全面的合作，较普遍认为现在是从战场走向市场，迎来了人类世界性经济大发展趋势。作为沟通的重要形式的谈判，人们就不仅在其具体方式、方法、策略、技巧等行为模式上进行研究，而更深层去探讨现代社会的重要沟通方式——谈判应遵循哪些客观规律和基本原理。长期实践证明，任何谈判都是冲突与合作并存的过程，向合作转化，才是谈判成功的前提。沿着尼尔伦伯格提出的基本观点，全世界都在不断进行研究和探索，什么开诚谈判模式以及日本近代提出的直接进行成本谈判法，想甩掉现代商务谈判中烦人的讨价还价过程，更不需要在发盘和还盘中设计一系列策略，这种直接运用生产成本加流通必要费用再加合理利润而直接形成交易价格的模式，但因各地技术水平差异极大，劳动力价值更是无法估计等因素，还只是停留在一种设想阶段。

现代谈判案例虽然尽量采用近期的实例，但仍能从案例中看到不少古典谈判的痕迹，不过我们在把握现代谈判基本理论的基础上去映证、去体会时仍会有所收获。具体可有以下方面可供参考：

第一，案例十一是政治性的随意对话，但却包含着很难正面回答又说不清的问题，谁遇到都会感觉棘手，面对这种问题，培训谈判人员的处理方式大体有两类：一是主题转移法，顾左右而言他；二是幽默处理法，让大家一笑了之。幽默是现代人际关系中的润滑剂，可以在群体中增加你的魅力。但是幽默不是背书和硬记一些条款的技能，它需要认真吸取别人的经验，在长期的实践中培养而形成的一门艺术，切记，耍贫嘴、做怪相、现活宝那是不得要领的，有时把握不好还会使人反感。幽默是对事物矛盾性的敏锐反映，能抓住矛盾性的实质，将普遍现象演变为喜剧化的处理方式。幽默是一种情趣，不是肤浅的表演。

第二，从案例十二中应深刻领会"借"的含义与作用。"借"可以从狭义和广义两个方面去理解：从狭义讲，借是处理具体事物的一种手段，像案例中的借"文件"、借"规则"、借"谈判中的休息"等，都是较狭义的借用；广义的"借"，不仅是手段，也是一个人运用所学知识不断创新的途径，是一个人水平的体现，处理事情的艺术性的体现。在人际交往中，要非常善于运用"借"的原理、技巧，来提高自身的综合水平，一定要"勤求咨询，群采众方"。

第二，从案例十三到案例二十，这 8 个案例都是表述在现代谈判中的具体策略。"杠杆策略"是探讨"以小搏大"的对策；"弹性策略"是研究留有余地的案例；"心理暗示"策略与"心理战术"，这两个案例是现代应用心理学在谈判中的具体运用；"刚柔并用"策略也是属于应用心理学范畴；让步策略是现代谈判原理的"最低效益原则"的运用；"换挡"策略是谈判中转变中心议题的方法，目的在于掌握谈判主导权的对策；"坦诚策略"是现代谈判学所推荐的一种理想谈判方式，是现代商务谈判所探讨的一种形式。

这一部分强调具体谈判技能的培训。在学习中应把握两个要点：一是任何策略都是一种具体对策，应体会其思想，而不要生搬硬套。策略不是目的，是手段，应清楚地意识到现代谈判，特别是商务谈判要取得成功，一定是达成需求结合点上的协定，其基础才稳固，过多地依赖策略，过多的取巧就成了"滑"，要巧而不滑，这才是现代的经营之道。二是应了解现在不少有关谈判的理论对策略性研究较多，甚至个别案例或理论对策略的"隐蔽性"强调太多，这是古典谈判的遗留痕迹。

第四，案例二十是探讨怎样培养现代谈判人员素质的实例，借用了与劫持人质的罪犯的谈判事例，来分析探讨谈判人员的素质。当然，这种"和死亡谈判"对其人员的心理素质要求极高，这里只是类比来进行探讨。"素质"源于生理学的用语，现代其他学科和人际交往中所讲的素质，成了一种模糊概念，一般指一个人的心理控制力和适应力与知识及知识运用能力的一种综合体现。学习这个案例应清楚认识"素质"与原有生理学概念不同，"素质"不是一个人先天的遗传因素，是可以通过学习、积累、磨炼而逐步提高的。

第五，从案例二十一中应充分认识到商务谈判与政治军事谈判在性质上是有差别的，商务谈判是追求利益的结合，任何策略都必须受着双方整体利益目标的制约，同时还应明白在商务交往中，一方利益的增加，必然是另一方利益的减少，谈判破裂对参与方来讲都是利益的损失。因此在商务谈判中虽然也讲各种策略，但一定要受到合作前提的制约，这就不可能像政治军事谈判那样策略可以不拘一格，不择手段，只要能实现其政治目的而不会过多地考虑对方的承受程度。

第 十二 章　商品推销案例评析

案例二十二

商品推销的点点滴滴——从系列小案例看推销小窍门

1. 巧妙的推销语言

重庆菜园坝火车站的出口处，有一排卖煎蛋面的小店，生意大多平稳而不冷不热，只有其中一家"张大爷煎蛋面"生意特别火爆，明显高于其他同行。张大爷文化不高，更不是学营销专业的业务员，别人问他，为什么你的生意比别人好，他也说不清楚，总说是"菩萨保佑"。这个现象，引起了经常路过此地的某大学一位搞商业经济的教师的注意，他对此进行了反复调查、比较，从面的质量分析，与其他店的面并无特殊的差别，几乎很难分出高低，但与顾客的对话则有不同，每当顾客进入张大爷面店时，他总是问："几个蛋？"其余面店差不多都是问顾客："要不要蛋？"这样的对话，如果不仔细分析，你不会发现在相同条件下，它会给你带来不同的经营效果。为什么呢？张大爷的"几个蛋？"是肯定的，无论你选几个蛋，都是要吃煎蛋面。而问"要不要蛋"则不同了，这是可选择要，也可选择不要，从推销学角度讲，有着质的差异性，这也是推销语言的重要技巧之一。一个有经验的推销员，绝不会问有"是"与"否"两个答案的问题。张大爷与顾客的对话，就不会有两个答案，问题是他自己并不知道这符合现代推销学的推销语言技巧。下面我们从一系列现代推销语言剖析：

有经验的汽车推销员绝不会问顾客："你想买车吗？"而是问："你想要双门还是四门轿车？"或"您想要红色还是蓝色轿车？"

再如："你比较喜欢 5 月 1 日还是 5 月 8 日交货？""你用信用卡还是现金付款？""发票是寄给你还是你的秘书？""你这批货是空运还是水运？"

……

从上述这一系列问话中，无论客户选择哪个答案，都可以顺利做成一笔生意。这种类型的语言技巧，是推销人员应具备的知识。这种技巧在推销中不仅适用，而且还可以广泛应用，譬如下面的系列推销语言：

"难道你不认为这是一部漂亮的车子？"

"难道你不认为在这块地上可以看到壮观的海景？"

"难道你不认为穿上这件貂皮大衣会非常暖和？"

……

在上述的问话方式下，当客户赞同你的意见时，就会衍生出肯定的回答。如果为推销产品给两个或更多人时，运用上述类似需要客户同意的问题，将会特别有效。在其他领域用这种技巧，也是有用的，像在法庭上，辩护律师这样问嫌疑犯："你已经停止打老婆了吗？"这问题带有明显的假设性，但却不是问："你有没有打老婆？"不管他怎样回答律师前面的提问，就等于自动认罪。

2. 特色与时机

方法，技巧都是处理一定事件的对策，商品推销的方法、技巧同样如此。商品推销的本质问题是商品的特色与质量，我国从古经商就有"酒好不怕巷子深"的说法，明确表示商品的质量是第一位的。当然，在现代市场经济条件下，质量的外延，服务必须跟上，创新、特色更成为现时商品推销的基础。通俗说："酒好还应巷子浅。"摩托罗拉公司的创始人保罗·高尔文在童年时代就意识到商品特色和质量才是取胜之道。在美国伊利诺伊州的哈佛镇，很多孩子利用课余时间到火车上卖爆米花。当时才10岁的保罗·高尔文也加入了这一行列。他在爆米花里掺入奶油和盐，使其味道更加可口，他的爆米花比其他任何小孩都卖得好。当大雪封住了满载乘客的火车时，他就赶制了许多三明治到火车上去卖。虽然他的三明治做得不怎么样，但还是被饥饿的乘客抢购一空。当夏季来临时，保罗又设计出一个能挎在肩上的半月形箱子，在边上刻出一些小洞，刚好能堆放蛋卷，并在中部的小空间里放上冰淇淋，结果，他这种新鲜的蛋卷冰淇淋备受乘客的欢迎，使这个10岁的小孩生意兴隆。当车站上的生意红火一阵后，参与的孩子越来越多，他就意识到好景不长了，便在赚了一笔钱后，果断地退出了竞争。后来，车站生意越来越难做了，不久，车站又对小生意进行清理整顿，而保罗却因及时退出而没有受到任何损失。一个比别人做得更好、做得更早、做得更新、做得更清醒的人，一个懂得如何创优创新、抢占先机、及时抽身的人，怎么可能在现代高强度、立体化、多元化的市场竞争中失败呢？

3. 镜子的妙用

在法国巴黎，有一条人口相对集中、上班族较多的街道，可以说是经商的黄金地段。有一位具有做可口早点手艺的年轻人在这里开了一家早点店，可是这条街上的小饭馆、早点店几乎一家挨着一家达几十家之多，但大家的生意都很平淡。这位年轻人叫劳·克利勃。他想不通，自己手艺不错，但早点店为什么生意会这样冷清？与原来预期希望差距太大，这样下去，就会面临关门的危险。一天下午，他偶然发现一个小小的修鞋摊，生意极好，顾客中不乏打扮入时的年轻姑娘，有的人就是愿多走几步，绕过几个修鞋摊去这里修鞋。他怀着好奇心走过去瞧瞧，起初没有发觉什么特别之处，其鞋匠的修鞋技术并不比别人强。可为什么大家都爱找他呢？他经过仔细观察才发现奥妙之处。这个摊的旁边放了一面镜子，来这里修鞋的人在等待的时间里，顺便通过镜子看看自己的仪容；当穿上修好的鞋后，又可在镜子前看看是否影响形象，然后才放心离去。一面不大的镜子竟吸引来这么多顾客，劳·克利勃猛然醒悟了。这个修鞋人真聪明！他不仅给人修鞋，而且给人"修心"，让人们借此看到自己的美好形象，增强自信心。在这样的启发下，他把早点店重新装修，让顾客发现这个早点店不仅服务周到，饭菜可口外，还在每个桌子上镶嵌了一面镜子，而且店里各个角落也安装了大大小小、形式各异的落地镜。除此之外，还专门开辟了一个小屋子，安装了化妆用的镜子和小水龙头。这些镜子让小伙子的早点店独具特色、鹤立鸡群，从而生意特别兴隆。一面镜子比劳·克利勃不错的手艺还起作用，这是为什么呢？因为，巴黎是生活节奏很快的城市，人们上早班往往来不及化妆，在上班车上化妆也很麻烦，这样劳·克利勃就为顾客提供一边等用早点、一边快速、简单地化妆，不浪费时间，很快便赢得了顾客喜欢，每天门庭若市。这种为顾客作想，方便顾客，始终是商品推销的极重要的基本思维。劳·克利勃并没有因此而满足，而是不断延伸，先后在其他地方开辟了自己的早点连锁店，形成了规模，这样他的连锁店每月赢利在数万欧元。

4．和气生财

商品推销者不是教师、科学家，也不是传教者，不需要追求什么"真理"，也不需要去说服对方，更不需要去争口头上的输赢。对顾客更应"礼多人不怪"，松下有句名言就是："应把顾客的责备看成神佛的教导。"我国从古经商就有"和气生财"的名言。应做到"我的口要说智能的言语，我的心要想通达的道理"。在美国一个传统市场里，有位华侨妇女的摊位生意特别好，这引起其他摊位的卖主嫉妒，大家有意无意把垃圾扫到她的摊位前。这位华侨妇女本着和气生财的道理，不予计较，反而把垃圾都清理到自己的角落。旁边卖菜的墨西哥妇女观察好几天后，忍不住问道："大家都把垃圾扫到你这里来，为什么你不生气？"中国妇女笑着回答："在我们国家，过年的时候，都会把垃圾往家里扫，垃圾越多就代表会赚更多的钱，现在每天都有人送钱到我摊位上来，我怎么舍得拒绝呢？你看我生意不是越来越好吗？"从此以后，那些垃圾就不再出现了。这是多么具有智慧的办法，多么充满中华民族优良的文化传统的做法。宽容是一种东方文化美德，当面对人际矛盾和冲突时，只要处理得当，或换一种想法来思考，不但能化诅咒为祝福，更能化危机为转机，中国有句名言："小不忍则乱大谋。"

5．不花成本的信息传递方式

美国某大城市的星级饭店的总经理接到顾客的反映，说自己是你们饭店的常客，但每次来饭店的时候仍被当成是初次来的，这就很难让他们有宾至如归的感觉。总经理找来部门负责人，要求他为曾经来过饭店的顾客单独建立一套电脑程序。但负责人面露难色地说："如果要建立一套这样的系统，至少要花500万美元和3年以上的时间。"听到这样的答复，总经理也无可奈何。几周后，这位总经理到加利福尼亚出差，准备住进当地一家饭店，进入大厅后，门卫热情地迎接他，这门卫他以前来时见过，当门卫接过行李到前台办手续，前台女职员十分热情，亲切微笑地对他说："你好，××先生，欢迎您再次光临我们饭店。"这位总经理请教这位女职员，为什么知道我曾经来过你们饭店？女职员解释说：当客人进入饭店时，门卫会热情迎上去，会问："您好，贵姓？您来过我们饭店吗？"如客人回答曾来过，门卫把客人介绍给前台小姐时，就会摸一下自己的脸，意思就是："这位客人曾经来过！"接着，女职员叫来服务员说，"这位先生，今晚要住在我们饭店的克里斯托房间。"一边说，女职员一边轻轻摸了摸自己的脸颊。服务员马上明白了意思，说道："您好，××先生！很高兴再次为您服务，我感到非常荣幸！"他们这种默契的配合，使这位总经理很感动，没有花费数百万美元建立计算机系统，靠这么简单方便的动作传达信息，就让老顾客有了宾至如归的感觉。所以事在人为，你是否用心去体会、观察，把握住商品推销的机遇，抓住机会从被人们遗忘的角落去思维、去开发，往往会觅得新的商机。

6. 不要轻视细小事物

在德国有一家服装厂，每年生产许多手套，都销往附近的城市，销量一直平稳。有一年，他们得知不远的地方新建了一个专门生产手套的小工厂，由于这个小工厂业务量不大，对他们似乎没有什么影响，就没有太在意。三年后，他们又发现，自己生产的手套在市场上不吃香了，而那个小厂生产的手套几乎占有了80%的市场份额。服装厂一直搞不清楚这是为什么。他们把这个小工厂的手套拿来看，发现并不比自己厂的质量好，却如此畅销。

这个秘密被附近一个小学教美术的老师揭开了。数学老师喜欢说："用错一个小数点，卫星就不能上天"，以此来警告学生，并要求他们要细心、细心、再细心。由于学生体会不深，把这种关于小数点的警告，演变成了开玩笑、嬉闹的惯用语。一天上美术课，恰好学习画人手，美术老师说："手，看起来并不复杂，但仔细观察每个人的双手，是有细微区别的。"接着就说了服装厂与生产手套的小工厂之间的销售差异，他认真地进行了调查比较，发现其差异不在质量上，而在小数点上。人的手不一样大，因为绝大多数人都习惯常用右手，故右手通常比左手大4%，即差0.04。小厂生产的手套，即使是同一双，大小也不一样，戴起来感觉更合适！因此，小厂生意特别兴隆，获得了80%的手套市场份额。这个事例提醒推销员或从事商业活动的老板们，不要轻视细小的事物，细节有时能决定事情的成败。

7. 奇妙的诱导推销术

在美国有一家综合公司的总经理，他发现下面一位推销员竟然一天卖了30万美元的商品，便去问个究竟。推销员回答说："一个男士进来买东西，我先卖给他一个小号的鱼钩，然后告诉他小鱼钩是钓不到大鱼的，于是他买了大号的鱼钩。我又提醒他：这样，不大不小的鱼不就跑了吗？于是，他就又买了中号鱼钩。接着，我卖给他小号的渔线、中号的渔线，最后是大号渔线。接下来我问他上哪儿钓鱼。他说海边。我建议他买条船，所以我带他到卖船的专柜，卖给他长20英尺（1英尺＝0.3048米）有两个发动机的帆船。他告诉我说他的车可能拖不动这么大的船，于是我又带他去汽车销售区，卖给他一辆丰田新款豪华型汽车。"听到这里，总经理后退了两步，几乎难以置信地问道："一个顾客仅仅来买鱼钩，你就能卖给他这么多东西吗？"推销员接着回答说："不是的，他是来给他妻子买针的。我就问他：你的周末算是毁了，干吗不去钓鱼呢？"

上述案例似乎太完美，有造假的嫌疑，但它的确告诉我们谈判学中的诱导提问术在商品推销中的具体运用，推销员根据商品用途一次又一次地为顾客建立起意愿图像，一步一步地诱导顾客达成交易，不断帮助顾客发掘自己没有意识到的需求，去实现商品让渡。这可以说是现代推销学所研究的心理推销术之一个方面。

8．"真实"推销的技巧

彭奈创建的"基督教商店"，在美国零售业中是知名度很高的商店。他对"货真价实"的解释不是"价廉物美"，而是什么价钱买什么货。彭奈有个与众不同的做法，就是把顾客当成自己人，事先说明货品等次。关于这一点，他对店员要求非常严格，并进行短期培训。彭奈在开设第一家零售店不久，有一天，一位中年男子到店里买搅蛋器。店员问："先生，你是想要好一点的，还是次一点的？"男子听了有些不高兴说："当然是要好的，不好的东西谁要？"店员把最好的一种"多福"牌搅蛋器拿出来给他看，男子问："这是最好的吗？"店员回答："是的，而且是牌子最老的，"男子又问："多少钱？"店员答："120元。"男子说："什么！为什么这样贵？我听说最好的才六十几块钱。"店员说："六十几块钱的我们也有，但那不是最好的。"男子说："可是，也不至于差这么多呀！"。店员又说："差得并不多，还有十几元一个的呢。"顾客听了面带不悦之色，想立即掉头离去。彭奈急忙赶过去对男子说："你想买搅蛋器是不是，我来介绍一种好产品给你。"男子仿佛又有了兴趣，问："什么样的，"彭奈拿出另一种牌子来说："就是这一种，请你看一看，式样还不错吧？"问："多少钱？"答："54元。"男子说："照你店员刚才的说法，这不是最好的，我不要。"彭奈道："我的店员刚才没有说清楚，搅蛋器有好几种牌子，每种牌子都有最好的货色，我刚拿出的这一种，是这种牌子中最好的。"男子又说："可是为什么比多佛牌差那么多钱？"彭奈又说："这是制造成本的关系，每种品牌的机器构造不一样，所用材料也不同，所以在价格上会有差异，至于多佛牌的价格高，有两个原因：一是它的牌子信誉好，二是它的容量大，适合做糕点生意用。"经彭奈耐心地解说，男子脸色缓和了很多，彭奈进一步说明："其实有很多人喜欢用新牌子，就拿我来说吧，我用的就是这种牌子，性能并不差，而最大的优点是体积小，用起来方便，一般家庭用最适合，府上有多少人？"男子答："5个。"彭奈接着说："那再合适不过了，我看你就拿这个回去用吧，保证不会让你失望。"成交后彭奈送走顾客，回头对他的店员说："你知道不知道你今天的错误在什么地方？"店员愣愣地站在那里，显然不知道自己的错误。彭奈笑着说："你错在太强调'最好'这个观念。"店员说："你不是经常告诫我们，要对顾客诚实，我的话并没有错呀！"彭奈明确指出道："你的话是没有错，只是缺乏技巧，我把生意做成了，难道我对顾客有不诚实的地方吗？"接着又指出："除了说话的技巧外，还要摸清对方的心理，他一进门就要最好的，对不？这表示他优越感很强，可是，一听价钱太贵，他又不肯承认自己舍不得买，自然会把错推到我们做生意的头上，这是一般顾客的通病，假如你想做成这笔生意，一定要换一种方式，在不损伤他优越感的情形下，使他买一种比较便宜的货。"

彭奈的生意越做越大，连锁店也越开越多，在美国零售业中享有盛誉。他的推销术是真实而又巧妙地去把握顾客心理。在他 80 岁的自述中，他幽默地说："在别人认为我根本不会做生意的情形下，我的生意由每年几万元的营业额增加到 10 亿元，这是上帝创造的奇迹吧。"其实他是一个把"真实"传递给顾客，而又善于迎合不同顾客心理特征的成功生意人。

案例二十三

从两则广告剖析商品推销应考虑地区文化特征

20 世纪 80 年代，北京机场附近矗立着一个接一个的广告牌，有中国的，也有外国的，令人目不暇接。最引人注目的是日本丰田汽车广告"车到山前必有路，有路必有丰田车"。该广告独具匠心，特别能引起中国人的回味、深思，从而激发出对丰田汽车的特别兴趣。后来丰田最新的广告又提出"欲达则达、和谐为道"，都特受中国人的欢迎。

大约是同时代，日本索尼在印度推销半导体收音机时，其广告的意境是当如来佛听这种收音机时，兴趣特浓，以致得意忘形到手舞足蹈的境界。原想这则广告在佛教国家印度会引起强烈反应，但却事与愿违，受到印度广大人民的普遍冷落。

两则广告似乎都是经过策划而推出的，都考虑了广告受体的地区特征，但其结果却完全不同，一个极受欢迎，一个却受冷落。为什么呢？这得从地区文化特征来剖析：

文化一词来源于拉丁语中的 Cultura，发展为英语是 Culture。其定义为："培养"、"栽种"、"耕种"、"教养"、"修养"等。其具体含义据《不列颠百科全书》统计，文化的定义有 160 多种，具有代表性和较普遍认同的有：萨尔把文化定义为：一个社会所做和所想的事；布朗认为：文化是信念、习惯、生活模式和行为的总和，这一切大致为占据着特定地理区域的人们所共享；班内迪克特认为：真正把人们结合在一起的是他们的文化——他们共存的思想和标准；在我国较普遍认为，文化属于人类的精神世界，是指人类在社会发展过程中所创造的物货财富和精神财富的总和，是根植于一定的物质、社会、历史传统基础上形成的特定价值观、信仰、思维方式、宗教、习俗的综合体。

"文化"似乎看不见、摸不着，但你的确能随时感觉它的影响和存在，它随时代、国家、地区的不同而不同，它有着极大的地区差异性和对人们的强大影响力，它是影响人们欲望和行为的基本因素。有这样一个事例：美国西部有一条鳄鱼众多的河，河上只有一座木桥，一对恋人分别住在河的两岸，天天通过木桥相会。一天洪水暴发，把木桥冲垮了，姑娘十分挂念恋人，到处求人送她过河。大家由于惧怕鳄鱼，拒绝了她的请求，只有一个叫法尔的小伙子说：如果你肯同我睡一夜，我就送你过河。姑娘气愤地拒绝了他，另想办法。可她奔走数日，想尽一切办法，仍无法过河，只好去找法尔，与他过了一夜。第二天法尔如约把姑娘摆渡过河，送她到恋人身边。当这个恋人得知真相，立即给了姑娘一记耳光，将她赶回法尔的船上。法尔见状怒不可遏，冲上岸把那人痛打了一顿。有人针对这样一件事向东方人作了调查，结果普遍认为法尔是我们痛恨的，他乘人之危，又行凶打人，简直是流氓；同样就这件事向美国人调查，结果多数人认为法尔敢作敢为，堪称英雄，在喜欢姑娘时就坦率提出，当姑娘被恋人抛弃时，又毫不犹豫地为她挺身而出。他们也欣赏姑娘，因为她敢为爱牺牲一切。美国人最看不起的是她的恋人，他自己不设法过河，而让姑娘担当风险，后来为了面子，又不惜抛弃钟情于自己的恋人。从两个调查结果折射出两种文化体现出的不同价值观和行为准则。

从商品推销广告来讲，当然也应深刻理解和认识这种地区文化差异性对其广告效果的影响和反作用力。前面介绍的丰田汽车在中国的广告牌就是在深刻理解中国文化特征的基础上而打出的，其效果极佳。把极有文化内涵的中国人普遍熟悉的"车到山前疑无路，柳暗花明又一村"谚语，借此来说丰田车，这不仅是务实性的宣传，而且很容易在中国人的内心引起共鸣。后来发展为"欲达则达、和谐为道"的广告，更是深得中国文化的精妙之处，"和谐"是中国一直追求的目标，"欲达则达"更是双关语，一方面说我们中国的和谐社会是能实现的，另一方面又说明丰田汽车质量的优异，想开到什么地方就能开去。所以，我们在商品推销中，需要进行广告宣传时，一定要深入了解当时、当地的地区文化特征。

案例二十四

从克林顿代言剑南春看品牌效应

2003 年 11 月，退休后的美国前总统克林顿，乘专机抵达四川成都双流国际机场，开始了首次四川之行。在省、市领导的欢迎会上，克林顿说：我在任美国总统时曾来中国访问过很多次，但这是第一次来四川。在四川，川菜是非常好吃的，有世界上最珍贵的野生动物，我本人还在华盛顿见过四川来的大熊猫。很高兴有机会到四川访问，希望此次访问能够进一步促进美国和四川的经济合作关系。随后，克林顿前往绵竹剑南春集团，作了题为《美国市场的准入》的个人演讲。在回答记者提问时，有如下的对话：

问：在中美贸易中存在这样一种现象，美国很多商品比如可口可乐、麦当劳进入中国，都是采用"文化先行，商品跟进"的营销策略，并获得了巨大的成功。请问克林顿先生对此有什么看法？

答：你们也应该采用美国的策略，文化先行，商品跟进。比如酒好口味好的话，他们（美国人）应该会买的。

问：我希望剑南春酒有一天能够出现在白宫酒宴上。请问克林顿先生，我们需要做什么样的努力？

答：我和布什总统是两类人，我想他不会愿意让我告诉他白宫筵席上应该选择什么样的酒。我有两个建议，如果你们大使馆每次宴会都喝的是剑南春，我想白宫也可能（笑）。二是民主党如果又当选的话，可能我能帮助你们（笑）。

问：就您的经历看，中国公司在美国获胜的关键因素是什么？

答：我认为有两件事是非常重要的：第一是你们自己可以做的是要了解市场，发现大家的口味，并且做广告，吸引大家来买你们的产品。第二点和两国之间的关系是有关的，我认为两国政府应该继续精诚合作，尽量减少贸易争端，只有两国人民给予支持，我们才能做得更好。

请退休的美国总统克林顿来四川访问，并去四川绵竹剑南春集团参观，并作了专题报告。这当然是运用名人效应，提高四川和剑南春品牌的知名度。从市场经济高度发展以来，卖方市场全方位向买方专场转化，产品越来越难卖，市场竞争越来越激烈。人们的消费观念也在不断变化，不仅追求商品实用性，也更追求其享受性，越来越重视商品的品牌。品牌不仅是产品区别的标志，而且还含有无形的价值，品牌好的、大的、强的商品总是比品牌差的、小的、弱的更容易获得消费者的认可和追随，更容易获得更多、更大的利润。在商品推销实际中，深刻认识到品牌效应是市场销售的一把利剑。比如一个法国原装的 LV 皮包，动辄要上万元。是不是该皮包的牛皮与其他皮包的牛皮不一样？就一定比其他皮包的牛皮好？其实并不见得。关键是 LV 作为世界知名的皮具品牌，其强大的影响力、信誉力和公认度已在全世界消费者心目中不可替代。因此，再贵也不乏追随者。因为这种皮具一佩戴在人们身上，就成为一种高贵、身份的象征，消费者就愿意在上面花钱。

商品推销中的品牌效应，已成为现在市场营销学、推销学研究的重要课题。通过广告等多种形式去介绍产品，提高品牌的知名度，或说提升产品品牌的无形价值，已成为企业营销战略的重要组成部分，也是企业经营艺术的重要方面。企业应深刻认识创"名牌"是一个漫长的过程，不是一朝一夕之事。"名牌"托起了企业的知名度，而企业的知名度又维护了"名牌"，二者互相依附。名牌的一半是文化，这是企业外部行为识别的途径，企业必须在提高知名度上下工夫。提高知名度的具体做法一般有：

1. 借名争名

指利用名人效应提高知名度。剑南春集团请克林顿这种世界知名人士前往参观、代言。其目的当然是为了提高企业知名度和提升剑南春品牌。

2. 借机买名

指利用某种时机，采用由本企业赞助，从而提高知名度的方法。

3. 借名扬名

指利用国内名牌厂家的加工业务，提高本企业知名度的办法。

4. 借古增名

指利用古诗、古句、古代名人等进行商标注册、产品宣传，来提高知名度的办法。

5. 代店出名

指利用与国外名牌大商业企业联合举办联购、联销，抢占市场制高点来提高知名度的办法。

6. 借名传名

指借用消费者，特别是名人消费者的口碑传名的方法。

其他的方法还有，利用重要人物的活动和新闻媒介扩大声誉和知名度。总之，一切可借用的事物、事件，都可抓住进行利用。事在人为，天下无难事，只怕有心人。

无论采取什么形式去提高知名度，运用品牌效应，也应认真全面考虑。特别是应进行风险分析，也有投入产出的问题。比如广告，当然没有名牌不做广告的，但是也有由于巨额广告支出而使企业破产的。特别是现在，普通电视广告早已让大众视觉疲劳，已经很难引起公众的注意。创名牌、提高企业知名度，这对企业来讲是一项十分艰难的系统工程，不应只考虑外部的宣传、广告，还应从企业的内部做起，从理念到行为都应进行规划，建立起明确的目标，要像爱护眼睛一样去爱护企业的知名度和品牌。因为它们是"易碎品"。创名牌难，提高知名度也难，但是破坏一个名牌，损害企业知名度却是一瞬间的事情。

"女子十二乐坊"是前几年崛起的一支艺术组合，其音乐形式重在把传统音乐与西方音乐相结合，显示了中国音乐在世界上的重要地位和独特魅力，由于在日本、新加坡及其他海外国家拥有不少听众，声誉日隆。创维集团选用"女子十二乐坊"作为形象代言人，与创维独家拥有的"V12 数字引擎"相对应，这种一请就请十二个美女作为代言，给人一种全新的印象。这种营销方式也是整合营销中最基本的一种方式，不同的品牌相互提升，两者都将受益。由于乐队成员可以更换，其真正的核心成员并不多，不会因某个成员的问题而影响品牌，从而也达到有效地规避风险。

案例二十五

机会重要，抓住机会则更重要
——剖析尤伯罗斯经营奥运会的特点

　　1976 年加拿大承办蒙特利尔奥运会亏损达 10 亿美元；1980 年莫斯科奥运会时，苏联政府也花费 90 亿美元之巨。因此，许多国家及城市对 1984 年奥运会都望而生畏，没有勇气承办。但是，1984 年洛杉矶奥运会的经营结果却完全出人意料，不但没有亏本，而且还大有盈余，成为财政上空前成功的一次奥运会。作为这届奥运会组织委员会主席、经营者彼得·尤伯罗斯，从此更是名扬天下，成为世界瞩目的人物。

　　尤伯罗斯生于 1937 年 9 月 2 日。他没有上过大学，二十多岁时创办"客运咨询公司"。为了偿还几十万美元的债务，不辞辛劳地工作着。到了 1965 年，年仅 28 岁的尤伯罗斯，在美国商界确立了他的声誉和地位，并被邀请加入美国"年轻企业总裁组织"，是这个组织有史以来最年轻的成员之一。他并不以"客运咨询公司"赚钱为满足，而是以这家公司为发展事业的起点。发售股票，这是西方企业集资最常用的方法之一。利用筹集的资金，开拓新的事业。他首先收购小规模的旅行社，接着扩展到酒店管理，并把几家大旅店购买下来，最后给他带来了大量收入。

　　尤伯罗斯在创业过程中，逐渐形成了他独特的风格，纪律严明、讲究效率、彬彬有礼成了他经营管理的特色。他要求下属也必须这样做，为此他特意立了条例。他不喜欢公司人员在他面前说话吞吞吐吐，含糊其辞，要求开门见山、直言不讳。他鄙视阿谀奉承，讲话从不拐弯抹角。这些都是促进他事业发展的方法。同时，他还是"家和万事兴"论的支持者，力促公司工作人员家庭和睦，明文规定公司的员工回家乡或参加娱乐性的聚会必须带上配偶。他的妻子是贤妻良母，自己是好丈夫、好父亲。他每年至少读三十本左右的历史书籍。在公司里，他对员工一视同仁。他经常雇佣年龄虽大，但有专业才能，合乎公司需要的人，他让年纪较轻的人担负责任较重的工作。他还打破旅游业的惯例，把许多女性提升到经理的职位，因而他的公司里有许多年轻的女经理。他用人的原则是以一个人的才能为基础。他的公司里各部门的负责人都是具有专业才能的精英。

　　当 1984 年奥运会承办一时无人敢于问津的情况下，美国洛杉矶市勇敢请战，市长布莱德于 1977 年写信给美国奥林匹克委员会说："我们打算以斯巴达的精神和商业化的方式来筹办奥运会。我们相信，以我们现有的设备及管理能力，不至于使奥运会再发生巨额亏损。如果这种赔钱的趋势无法遏止，奥运会的前途将不乐观。"国际奥委会的若干人士对此强调盈亏的做法虽不以为然，但苦于接棒乏人，只好接受洛杉矶当局的做法。1978 年，洛杉矶市议会决定，这次奥运会不动用任何公共基金。找谁经办呢？洛杉矶奥委会第一次找尤伯罗斯时，他认为巧妇难做无米之炊，拒绝了。但委员会求贤若渴，再三与尤伯罗斯商洽，他终于接手这一具有极大挑战性的工作。

尤伯罗斯于 1979 年 4 月 1 日起正式筹办洛杉矶奥运会，他将这次机会当作一项试验，提出"不铺张，不负债，符合要求"的举措。刚开始，尤伯罗斯和组委会人员没有秘书，没有电话，甚至没有专用的办公室。当房东知道这家由私人经营、非盈利的所谓"奥林匹克公司"手头没有经费时，竟把房门的钥匙给换了。在起步困难面前，尤伯罗斯以经营企业的做法筹办这次奥运会。他以 1000 万美元将自己的"第一旅游"公司转让了出去，然后很快雇佣一些熟练的经理人员来处理具体事务。从 1983 年 1 月起，7.2 万名工作人员中有半数左右在运动会期间不支薪，承担义务工作。为了对他们表示敬意，尤伯罗斯也不拿薪水，成了一个不要任何报酬的"沃伦梯尔"（Volunteer）。在志愿参加者的精神感召下，这届奥运会出现了许许多多义务工作人员，仅来自加利福尼亚南部各地的就有 4 万人。在尤伯罗斯的主持经办下，第 23 届奥运会于 1984 年 7 月 28 日在洛杉矶纪念体育场开幕，8 月 12 日闭幕，观众多达 570 余万人，创下了空前纪录，这届奥运会有 2.5 亿美元的盈余，获得了奥运会在财政上史无前例的巨大成功。

尤伯罗斯筹办的该届奥运会获得了财政上的空前成功，其特点在哪里呢？首先是他的主导思维是，"不是举办而是经营"。把举办奥运会看成一次商业机会去进行试验，像对待企业一样进行经营；其次是借鉴前几届奥运会耗资巨大，亏损惨重的教训，全面规划，开源节流。节流从全方位考虑，前几届承担庞大的建筑设备成本，而洛杉矶却有现成的可用的运动场地，三所大学学生宿舍可作为选手下榻的奥运村，不另建，这就节省了巨额开支。另外带头推行志愿参加者活动，也节约了不少开支。开源更是他作为精明企业家的特长，尤伯罗斯亲自谈判一宗宗赞助合约，运用他卓越的推销才能，挑起同业之间的竞争，他还以外国竞争者相威胁，争取本国厂商出资赞助的手法来获取资金。他审慎选择了 30 家赞助厂商，共出资 1.17 亿美元。美国的第一联美银行捐助近 200 万美元。尤伯罗斯还找来 50 家供应商，从杂货店到废物处理公司都有，要求这些公司至少捐助 400 万美元才能和奥运会做生意。他还实行美国三大电视网争夺独家播映权的办法。使得美国广播公司出资 2.25 亿美元夺得播映权。火炬接力采取捐款的办法，也是他想出来的。火炬在希腊点燃，全程 1.5 万千米，其传递权以每千米 3000 美元出售。全部捐款后来由尤伯罗斯捐给慈善机构，这是他的另一高招。这届奥运会期间，山姆鹰的标志也作为商标专利出售。此外，他印了 800 万张门票，每张平均售价 18 美元，虽未全部售完，其收入也有 9000 万美元。

这届奥运会的预算经费达 5.25 亿美元之巨，但在尤伯罗斯经营有术、生财有道、筹办有方的情况下，不但无亏损，而且约盈余 2.5 亿美元。美国奥委会鉴于尤伯罗斯劳苦功高，特从盈利中拨出 47.5 万美元奖给他，他收到这笔奖金后全部捐赠给慈善机构。

1984 年洛杉矶奥运会，是奥运史上较成功的一次。不但表现在财政收支上有盈余，更表现在本届奥运会是奥林匹克运动史上规模最大的运动会。尤伯罗斯的名字也与这届奥运会连一起。他以做生意、经营企业的手法筹办这次奥运会，虽毁誉不一，但却给人们留下极好的印象。他年轻有为，敢于接受挑战，奥运会结束后，他应聘担任美国棒球委员会主席。尤伯罗斯的成功，正好应验了西方企业界流行的一句名言："对于一个企业家来说，机会固然重要，但是善于抓住机会则更为重要。"

案例二十六

世界第一饮料品牌——可口可乐的起源、发展及其广告推销战略

19 世纪后期，美国佐治亚州的亚特兰大市，有一位业余药剂师约翰·彭伯顿，他本是一家杂货店的老板，但闲来总喜欢摆弄实验用的玻璃器皿和各种药水，期望能发明什么新药剂。1886 年 5 月的一天，他将几种提神、止渴、清心的药剂糖浆混在一起，又加了些咖啡因、糖和普通汽水，经搅拌后便呈现出清新的浓绿色，于是早期的可口可乐便应运而生了，且口感好，回味无穷。"可口可乐"名称来源于"古柯"和"柯拉"两词的谐音，因其主要成分是从南美特有植物古柯树叶和柯拉树籽中提取的，故发明者将其命名为"可口可乐"。自 1886 年就定下了该饮料由十四种原料组成的配方，一直被密封在亚特兰大市银行的保险柜里，成为秘而不传的专利。

100 多年来，可口可乐数易其主，但始终雄霸世界饮料市场。1992 年 12 月 29 日，德国《世界报》公布的《世界十大著名商标排行榜》中，可口可乐位居榜首；美国可口可乐公司在 1972 年就将其商标定价 22 亿美元，得到国际公认。可口可乐的诱人风味，吸引着当今世界 150 多个国家和地区的广大消费者，每天销售量超过 3 亿瓶，年营业额达 68 亿美元，稳坐世界无酒精饮料之王的宝座。

可口可乐之所以能取得这样辉煌的成就，除了以高质量取胜外，精美别致的商标、独特的风味和装潢、廉价广告及巧妙市场对策等，是使其经久不衰的主要秘诀。可口可乐的商标，是由发明者约翰·彭伯顿的会计、出色的画家鲁宾逊精心琢磨绘制而成。至今，可口可乐仍使用原来的商标，并以各种文字影响全世界。可口可乐的第一任主人彭伯顿，开始对市场销路非常自信，迫不及待地大批推向市场，消费者一时难以习惯可口可乐的味道，公司又未及时采取措施加以改进，他仅经营一年就破产，不久便郁郁死去。在彭伯顿危难之际，药品杂货商阿萨·康德勒以 283 美元的很微小的代价买下了可口可乐专利，成为第二位主人。康德勒是个善于言辞、经营有术的生意人。他细心分析了销路不佳的原因，经过反复苦心研试，并作了两方面的改革：一是增加原料，把糖浆溶进液体，改变饮料的味道和颜色；二是改变装潢，设计出美观大方的细腰玻璃瓶。经过改革，可口可乐的风味适应了消费者的要求，别具一格的瓶子外观，不仅一看就让人知道

是可口可乐，而且拿在手里感觉舒适，不易被人仿造。经过改变以后，可口可乐很快被亚特兰大市民视为"圣洁的水"，接着整个佐治亚州都盛行起来。到了1902年，可口可乐的销售量骤增为36万加仑，在世界许多地方成了最热门的美国货，第二任主人康德勒也因此成为了百万富翁。

可口可乐真正全面地推向世界，应是它的第四任主人伍德鲁福，他在1921年32岁时接管了可口可乐，抓住时机大力进行广告宣传，并针对不同地区的特征制定其市场对策。第二次世界大战前，可口可乐在法国等欧洲国家的销量非常有限。大战爆发后，精明的可口可乐公司总裁伍德鲁福，看准了廉价广告宣传时机，宣布在全世界任何地方为美国军人生产5美分1瓶的可口可乐，并发起了一场"第二次世界大战与可口可乐"的大宣传，还广泛发行一种题为《战争期间最大限度的努力与休息的重要性》的小册子，说可口可乐是军需品，其重要性不亚于枪炮弹药，得到了美国陆军部的认可，深信它是"提高士气"的饮料佳品，从而得到美国最高当局的巨额订单，要求可口可乐公司以优质高产的服务"支援"反法西斯战争，使其生产达到世界最高纪录。从太平洋东岸到易北河边，美国士兵一共喝掉了100多亿瓶可口可乐。这样可口可乐就随军队飞到了欧洲许多国家，客观地起到了广告宣传作用，接着使可口可乐在英国、法国、瑞士、荷兰、意大利、奥地利等许多国家市场畅销，20世纪40年代中期其年销量就达50多亿瓶，仅可口可乐装瓶厂就增加64家。从此，可口可乐公司成为世界知名的大企业。这些成就都是其第四任主人伍德鲁福苦心经营的结果，使可口可乐夺得世界无酒精饮料之王的桂冠。他也被美国人誉为"可口可乐之父"。

案例二十七

美、日商品推销广告的特征

在发达的现代市场经济条件下，商品广告已经是极普遍的现象。在企业形象竞争日益激烈的今天，广告又是企业视觉识别的一种手段。现在广告学已成为一门专门的学科，广告学认为广告宣传一定要考虑顾客购买的不仅仅是商品本身，广告重点应放在"效益"和"延伸效益"上，广告的一半是文化，是企业形象，广告的好坏不是什么专家评出来的，广告的受众的承认度，才是广告好坏的评价标准。下面分别对当今两个商品经济发达国家——美国和日本商品推销广告的特色进行剖析：

1. 美国商品广告特征

美国是世界头号广告大国，其广告规模、广告手法、广告媒介、广告收入、广告营业额、广告体制和广告法律等，都领先于其他国家。1984年美国电视广告费高达881亿美元，比上一年增长了16.1%，其增长率极高；报纸广告收入增长更显著，达16.2%；杂志更突出，增长率达16.5%。由于洛杉矶奥运会和总统选举等大事件的关系，电视、电视网作为广告媒介的地位越来越突出，越来越被广告主看好。引人注目的有线电视，在美国 20 世纪 80 年代就发展为有力的广告媒体。据调查，有线电视的普及率为 45%，全美国有 3800 万户，对广告主来讲这是不能忽视的数字。据美国《广告时代》杂志调查统计，全美 619 家公司汇总，美国广告业在全世界的营业额、盈利额都保持 17% 的高增长率。总之美国的广告费用、媒介形式、广告业的发展速度，都处于全世界的领先地位。

那么，美国式广告有什么主要特征呢？从总的来看，美国广告遍及各种媒体、地区。其广告覆盖面极宽，可以用"无孔不入"来形容美国广告。例如原美国总统约翰逊的夫人在 1965 年要求国会通过《高速公路美化法案》，以限制美国的公用道路上广告牌的数量。户外广告牌不但使美国公路两旁杂乱无章，甚至在公路上也出现了广告，纽约"声望广告牌公司"之类的企业，用卡车拉着标准规格的广告牌横穿全美。室内情况也是一样，在故事片的录像带上、电脑的程序上、在时装目录内、在摇滚乐唱片的两首歌之间，甚至在曼哈顿庄重的《社会名人录》上都出现了广告。商品目录已成为非传统进行广告宣传最具效果的形式，例如布卢明代尔百货公司曾在商品目录中，登出 5 页广告，吸引本来就准备购物的消费者注意。总之，美国广告无处不有、无处不在。美国声望广告牌公司经理尼尔·威德说："你到什么地方，我们就到什么地方。""你可以对……广告牌视而不见，但如果它们就放在你眼前，除非你是瞎了眼，否则是不可能不看的。"随着电脑的普及，在磁盘里也加进了广告；最不可能上广告的唱片现在也加进了广告。

美国广告的个性化特征很突出，请名人、明星、美女代言已成为世界广告流行趋势，但是像美国政府要员甚至总统都成为广告代言人，这是在东方国家不可能出现的事情。美女代言，出现在广告图像中略带刺激性，也较为普遍，但是像美国曾出现带有"黄色"的广告而引发争论，这在其他国家也是极不可能出现的。为了吸引广告接受者的注意，美国广告的个性化已到了不择手段的地步。

广告的一半是文化，美国广告的个性化、随意化不仅与其经济发达、市场竞争有关，也与其文化背景密切相关。美国文化的核心价值观就是个人主义，美国人信奉个人尊严，推崇个人独立思考，独立判断以及依靠自己的力量去实现个人利益，这是对个人的能力、智慧、尊严、价值的重视。美国学者萨姆瓦对个人主义这样解释："广义地讲，个人主义的概念是描写这样一种学说，认为个人利益是或者应该是至高无上的；一切价值、权利和义务都来源于个人。它强调个人的功能性、独立性和利益。"美国广告无处不反映着这种价值观特征。因此，归纳起来，美国广告具有个性化、随意化、无孔不入和为吸引注意不择手段等特征。

2. 日本商品广告特征

从世界范围看，日本是经济高速发展的国家。其日本市场和广告业，是目前外国企业界和广告商所关注的重要方面。第二次世界大战后日本广告业与其国内经济发展同步，1947 年，日本全国拥有 5 家大型广告公司和几十家小型广告公司。日本初期是学习美国的形式，其市场影响力不大。20世纪70年代日本广告业迎来了发展高峰，广告业也逐步社会化，使之成为对国内经济和社会最有影响的力量。从市场营销角度考察，日本是世界上最挑剔的市场之一，同时又是最有利可图的市场之一。日本顾客比世界其他地区的顾客更相信广告，要想在日本市场获得利润，持续地、大规模进行广告投入是非常必要的。外国经济专家认为："想在日本市场成为一个成功者，外国广告必须具备三个条件：金钱、时间与耐心。"日本广告业务是根据广告媒介而不是产品种类分摊广告预算，这就使广告业复杂化而出现较多投机现象。

日本广告的特征，从整体概念上发生了变化，从实事求是转向纯销售性广告。日本人不喜欢竞争性广告，报纸经常拒绝具有竞争性或会引起不愉快的产品对比广告。对外商的态度也是同样的，他们不喜欢干脆、有刺激性的字眼。英文广告在保留原意的前提下，必须完全改写成日语。日本文字有4种书写方式，每一种方式都给人不同的印象和效果。4种方式是：汉字、平假名、片假名、罗马字。他们认为，汉字给人一种规范、硬性的印象，在广告中不能用得太多，平常多用于有关妇女用品的广告。片假名多用于表达外国文字，给人干脆而直接的感受，如果直接使用英文，会给人造成陌生与异国产品的情调。日本人对书写的细微差别极为敏感，广告中书写方式的混合使用是非常必要的。近来日本广告开始从"硬"销售转向了"软"销售，追求人的价值、和平、安宁、回归自然等主题。日本人制作的广告，内容一般与商品本身无关，他们讲究的是广告给人的感觉，而不是商品本身的感觉，这是日本广告与其他国家广告不同的地方。

日本广告风格，不是介绍有关商品的优点以及购买商品的好处，其重点是靠美丽的画面及优美的形容词来包装，从而引起人们对商品的注意。也许有些广告界人士会认为这样的广告是失败的，可是在日本，这样的广告却很受人们欢迎。在日本，广告覆盖面也是很宽的，这说明其经济高度发展。如果你经常注意日本广告，你会有趣地发现，大多数日本广告，都有英语旁白或英语字幕。其实，日本人懂英语的并不多，这完全是基于日本人爱新鲜及崇洋心理。这也是为什么许多著名西方艺人在日本广告业吃香的原因。如果都用这种形式去增加号召力，久而久之，人们很快就会失去新鲜感。

其实日本广告的真实风格，是挖空心思，从新、奇、文化内涵等多方面进行创造。可以说日本广告风格是"用心良苦"，例如：日本有一种叫"渴而必思"的老幼咸宜的营养饮料，经过反复征集研究，最后采用了一位语文教师的广告创意"喝上一杯——初恋般的味道"的广告语，简捷易懂，寓意风趣，又超脱了古老传统，反映了年轻一代的心声，符合大众口味，该广告很快传遍了日本各地，数十年来，广告语连同"渴而必思"一起，几乎步入了所有日本家庭。

丰田汽车广告——车到山前必有路，有路就有丰田车；

日本儿童鞋广告——像母亲的手一样柔软，舒适；

精工牌情侣表广告——有时候，爱情应该是看得见的；

……

总之，日本广告的特色，是更多注意用广告画面、文字、文化等特色去吸引大众注意力，对产品的直接介绍很少，竞争性介绍更是回避的，这反映了日本文化对企业经营理念的深刻影响，日本人更崇尚信念和情感力量，总是避免人为的情感损伤，反映在广告中，总是不运用有伤害性的语言。

美、日两国是经济大国，广告业都很发达，日本是后来才赶上的，但是两者的商品推销广告却有很大的差异性，这与其文化背景密切相关：美国广告具有个性化、随意性和无孔不入的特点，而日本广告则是慎重而更多地挖空心思追求其文化内涵，可以说日本广告总是用心良苦。研究美、日两国的广告业，对我们走出国门，研究国际市场，是很有借鉴价值的。

案例二十八

商品推销的基石——企业形象

20 世纪 90 年代，世界经济界普遍认为：21 世纪将进入信息时代，知识经济会全方位形成，经商将向儒商转化。目前，市场竞争越来越激烈，企业形象竞争成为主体。企业形象的好坏，将关系着企业的生死存亡。所谓企业形象，是指一个企业一系列经济行为的客观综合反应。这是环境或者说外部世界对企业整体行为的反馈，其好坏直接影响着企业的生存与发展。如何树立良好的企业形象，已成为当代优秀企业的战略思维。下面从一些实例进行探讨和分析：

1. CI 战略

从世界范围考察，最早意识到企业形象是企业生命线的企业，应首推美国 IBM 公司（美国国际商用机器公司）。在 20 世纪中期，它就率先引入 CI 战略。

所谓 CI 战略，又称为 CIS 战略，其全名是：Carporate Identity System，通常译为"企业识别系统"，CIS 只是其英语缩写，也常简称为 CI。这种识别，最早起源于 20 世纪初期美国沿海码头，搬运工人为了区别所搬运的货物，而采用了一定的特别标志，其效果极佳。随着市场经济的高速发展，特别是第二次世界大战以后，世界经济快速增长，市场全面转向买方市场，同样一种商品顾客可以从多种品牌中选择。在美国，去购买一双皮鞋可以有 2000 多个品牌供你选择，其市场竞争何等激烈可想而知。要想消费者在众多品牌中能识别你的企业生产或经营的品牌，确实不是一种容易的事情。因此，企业的 CI 战略就应运而生，其目的就是塑造出与其他企业不同的特色，即个性化的企业形象。推行 CI 战略，企业理念识别是根本，是驱动企业行为的基本力量。理念的实质是个性化的企业精神，不仅是企业决策者的创意，而且，必须让全体员工理解、认可的共同精神支柱和行动指南。一个企业一旦形成了这种独特的"企业精神"或"企业文化"，就会产生巨大的推动力，促使上下一致为之奋斗，这样才可能塑造出全新的企业形象。

最早引入 CI 战略的 IBM 公司，通过实践提出：

信条：尊重人，顾客至上，追求完美。

道德规范：在任何情况下都不批评竞争对手的产品。

座右铭：诚实。

口号：IBM 就是服务。

IBM 公司推行 CI 战略取得了巨大成功，不仅推动了美国 CI 战略高潮的到来，接着传入欧洲，20 世纪 60 年代又传入日本，90 年代才大量引入中国。IBM 公司总裁小汤姆斯·华生这样说："在急剧变化的世界中，将 IBM 团结在一起的共同因素不是它的技术，而是它独有的伦理和文化。作为公司的主要动力不能仅仅过分强调信仰有多么重要，这种信仰应成为与其他公司竞争的特殊管理风格。"

2. 伊藤忠商社"八八计划"

在日本综合商社中走在前列的"伊藤忠商社"，在导入 CI 策划后，为塑造良好企业形象取得了极佳效果，从而使商社走向世界，取得了全面发展。在 1986 年 3 月 19 日，伊藤忠商社的社长米仓功，在东京对全体员工发表向国际综合商社发展的"八八计划"，提出下述 10 个要点：

（1）关于 20 世纪 80 年代均衡经营的达成；

（2）"八八计划"的研讨程序；

（3）对过去 20 年伊藤忠商社经营状况的反省；

（4）对今后形势的判断；

（5）10 年后伊藤忠商社的形象；

（6）"八八计划"的重要性及其地位；

（7）"八八计划"的基本方针；

（8）重点实施的政策；

（9）计量计划；

（10）对全体员工的希望。

米仓功在预测今后形势时说："社会必定走向情报化、高度技术化、服务化、程序（软件）化、国际化和高龄化。"接着他要求：伊藤忠商社员工应成为"新国际人"，每个员工遇事都要成为"阿拉伯的劳伦斯"（劳伦斯的本名叫托马斯·埃德瓦德·劳伦斯，生于 1888 年，是英国的探险家、考古学家。作为一名军人，在第一次世界大战爆发时，他成为陆军的情报长官，领导了阿拉伯世界的起义，战后，继续为阿拉伯世界独立工作）。这种要求的实质，是希望商社员工应具有"本土化意识"，不要"扛着日本国旗，肩负国家使命，却惦记着三年后就回国"，要安心在国外工作。

米仓功还要求：作为企业形象，要被称为"国际综合企业"，必须改变素质。10 年后，商社必须具备在世界各地及时处理各种事务的机能，实现国内、国外融为一体，没有空间障碍的梦想，并提出其企业理念："新国际人和阿拉伯的劳伦斯。"

3. 各知名企业的 CI 战略

从世界范围考察，20 世纪后期，很多著名企业都把塑造企业形象作为战略思维，并都取得了不同的成效。虽然导入 CI 战略需要有较长期的资金投入，但其回报率远远大于企业其他方面的投入。据美国统计，在推行 CI 战略中，每投入 1 美元将有 227 美元的回报。下面介绍不同企业的理念及做法：

争取第一，第一主义；

服务是人生最高的道德；

人的管理是所有管理中最重要的。

——韩国三星集团公司

宗旨：以服务顾客为经营目标；

信条：我们每一个人都代表公司。

——美国波音公司

顾客第一；

诚实、和睦、公私分明；

放眼世界，努力改进经营管理，发明新技术。

——日本三菱公司

宗旨：安全、迅速、舒适、清洁；

口号：公司问题员工解决；员工问题公司来解决。

——民生公司

另外从我国一些企业来看都有其特定的企业精神，如：海尔——"世界竞争精神"；万科——"美化城市"；长虹——"产业报国"；黄金灯饰——"服务全国甚至全球的精神"……这些企业都证明了 21 世纪企业形象已成为企业的生命线，形象是企业上下一致，艰苦奋斗所创造出来的，不是某个"权威"或者僵化的命令所能实现的。

企业形象与创名牌是企业发展的两个方面，它们相互依托，互为条件，而且都与建立全新的企业文化密切相关。当今的企业家们都把这方面作为企业发展的战略思维，同时也是企业商品推销与市场竞争的重要基石。

案例二十九

"海尔"在营销中的"亮剑"精神

《亮剑》是近年国内收视率极高的电视剧，其主角李云龙从一个普通农民，身经百战而成为中国人民解放军的高级将领，他天性淳朴勇猛，具有献身革命事业、追求真理的坚强信念。在战场上，他百战百胜；在部队，因"不听话"他曾五次从团级干部撤下，但依然无怨无悔，坚持对真理的执著追求。李云龙最后在军事学院高级指挥班毕业时的论文对"亮剑"这样描述："面对强大的对手，明知不敌也要毅然亮剑。即使倒下，也要成为一座山，一道岭。这便是'亮剑'精神，也是中国军人的军魂。"这种豪迈和阳刚的英雄气概，发人深省，让人崇敬。

　　青岛海尔集团，是由小到大发展起来的电器集团公司。只要你一进入青岛市，市民就会问你海尔怎么样。他们把海尔作为青岛人的骄傲。其创始人张瑞敏就是一位在现代商界具有"亮剑"精神的企业家。起步之初，他就提出"世界竞争精神"。他的这种理念，深得海尔职工的赞同，成为企业的精神支柱。海尔网络营销，从我国国情看是起步早、有魄力的"亮剑"行为。在要么触网、要么死亡的互联网时代，海尔公司 2000 年 3 月开始与 SAP 公司合作，首先进行企业自身的 ERP 改造，随后便着手搭建 BBP 采购平台。从平台交易量来讲，海尔集团可以说是中国最大的一家电子商务公司。2002 年，海尔就建立起了网络会议室，在全国主要城市开通了 9999 客户电话服务。在"非典"发生时真正体现出了它巨大的商业价值和独有的战略魅力。海尔如鱼得水般地坐在视频会议桌前调兵遣将。通过 BBP 交易平台，每月接到 6000 多个销售订单，定制产品品种超过7000 个，采购的物料品种达 15 万种。新物流体系降低呆滞物资 73.8%，库存占压资金减少 67%。几年前，海尔集团采用了 SAP 公司为之搭建的国际物流中心，成为国内首家达到世界领先水平的物流中心。网络营销远比广告和销售渠道快捷，更重要的是企业系统化的网络体制，这在当时被企业界称为典范。

　　张瑞敏在评价该物流中心时说："在网络经济时代，一个现代企业，如果没有现代物流，就意味着没有物可流。对海尔来讲，物流不仅可以使我们实现 3 个零的目标，即零库存、零距离和零营运资本，更给了我们在市场竞争取胜的核心竞争力。"在海尔，仓库不再是储存物资的"水库"，而是一条流动的"河"，河中流动的是按单采购生产必需的物资，也就是按订单来进行采购、制造。这样，从根本上消除了呆滞物资，消灭了库存。海尔通过整合内部资源，优化外部资源使供应商由原来的 2336 家优化至 978 家，国际化供应商的比例却上升了 20%，建立了全球供应链网络，有力地保障了海尔产品的质量和交货期。不仅如此，更有一批国际化大公司已经以其高科技和新技术参与到海尔产品的前端设计中，目前可以参与产品开发的供应商比例已高达 32.5%，实现了三个 JIT，即及时采购、及时配送和及时分拨物流的同步流程。目前通过海尔的 BBP 采购平台，所有的供应商均在网上接受订单，并通过网上查询计划与库存，及时补货、实现 JIT 采购。货物入库后，物流部门可根据次日的生产计划利用 ERP 信息系统进行配料，同时根据看板管理 4 小时送料到工位，实现 JIT 配送；生产部门按照 B2B、B2C订单的需求完成订单后，满足用户个性化需求定制的产品通过海尔全球配送网络送达用户手中。目前海尔在中心城市实行 8 小时配送到位，区域内 24 小时配送到位，全国 4 天内到位。海尔在物流方面所做的探讨与成功，尤其是采用国际先

谈判与推销技巧

进的协同电子商务系统，进一步提升了海尔的核心竞争力。

　　一个企业，在当代高科技的市场经济条件下，要想在强手如林的竞争对手面前，敢于在市场营销中"亮剑"，就必须建立具有"亮剑"精神的营销队伍。这个队伍的带头者，首先要有这种精神。营销从本质分析，不同于战争，但营销过程在相当大的程度上等同于战争的过程。对中国企业来说，我们要在全球商业环境中面向世界级的品牌"亮剑"，让中国企业的品牌成为世界名牌。从商业营销的根本实质看，它是一种提供"商业普惠"的社会人文关爱。营销充满了创造、设计、激情、进取、满足和关爱，这与战争截然不同，但营销的过程和战场一样，始终洋溢着激情与进取，克服各种困难去争取成功。这就需要我们建立一支具有追求真理和敢于"亮剑"精神的营销队伍。这支队伍营销目标的制定要有科学性，对资源调控上要有艺术性，对营销全局要有统筹能力；对营销市场的变化及盈亏要有敏感性和承受能力。这支队伍一定要选好带头人，他（她）不仅应具有公平、无私、知识和技能，还应具有一种精神上的人格感染力，有壮志凌云的气度和敢作敢为的魄力。只有具有这种魅力的带头者，才可能真正建立起敢于"亮剑"的营销团队。海尔集团正是因为有这样的精神和团队意识，才敢于在世界强手面前"亮剑"。海尔通过计算机网络，在企业外部，海尔CRM（客户关系管理）和BBP（电子商务平台）的应用，架起了与全球用户资源网、全球供应链资源网的桥梁，实现了与用户的零距离。目前，海尔100%的采购订单由网上下达，使采购周期由原来的平均10天降低到3天，网上支付已达到总支付的20%。在企业内部不仅降低了人工成本，提高了劳动效率，还直接提升了物流过程的精细化水平，达到质量零缺陷的目的，同时也达到了零营运资本的目的。这种面向世界先进水平敢于"亮剑"的精神，正是海尔的可贵之处。

案例三十

多元国际化经营的实业家李嘉诚

　　家境清贫的李嘉诚，原籍广东潮安。幼时读书不多，因生活困难，13岁便辍学从商。最初在香港当玩具推销员，经多年努力，有了一点资金，开了一家小型塑料厂。从1950年起他创立了长江实业有限公司，专门生产玩具和家庭用品，其产品主要销往欧洲和北美市场。20世纪50年代后期，欧美市场兴起了塑料花热潮，几乎家家户户和办公室都喜欢用塑料花草做点缀装饰品。这类塑料制品，成了当时香港大量出口的货品之一。1957年，长江实业公司大量生产塑料花，由于生意兴隆，赚了大钱，为他以后的发展奠定了经济基础。

　　素有"东方明珠"之称的香港，就面积而言，只是在世界地图上用放大镜才能找到的一个小点，不过是弹丸之地，但人口密度与年俱增。20世纪50年代后，香港开始起飞。由于它的特殊地理位置和经济条件，地域狭小，人口密集，百业兴旺，房地产需求量大增，价格有直线上升趋势。李嘉诚经过深思熟虑之后，抓住时机，重新调整长江实业公司的业务方向，开始了房地产业经营。当时，他目光远大而很有魄力，趁土地尚未涨价之际买进了大片土地，贷款兴建楼房然后再出售。不过几年，他的资产翻了几倍，成了香港最著名的房地产商和亿万富翁。据资料介绍：到 1972 年底，长江实业公司的楼房面积已有 1750 万平方英尺（1 平方英尺 = 0.093 平方米），居香港房地产商之首；此外，还拥有 120 万平方英尺乙种换地权益书和 60 万平方英尺可开发的土地，成了除香港政府外，香港最大的土地拥有者。到 1982 年，长江实业光建筑楼房的土地面积就达 2900 万平方英尺。

房地产业的发展为他打下了坚实的经济基础。他为了扩充业务，争取更多的利益，就向市民发行股票以筹集资金。市民在货币贬值的压力下，也想购买股票来投资生利。1972 年，长江实业公司的股票上市，由于房地产生意兴隆，股票红利很大，使该公司的业务锦上添花。除股票外，李嘉诚还经营酒店、金融等其他业务，他先后出任过汇丰银行董事，加拿大怡东财务公司董事等职。他不愧是经济界的一条猛龙，业务日渐国际化，他除了注重发展同祖国的关系外，其业务经营早已越洋跨海遍及世界各地。例如，1985 年 7 月，李嘉诚与我国国营的侨光置业公司合组宜宾地产有限公司（其股份长江占 70%，侨光占 30%），投得沙田铁路维修站的发展权，投资额为 3.8 亿港元。同年他又与另一国营的侨业公司联合，与美国凯沙水泥公司合办中国水泥公司，并在新界建了一个价值 2 亿多美元的水泥厂，仅长江公司投资额就达 10 亿港元之多。此外，他还购买凯沙水泥公司 9.5% 的股权，耗资 1240 万美元。为了发展业务之急用，早在 1982 年，他就与外国财团洽商了 1 笔 2 亿美元的贷款，期限 5 年，利息和手续费都相当低廉。这就不难看出他确实具有深谋远虑的战略思维。正是这种多元国际化的经营战略，使长江实业公司的业务快速发展，5 年剧增了 3 倍。其联营公司和附属公司共有 103 家，其中 72 家为附属公司，31 家联营公司。1978 年长江实业公司纯利润 2.44 亿港元，引起经济界的注目，1980 年达 9 亿港元，1981 年的综合利润达 13.854 亿港元。这种增长速度从世界经济界来考察，均不多见。

1979 年 9 月 25 日，不仅是长江实业公司老板李嘉诚的重要日子，也是香港经济史上重要的一天。香港汇丰银行决定将英国人控股的"和记黄埔公司"22.2% 的股份售给长江实业公司，这样，该公司就成了香港第一家控制英资财团的华资财团。这次收购"和记黄埔"的股票价值达 6.3 亿港元。1981 年初，李嘉诚成为"和记黄埔"董事会主席，华人主持英资洋行的工作，在香港历史上是罕见的。因为此事，1981 年李嘉诚被选为 1980 年"香港风云人物"。

李嘉诚的成功并不完全是冒险和投机，而是勤奋地从生产塑料花开始创业，有魄力地抓住时机经营房地产，继而采用多元国际化经营，使其一跃成为最著名的华人实业家之一。

谈判与推销技巧

案例三十一

贫民出身的"经营之神"——松下幸之助

松下幸之助于 1895 年出生在日本一贫民家庭。踏入社会之初在一家自行车店当学徒，每天收入约 0.25 美元，生活非常艰辛。美国著名科学家爱迪生发明电灯的消息传到日本时，松下幸之助受到很大鼓舞。他辞去原有固定收入的工作，在没有资金和工作经验的情况下，着手创办企业。1918 年松下电器公司正式成立。他的第一项产品是双插座接合器，所谓制造工厂就在他家的客厅。这种插座可同时插上两个插头，方便了广大居民，故生意日渐兴隆，在不到十年的时间，一跃而成为日本电器业的领导者。松下公司之所以能有今天，与松下本人对经商的认识及管理有方、经营得法密不可分。其主要特征如下：

1. 热情、服务、艺术性

松下幸之助最注重的是经营者的热情。他指出：经营者的必备条件很多，但最基本的还是热情。无论遇到什么艰难险阻，只要你以高度的热情工作，就会摆脱艰险，创造出日新月异的业绩。大家也才会被你的热情所感染、折服，而愿意与你同甘共苦。单凭知识和智慧进行经营的人，未必会成为一个好的经营者。有了饱满的工作热情，还要有不断向上的进取心。世界是在不断运动着的，所以，思想必须每天都有进步。他举例说：有 10 名职工的时候，就要考虑到以后有 15 人时的情形。就好比本月的销售额是 1000 万日元，但要考虑下个月怎样才能达到 1500 万日元。他的一系列经营思想都有自己的独到见地，并且在经营过程中融会贯通。

松下认为，企业有责任使人们享受到自来水似的产品与服务，到处可取，人人可用，把服务提升为经营的重要目的之一。他认为要创造价廉物美的产品，给世界带来繁荣和幸福。对老产品质量提高和改进的同时，不断开发新产品，根据社会和顾客需要提供完备的服务，注意发现各公司的长处，并向它们学习和增进彼此的关系。他的经营服务思想自成体系，得到世界各国企业家的重视和仿效。

松下把经营作为一种综合艺术，而且运用自如。他把经营者作为广义上的艺术家看待。经营者是以立体或通向四面八方的广阔艺术为目的的，经营是综合性的现实艺术，经营者必须以这种观点看待自己的工作。任何人都不应以单纯赚钱来看待经营者。他强调经营者除了领略工作顺利时的喜悦外，还要有能力应付各种因素和困难带来的烦恼。无论是喜悦或烦恼时，都要正确对待来自公司内部的"杂音"。如完全不听，就会变成武断；也不能被杂音所淹没，把自己的思想搞乱。一个好的经营者要明辨"杂音"。若明辨不了而误诊，将给公司带来很大的损失。

上述这种热情、服务和艺术性是松下的主导经营思想，他说："我自确立了经营思想之后，信心较以前更坚强。不论对员工、对顾客，认为该说的就说，该做的就做，毫不迟疑。企业经营的信心也日益增强。"正是由于这一系列卓越经营思想的指导，才形成了使世界瞩目的松下经营、管理艺术。

2. 树立自己的企业精神和加强员工培训

与很多企业相比，特别是与同期创办的美国通用汽车公司、电话电报公司等比较，会发现松下公司更具有活力，特别是企业的整体活力很强。为什么呢？当你详细了解和剖析松下及其公司的行为，会发现一个重要因素就是有公司上下一致认同的"理念"，或者说企业精神在起作用。松下规定企业的原则是："认识实业家的责任，鼓励进步，促进全社会的福利，致力于世界文化的进一步发展。"这种"精神价值观"得到员工认同而被鼓舞。同时，松下给职工规定的信条是：进步和发展只能通过公司每个人的共同努力和合作才能实现。他还提出一系列"精神价值观"的行为目标：企业为国家服务；公平；和谐与合作；力求进步；礼貌与谦虚；互相适应与同化；感谢等。正是在这种"企业精神"的作用下，松下这样机构繁杂、权力分散的公司在工作上有了向心力和连续性。他还非常重视对员工进行这方面的基本训练，对新录用的人员尤其如此。每天上午 8 时，松下遍布日本的 8.7 万名职工都在背诵他的精神价值观，放声高唱公司之歌。这在日本企业中是第一家。松下在解释这种精神时说："如果你犯了一个诚实的错误，公司是会饶恕你的，将其作为参加学习的学费，从中吸取教训。然而你背离公司的原则就会受到严厉批评，直至解雇。"

"National"不仅是松下公司的电器商标，也是松下的象征。松下公司的员工都知道，公司的哲学不是强调产品，而是强调创造产品的人。松下以"训练和职业发展"七字为方针，来训练具有高度生产力与技能的工人。受世界经济衰退的影响，松下集团在新加坡开设的公司销售萎缩，生产减少，公司没有裁减工人，而是加强职工培训，不惜用较大花费开办广泛综合教育与业务训练，共培训了1300 多名工人。通过训练，不但提高了工人的生产技术，而且使人感到公司在困难时期能与工人同舟共济，加深了工人对公司的感情，从而使公司生产力大幅度提高。在提高生产力方面，公司采取了两项措施：一是建立职工建议制度。公司每年都举办职工建议竞赛，鼓励每个职工提出各种建议，公司对每项建议都认真研究，对建议有成效者给予物质奖励。二是全面品质管理制度，包括开展每天的早晨集合、技能竞赛、生产安全检查、劳动保健、不合格产品展示等活动。松下一再强调，他们所生产的"不是电器而是人"。

美国哈佛大学企业经营研究所所长约翰·H. 麦克哈瑟亲赴日本邀请松下去哈佛大学开办《松下幸之助经营管理学讲座》，并签订了协议。这说明松下的经营思想和管理艺术已经成熟，并获得了美国学术界的肯定。正是在这些思想和艺术及其指导下的成功实践，确立了他在松下公司乃至日本企业界"一代宗师"的地位。

3. "经营之神"的实践经验

松下的实践经验主要有下面几个方面：

（1）形成以 VHD 集团为中心的"内联外引"。首先，在国内松下联合日本胜利公司组成 VHD 集团，并以此为骨干联盟了十多个厂家。该集团不但集中了各企业的技术骨干，加速新产品开发，同时横向联系更有利于取长补短，择优汰劣，从而使其电器产品品质优良稳定。松下电器品种虽多，但只有三种牌子，其中"乐声"牌最为著名，被誉为日本第一。由于国内的广泛联合，确立了松下公司的"盟主地位"。其次，在国外寻求广泛的国际技术合作。松下公司与美国 RCA 公司和通用电器公司、英国的 EMT 公司、荷兰的飞利浦公司等在新技术开发、新产品研制、新工艺新材料的应用等方面进行合作。对它们已成型的新技术不惜花大的代价引进。这些做法不但广泛获取了商品信息，还学到了别人的先进技术和管理方法，为自己的产品走向世界打开了通道。同时，更重要的是提高了自己，使松下公司在强手如林的激烈竞争中稳操胜券，立于不败之地。

（2）敢于"想别人没想到的，做别人不敢做的"。20 世纪 50 年代初，松下与飞利浦公司谈判技术合作事宜时，要求对方支付经营指导费，这在当时是前所未有的创举。当时日本国力还相当贫弱，这个创举具有深远意义。早在 1937 年松下就与飞利浦公司有往来关系，后因战争而中断。20 世纪 50 年代初，松下通过与欧美各企业广泛接触，最后从技术角度考虑，准备与飞利浦建立合作关系。在商洽中由于松下力主收取"经营指导费"而陷入僵局。松下要求对方对合建的新公司投资 50 万美元，取得 30% 的股份，另要收取经营指导费 6%，对方不接受。理由是组建的新公司是日本的公司，虽由飞利浦提供技术，但实际经营管理却是松下。松下态度非常强硬，认为这是理所当然的，不惜召回赴荷兰的谈判代表。最后几经周折，经营指导费降为 4.5%，双方于 1952 年年底签订了合作合同。

通过与飞利浦合作这件事，松下肯定了自己的经营实力与价值。因为只有荷方的技术还不足以言成功，而自己具有达到成功所必需的经营管理能力则至关重要。

（3）精明的销售战略。松下起源于早期的市场经济，当时还处于卖方市场向买方市场的转变期。人们从销售到推销再到营销，这是经营思维的转变和跳跃，松下经营中具有很强的超前意识，把销售看成系统的战略行为。当日本的惯例用公司创建人的名字做商标时，松下则一反惯例，用"国民"（National）牌作为商标，并以广告形式大力宣传。在具体销售上也与众不同。日本一般是通过独立经营的制造商代表网络销售商品。他却直接把产品交给零售商销售，还为他们提供贸易资金，与他们结成亲密无间的伙伴关系。他还首先采用分期付款销售、在零售门市部设立商品橱窗等一系列创新办法。

松下的销售原则是增加产量，吸收别人经验，促使成本下降，使销售价格也随之下降，从而为竞争者打入市场设下了障碍，使他们感觉市场余地不大，没有吸引力。松下与一般制造商的习惯做法完全不同，他们习惯于降低成本，保持尽可能高的价格，以便尽快收回资本。松下正是靠这一系列创新，形成了自己独特的销售战略。

4. 松下的"生意经"

松下电器产品全世界闻名遐迩，松下幸之助也因其畅销书《松下的秘密》而扬名天下，松下公司被列入世界50家最大公司的名单上。1985年由日本1500多名经济学家、大学教授组织评选的日本"综合经营最佳"的15个公司，松下公司名列第三。从经商角度去考察分析松下公司，归纳其经营实践和言行，大体有以下经验：

（1）生意是为社会大众服务的，因此，利润是它应得到的合理报酬。

（2）不可一直盯着顾客，不可纠缠啰唆。

（3）地点的好坏，比商店的大小更重要；商品的好坏，又比地点的好坏更重要。

（4）商品排列得井然有序，不见得生意就好，反倒是杂乱无章的小店，常有顾客登门。

（5）把交易的对象都看成自己的亲人。能得到顾客的支持，将决定商店的兴衰。

（6）销售前的奉承，不如售后服务。这是制造"永久顾客"的不二法则。

（7）要把顾客的责备，当做"神佛"的话，不论是责备什么，都要欣然接受。

（8）不必忧虑资金的缺乏，该忧虑的是信用不足。

（9）采购要稳定、简化。

（10）只花1元钱的顾客，比花100元的顾客对生意的兴隆更具有根本性的影响力。

（11）不要强迫推销，不是卖顾客喜欢的东西，而是卖对顾客有用的东西。

（12）要多周转资金，100元资金周转10次，就变成1000元了。

（13）遇见顾客来退货时，态度要比原先出售时更和气。

（14）当着顾客的面斥责店员或夫妻吵架，是赶走顾客的"妙方"。

（15）出售好商品是一件善事，为好商品宣传，更是一件善事。

（16）要有这样坚定的自信心和责任感："如果我不从事这种销售，社会就不能圆满运转"。

（17）对批发商要亲切，有正当要求，就要坦诚地原原本本地说出来。

（18）即使赠品只是一张纸，顾客也会高兴的；如果没有赠品，就赠送"笑容"。

（19）要雇店员为自己工作，就要在待遇福利方面制定合理的制度。

（20）要不断创新。美化商品陈列，也是吸引顾客登门的秘诀之一。

（21）浪费一张纸，也会使商品价格上涨。

（22）商品售完缺货，等于是怠慢顾客，这也是商店不能出现的疏忽。这时，应慎重道歉，并说："我们会尽快补寄到府上。"要留下顾客的地址。

（23）严守不二价。减价反而会引起混乱和不愉快，有损信用。

（24）儿童是福神，对携带小孩的顾客，或被派来购物的小孩，要特别照顾。

（25）经常思考当日的损益，要养成不算出今天的损益就不睡觉的习惯。

（26）要得到顾客的信任和夸奖，"只要是这家店卖的，就是好的"。

（27）推销员一定要随身携带一两份商品及广告说明书。

（28）要精神饱满地工作，使店里充满生气和活力，顾客自然会聚集过来。

（29）每天的报纸、广告至少要看一遍。不知道顾客订购的新产品是什么，是商人的耻辱。

（30）商人没有所谓景气不景气，无论情况如何，非赚钱不可。

松下幸之助从思维、理念、做法等一系列创新，形成了他独特的经营魅力，从而在日本甚至全世界都享有很高的声誉，被称为"一代宗师"，被誉为"经营之神"。

案例三十二

从韩国三星的经营策略看国际化竞争

韩国三星电子电器公司，经过 20 世纪 80 年代由小变大的发展，三星已成为全球电子产品的领导品牌。据美国《商业周报》评出的 2006 年度全球最有价值的 100 品牌中，三星以 146.56 亿美元雄踞前 20 强，而老对手日本的索尼以 107.54 亿美元位列 28 位，松下以 37.14 亿美元位列 78 位。在电子产品中，三星已位居世界品牌价值第一。这样一家具有世界影响力的大公司，在进入日本市场后，曾两次被逼撤退，这说明国际化市场竞争的激烈性，特别是在日本市场就更难站住脚，我国海尔的首席执行官张瑞敏曾说过："世界上没有比日本用户对产品质量要求更苛刻的了。"

三星公司第一次从日本市场撤退是 2000 年。早在 20 世纪 80 年代初期，三星就在日本设立分公司，意图进攻日本的白色家电市场，销售洗衣机、冰箱等耐用家电产品，但销售很不理想，其原因有二：一是当时三星公司知名度不高，在日本消费者心中影响力很小；二是日本具有其特有的文化背景，其团队精神在各方面都反映出来，排外的潜意识极强，有意无意都会反映出来。另外因 20 世纪末亚洲金融危机的影响，使三星雪上加霜，无力远顾，因此退出了日本市场。21世纪一开始，三星在全球影像电子产品市场上取得了巨大成功，信心大增，再度猛烈冲击日本市场，并以较低价格发动大规模的市场营销攻势。以三星手机为例，杀入了竞争激烈的日本市场，日本人士分析认为：三星最大的优势在于"能够提供比竞争对手价格低 10 000 日元的廉价机型"，因此三星进入日本市场是"有优势"且"值得期待的"。但是从手机功能方面考察，三星与夏普和 NEC 产品比较，并没有什么优势。从市场占有率看，夏普公司连续五个季度居首位，占30.0%，松下电器产业占13.7%居次席，富士通占13.4%居第三位。夏普主要在单波段电视手机等高端市场具有优势。这反映了日本消费者注重手机性能，注重网络服务的消费心理。三星采用价格和在外观设计上的创新战略并没有取得什么效果。三星品牌在日本市场上与索尼、松下、夏普比较，并无品牌优势。据日本 KaKaKu 网站对8986位日本人进行调查，主要调查对"数码单反相机"最喜欢什么品牌显示：几乎清一色的都是日本本土品牌；据日本市场调查机构统计，电视机在日本市场90%以上被日本夏普、松下、索尼、东芝、日立等企业所占有，韩国三星电子在日本市场仅占0.9%，未列入前十名。日本产品比韩国同类产品的价格高10%时，日本消费者仍然会选择日本产品。这就是品牌的力量，日本企业利用这10%的价格差异就足以把三星逼得无利可图。

为什么韩国三星能在全球市场确立品牌优势，却不能在日本立足呢？这是由于日本市场成熟度很高，日本消费者更注重产品的性能和品牌，对价格的考虑则在其次，对产品的外观和设计更不像我国消费者那样重视，日本消费者对产品质量和性能很重视，是购买时考虑的第一因素。据调查，外观样式在日本消费者心目中仅为极次要因素，在各种购买因素的调查中居14位。三星虽然外观设计很酷，但其性能上与索尼、松下、夏普相比较没有优势。三星认为在日本零售市场利润不高，市场份额不大，三星在日本通过零售渠道和网络销售的家电产品，每年在700亿～800亿韩元之间，仅占日本家电市场总销量1%。故于2007年11月9日，韩国三星电子宣布，由于在日本利润微薄，加之与本土制造企业竞争激烈，三星将逐步退出日本零售家电市场。实际上在2006年8月，三星已经停止了日本的零售店销售，主要通过互联网在日本市场销售LCD电视、DVD播放机、MP3播放器和其他电子产品。从三星的市场营销强势进攻转为撤退，实际上都是现代经营在具体市场条件下采取的应对策略，不能认为进攻才是竞争，其实撤退也是竞争的需要。2007年三星在日本零售市场第二次撤退，从财务角度看，退出不仅对公司赢利没有损害，反而甩掉了一个包袱。但是对于意图称霸全球家电市场的三星电子而言，又怎会仅仅因为财务原因，退出世界上最成熟、影响最大的日本零售市场呢？拟作如下探讨：

从军事角度讲，两军对垒勇者胜，勇者并不是指无谋的莽撞者，而是能根据环境条件进行分析比较，做到能进退自如的智者。我国战国时代创立的围棋，本来是中国国艺，以后进入日本，20世纪初，日本将围棋推向了很高的水平，而成为日本国艺。20世纪70年代以前，日本围棋雄霸天下，70年代以后中国才逐步追上，后来才发现围棋在韩国也很流行，而且棋风犀利，攻击力很强。现在已形成中、日、韩三足鼎立的局面，日本反而较弱，韩国与中国并驾齐驱。类比看商场，特别是加入WTO以后的全球一体化市场，竞争更为激烈而国际化。所以有人这样认为，21世纪将进入儒商时代，这不是说经商者学位较高了，而是善谋者多了。从围棋角度分析，所谓"善变者谋势"。韩国三星品种在以"奥运营销"、"足球营销"等体育项目的包装与拉动下，发动了全球品牌的强大攻势，更以炫人耳目的时尚外观、音乐设计，造就了一个品牌传奇。而日本企业则凭借他们在本土市场多年积累的"厚势"，以对消费者深刻的了解和强大的分销体系联盟，构成了三星无法跨越的障碍。三星在日本撤退，一方面是全局的思维，另一方面，三星虽然是世界名牌，在日本这样的成熟市场不仅没有品牌优势，反而显出品牌弱势，需要撤退后认真研究。这也给我国企业再次敲响警钟，国际化绝非坦途，就是三星这样的企业，尚且知难而退，这就提醒我们，面对国际市场一定要深谋远虑，要全面分析和比较。正如海尔张瑞敏所讲：要"走出去"（走出国门）、"走进去"（走进主流渠道）、"走上去"成为强势品牌。从三星的教训看，绝不能迷信自己的所谓优势，品牌的一半是文化，要更加注意研究准备进入市场的消费者的习惯、偏好、价值观念，才能培育被认同的品牌文化。

案例三十三

失败是成功之母

在商品经营与推销中，不可能一帆风顺。生意场中更不可能次次你都是赢家。失败，在商品经营、推销中更是经常出现的事情：

1. 改进推销策略实例

我国某医药集团公司，在国内外都享有较好的声誉，近年来从两种植物药材中，研究发现可从里面提取多种多糖肽、皂甙菊聚酸等物质，对提高人体免疫功能有极大好处。其特点是：要长期服用才会表现出效果，但基本无副作用，其价格略为偏高。初期公司采用人员推销，招聘了具有大专以上文化的推销员。其中有一名学药的大学生小黄，上门访销连连失败，甚至被客户当成骗子而拒之门外。这对一个大学刚毕业、年龄仅20余岁的女大学生，确实是一种不小的打击。由于她是在农村较艰苦环境中长大，从小就磨炼出坚强的意志，在失败面前她没有垂头丧气，而是总结教训，并多方请教，找出了失败的三大原因：第一，缺乏情感沟通，专业知识介绍太多；第二，应坦诚相告价格略高的原因；第三，对"保健品"市场不够了解，针对客户的心理交谈不得要领。小黄在总结教训后，不断改进推销策略，先从称呼上改起，因为她面对的客户都是中老年人。故见面时，根据对方年龄，亲切称呼为"叔叔、伯伯、阿姨、爷爷、奶奶"；其次是更多问候对方身体状况，从关心角度去建议，回避过多的专业介绍；最后是坦诚介绍价格，承认现时"保健品推销中夸大效果，治疗作用的弊端"等。由于她的方法得当，从而慢慢打开了销售局面，有的客户不仅理解和支持她，还把她看成晚辈，对她甚为关爱。

2. 以退为进实例

在商品经营过程中，卖方总是要与被拒绝打交道，失败不可怕，可怕的是失败以后丧失自信心，失去勇气，"山中有贼易防，心中有贼难防"。意志的坚强与否，不是与生俱来，而是在成长和实践的过程中，逐步形成发展起来的，在困难面前，在失败面前，需要的是坚强意志，需要的是勇气，继续走下去，才是强者。从谈判的角度分析，有时还可能败中取胜呢。

某城市金融区的一家小印刷厂，负责人哈利·艾米斯与一家大公司的采购代理商谈判，该代理商态度和善，愿意让哈利承包一些生意，价格也让他满意，这可使哈利的营业额提高 40%，从而可使其买进更多现代化设备和增加雇员，总之，可以使印刷厂面目一新。当时，哈利真是手舞足蹈高兴万分。但是当他的新朋友提出的唯一条件是，不能按哈利估价单所示在 90 天之内付清货款。这使得哈利进退维谷，他知道实在没法扩大信用给予对方的缓付期限，事实上，在一般商贸中，账单总会延期的，对方竟然一开始就要求 90 天，到真正兑现时就可能不止延期 90 天了。最后，哈利经过深思熟虑忍痛割爱退出了这笔交易，放弃了这笔看似很赚钱的生意，表面看哈利在这场生意中失败了。后来的事实证明，这个代理商是个老狐狸，常利用对这类小厂有破产的可能性，利用延期支付方式，拖到其破产时，就有可能根本不需付款了。哈利的坚决退出，使其无机可乘，反而免受了一次可能的损失。

3. 商界奇才史玉柱

白手起家又从失败中站起来的史玉柱，被商界称为奇才。20 世纪 80 年代末，全英文的电脑开始从香港渗入内地，带动了中国"汉卡"市场升温。史玉柱借用朋友的 IBM 电脑"闭关"半年写成文字处理软件——"M—6401 桌面排版印刷系统"。这种软件装入电脑后打字变得又快又好，使打字机从此退出历史舞台。史玉柱本来就是深圳大学软件科学管理系毕业的研究生，他看准了这种软件市场很有潜力，大胆辞去了原安徽省统计局的工作，南下深圳，得到深圳大学一位在科贸公司兼职的老师的器重，专门成立了一个电脑部让他承包。这个电脑部除了一份营业执照和史玉柱手里的 4000 元钱以外，其他什么都没有，实际就是白手去创业。

通过赊购第一台电脑展示他的软件产品，然后在《计算机世界》先打广告，以软件版权做抵押后支付高昂的广告费等一系列奇招，使史玉柱迎来了转折点，1989 年 10 月他的收入达到 100 万元，又通过扩大广告宣传，使月销售额攀升到 500 万元。到 1990 年 3 月底他已经挣到了 3000 万元。1991 年，他注册了巨人公司和巨人汉卡。接着他向全国各地电脑发生商家邀请，只要订购 10 块"巨人汉卡"，就可免费来珠海参加巨人集团的销售订货会，他以不到 100 万元的代价就与全国 200 多家商家联网，建起当时全国最大的连锁销售网络，销量跃居全国同类产品之首。这期间又开发出中文手写电脑、巨人防病毒软件等多种产品，1992 年，巨人资本超过 1 亿元，时年 30 岁的史玉柱迎来了他的第一个事业高峰。1993 年，巨人集团成为规模仅次于北京中关村四通集团的高科技企业。

1994 年，对社会主义阵营国家禁运高新器材和技术的巴黎统筹委员会解散，西方发达国家向中国出售计算机的禁令被撤销，国外软件大举进军中国，抢走了"汉卡"的市场份额，也抢走了巨人其他软件产品的生存空间。在激烈的市场竞争面前，证明了巨人软件的先天不足，创新力十分薄弱，其缺点只是被以前中国 IT 产业的稚嫩所掩盖。急于从困难中突围的史玉柱，把目光转向保健品，集团投入 5 亿元资金开发全新产品"脑黄金"。一旦选准新的目标，史玉柱强烈的广告营销意识，就再次得以展现。脑黄金一推出，就从中央电视台、各省级卫视台，乃至一些地方电视台，进行高强度的宣传，广告费用高达 1 亿元。他首创让一全新保健品在全体中国人中做到家喻户晓。巨人集团不仅渡过了在国际冲击波下的资金周转难关，一亿元的广告支出换回了近 10 亿元的收入。从而让史玉柱和他的脑黄金成为妇孺皆知的明星。

史玉柱以敢于冒险而又非常激进而著名，这使他走向了危险的极端，1994 年，巨人集团出台了"百亿计划"，要求 1995 年产值达到 50 亿元，1996 年达到 100 亿元。"百亿计划"中还有个"巨人大厦"项目，原计划盖 38 层自用。当听一位视察领导说："这个位置很好，为什么不盖高一点"时，史玉柱决定加到 54 层，后来，又有人建议，盖个全国第一高楼，设想中的巨人大厦被加到 72 层，大厦预算资金为 10 亿元，而巨人集团的全部家当才 10 亿元，可支付的流动资金只有 1 亿~2 亿元，这分明是一场赌博。当史玉柱卖楼花时，国家宏观调控开始，他使出浑身解数，也只卖掉 1 亿多元的楼花，面对这样一个恐怖的资金黑洞，由于资金链断裂而使"巨人大厦"停工，购买楼花者又要求退款，财务危机爆发，各媒体的负面报道铺天盖地。史玉柱从拥有 10 多亿元的"巨富"变成了负债 2 亿元的"巨负"，由成功者变成了失败者。

巨人大厦"倒塌"后，史玉柱虽然痛苦，但不茫然，他不停地思索和反省。巨人集团是一个有限责任公司，如果申请破产，史玉柱个人并不承担债务。但他一直信誓旦旦地表示：即使巨人破产，我个人也要还老百姓这个钱。只是没人相信他。一位老领导问他的打算，他的回答是想继续从事保健品行业，对此这位领导并不认同，因为当时中国的保健品市场上已经有"太阳神"等众多知名品牌。但史玉柱具有其独特的商业眼光，这种眼光是建立在他大量艰苦调查的基础上，他深入消费者当中进行一线调查，听取最真实的市场声音，其结论是中国的保健品市场远未饱和。

尽管史玉柱已负债 2 亿多元，但还有一张"脑白金"的牌，这是巨人集团遭遇危机之前就已经研发结束的成果。史玉柱向一位朋友借来 50 万元作启动资金。用 5 万元为 30 位打不散的子弟兵补发了拖欠的工资，15 万元给无锡一家公司生产脑白金，15 万元做预备金，剩下 15 万元全部投向了江苏省江阴县进行多方调查。他以脑白金技术员身份，走访了 100 多人，在一个街道搞了个座谈会，发现大家对脑白金产品反馈效果特别好。这个阶段其营销策略是以"推广概念"为核心，主要通过小广告、新闻报道、健康常识等一切可以利用的形式，向潜在消费群体灌输"脑白金"的概念。江阴不仅让他恢复了信心，而且让他获得了实质收益，第一个月赚15万元，第二个月赚了100多万元，接着史玉柱在南京、常州、江苏市场全面启动，脑白金的广告做了几百个，可他依然沿用脑黄金旺季使用的广告宣传模式："今年过节不收礼，收礼只收脑白金！"这个广告创意连续多年被广告业评为"十差广告"之一。颇具讽刺意味的是，"十佳广告"年年换，它们的广告主很多都倒闭了，而偏偏"十差广告"之一的脑白金长盛不衰。

史玉柱在脑白金持续走俏下，从失败中又站了起来。2001年1月30日，珠海一家名为"士安"的公司在《珠海特区报》上打出的一条公告再次让人兴奋起来。这条名为"收购珠海巨人大厦楼花"的公告称，士安公司将以现金方式收购珠海巨人集团在内地发售的巨人大厦楼花。"士安"为什么这样做？这家公司代表谁？后来知道这幕后导演者就是史玉柱，其目的就是兑现他当初给百姓还钱的承诺。以后他把脑白金卖给了老朋友，变成一名冷静的投资者。2004年，他在上海成立了"征途网络科技有限公司"。当时，盛大、网易等游戏厂商正如日中天，选择这个时候进入又引起了轩然大波，对此很多人都不看好。史玉柱在对网络游戏进行了深入调查，他认为网络游戏在8年或更长时间，都会保持30%以上的增长速度，这个行业，依然是朝阳产业。一进入他就采取了"聚焦聚焦再聚焦"的策略，他最关心消费者的想法，每天花大量时间与消费者直接沟通，掌握最新市场信息。2005年成立一年的"上海征途"创造了一个奇迹，在线人数超过68万人，超过了盛大《传奇》创造的67万人的最高纪录，这个后来者成为让盛大、网易等不敢小看的竞争对手。十几年前，史玉柱承诺会还债，他还了。在初入网游征途时，他跟员工说征途网络将来要上市，也没人相信，结果上市了。他一次次在公众的质疑的目光中走向成功，在失败中站起来，这一切的一切都证明营销者在商品经营中只要不失去信心，找准时机，总结失败教训，从头再来，一定会重新取得成功。

商品推销案例及评析小结

20世纪之初，商品经济逐步加快了发展速度，卖方市场逐步向买方市场转化，商品生产者和经营者，不再是不考虑"买"，而是必须花大力气去考虑和研究"买"的问题，如何争取顾客，如何争取占有较大的市场份额，这是关系着生产者和经营者生存发展的大事。因此，从商业行为看，已不仅是商品销售，而是需要采取各种措施来进行商品推销。第二次世界大战以后，人们在反思中更加深刻地理解到人类最根本的需要是合作，是相互促进，是需要从战场走向市场。在这种背景下，出现了世界性的经济大发展，全面买方市场逐步形成，市场最本质基本的特征就是竞争性。随着市场经济的发展，市场竞争会越来越激烈，全球化的经济发展又必然带来世界性的市场竞争。在这种历史背景下，从各个角度研究商业行为、市场特性、消费者购买欲望和心理以及市场推销、营销、甚至广告与策划等一系列的微观经济学和应用行为科学应运而生。商品推销案例只是一些实践经验介绍，但从中也能得到启发和提高深层思维。其可借鉴的有如下方面：

第一，案例二十二，从8个小案例介绍了商品推销的8个小窍门。其中推销语言是值得认真借鉴的，理解推销语言是现代商业语言的重要组成部分，是在特定商业环境中，人们从实践中创立的，有其环境特征。它是以研究顾客心理变化为中心。在国外，特别是经济发达国家，如美国、日本在培训推销员时，把语言、态度和仪表作为培训的三个重点，甚至直接提出："推销员不是首先推销商品，而是首先推销自己。"案例中张大爷的问句，正是商业推销语言中提问的基本技巧，从不提出是与否的问句，这正是推销语言的基本功。

案例中的创造商品特色、抓住推销中进退时机以及"和气生财"，一定要把握"小不忍则乱大谋"，实际上是一种经营艺术和德行的介绍，不仅可以借鉴也值得认真学习。

案例中"镜子的妙用"、"不花成本的信息传递方式"和"不要轻视细小事物"，这都是提醒我们在商品推销经营中不要忽略影响自己推销商品的各种因素，这正如中国谚语所说："天下无难事，只怕有心人。"

案例中"诱导推销术"、"真实推销的技巧"这两个小案例，说明推销商品中有"学问"、"方法"等一系列的技巧性问题，值得我们认真研究。

第二，从案例二十三中，应认识商品推销行为受一定地区、一定国家、民族文化特征的影响和制约。案例中是用日本两则广告实例进行剖析的，就是说其推销行为都应考虑地区文化特点，作为外来推销者，你不可改变某地区的文化习惯，但你应学习和去适应，才可能成功。这可以结合案例二十七"美、日推销广告的特征"一起研究，就可能获得更有益的体会。

第三，从案例二十四、案例二十六中，去了解商品品牌在推销中的作用，创名牌已成为当今企业经营成功的必由之路，名牌可以给企业带来巨大的效益，从世界成功企业的具体做法来看，仅从通过广告宣传，就有名人、明星、美女等代言的方式。案例二十四是四川剑南春请美国前总统克林顿代言，案例二十七是世界第一品牌可口可乐，在第二次世界大战中借军需品而创出了名牌。无论选择什么方式、什么途径，但一定要清醒地认识名牌的一半是企业形象，是文化，任何虚假宣传都会事与愿违，过头的广告投入也可能导致企业走向毁灭。

第四，有人说经商就是投机取巧，投机只要在合法范围内取得成功，就是一种值得称赞的商业行为。投机就是投其时机，这不仅是巧，更是成功的艺术，在日本商界就有一句格言："抓住时机就是成功的一半。"了解、认识机会重要，但要抓住机会就不仅是一个意识问题，而是一系列有效的行为。案例二十五就借用美国人彼得·尤伯罗斯，抓住1984年在洛杉矶举办奥运会之机，将举办奥运会转化为经营奥运会，一举扭转以往每届奥运会亏损的局面，为奥运会开创了经营之路，这从中也给了我们一些启示。

第五，从案例二十八应深刻体会企业形象是企业的无形资产，也有人说：企业形象是人、财、物、信息四大资源以后的第五种资源，如何开发这种资源已成为当今企业家们的一种战略思维。21 世纪的市场竞争已越来越激烈，越来越国际化，而竞争的焦点将集中为形象竞争。要进行企业形象的建设与塑造，一般是通过 CIS 工程去实现。在案例中借用了国内外一些知名企业的具体做法，以供借鉴。

第六，案例二十九和案例三十二，是从我国的海尔集团和韩国的三星公司的具体实例，探讨加入 WTO 后的世界市场竞争问题。海尔的"亮剑"精神是当代企业家的一种勇气、一种魄力，但这也是一种上下一致的企业理念的体现；三星在日本市场二进二出，这说明了国际市场竞争的激烈性。加入 WTO 并不是分红，而是提供了一个相对平等竞争的平台。

第七，案例三十和案例三十一分别介绍了世界两个知名人士的成功之路。李嘉诚、松下幸之助两人虽有不同的经历，不同的特点，不同的魅力，但他们却有共同的特征：首先，都不是出身豪门，李嘉诚和松下都是清贫之家；其次，他们都有一段艰苦奋斗的经历，刻苦、勤奋、勇于克服各种困难；另外，他们都具有敏锐抓住商机的魄力和胆略。

第八，案例三十三"失败是成功之母"，是对全案例集进行总结的实例，其中用了 3 个从失败中站起来走向成功的事例。希望能让读者体会在失败中吸取教训，总结在人生旅途中进行意志磨炼的重要性。"人生的磨难，是宝贵的财富"，失败并不可怕，可怕的是在失败面前垂头丧气，怨天尤人，失去自信。"最可怕的敌人是自己"，推销与经营时常与别人的拒绝打交道，任何商业投资或经营，效果总是滞后的，风险性总是存在的。人生旅途中，不顺心之事十之八九，如果一碰到困难或失败，就消沉、退缩，这是意志薄弱的表现。成功的经验当然需要学习和总结，在失败中去吸取教训则更为重要。日本商界有三句成功的格言：成功的关键是性格，这当然包含着坚强的意志；成功的基石是创造自己独特的魅力，没有特色怎么吸引别人；抓住时机是成功的一半。这些格言告诉人们，性格、魅力、机遇是成功的三要素。在现代经商中应紧紧把握"新、奇、诚、信"这四字要诀。

附录

附录一　国际商务礼仪与习惯

　　经商不仅要学习掌握古今中外的经营之道，同时还应精通商界交往礼仪和地区习惯，以便在激烈的商业竞争中，赢得人们的尊敬和接纳，促使商务活动正常进行。礼仪是人们的行为规范，不同的时代、不同的国家和地区则有很大的差异。商务礼仪是适应商业活动而形成的行为规范，我国是礼仪之邦，从古经商就有"和气生财"的格言。讲究礼仪，尊重对方的习惯，不是虚情假意，而是现代商人素质和修养的体现，所以人们这样认为：精通和运用商务礼仪，是成功经商的"名片"。

一、一般商务礼仪

　　无论在国际或国内商务活动中，一般是"礼多人不怪"，但应注意适度，过分的"热情"往往会适得其反。现就通常情况下的商务礼仪进行介绍：

　　（一）打招呼的礼仪

　　打招呼是人们见面的一种普遍行为，在日常商务活动中，打招呼的事随时随地都会发生。商业活动中的打招呼又往往不同于亲友或熟人见面时的情况，亲友之间由于双方比较熟悉而了解，打招呼就比较随便，也不需要过多考虑招呼用语，有时甚至随意说声"嗯"、"噢"、"喂"或一个简单的动作，就表示打了招呼，也能心灵相通而不失礼貌。但商务活动中打招呼却是一种艺术，因为需要与不同层次、不同性格、不同年龄、不同性别的陌生客户打招呼或寒暄，如何热情、礼貌而得体地与形形色色的顾客打招呼，这可不是生活小事，而是塑造企业形象，促进经销业绩增加的重要方法和手段。首先，恰如其分的招呼表示对客户的礼貌、尊重和欢迎，给人以美好的第一印象，从而创造出良好的交易气氛。从某种意义上讲，招呼是一次交易过程的起点，它往往能为交易活动定下基调，甚至决定成败。其次，得体的招呼或寒暄，还表明一种特定关系的出现和认同，表面看商业关系似乎是单一的买卖关系，但是，如果招呼恰当，就可以为这种关系注入更密切、更有益的情感色彩，从而用这种关系模式约束自己的言行，在对方心目中唤起不同的关系心理，如朋友关系、同事关系，甚至可能是"亲属"关系或"兄弟"关系，等等。这自然就有助于商务活动的顺利完成。

一般地讲，商务活动中打招呼的用语，应简洁、明确、热情、得体。这不是固定不变的模式，而要因人因事而异。从礼仪角度讲，一般是卖方主动向客户打招呼，打招呼时眼睛务必诚恳地注视着对方，并且不论对方资历和职务的高低，态度上千万不能心不在焉，否则不仅有失礼貌，也会使人感觉虚伪而生厌、反感。如果遇到客户主动向你打招呼，应立即出声回答，坐着时也应随之站起来，不要只是点头示意或默不作声，这也是失礼的行为。一般商务活动中回答对方的招呼时最好用"您早"、"好"、"谢谢"、"是的"、"好的"，千万别用"嗯"、"噢"、"喂"、"行了"来回答，这样容易使人感觉轻率而不耐烦。较好的方式是干净利落地回答"好的"、"是的"，这样显得朝气蓬勃，而让人舒服。

具体讲商业活动中打招呼时应注意下述礼仪：

1. 应使用恰当的称谓

在商业交往中，应根据客户的年龄、性别、职业、民族、国籍等外在特征，以及与自己年龄的对比关系，选择恰当的称谓，给对方产生亲切感，比如，先生、夫人、小姐、伯父、伯母、大嫂、大姐、阿姨等。切忌使用老头、老太婆、当兵的、小妞、小伙子、小娃儿等随意的称呼，或以代替性称谓如喂、嘿、哎等，这些称谓不仅明显失礼，也易让对方有不友好的感觉。

2. 使用必要的谦敬语

为了表示对对方的尊重和敬意，并在情感上达到沟通，招呼中使用谦敬语很有必要，比如"请"、"请问"、"您"等。在使用时还应注意面部表情的配合，应面带自然的微笑，采用轻柔甜美的语气，尾音应略轻一些，这样才能给人一种强烈的亲切感。

3. 选择恰当的问句

不同的问句，表达不同的含义，有不同的效果。比如："你要什么？"这含有质问的意味；"你要买什么？"这是一种较生硬，把双方置于一种纯买卖关系的问句；"您要看什么？"或"您想看点什么？"，就有尊重、随意、友好的含义，有愿为您服务，但没有强迫的意思，听起来就比较亲切。实践经验证明，在商业交往中，真诚地微笑加上恰当的问句和柔和的语气，具有打开交易大门的作用。

4. 要注意时机和因人而异

在商业交往中，与客户或顾客打招呼，不应一概而论，否则效果适得其反，应因人因事因地把握好分寸。比如，别人在交谈，即使是很熟悉的客户，也不宜专门过去热情地打招呼。又如，商店营业员，在顾客还未走近你的柜台时，就开始打招呼，反而使顾客感觉不太自在而反感。总之，打招呼应自然而不失时机，太早会使人感到突然、尴尬，太晚又有怠慢之嫌。打不打招呼，如何打招呼，什么时候打招呼，需要有一定的观察判断力，用心去分析对方的处境和心理，在实践中去总结和积累，才能使招呼打得恰到好处，并产生良好的效果。

（二）接待方面的有关礼仪

作为现代商业企业，每天都可能接待各种各样的来访者。怎样彬彬有礼的进行接待，是企业形象的一个重要方面。

首先，无论来访者是推销员还是生意往来中的客户、客人，熟悉还是不熟悉，都应主动上前招呼。对所有来访者应不分彼此，一律以礼相待，并请教对方的尊姓大名，仔细而耐心地听完对方述说的来访意图。当对方说出姓名、单位或递过名片时，要重复一次或念一遍，确认无误；如遇上不认识的字，应坦率向对方请教，以免读错而失礼。

其次，如果来访者有固定拜访对象，应礼貌地请教是否事先约好，去通知拜访者时，应先说"请在这里稍候一下"再离开，返回时，应根据情况告诉来访者，如"对不起，您稍等片刻，某先生马上就来"或者"×先生，我们经理在会客室等您"等。如果不能亲自引导来访者去会客室，应详细清楚地告诉对方去会客室的路线和方位；如亲自引导前去，应在客人斜前方两三步的位置有礼貌地引路，对年长者或身材矮小的人，由于步伐较慢，就更应多加留意和照顾。在进电梯门和会客室门时，都应请对方先进，并配合请的手势，进入会客室应将客人的座位安排在远离门口之处。送客时则应自己先出门以候请客离去，表示尊重对方。这种细心周到礼貌的接待，才能获得来访者对企业的良好印象。

（三）接受邀请和参加聚会的有关礼仪

作为现代商界人士，受到邀请参加各种聚会是经常的事情，一些可能纯属社交活动，一些可能与业务密切相关。接受邀请与参加聚会应注意的主要礼仪是：

首先应报请邀请的性质，是点名邀请还是泛泛地邀请，其聚会的级别和层次，应权衡自己是否适合出席。比如，与日本商界人士交往，他们就非常重视交往的层次和职务是否相当，如果不恰当，会认为是对他们的不尊重和不礼貌的行为。如不适合出席，就应与上司商量，改派他人参加。如遇点名邀请，没有充分理由，就一定要接受。如果拒绝邀请，也是一种失礼行为。

其次是参加聚会或招待会时，一定要衣着整洁大方，准时出席。迟到是一种很不礼貌的行为，在国际商务交往中，很多国家都注重时间效应，招待会、约会时间都安排得较紧凑，你即使迟到5分钟，也会在对方心里留下不良的印象。最好能提前到达，有条件时先在洗手间整理一下仪表，以从容的姿态出现在人们面前，塑造出良好的第一形象。

最后是在参加招待聚会后的第二天，特别是较隆重的招待会后，一定要打电话向对方致意，并以上司或整个公司的名义向对方表示感谢，这是给对方留下较深刻印象的礼仪。

（四）私下交往中应注意的礼仪

生意场中，无论是社会需要或业务需要，往往都要进行多方位的私下交往。在这类交往中，亦应注意其特殊的礼仪。首先应注意，私下交往，接触久了易衍生私人情谊，把握好公私分明的原则很重要。在某些场合中，随便聊聊与企业无关紧要的日常业务倒是无伤大雅，关于企业的内部情况，要尽量不涉及。说者无意，听者有心，某些消息往往在不知不觉中走漏。如果被对方察觉有探听情报的嫌疑，是一种严重的失礼行为。如与生意往来对象的负责人交往，更应把握好这项原则，更不要出现私人性质的金钱借贷关系。这不仅是你所在企业不乐意的，搞不好也会损害你在对方心目中的形象。

其次，是私下交往中的交谈也有它特定的礼仪规范。所谓私下交谈，西方人称为"腋下交谈"。意思是说，凡是重大生意在拍板成交时，不能面对面地对坐，而要坐在对方的身旁，使身体往前凑，形象化地称之为腋下交谈。在进行这种交谈时，声调不宜过高，在对方听得清楚的前提下，越低越好。有经验的人，都深知其中奥妙。在与人私下交谈时，本不是什么秘密之事，采用耳语方式告诉对方，可使听话者产生受到了特殊"礼遇"的心理效应，从而增加亲密感和信任感。

最后，在商务交往中的私下交谈，一般是以业务为主。但为了创造和谐的气氛，不必从头至尾全谈工作，也可寒暄和闲聊。闲聊的话题很多，但内容必须要能够引起对方的共鸣，越能激发对方的兴趣，交谈就越投机。应注意不要闲谈不如实的传闻，更不要涉及对方和他人的隐私，这是没有修养和失礼的行为。私下交谈中，也难免有发生争执的时候，但争执中千万不要以声压人。"有理不在声高"，大嗓门与人说话，即使有理也会给别人留下"盛气凌人"之感，这样做是百害而无一利的。

（五）注意告辞的方式和礼仪

商务活动中，无论是正式商务谈判还是私下会晤，总有结束和告辞的时候。不管生意做成与否，都应彬彬有礼，千万不要成则喜，不成则怒。生意场中重复交往是普遍的现象，就是生意不成，也应给对方留下良好的印象，"买卖不成仁义在"。不成则怒，不仅说明自己没有经商的气度，而且也是非常失礼的行为。具体地讲在告辞方面应注意如下问题：

（1）告辞最忌讳当别人说完一段话后立即就辞别。这会使对方感觉到你对他的谈话不耐烦。较恰当的辞别时机，是在自己说完一段话之后。

（2）无论是正式商务谈判还是参加招待会、宴会，以及私下拜访，告辞前，都不要表现出急不可耐的姿态或情绪。如果你是招待会或宴会中走得最早的人，千万不要大声告别，只需轻轻地向主人告辞，并表示歉意。如走前被其他客人发现，可以礼貌地说声再见。

（3）即使所参加的活动不能引起你的兴趣，也不要显出厌倦和急于离开的样子，这不仅失礼，也会伤害邀请者的自尊心。

（4）通过谈判或会晤，生意成功告辞时，应注意恰当地赞扬对方，这不仅是礼仪，同时也能起到巩固双方合作关系的作用。生意不成功，在告辞前也应简短明确，再一次表明我方的合作诚意，愉快而有礼地告别，这会为今后双方再次合作奠定基础。

（5）提出告辞时，应从座位上站起来，不要嘴上说走，身子却不动。当主人送出门时，不要和他（她）说个不停，这也是不礼貌的。

二、日本商务礼仪与习惯

日本是与我们一衣带水的邻国，从古代起就与我国有着多种交往和文化交流。中国的古典文化对日本有着深刻的影响，日本也很重视研究中国的传统文化和哲学思想，对我国的道德观念和风俗习惯都有极为深刻的了解。在日本企业界有一种较普遍的认识，不研究中国的《孙子兵法》、《东周列国志》、《论语》和《三国演义》，就不是企业家。日本商人对我国古代的管仲和刘备都很崇拜。日本商界很多人都认为刘备势单力薄，能在豪强中取得立足之地，开创一个蜀国，关键在于他善于发现人才、使用人才。在现代企业中，能仿效刘备举才爱才，使用人才，方可以小搏大，以弱胜强，有所建树，获得成功。被誉为"当代经营管理之神"的日本松下幸之助就这样认为："我从中国楚汉相争体会到，从个人才能和力量分析，刘邦比项羽差，但刘邦却能用比自己谋略深远的张良、比自己善管行政的萧何、比自己更能指挥打仗的韩信；而项羽却不善于用人，连自己的军师范增都容不下。这便成了刘邦战胜项羽的重要原因。"他进而总结道："即使一个才智出众的人，也无法胜任所有的事情。所以唯有知人善任的领导者，才可能完成超过自己能力的伟大事业。"又如，日本东京电力公司董事长平岩外四说："我特别喜欢中国《论语》中的'役于利而行，多怨'的话。如果企业只是追求利润，总有一天会遭到民众的报复。所以，企业除了经济利益外，还要追求政治利益，应当摆正这两者的关系，不可以片面地追求经济利益而缺乏应有的政治头脑。"这些都说明当今日本企业界对中国的传统文化和风俗习惯极为重视，而且进行了深入的研究和剖析，往往能从我国的报刊中的一段报道甚至一张图片上，提取出重要的经济信息。

中国和日本应该说是东方民族的典型，一方面在文化风俗中有着千丝万缕的联系，另一方面又各具自身的民族风格特色。日本对我们中国人有较深的了解，而我们对日本文化及风俗习惯却缺乏认真分析研究，总认为日本人"不可思议"、"诡计多端"、"狡猾"，把他们错误地视为"经济动物"、"工业机器"，从而产生一种不恰当的不信任感。为了适应改革开放发展的需要，知己知彼，了解日本文化和礼仪习惯，才有利于与日本商界的交往。下面从商业角度归纳其一般的性格特征和商务礼仪习惯：

（一）日本人较普遍地崇尚"儒学"

他们的处世哲学是"和为贵"，很少用直接否定对方的语言，不轻率的用"不"字。他们认为说对方爱听的话是礼貌的表现，在商务交往或谈判中往往采用沉默、含蓄或不够明确的回答，善于采用拐弯抹角的语言。他们认为这是保全个人面子和整体和睦的需要，因此，正确理解他们的谈话至关重要。日本人在商务谈判中有时会长时间的沉默不语，或只听只记录，不发表任何意见。这不仅是他们的一种礼貌习惯，有时在他们感到捉摸不定或犹豫不决时也会出现沉默，打扰这种沉默是一种鲁莽行为，要根据具体情况去判断和理解他们沉默的含义，在没有很好理解以前，较好的做法是保持耐心，静静地等待，让他们先讲话。在正式会晤或谈判中，要敏锐而习惯地理解他们的常用语和各种不同的语言表达方式，这才有助于理解对方不明朗的回答和沉默的含义。在没有弄清其真实想法前，不要轻率地作出任何决定。

（二）日本人很喜欢送礼

与日本人交往，他们很喜欢送一些小礼品，而且希望回赠，并视为是人际交往中的一种礼节。这是日本人与欧洲人相比所具有的显著特点，有人说："日本人都是关系学专家"，非常会运用"小恩小惠"。在商业交往中，贸易款待在日本是十分普遍的，典型方式是共同进餐，饭后再光顾一次酒吧，以增进信任。在大型商业谈判中，往往会安排较长时间的游览，而把谈判议程安排得很紧，重大条款安排在最后讨论，如果不习惯和没有充分准备，会措手不及和无法决策。如果在商务交往中，你接受了日方的礼品，千万别忘了下次会晤时回赠礼物，否则会很失礼。日本人赠送礼品的技巧很高，能做到尽善尽终，会找到让你接受礼品而又"无后顾之忧"的办法，从而解除你的戒备心理。因此，正确妥善地对待日本人的送礼习惯，并给予恰当尊重，这对发展与日本经济交往和贸易往来具有一定的现实意义。另外，日本人在签订任何商业合同前，很注意通过各种交往手段，从对方不同层次的人员中去获取情报，研究对策，施加影响，争取支持。因此，在对日商务交往中，一定要注意提高整体的交际艺术，否则会在不知不觉中失去主动权。西方国家在总结国际商务谈判时认为：世界上最难对付的谈判对手是日本人。

（三）日本人有很强的等级观念

日本人与西方人相比，具有极强的等级观念。这不仅是由生活习惯的差异性而形成，也可能因为日本企业很多是以家庭为基础而发展起来的。因此，在与日本进行商务交往或谈判中，务必要弄清对手的级别、身份和职务，以便由同等身份的人员与之接触和对话。如果不恰当，他们会认为是在浪费时间和对他尊严的侮辱，甚至拒绝与你接触和交往。日本人不喜欢与年纪太小的人进行正式业务交往，不相信年轻人有真正的权力。在日本，一个人在企业里没有 15 ~ 20 年的工作经历，绝不会被派去代表企业作出决策。故在与日本商人进行正式贸易交往或签订贸易合同时，最好由一名"老将"带队。

（四）日本人很重视贸易的长远效应

日本人在国际商务活动中，重视销售额远胜于重视利润，很注意规模效益，喜欢薄利多销，把扩大市场占有率放在首位。他们很善于在国际贸易中运用"吃小亏占大便宜"和"卡关键、放长线、钓大鱼"等经营策略。对此，在交往中一定要保持清醒的头脑，冷静分析，不要为小利而冲动，要全面长远地进行权衡。特别是大型商务谈判，必须对他们埋下的伏笔保持警惕，万分小心，尽可能周密部署，对售中、售后问题、维修问题、综合配备因素以及结算货币等多方面都要想到。

（五）日本人很重视相互信任和相互尊重

日本人倾向于信任与尊重的道德观，往往把合同视为一份婚约而非商业协议。他们非常重视相互的信任与尊重，如果在商务谈判中，你把律师带去参加，日本人会看做是不信任的表现，反而会增加谈判阻力。唯一的途径是消除怀疑，营造出一种相互信任的气氛。日本人在谈生意之前，往往要花费大量的时间用于开场白。在与日本人交易中，这些开场白的作用很关键，不能一接触就谈生意，要与日本人先谈友谊和信任。开场谈话要强调合作诚意和对双方的好处，这种诚意要反复强调，并贯穿于整个洽谈过程中。日本人通常会致同样的答词，双方要相互赞扬以示尊重对方，这已成为他们的一种客套和礼仪。另外，在与日本贸易交往中，一定要有耐心。与日本人做生意或谈判，往往是漫长的，西方人说：与日本人的谈判是"马拉松式"的。这是由于日本人的决策是集体决策，凡是重要的决定都需要集体研究，甚至要通过企业的最高决策机构。没有耐心，他们会认为是对他们的不尊重，合作就会出现困难。尽管洽谈是漫长的，但履约却是迅速而准确的，他们把履约视为信任与尊重的表现。

上述五方面是一般性的概括。日本是一个经济大国，与世界很多国家都有经济贸易往来。下面介绍英国《金融时报》刊登的《在日本做生意十要诀》的文章。作者沃尔特·布鲁德雷尔总结了他在日本待了十年的经验。首先他提出："如果你的公司打算与日本人做生意，你所见的或许会使你大吃一惊。现代化、高科技和世故是日本社会的特色，但在许多方面，这个国家仍很保守，沿用传统的经商习惯，受到传统思想的掣肘。"

作者发觉有十个要点可以使你获益：

1. 建立良好的关系

日本人初次与外国人洽谈时，比较注重仪式。这是一个缓慢的过程：自我介绍、交换名片、逐步展开商务洽谈以及作出决定。大部分日本人终身只为一位老板服务，因此，他们与你谈生意，就希望双方能坦诚相待，而且能长久。这种有价值的商业关系需要用心培育，保持电话联络，礼貌探访，或者安排午膳及其他社交活动。

2. 解释你公司的结构

除了希望认识你外，日本人也很想详细了解你公司的情况。在首次会面时，日本人很希望你能携带一些小册子或其他有助于他们了解你公司情况的资料。这些资料可能是用英文或其他文字印的，但是如果把要点用日文印在另外的单页纸上，插入各相关文件里去，那将是一种礼貌和友好的做法。

3. 会面

在第一次会面前，最好先通过信件或电话使双方有一个初步印象。日本人习惯这样做。一旦约好了会面时间，千万不要再更改。带点小礼物给你的日本同行，最好选择你们国家的一些特产。而最坏的选择就是带你公司的产品，这会被视为无价值的赠品而并非礼物。

4. 了解决策过程

在日本，作最后决定的人往往是中层决策者，而非某公司的总裁或首席行政人员。你第一次探访某公司时，可能会与该公司的总裁会面，但只能是问候性质的交谈。这种仪式化见面以后，你才能向公司某部门的主管人员提交建议书。

5. 等待"同意"或"不同意"

在日本，你进行商务洽谈或推销以后，想立即就获得"同意"或"不同意"的答复是不切实际的，因为日本人思前想后才会作出决定。一旦他们作出决定，通常不会再更改，而且会迅速贯彻落实。

6. 要保持耐心

在日本式的经商方法中，传统、习俗和仪式处处明显可见。他们办事不急躁，崇尚坦诚和持久的关系。你脸上的最佳表情是耐心，或许这就是你能否在日本取得成功的关键。

7. 利用日语

在与日本人的商业交往或商品推销活动中，使用日语最为明智，因为这使你看起来更为亲切，还有助于你的游说。此外，为了确保不会出现误导或令人不快的错误，最好聘用当地人替你将文件翻译成日文。如果你只能用英语，这会损害你的形象，并会被视为初来乍到者。

8. 用英语说明要点

如果你必须使用英语，就应该用简单的词语和句子，要直接，不要复杂，写下主要字眼及数字，然后给他们看。如果你能至少学会一些常见的日语，日本人就会很钦佩你的入乡随俗能力。

9. 循序渐进

日本人的竞争能力并不亚于其他人，但他们认为循序渐进，态度温和最适合他们，他们把全力推销、强辩和过火的自我介绍视为以我为中心和一种怀有对抗情绪的行为。

10. 服饰

在日本人的办公室里，职员们很少穿使自己显得很突出的服饰，而是喜欢穿淡色和式样保守的衣服，因此你也应如此。此外，你还应避免高谈阔论，保持踏实的作风。

日本人在商务谈判中的两大特点：

第一，情报意识极强。日本人在商务谈判前或过程中，都非常注意搜集有关情报，也非常善于搜集。日本三菱商社的情报系统部部长说："情报工作是商社的生命线。商社的业务是从搜集情报开始的，并以情报为依据作出决策。因此，本公司不惜拨巨款用于搜集最新技术情报。""三菱"是日本商界的灵魂，全公司有 14 000 名员工，人人都是情报员。国内 58 家分公司、国外 230 家分公司和办事处以及在全世界的 510 家子公司，就是遍布全球的情报站。自称拥有世界第一的情报搜集和传递系统。新加坡一位政府官员发表评论说，"三菱"在搜集情报方面比美国中央情报局还内行。

第二，忍耐是日本人谈判的绝招。在经济贸易谈判中，日本人特别擅长"拖延战术"，在拖延中想方设法了解对方的真实意图。如果你要急于求成，他们就会抬价或杀价，把你拖得筋疲力尽。

三、美国商务礼仪与习惯

美国是一个地大物博的国家，建国不到三百年，历史非常短，移民较多。美国是世界民族的大熔炉，美利坚民族是各种族人的混合体，有欧洲移民的后代，也有土生土长的印第安人，每年还从世界各地涌入成千上万的人，他们带去了各地不同的习惯和生活方式，最后融合为现时美国人的性格特征。美国人大多性格外向，直爽热情，与人初次相识也会显得很热情。美国人以不拘小节著称。在绝大多数情况下，不论男女老幼、地位高低，即使是与人首次见面，通常都直呼对方名字。与人见面时，甚至常常不握手，只说一声"Hello"而已。这是美国人事事处处图方便的表现，也可能是一种平等观念的反映。

（一）与美国人交往时应注意的礼仪与习惯

总的讲，多数美国人自信、果断，性格外向而热情奔放，能直接向对方表露真挚、热烈的情意。只要你尊重他们，他们也同样尊重你，并且很容易与他们相处并成为朋友。但他们也有特定的习惯，在交往中，特别是商务交往中，应注意下述问题：

（1）美国政府、企业均是 5 天工作制，星期六、星期日休息。法定假日有：元旦、华盛顿诞辰纪念日、阵亡将士纪念日、独立纪念日、劳动节、哥伦布日、退伍军人节、感恩节和圣诞节等。不宜在这些时间特别是圣诞节前后找美国人进行商务洽谈。

（2）与美国人约会很简单，打个电话联系即可，他们一般会同意在很短时间内会面。不像日本人那样得有人介绍或推荐，也不像德国人那样会提出一个几天甚至几周后的会面日期，并希望以后再最后确定一下。但应注意，美国是一个时间观念很强的国家，各种活动通常都正点开始，约会迟到通常被认为是不礼貌的行为。

（3）称谓，在一般交往中比较随便。但在一些正式的社交或公务场合，除了相互熟悉或地位相当的人以外，一般都应以姓氏加先生，或小姐、女士，或职务（职业头衔）相称。对于婚姻状况不明的女性，不要冒失地称她"夫人"。在商务交往中，不管是否有人在场，都不要与女士谈论她的个人问题，如果她主动说，你也只能简单问几句有关她孩子或丈夫职业之类的话题。

（4）美国人的衣着，在通常情况下较为随便，但在一些正式场合，如官方仪式、重要会议、会谈、教堂礼拜以及赴晚宴等，必须衣着整洁。因此，在与其交往中，应根据交往场合，注意自己的衣着。

（5）在美国商界，多数人随身带有名片。但是，他们的名片通常并不是在会面时就交换，而是在认为有可能以后会联系时才交换。因此，他们在接受别人的名片时，常常并不回赠。

（6）注意与美国人交往时赠送礼品的习俗。在美国，送礼过重是不合适的。美国人一般不看重礼品本身的价值，法律也禁止送礼过重，对商务性礼物、纯公务性送礼，规定了 25 美元的纳税临界线。在家庭成员间、朋友间、业务伙伴间，传统上都要在圣诞节互送礼品。公务性送礼，可送日历、钢笔等办公用品。在到达或离开美国的一个地方时，赠送从家乡带去的礼物，如手工艺品、艺术品或名酒，会很受欢迎。除节假日以外，应邀到美国人家中吃饭，一般不必送礼。如果送的话，可以给女主人带花或酒。倘若业务对象是女性美国人，不应送给她香水、化妆品、衣服之类的私人礼物。但围巾或手绢除外。不要向美国人赠送印有本公司名称的礼物，这会给人一种做广告推销商品的感觉。送公务性礼物，应在谈判结束后赠送，最好在诸如离别宴会的社交场合。私人性礼物应在他人不在场时送，除非大家都知道你与受礼者是长期的好朋友。

（二）美国人在商务洽谈中的特点

有人观察了各国的谈判特点：假设在餐厅里，发生了这样一件事，在盛满饮料的杯中发现了苍蝇。各国人的处理和对待是各有特色的：

法国人会将饮料倾倒一空；英国人会以绅士风度吩咐侍者：换一杯饮料来！日本人会令侍者把经理找来，训斥一番：你们就是这样做生意的吗？……美国人会比较幽默地对侍者说：以后请将饮料和苍蝇分别放置，由喜欢苍蝇的客人自行将苍蝇放进饮料里，你觉得怎样？西班牙人会只留下钞票，一声不响地离开餐厅。

虽然上面只是一个假设事例，但反映了一些国家的风俗和特点。美国人在商务洽谈中，常有下述一些特点：

（1）美国人较直率、开朗，谈生意时喜欢开门见山，答复明确。在商谈时，一般是只简短寒暄几句，便会进入正题，坦诚地探讨业务问题，不像日本人那样喜欢长时间闲聊。喜欢在商业谈判中明确的答复，"是"与"否"必须表示清楚，如果他们提出的要求无法接受，就要明确告诉他们，不要含糊其辞，态度暧昧。如还有商量余地，也应据实告诉他们。遇有疑问时，就要不客气地问清楚。这样，美国人不但不会不高兴，反而会对你有好的印象，也可以避免今后的纠纷。他们对转弯抹角，长篇大论以及持久战，常会显得很没有耐心。

（2）美国的传统是从事各种商业，他们在商务洽谈中，目标明确而清楚，就是在经济上获取利益。他们很善于讨价还价，并能在谈判中很自然地将话题转到讨价还价上去。在商务谈判中，他们一般不像日本人那样有很充分的准备，但他们很重视报酬，很少会让步。

（3）美国商人的法律意识很强，在商务谈判中十分注意条约，合同条文要求很细。这与我国注重信用，合同条文较粗略的情况有明显的差异。

（4）美国人对商品的包装装潢特别重视，他们认为这对销路有很大影响。因此，在谈判中应将商品包装装潢的特点详细陈述，优点介绍清楚，最好用样品或图片对照说明。

（5）在商务谈判中，美国人有信守事先协商的进度表和期限的习惯。他们非常重视效率，总是想尽量缩短谈判时间。美国公司每季度必须向董事会报告利润情况，如果报价适当，几个回合就可以拍板。

四、欧洲各国的商务礼仪与习惯

欧洲是世界七大洲中面积较小的，但它却是世界最大的消费市场，又是工业革命的摇篮。历史的演变使欧洲形成许多独立的国家。各国都有自己的民族语言和独特的社会文化和商业习惯，下面分别介绍其主要国家的商务礼仪与习惯：

（一）英国的商务礼仪与习惯

（1）应记住英国是由英格兰、苏格兰、威尔士和爱尔兰四个民族组成的联合王国。在近 6000 万英国人中，绝大多数是英格兰人。在世界许多地区，在提到英国时，实际上都是指英格兰。因此，在与英国人交往中，你没有搞清对方属于什么民族时，最好不要用英格兰去称呼他的国家。否则，如果他不是英格兰人，你就会不自觉地在感情上伤害了他。

（2）英国人以冷淡和保守著称，遇事喜欢保持一种不慌不忙的绅士风度。在贸易中英国人一般都较诚实，在业务上也不刻意追求物质利益。大多数经理显得松垮，不像日本人和德国人那样精干敏捷。在商务谈判中，多数情况不做什么准备，而刻意追求自身的风度。因此，英国商人一般不喜欢价格经常波动，追求稳扎稳打，看不上薄利多销的生意。

（3）在国际贸易中，由于较长时间的"日不落"帝国的超级垄断，养成了他们不太关心交货日期的习惯，几乎所有出口产品都不能按期交货，这是国际上对英国货源极为一致的抱怨。

（4）英国人注重传统，主张循序渐进。交往中特别看重相互间的礼仪。在正式商务谈判和私下接触中，应从建立良好的公共关系出发，这对商贸成功很重要。在正式社交场合或正式谈判中，他们都显得较为刻板，但在私下交往中，也较灵活，对建设性意见反应积极。相对来讲，他们更愿意倾听"水平相当"的外国人的建议。

（5）与英国人交往禁忌最多。在交谈中，大到君主政体的影响、爱尔兰的未来以及大英帝国的历史等，小到男士的收入和女士的年龄都是双方忌讳的话题。较安全的话题是天气、体育、英国传统及皇家家事等。在握手时，要等对方先向你伸出手再握，否则，会认为你不懂礼貌。

（二）德国的商务礼仪与习惯

（1）德意志民族是世界上最勤奋的民族之一，他们办事严谨而认真，追求名副其实的高效率。在商务交往或洽谈中，他们的准备是"完美无缺"的，不仅从专业方面对你购买或销售的商品进行了解，同时，也要对你所代表的公司，作为一个潜在的生意伙伴，从能力到市场形象进行全面考察。

（2）从商务洽谈角度剖析德国人，是强硬的对手，他们寸土必争，精于讨价还价，总是千方百计迫使对方让步，常常在签订合同的前一分钟，还在争取使你让步。在交货期限方面，往往比其他国家要求更严格，并规定严厉的惩罚性条款。他们重视条约，要求每一个具体细节都要谈到，签约后要求严格履行。

（3）在财务上，德国人谨慎而保守，对那些要使他们承担损失或风险的建议都很敏感。他们一般只会对可靠的项目进行投资，使用可靠的资金，并要求获得优厚的利润。他们选择国外合作的前提，是既能提供他们没有的产品，又不损害本国的商业力量。

（4）德国人在生活中拘谨而正规，并且希望与之交往者也和他们一样。在人际交往中特别拘于礼节，对有头衔的人，一定称呼头衔。大部分时间都衣冠楚楚，喜欢穿礼服。在商务交往中，对于随意把手放在衣袋里的行为，他们会视之为粗鲁。对约会很慎重而且特别守时，对任何约会，他们都要认真思考一番，不会像美国人那样轻易承诺，一旦约定就非常准时，如果你迟到，会被认为是很失礼的行为，他们会马上显得很冷淡，甚至认为，你在将来的履约中会不守信用，从而对你产生厌恶。国际商务活动中，一般认为：德国人在商务上留心细节，在关系上一本正经，在观念上提倡竞争。

（三）法国的商务礼仪与习惯

（1）法国是欧洲最富爱国热情和浪漫色彩的国家。法国人很重视郊游、度假和美食，他们一般不会因为任何业务需要而放弃一次度假。世界流传，千万不要8月份到法国开展业务，那是他们的假期，甚至在7月份最后一周里，法国人就不再关心生意了，巴黎城区这时除了游客外，本地人多数会到南部海滩去度假。他们很重视在餐厅里的风度、举止。即使位子空着，你都不宜自行坐到其他客人旁边，一定要等分配给你的某张饭桌，否则，你会被认为失礼。

（2）法国人在商务洽谈中，一般都用法语，就是他们英语讲得很好也不轻易使用。他们把这种行为认为是爱国的表现。除非他们在国外而且又非常想同你做这笔生意，才有可能用英语或其他语言同你讲话。因此，与法国人做生意，能讲几句法语，是很好的交往手段。

（3）法国人对别人要求较严，而对自己却较随便。比如会晤时间，他们会要求你准时，如迟到，不论什么原因都会受到冷遇，但他们自己往往会迟到，而且极自然地找出某些"借口"。在法国社交场合，有一个非正式的习惯，主宾越重要，他便来得越迟。如果你邀请重要人物，就要耐心地等待他现身。

（4）法国人健谈而富有感情，并尊重别人的类似特点。如果要在法国长期开展业务，最好能融入法国社会中，能与某一家法国公司建立起和谐的合作关系，你会发现他们也相当随和。

（5）法国人在商务谈判中，从不在乎欺骗了谁。只要他们认为适合，会紧紧把你缠住；如果他们认为不适合，他们会故意搞破坏或激怒你。

（6）法国人极为注重衣着，法国时装是世界驰名的。皮尔·卡丹就是世界最著名的时装设计师之一。与法国人交往一定要特别注意衣着，穿上最好的西服。

附录二　国际商务谈判技巧

进出口商要想成功就得掌握谈判技巧。贸易谈判实际上是一种对话，在这个对话中，双方说明自己的情况，陈述自己的观点，倾听对方的提案、发盘，并作反提案、还盘，互相让步，最后达成协议。掌握谈判技巧，就能在对话中掌握主动，获得满意的结果。我们应掌握以下几个重要的技巧：

一、多听少说

缺乏经验的谈判者的最大弱点是不能耐心地听对方发言，他们认为自己的任务就是谈自己的情况，说自己想说的话和反驳对方的反对意见。因此，在谈判中，他们总在心里想下面该说的话，不注意听对方发言，许多宝贵的信息就这样失去了。他们错误地认为优秀的谈判员是因为说得多才掌握了谈判的主动。其实成功的谈判员在谈判时把 50% 以上的时间用来听。他们边听、边想、边分析，并不断向对方提出问题，以确保自己完全正确的理解对方。他们仔细听对方说的每一句话，而不仅是他们认为重要的，或想听的话，因此而获得大量的宝贵信息，增加了谈判的筹码。有效地倾听可以使我们了解进口商的需求，找到解决问题的新办法，修改我们的发盘或还盘。"谈"是任务，而"听"则是一种能力，甚至可以说是一种天分。"会听"是任何一个成功的谈判员都必须具备的条件。在谈判中，我们要尽量鼓励对方多说，我们要多向对方说："Yes"，"Please go on"，并提问题请对方回答，使对方多谈他们的情况，以达到尽量了解对方的目的。

二、巧提问题

谈判的第二个重要技巧是巧提问题。通过提问我们不仅能获得平时无法得到的信息，而且还能证实我们以往的判断。出口商应用开放式的问题（即答复不是"是"或"不是"，需要特别解释的问题）来了解进口商的需求，因为这类问题可以使进口商自由畅谈他们的需求。例如："Can you tell me more about your company?""What do you think of our proposal?" 对外商的回答，我们要把重点和关键问题记下来以备后用。

发盘后，进口商常常会问："Can not you do better than that?" 对此发问，我们不要让步，而应反问："What is better?" 或 "Better than what?" 这些问题可使进口商说明他们究竟在哪些方面不满意。例如，进口商会说："Your competitor is offering better terms." 这时，我们可继续发问，直到完全了解竞争对手的发盘。然后，我们可以向对方说明我们的发盘是不同的，实际上要比竞争对手的更好。如果对方对我们的要求给予一个模糊的回答，如："No problem." 我们不要接受，而应请他作具体回答。此外，在提问前，尤其在谈判初期，我们应征求对方同意，这样做有两个好处：一是若对方同意我方提问，就会在回答问题时更加合作；二是若对方的回答是"Yes"，这个肯定的答复会给谈判制造积极的气氛并带来一个良好的开端。

三、使用条件问句

当双方对对方有了初步的了解后，谈判将进入发盘和还盘阶段。在这个阶段，我们应使用更具试探性的条件问句进一步了解对方的具体情况，以修改我们的发盘。

条件问句（Conditional question）由一个条件状语从句和一个问句共同构成，这个问句可以是特殊问句也可以是普通问句。典型的条件问句有 "What ... if"，和 "If ... then" 这两个句型。例如："What would you do if we agree to a two-year contract?" 及 "If we modify your specifications, would you consider a larger order?" 在国际商务谈判中，条件问句有许多特殊优点。

（1）互作让步。用条件问句构成的发盘和提案是以对方接受我方条件为前提的，换句话说，只有当对方接受我方条件时，我方的发盘才成立，因此我们不会单方面受发盘的约束，也不会使任何一方作单方面的让步，只有各让一步，交易才能达成。

（2）获取信息。如果对方对我方用条件问句构成的发盘进行还盘，对方就会间接地、具体地、及时地向我们提供宝贵的信息。例如：我方提议："What would you do if we agree to a two-year contract? Would you give us exclusive distribution rights in our territory?" 对方回答："We would be ready to give you exclusive rights porvided you agree to a three-year contract." 从回答中，我们可以判断对方关心的是长期合作。新获得的信息对以后的谈判会很有帮助。

（3）寻求共同点。如果对方拒绝我们的条件，我们可以另换其他条件构成新的条件问句，向对方作出新的一轮发盘。对方也可用条件问句向我方还盘。双方继续磋商，互作让步，直至找到重要的共同点。

（4）代替"No"。在谈判中，如果直接向对方说"No"，对方会感到没面子，双方都会感到尴尬，谈判甚至会因此陷入僵局。如果我们用条件问句代替"No"，上述的情况就不会发生。例如：当对方提出我们不能同意的额外要求时，我们可用条件问句问对方："Would you be willing to meet the extra cost if we meet your additional requirements?" 如果对方不愿支付额外费用，就拒绝了自己的要求，我们不会因此而失去与对方的合作。

四、避免跨国文化交流产生的歧义

国际商务谈判大多用英语进行，而谈判双方的母语往往又不都是英语，这就增加了交流的难度。在这种情况下，我们要尽量用简单、清楚、明确的英语，不要用易引起误会的多义词、双关语、俚语、成语。也不要用易引起对方反感的词句，如："To tell you the ruth"，"I'll be honest with you ..."，"I shall do my best." "It's none of my business but ..."。这些词语带有不信任色彩，会使对方担心，从而不愿积极与我们合作。跨国文化交流的一个严重通病是"以己度人"，即主观地认为对方一定会按照我们的意愿、我们的习惯去理解我们的发言，或从对方的发言中我们所理解的意思正是对方想表达的意思。最典型的例子就是"Yes"和"No"的使用和理解。曾经有家美国公司和一家日本公司进行商务谈判。在谈判中，美国人很高兴地发现，每当他提出一个意见时，对方就点头说"Yes"，他以为这次谈判特别顺利。直到他要求签合同时才惊讶地发现日本人说的"Yes"是表示礼貌的"I hear you."的"Yes"，而不是"I agree with you"的"Yes"。实际上，"Yes"这个词的意思是非常丰富的，除了以上两种以外，还有"I understand the question"的"Yes"和"I'll consider it"的"Yes"。"No"的表达方式也很复杂。有些文化的价值观反对正面冲突，因此人们一般不直接说"No"，而用一些模糊的词句表示拒绝。

例如，巴西人用"Somewhat difficult"代替"Impossible"，没有经验的谈判者若按字面意思去理解，就会浪费时间，延缓谈判进程。因此，我们必须尽量了解对方的文化、对方的价值观和风俗习惯，只有这样才能正确无误地传递和接受信息。

为了避免误会，我们可用释义法确保沟通顺利进行。释义法就是用自己的话把对方的话解释一遍，并询问对方我们的理解是否正确。例如，对方说："We would accept private if you could modify your specifications." 我们可以说："If I understand you correctly, what you are really saying is that you agree to accept our price if we improve our product as you request."这样做的另一个好处是可以加深对方对这个问题的印象。

最后，为确保沟通顺利的另一个方法是在谈判结束前作一个小结，把到现在为止达成的协议重述一遍并要求对方予以认可。小结一定要实事求是，措辞一定要得当，否则对方会起疑心，对小结不予认可，已谈好的问题又得重谈一遍。

五、做好谈判前的准备

谈判前，要对对方的情况作充分的调查了解，分析他们的强弱项，分析哪些问题是可以谈的，哪些问题是没有商量余地的；还要分析对于对方来说，什么问题是重要的以及这笔生意对于对方重要到什么程度，等等。同时也要分析我们的情况。假设我们将与一位大公司的采购经理谈判，首先我们就应自问以下问题：

——要谈的主要问题是什么？

——有哪些敏感的问题不要去碰？

——应该先谈什么？

——我们了解对方哪些问题？

——自从最近一笔生意后，对方又发生了哪些变化？

——如果谈的是续订单，以前与对方做生意有哪些经验或教训要记住？

——与我们竞争这份订单的企业有哪些强项？

——我们需要改进哪些工作？

——对方可能会反对哪些问题？

——在哪些方面我们可让步？我们希望对方做哪些让步？

——对方会有哪些需求？他们的谈判策略会是怎样的？

回答了这些问题后，我们应该列出一份问题清单，要问的问题都要事先想好，否则谈判的效果就会大打折扣。

总之，不少国际商务谈判因缺乏谈判技巧而失败。通过培养倾听和提问的能力，通过掌握上述谈判技巧，进出口商就可以在谈判中掌握主动，获得满意的结果。

附录三　商务人士在人际交往中的服饰礼仪

商务人士在不同的社交场合，扮演着不同的角色，因此其着装应满足不同场合的需要。以下主要讲商务人士在商务活动中应注意的基本服饰礼仪。

男士配饰的基本原则是以简洁为好。太多的配饰或者错误的配饰，会引起人们的反感

1. 佩戴领带夹表示品位差

领带夹是过时的，如今佩戴领带夹表示品位差。男人脖子上应该戴的唯一东西是领带。

2. 正方形皮带扣最佳

没有不能接受的皮带，问题在于皮带扣。大、重而华丽的皮带扣不能接受，小、清爽而传统的，有正方形线条的皮带扣最好。

3. 太阳镜不适合公务场合

如果你在商务场合戴太阳镜，人们会把你当做可疑人物。看不到你的眼睛，大多数商人不会信任你。

4. 商务皮鞋上面不能有金属

商务皮鞋可以接受的颜色是黑、棕色。任何商务皮鞋上面都不能有金属，包括设计师的标志。

5. T恤永远不能露在衬衫下

商业人士最好买V领T恤——这样在衬衫和领带下面不碍事，但你的T恤永远不能露在领口敞开的衬衫下。

6. 下垂的袜子永远别穿

袜子应该是深色的，长度超过脚踝。永远别穿仅到脚踝，甚至有点下垂的袜子。

7. 钱包不要鼓起来

有关钱包的形状只有一条要求：应该瘪一些。不管你带哪种钱包，永远都不要塞满，不要让它们鼓起来。钱包的最佳颜色是深而华贵的棕色。

8. 发型

如果是商界人士或公务员，不太长的头发会给人稳重和信赖感。发质硬的话可以先烫再修剪，显得稳重不老气。整理起来也方便，鬓角的长度和形状要根据脸型来修剪。

9. 整洁

整洁对于男人来说是最重要的。洁白的衬衣给人清爽感。深色西装是出席商务活动的最佳选择。外套以品质优良的羊绒大衣或风衣为好。西装可以不多但领

带可以多备几条，以便根据场合搭配不同的衬衣。

10. 穿西服的禁忌

（1）在西装内穿多件毛衣（最多穿一件薄毛衣或配套的西装背心）。

（2）把西装商标留在袖口或领口上（商标均应摘去）。